LA NUTRITION DANS UN MONDE GLOBALISÉ

KARTHALA sur internet:
www.karthala.com
(paiement sécurisé)

Couverture : © IRD/Olivier Barrière.

ISBN Karthala : 978-2-8111-1994-2
ISBN IRD : 978-2-7099-2636-2

COORDONNÉ PAR

Yves Martin-Prével et Bernard Maire

La nutrition dans un monde globalisé

Bilan et perspectives à l'heure des ODD

Karthala
22-24, bd Arago
75013 Paris

IRD
44, bd de Dunkerque
13572 Marseille

Préface

Stéphane DEVAUX*

La manière dont la nutrition, en quelques années, est passée progressivement du statut de question complexe, éminemment médicale impliquant une réponse humanitaire, à une priorité pour les programmes de développement, justifie à elle seule cet ouvrage.

En changeant de statut, certaines dynamiques politiques et institutionnelles se sont inévitablement enclenchées, même si elles pouvaient parfois apparaître très éloignées des réalités de terrain vécues quotidiennement par un bailleur tel que l'Union européenne. Derrière cette réalité un peu technocratique, il y a cependant des dynamiques humaines qui œuvrent en coulisses pour rendre ces projets concrets et opérationnels.

Ainsi, si nous devions résumer avec des mots simples certains des grands enjeux liés à cette passionnante aventure, il s'agissait de faire du traitement de la malnutrition une priorité des politiques de développement dans l'ensemble des pays et continents concernés, et de faire travailler les acteurs concernés, qu'ils soient acteurs locaux ou bailleurs internationaux, mieux et plus intelligemment ensemble.

Pourtant, parler d'une seule voix ne permet pas toujours de se souvenir de toutes les étapes qui ont rendu possible cette petite révolution.

D'où l'intérêt de se livrer ici à un exercice à plusieurs voix parce que les points de vue croisés contribuent toujours à enrichir le propos et aident à mieux comprendre les alchimies à l'œuvre. Aussi et surtout, et pour ne prendre que cet exemple, parce que nous aurions beaucoup apprécié à l'époque de la crise au Niger en 2005 de pouvoir disposer d'un ouvrage en français tel que celui-ci, nous aidant à décoder la complexité du phénomène à travers le regard de plusieurs acteurs, un ouvrage proposant un état des lieux des savoirs qui nous permette d'avoir entre les mains un outil fonctionnel pour mieux comprendre les multiples facettes de la malnutrition et la manière dont elles interagissent.

Face à une crise, le bailleur est inévitablement sous pression de toutes parts, surtout lorsqu'il s'agit d'enjeux de cet ordre, et il a besoin de clés pour décider. Bernard Maire nous livre en introduction de cet ouvrage les avancées et les défis de la nutrition et décrit les grandes étapes de la prise

* Gestionnaire de programmes, DG DEVCO, Direction générale de la coopération internationale et du développement, Union européenne.

de conscience des problèmes liés à la malnutrition dans le monde depuis la fin de la seconde guerre mondiale jusqu'à aujourd'hui.

Si notre propre prise de conscience est loin d'avoir été linéaire, elle a néanmoins suivi un chemin chronologique. Le grand tournant pour moi sera la crise de 2005 au Niger, mais bien d'autres pays pourraient servir d'exemple pour illustrer nos propos. Pour ma part, je venais de passer six ans à Ouagadougou comme responsable des programmes de sécurité alimentaire financés par l'Union européenne dans la zone CILSS (Comité inter-États de lutte contre la sécheresse dans le Sahel), une institution intergouvernementale créée en 1973 par les États de la région qui s'étend du Tchad au Cap-Vert, incluant également la Guinée-Bissau et la Mauritanie.

Au début des années 1980, ces pays de la région du Sahel se sont dotés de dispositifs d'alerte précoce et de prévention des crises alimentaires. Pendant toutes ces années, la préoccupation principale concernait les résultats des campagnes agricoles, à savoir combien chaque pays espérait pouvoir produire en fonction de la pluviométrie pour répondre aux besoins de ses populations. Nous savions déjà à l'époque que l'accès (les revenus, les ressources de chacun...) était plus déterminant que la disponibilité qui globalement dans le Sahel et hors sécheresse était satisfaisante et répondait aux besoins théoriques des populations, hormis pour le Cap-Vert et la Mauritanie.

Certaines années les récoltes étaient moins bonnes mais avec la mobilisation des stocks alimentaires et la relative liberté de circulation des produits dans le sous-espace économique, on évitait les graves crises généralisées et de grande ampleur qui faisaient à intervalles réguliers de nombreuses victimes jusqu'à la fin des années 1970. Il y avait bien ces éternelles et récurrentes polémiques entre urgentistes et développeurs, les uns criant au feu chaque année ou presque pendant que les autres relativisaient la gravité de la situation. Dans le deuxième chapitre de l'ouvrage, les deux auteurs, Nicolas Bricas et Arlène Alpha, nous aident à déchiffrer une lecture politique des débats sur la sécurité alimentaire et la nutrition, de « la faim dans le monde » à l'émergence progressive d'un concept de sécurité alimentaire, puis de « sécurité alimentaire et nutritionnelle ».

On s'aperçoit que la production agricole, satisfaisante ou non, n'est pas seule responsable de la trop importante mortalité infantile dans cette région, bien d'autres facteurs interfèrent dans cette fragile équation. Dans le chapitre 4, Anne-Dominique Israël et Benjamin Guesdon abordent ce thème de l'urgence quand ils nous parlent de la malnutrition aiguë, c'est-à-dire de la partie visible de la malnutrition: l'enfant qui meurt de faim. Mais au-delà de l'urgence, il y a cette situation chronique qui perdure depuis très longtemps et qui permet d'appréhender les causes complexes de la malnutrition qui, une fois encore, sont multiples et ont beaucoup plus de conséquences que la partie visible de l'enfant malnutri comme l'analyse Bernard Maire dans le chapitre 3, en décrivant les malnutritions aux différents âges de la vie.

Revenons quelques instants à 2005 donc, nos collègues d'ECHO (l'Office humanitaire de la Commission européenne) nous alertent assez tôt sur une situation qu'ils jugent tendue et inquiétante au Niger. Cette alerte intervient dans un contexte de récoltes en léger équilibre (chap. 2). Nous étions hésitants quant à la gravité de la crise tandis que nos collègues urgentistes parlaient déjà d'une famine de grande ampleur en préparation. Les enquêtes nutritionnelles alors menées par Médecins sans frontières (MSF) faisaient remonter des résultats exceptionnellement inquiétants. Tous les chiffres de malnutrition dépassaient largement les standards internationaux acceptables (chap. 4).

Finalement peu importe que des études fines nous aient permis ensuite de comprendre ce qui avait pu contribuer à masquer la réalité : l'extrême pauvreté de travailleurs agricoles vendant leur force de travail pour rembourser leurs dettes, un Nigeria voisin « riche » et à court de céréales siphonnant les vivres qui se trouvaient sur les marchés frontaliers pour couvrir ses besoins immédiats et revendant quelques mois plus tard ses reliquats. La nourriture était bien là mais à des prix inabordables pour les populations locales, c'était là tout le paradoxe. À cette époque, une première conclusion s'impose rapidement : les populations du Niger, dans leur grande majorité et tout particulièrement les enfants, sont atteintes d'une malnutrition chronique qui dépasse largement les seuils considérés par l'OMS comme extrêmement inquiétants. Une « famine silencieuse » pour reprendre l'expression de MSF, expression qui caractérise aussi les carences en micronutriments, peu visibles mais dévastatrices comme l'expliquent Jacques Berger, Marjoleine Dijkhuizen et Frank Wieringa (chap. 5). Cette grande fragilité chronique, en plus d'avoir des conséquences durables sur le développement physique et mental des populations, les rend encore plus vulnérables aux chocs multiples auxquels elles sont confrontées à intervalles réguliers. Cette réalité concerne tous les pays de la région, y compris les mieux approvisionnés. Diverses discussions, notamment avec des collègues de Save The Children Fund et d'ECHO, achèvent de nous convaincre que nous sommes ici confrontés à un problème structurel, que les stratégies de développement doivent prendre en considération et traiter à leur niveau. Nous comprenons qu'il s'agit, au-delà de l'urgence bien réelle à ce moment-là, d'une réalité lourde et profonde qui risquait fort d'hypothéquer encore et encore tous les efforts pour aider les pays sahéliens et leurs populations à sortir de la misère.

C'est aussi une nouvelle compréhension de la vulnérabilité qui s'impose car les causes à l'origine de cette réalité ne sont pas uniques, elles sont multiples et complexes, et le cloisonnement entre humanitaires et développeurs ne contribuait pas à proposer une réponse intégrée, prenant l'urgence en considération mais proposant dans le même temps des réponses adaptées sur le plus long terme. La malnutrition était perçue à ce moment-là avant tout et presque exclusivement comme une urgence médicale qui ne pouvait être prise en charge que dans le cadre d'interventions humanitaires avec des traitements de type médicamenteux ou des distributions alimentaires. Une question trop complexe et trop spécialisée, « faussement » conjoncturelle pour être traitée par des réponses structurelles.

De ces discussions est ressortie l'évidente nécessité de ne pas se limiter à des réponses de dernier recours. Nous sauvions certes des vies mais le problème de fond perdurait. Il devenait urgent de dépasser nos certitudes et de comprendre enfin que les approches devaient inévitablement être complémentaires, comme le décrit Bernard Maire dans le premier chapitre, en relatant les grandes étapes de la prise de conscience des problèmes de nutrition. En premier lieu il est important de comprendre l'évolution des concepts (sécurité alimentaire, vision médicale, interventions spécifiques versus multisectorielles, résilience, etc.) en fonction de l'évolution des connaissances scientifiques, du jeu des principaux acteurs (personnalités emblématiques, institutions internationales, pays, ONG) ; en fonction aussi des réussites ou des échecs des interventions, en fonction des contextes (crises économiques et politiques, augmentation de la richesse collective, émergence de certains pays du Sud).

Autant d'éléments qui entrent en résonance directe avec le chapitre 8 consacré à la gouvernance mondiale, dans lequel Denise Costa Coitinho Delmuè et Lina Mahy décrivent avec précision comment d'une conférence internationale à l'autre s'élaborent des politiques alimentaires et nutritionnelles.

Nous n'en étions pas encore là et au lendemain de cette terrible crise nous voulions trouver les mots et les arguments pour faire de la lutte contre la malnutrition une des priorités des politiques de développement. Il devenait important de préciser de quoi nous parlions et sur quels terrains nous souhaitions intervenir. Partager une compréhension commune du phénomène était important. C'était la première étape indispensable avant de s'engager plus avant dans un travail d'identification des réponses (boîte à outils nutrition/développement), de pédagogie et de plaidoyer. Nous demeurions cependant conscients qu'en situation d'urgence l'engagement sur le long terme n'est pas la réponse la plus facile ni la plus rassurante. C'est aussi pourquoi cette démarche devait rester associée aux réponses humanitaires traditionnelles. Il ne s'agissait pas de nous opposer mais d'agir ensemble et de pouvoir proposer une réponse intégrée et viable sur le long terme.

Au cœur d'une crise il est difficile de changer les modes de faire, ce n'est peut-être même pas souhaitable, en revanche nous étions déterminés à enclencher un mouvement et tenter de changer les paradigmes et ne plus nous satisfaire d'une fatalité locale qui voudrait que les crises alimentaires reviennent inexorablement et que rien ne pourrait jamais être fait contre cela.

C'est ainsi que forts de la dynamique suscitée au lendemain de la crise au Niger, l'UE a pu organiser en juin 2008 une conférence technique de haut niveau à laquelle allaient participer, un peu comme cela a été fait pour cet ouvrage, des spécialistes et plus largement des acteurs venant d'horizons différents mais convergents, répondant à toute la diversité et la complexité du problème (prolongeant l'idée de la gouvernance, chap.8). L'histoire et la complexité de la nutrition ne se sont pas arrêtées une fois la crise au Niger terminée. Nous allions entrer de plain-pied dans cette complexité déjà annoncée avec les questions liées à la transition nutritionnelle notamment (chap.6). Ensuite beaucoup resterait à faire, pour ne pas dire l'essentiel, à savoir définir des stratégies d'intervention pour la nutrition (chap.7), des stratégies toujours difficiles à mettre en œuvre car mobilisant de nombreux secteurs.

Cette conférence de juin 2008 à Bruxelles nous ouvrit de nouvelles perspectives ; nous étions désormais suffisamment crédibles pour que d'éminentes personnalités comme le professeur Lawrence Haddad, lauréat du Prix mondial de l'alimentation 2018, et d'autres spécialistes reconnus de la nutrition viennent nous interpeller, nous et d'autres bailleurs, pour proposer une approche plus intégrée, certes plus complexe, mais qui s'inscrirait dans le long terme au bénéfice des populations directement concernées. C'est d'ailleurs ce même L. Haddad qui dix ans plus tard nous enverra un bref courriel pour s'émerveiller « du chemin parcouru ! ».

Aujourd'hui, les progrès sont certes notables sur la délicate question de la sous-nutrition, mais le monde change vite et les enjeux aujourd'hui demeurent considérables car d'autres facteurs, comme l'accélération des phénomènes climatiques, l'appauvrissement des sols complexifient le problème en y ajoutant de nouvelles contraintes.

C'est ce dont parle Yves Martin-Prével qui fut de l'aventure dès le début et qui assure la coordination de cet ouvrage avec Bernard Maire, dans un dernier chapitre proposant un état des lieux des enjeux de demain, en lien notamment avec les questions environnementales, mais aussi en se demandant quelles seront les tendances lourdes, les opportunités et les risques, les innovations actuelles, les scénarios d'évolution possibles (chap.9).

En matière de lutte contre la malnutrition, comme pour beaucoup d'autres domaines, il n'existe aucune solution prête à l'emploi. Le problème est dévastateur, complexe, son traitement restera compliqué, sans doute pour longtemps encore. Mais nous devons garder à l'esprit comme le montre le dernier *Rapport mondial sur la nutrition* (2017) que l'amélioration de la nutrition peut avoir un effet multiplicateur substantiel sur l'ensemble des 17 Objectifs de développement durable (ODD) adoptés en 2016 pour lutter plus efficacement contre la pauvreté. Il démontre en effet qu'il sera difficile d'atteindre un ODD quel qu'il soit sans traiter des questions de nutrition, et l'amélioration de la nutrition peut agir comme un catalyseur pour atteindre l'ensemble des ODD.

1

La nutrition du XXe siècle à nos jours : quelles avancées et quels défis ?

Bernard Maire*

Il est fréquent que des collègues de diverses disciplines, des journalistes ou des décideurs de différents échelons impliqués à une occasion ou une autre dans des questions d'alimentation et de nutrition interrogent les nutritionnistes lors de la publication chaque année du bilan de la FAO sur la « faim dans le monde » ou de telle ou telle conférence internationale sur les objectifs internationaux en matière de santé, population ou agriculture : « Alors, où en est la nutrition (sous-entendu la « discipline ») ? Quelles sont les avancées de votre science ? Produit-elle des résultats significatifs ? De quoi sera fait l'avenir ? » Questions qui mélangent pêle-mêle selon les occasions des aspects liés à la sécurité sanitaire des aliments (hygiène) et les risques associés de flambées épidémiques, ceux liés à la sécurité alimentaire dans le monde et le corollaire du nombre futur de bouches à nourrir, comme ceux liés à la qualité des aliments présents et futurs (viande rouge cancérogène, nanoparticules, etc.), à la montée de l'obésité, à l'effet du changement climatique, bref à tous les aspects biochimiques, bromatologiques, sanitaires, sociaux, économiques, culturels ou politiques de ce vaste carrefour disciplinaire qu'est devenue la nutrition au sens large, alimentation comprise. Il est évidemment impossible d'en tout connaître dans le détail pour un scientifique honnête, et le tenter avec de multiples auteurs donnerait lieu à une véritable encyclopédie, ce qui n'est pas le propos ici. Pour autant ces questionnements des citoyens de tous bords sont légitimes, et il est intéressant de faire le point de la situation sur quelques-unes des grandes questions de temps à autre. C'est en grande partie ce que ce livre se propose de faire pour combler un manque d'ouvrages dans ce domaine, en français surtout, alors que l'Assemblée générale des Nations unies a proclamé 2016-2025 « Décennie

* Unité mixte de recherche Nutripass, Univ. Montpellier, IRD, Montpellier SupAgro, Montpellier, France.

d'action des Nations unies pour la nutrition », pour un avenir plus sain et plus durable[1].

Remonter le temps pour appréhender le chemin parcouru est utile ici, et permettra de mieux saisir les enjeux d'aujourd'hui ; l'évolution des concepts, les connaissances et les résultats acquis, mais aussi les limites de ces mêmes connaissances permettent de mesurer ce qui apparaît possible aujourd'hui (d'où les objectifs internationaux précis, fixés régulièrement à chaque décennie ou horizon proche depuis un certain temps déjà)[2] et ce qui nécessite toujours des recherches pour améliorer l'appréhension et la résolution des problèmes nouveaux (obésité et maladies chroniques) ou persistants (malnutrition aiguë), et l'effet des perturbations à venir (population, climat).

On fait remonter aux années 1900[3] les premières préoccupations internationales larges en matière d'alimentation mondiale, à la croisée des inquiétudes pour nourrir de façon satisfaisante les pays malgré des crises de production récurrentes, et des premières avancées de la science en matière d'amélioration de la productivité. D'où la création en 1905 à Rome de l'Institut international d'agriculture, ancêtre de la FAO. À la même date, en France, on crée par exemple un Institut d'hygiène alimentaire. En 1922, John Boyd Orr inaugure le célèbre Rowett Institute for Animal Nutrition and Health à Glasgow, avec des préoccupations évidentes de retombées pour la nutrition humaine. On voit ainsi poindre les deux bras – agriculture et santé – qui vont encadrer l'évolution de la nutrition sans toujours le faire de façon concertée, les enjeux n'étant pas les mêmes, filières de production et de transformation d'un côté, préoccupations « hygiénistes » de l'autre, même si on tente une synthèse au niveau des États, comme dans ce rapport de la Société des Nations en 1937 sur « L'alimentation dans ses rapports avec l'hygiène, l'agriculture et la politique économique »[3]. Notons à titre d'anecdote qu'un demi-siècle plus tard, en France, les participants à une réunion interministérielle pour la préparation de la première Conférence internationale sur la nutrition discutaient encore pour savoir si le concept d'alimentation englobait la nutrition ou l'inverse ; étaient évidemment en jeu des questions de pouvoir et de préséance entre les ministères de l'Agriculture et de la Santé plus qu'une question véritablement scientifique ! Notons aussi qu'à l'époque subsistait en français une confusion sur le terme de « sécurité alimentaire », sécurité des aliments pour les uns (*food safety*), contre sécurité de l'alimentation des individus et populations de l'autre (*food security*), ce qui ne favorisait pas toujours une compréhension immédiate des discus-

1. https://www.unscn.org/uploads/web/news/document/UNSCN-Final-Draft-FR.pdf (version de janvier 2017).

2. Sommet mondial de l'alimentation, Objectifs du Millénaire pour le développement, Programme du développement durable à l'horizon 2030.

3. Voir pour cette partie historique : *Un siècle de lutte contre la faim dans le monde. Alertes, révoltes, désillusions et doutes*, par J.-C. Flamant, Président de la Mission Agrobiosciences, avril 2009. www.agrobiosciences.org

sions pour les Français, notamment à l'international, les pays anglo-saxons ayant toujours eu une longueur d'avance en matière de définition des termes et de clarification des concepts en nutrition, problème heureusement progressivement résolu au cours de la décennie passée.

Au fil des crises économiques et des guerres, on en viendra à se préoccuper plus directement de l'état nutritionnel des personnes, compte tenu des taux élevés de malnutrition dans les couches pauvres des pays industrialisés ; les nutritionnistes commencent à étudier de façon plus fine les besoins alimentaires des individus et à voir comment assurer un apport correct en « aliments de protection ». Mais on ne se préoccupe guère de ce qui se passe dans le reste du monde malgré quelques voix isolées. Les choses s'accélèrent avec la deuxième guerre mondiale : les États-Unis prennent la main en convoquant une Conférence sur l'alimentation et l'agriculture avec 44 pays participants en 1943 à Hot Springs (Virginie) qui aboutira notamment à la création de la FAO (Food and Agriculture Organisation) officialisée à Québec en 1945, et installée dans un premier temps à Washington, puis transférée définitivement à Rome. Elle reprendra la mission de l'Institut d'agriculture de Rome sur la collecte des statistiques agricoles des pays membres et sera chargée de faire des propositions pour résoudre via les avancées techniques et scientifiques les problèmes des producteurs et des consommateurs alimentaires. Son premier président en sera précisément Lord Boyd Orr, médecin, influent scientifique au fait des questions d'agriculture et d'agroalimentaire, et imprégné d'une vision humaniste concernant l'état nutritionnel des populations pauvres (il publie notamment en 1943 *Food and the People* qui plaide pour une politique d'accès pour tous à une alimentation suffisante, pas seulement pour les riches). Il est vite convaincu avec d'autres nutritionnistes que l'insuffisance de satisfaction des besoins alimentaires dans un certain nombre de pays industrialisés est un problème d'importance capitale qui peut conduire des peuples à la famine, alors que des solutions techniques permettent de l'éviter ; ces scientifiques considèrent que des investissements financiers conséquents dans des systèmes agricoles modernes associés à un système de distribution amélioré devraient générer une meilleure productivité, d'où des prix plus bas, une consommation facilitée, un meilleur état de santé des populations, et donc conduire au progrès social. Boyd Orr propose ainsi un plan ambitieux de régulation des marchés agricoles mondiaux avec constitution de vastes stocks de céréales, l'organisation d'aides alimentaires d'urgence, et pousse l'idée du financement international de programmes de développement. C'était manifestement trop d'emprise sur les prérogatives des États, et il devra se retirer assez vite, la FAO retrouvant un statut d'organisme d'information et d'assistance scientifique et technique agricole et alimentaire aux États, le relais étant pris en matière de développement par la BIRD, future Banque mondiale. Mais dès les années 1950, les préoccupations démographiques mondiales mettent sur le devant de la scène la question de la satisfaction des besoins alimentaires de nombreux pays encore peu développés industriellement avec des populations toujours plus nombreuses. S'installe alors une opposition récurrente jusqu'à aujourd'hui entre ceux qui préconiseront avant tout de limiter la croissance de ces populations (2,5 milliards environ en 1950, projection de 3,15 milliards pour 1970), persuadés que la science et la technique ne pourront jamais résoudre cette équation de nourrir un monde en croissance permanente, dans la mesure où il apparaît déjà que les ressources planétaires en eau, engrais chimiques et sources d'énergie atteindront vite une limite, tandis que d'autres restent confiants dans la capacité des progrès technologiques à venir de surmonter graduellement cet obstacle.

En 1946, un jeune et brillant médecin brésilien, Josué de Castro, publie une *Géographie de la faim* (Seuil), qui relate son expérience locale dans le Nordeste, région très pauvre, soumise à des problèmes récurrents de disette. Puis il publie en 1951 *Géopolitique de la faim* (Éditions ouvrières) qui élargit le propos à l'ensemble des situations de faim dans le monde et tente de démontrer qu'il n'y a pas de fatalité de la faim, mais que la répartition des fruits de l'agriculture est inégale, que la monoculture industrielle se fait aux détriments de la sécurisation alimentaire des paysans (sucre, arachide), et que c'est l'insécurité alimentaire qui génère ou entretient la surpopulation présente et à venir, tant décriée par beaucoup comme cause première de la faim. Le succès de ces ouvrages, et de la pensée principale de son auteur, qui considère qu'un manque de volonté des grandes puissances est à la base de la pérennisation en cours de la faim au niveau planétaire, brisant alors un véritable tabou, conduit Josué de Castro à être élu président du Conseil exécutif de la FAO en 1952, où il développera inlassablement pendant quatre ans ses thèses sur le développement du petit paysannat familial par la réforme agraire et par l'aide à la commercialisation de leurs produits. Tout semblait dit; et on ne peut revenir sur ses ouvrages sans songer qu'aujourd'hui encore, ce sont pour une bonne part des familles de petits paysans qui sont en insécurité alimentaire dans le monde.

Jeune nutritionniste dans les années 1970, j'ai encore le souvenir de ces alertes récurrentes sur le fait que des pans entiers de la planète, Inde et Chine surtout, étaient régulièrement menacés par la famine, n'ayant plus que quelques semaines de stocks alimentaires devant eux. René Dumont, agronome français voué à cette cause, écrivait avec Bernard Rosier en 1966 *Nous allons à la famine* (Seuil). Il y eut alors un sursaut des nations les plus industrialisées, avec la convocation de la première Conférence mondiale sur l'alimentation qui se tint en 1974 au siège de la FAO. Les conflits de l'époque, les sursauts monétaires, le premier choc pétrolier, des récoltes difficiles, des disettes, tout convergeait pour repenser la question de la faim. C'est là qu'apparaît vraiment le concept de « sécurité alimentaire »: « Disposer à chaque instant, d'un niveau adéquat de produits de base pour satisfaire la progression de la consommation et atténuer les fluctuations de la production et des prix. » Cette définition ne cessera de s'affiner au fil du temps comme le racontent Nicolas Bricas et Arlène Alpha (chap. 2), sans être encore tout à fait satisfaisante pour tous aujourd'hui, alors que l'on peine à mettre en œuvre un véritable « droit à l'alimentation ».

Dans un classique coup de pendule on en revint aux propositions faites des années auparavant : mise en place de réserves d'urgence et de stocks régulateurs à différents niveaux assurant un contrôle relatif des variations des prix agricoles et mise en place d'un système (ou de systèmes) de surveillance alimentaire et nutritionnel. Si tout ne fut pas retenu, on peut cependant souligner le spectaculaire élan continu de production agricole et agroalimentaire qu'a engendré le spectre de vastes famines prochaines, qui du coup ne se sont pas réalisées... du moins autant que le prédisaient certains. Ainsi, selon la FAO, alors que les besoins par habitant étaient estimés en moyenne autour de 2 200 calories par jour au minimum en tenant compte des conditions de vie, les disponibilités dans les pays en développement sont passées de 2 050 à 2 680 calories en moyenne entre 1960 et 2000, faisant passer la part de la population mondiale ayant une ration théorique inférieure à 2 200 calories de 57 % à 11 % environ. Inversement la part de la population mondiale vivant dans des pays où la ration énergétique moyenne est supérieure à 2 700 calories par jour a doublé : de 30 % elle est passée à 61 % (ce qui n'est évidemment pas sans rapport avec l'émergence d'une « épidémie » mondiale d'obésité, comme on le verra plus loin).

Pour autant, la « Déclaration universelle pour l'élimination définitive de la faim et de la malnutrition » adoptée par la Conférence est restée lettre morte : le chiffre de 900 millions de personnes sous-alimentées[4] n'a guère varié depuis (figure 1). Mais il faut reconnaître que la population mondiale a fortement progressé entre-temps, et s'est largement urbanisée, sans les soubresauts prévus initialement en matière d'insécurité alimentaire malgré d'épisodiques émeutes dites « de la faim » par défaut de gestion des crises, et ce en dépit de changements profonds dans la structure de cette alimentation (moins de glucides longs, plus de protéines animales et de graisses et huile par exemple, ce qui implique des changements agricoles correspondants). Le verre n'est pas plein, il l'est à moitié ; il reste notamment de grands écarts entre grandes régions du monde. C'est donc insuffisant, mais nulle raison de désespérer. Si on tire les leçons du passé, et compte tenu de l'abondance de la production, on devrait pouvoir enfin atteindre les nouveaux objectifs de lutte contre la faim dans le monde proclamés lors du Sommet mondial de l'alimentation de 1996 (réduction à 400 millions des personnes en situation de sous-alimentation), renouvelés dans les Objectifs du Millénaire pour le développement (réduction de moitié d'ici 2015) et enfin dans les Objectifs de développement durable adoptés en septembre 2015 (éliminer la faim, assurer la sécurité alimentaire, améliorer la nutrition et promouvoir l'agriculture durable d'ici 2030).

---

4. Au sens de la définition et des calculs réalisés de façon annuelle par la FAO ; voir pour cela le chapitre 2.

Au fil du temps, nombre de solutions ont été préconisées et appliquées: régulation de la croissance de la population (Chine!), aide alimentaire pour pallier les déficits les plus critiques, mais associée à une conditionnalité souvent au profit de l'agriculture du donateur (chapitre PL480 de l'aide US par exemple), libéralisation du commerce alimentaire mondial au travers des processus de l'OMC, accroissement des capacités de production; bref, ces mesures dans l'ensemble n'ont pas failli, elles ont même pu se révéler utiles mais insuffisantes pour atteindre les objectifs fixés jusqu'ici. C'est sans doute au moins autant un problème de volonté politique globale de lutte contre la faim et la pauvreté, pour reprendre un des *leitmotive* de Josué de Castro il y a déjà plus de 50 ans, qu'un problème technique. De nombreux débats techniques eurent lieu, mais d'autres aussi, plus théoriques, ont questionné ce qu'était vraiment l'insécurité alimentaire: devait-elle se limiter au concept de satisfaction des besoins alimentaires physiologiques de base ou viser plus largement l'ensemble du mode de vie, y compris le travail, les loisirs, l'activité sociale et culturelle? Devait-elle être mesurée au niveau des régions, des ménages, des individus? Devait-on prendre en

Figure 1. *Évolution de la sous-alimentation dans le monde avec, en perspective, les cibles du Sommet mondial de l'alimentation (SMA) et des Objectifs du Millénaire pour le développement (OMD)*

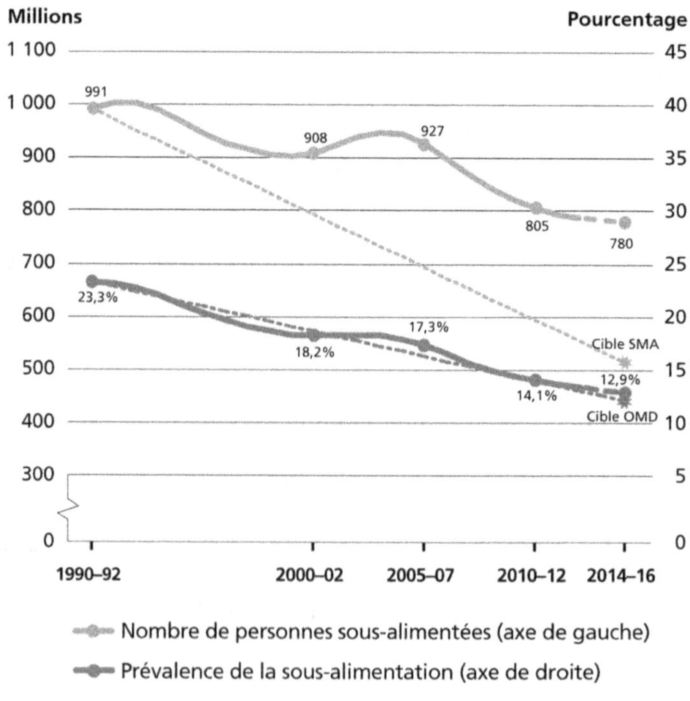

Source: FAO, SOFI 2015.

compte dans la classification les capacités de résilience plus ou moins forte des sociétés et des individus ? Devait-on distinguer les types d'insécurité alimentaire : accidentelle, transitoire, chronique ? Devait-on prendre en compte la perception des individus concernés autant que les mesures objectives d'insécurité ? Ces questionnements permirent une avancée des concepts et de manière pragmatique la décomposition aujourd'hui classique de la notion d'insécurité alimentaire en ses différents aspects : disponibilité, accès physique, économique et social, utilisation des aliments, et stabilité des approvisionnements[5].

Le contexte change à nouveau depuis une décennie : financiarisation du commerce des matières agricoles, *biofuels*, développement durable, par exemple. C'est ce qu'Arlène Alpha et Nicolas Bricas, en continuité de ces bases historiques, nous expliquent, en nous éclairant sur les enjeux politiques contemporains des différentes conceptions de la sécurité alimentaire et de son rapport à la nutrition, au chapitre 2.

Voyons maintenant comment les choses ont évolué du côté de la santé en ce qui concerne l'état nutritionnel des populations du monde. À côté de « l'affaire » fortement médiatisée de l'insécurité alimentaire et des famines, l'évolution des idées et de la prise en compte de la situation mondiale en matière de malnutritions s'est faite à relativement bas bruit pendant longtemps (au-delà des estimations de sous-alimentation effectuées périodiquement par la FAO). Si différentes formes de malnutrition étaient connues depuis l'antiquité (on a signalé dès cette époque les œdèmes apparaissant lors des famines ainsi que les états cachectiques des affamés), la notion de « maladies » appliquée à ces différentes formes de malnutrition aiguë clinique sévère (kwashiorkor et marasme de l'enfant), ou aux carences sévères en vitamines au fur et à mesure de leur découverte, est relativement récente. La malnutrition de l'enfant avait été décrite en Europe au début du XXe siècle (dystrophie des farineux, œdème nutritionnel de l'enfant, ou *mehlnärschaden* allemand), mais fut rapidement oubliée avec l'amélioration des conditions de vie. Cependant des observations dispersées de pédiatres dans différentes régions du monde ont ravivé la question, après guerre, de pathologies spécifiques de l'enfant dans des régions tropicales (à l'époque fréquemment des « colonies » soumises à différents pays développés, où les conditions de vie étaient difficiles), ayant une possible origine alimentaire (bouffissure d'Annam, enfant rouge, pellagre infantile, etc.)[6]. Le nom d'origine ghanéenne de *kwashiorkor* fut ainsi retenu pour caractériser médicalement une malnutrition aiguë de l'enfant avec œdèmes ; ce terme signifiant « premier-second » faisait référence

5. Chambers R., 1987, *Sustainable rural livelihoods, environment and development: putting poor rural people first*, IDS Paper 240, Univ. Sussex, Inst. Dev Studies, Brighton, UK ; Maxwell S., 1996, « Food security : A post-modern perspective », *Food Policy*, 21, p. 155-170.

6. Delpeuch F. et Maire B., 2004, « Malnutrition », in Dominique Lecourt (dir.), *Dictionnaire de la pensée médicale*, Paris, Presses universitaires de France, p. 712-718.

non plus à l'aspect clinique de la maladie, mais à sa cause : il se rapportait à l'enfant qui venait d'être sevré par sa mère parce qu'elle attendait un autre enfant, comme l'avait observé la jeune doctoresse anglaise Cicely Williams alors nouvellement affectée en Côte d'Or (Ghana) en 1928. Spectaculaire dans ses manifestations, et affectée d'une mortalité élevée, cette malnutrition retint rapidement l'attention et le décompte des cas devint un des premiers marqueurs internationaux pour évaluer le statut en nutrition des pays pauvres dans le monde. L'idée vint qu'une carence en protéines serait à l'origine de ces cas, la réalimentation avec des aliments riches en acides aminés (protéines) favorisant la guérison des enfants. Cette conception perdura longtemps au point de devenir la justification progressive de très nombreux projets agricoles de par le monde : on parla d'un grave problème de disponibilités en protéines alimentaires (*protein gap*) dans les pays en voie de développement, incitant à orienter ou réorienter l'agriculture en ce sens. Pour autant, les observations mirent en évidence petit à petit la présence simultanée de cas de kwashiorkor avec de nombreux cas d'amaigrissement sévère (émaciation grave ou marasme) plutôt attribuables à un manque généralisé de nourriture, principalement « d'énergie » alimentaire (calories), et on convint donc d'une pathologie globale de malnutrition « protéino-énergétique » pour tous ces enfants ; on commença à modifier les décomptes de cas en ce sens, en ajoutant une mesure du déficit pondéral de ces enfants par rapport au poids atteint par des enfants bien nourris de mêmes âges. On s'aperçut par ailleurs que les régimes alimentaires de ces pays n'étaient pas tous aussi déficients en protéines qu'on l'avait cru sur la foi de tests d'équilibre azoté basés sur des consommations en protéines de pays riches, bien au-delà des besoins physiologiques minimaux en protéines. Au milieu des années 1970 on évoqua alors un « *protein fiasco* » et on changea progressivement les concepts en faveur d'une malnutrition globale, orientant l'agriculture de ces pays vers une plus grande productivité (augmentation de l'énergie disponible) et non plus tant sur la teneur en protéines.

Un lent mouvement se mit en place à partir des années 1980 pour affiner la mesure du phénomène de malnutrition du jeune enfant dans ses formes plus modérées tout en recherchant des façons plus efficaces de traiter les différentes formes aiguës sévères trop souvent fatales chez un grand nombre d'enfants (travaux de l'école de Jamaïque notamment avec le Pr John Waterlow) ; on mit au point par ailleurs un système différencié de classification de la sévérité des cas d'émaciation et de retard de croissance en taille des jeunes enfants, les deux manifestations principales liées à des déficits alimentaires. Lorsqu'on mit en rapport les chiffres de malnutrition avec les chiffres d'insécurité alimentaire estimés par les pays on s'aperçut vite toutefois qu'il n'y avait pas toujours correspondance ; nombre d'observations plaidaient par ailleurs pour une origine multifactorielle de ces malnutritions, les maladies infectieuses semblant notamment importantes pour modifier le parcours de santé de ces jeunes enfants. Petit à petit chemina l'idée que cette malnutrition des jeunes enfants relevait de plusieurs causes distinctes agissant selon les cas séparément ou simultanément : une alimentation inadaptée, des maladies infectieuses, et en sous-jacent une carence de soins parentaux et sociaux. Dans les années 1990, se mit alors en place un schéma explicatif général (via l'UNICEF) largement adopté, notamment lors de la Conférence internationale sur la nutrition de 1992, qui permit le partage d'une même vision par les différentes parties (agriculture, santé, etc.) et la mise en place plus cohérente de politiques adaptées à différents niveaux, ce schéma « causal » positionnant les causes sous-jacentes et fondamentales au regard des causes immédiates. Ce schéma, dans sa forme classique simplifiée[7], est présenté ci-après.

Figure 2. *Schéma explicatif simplifié de la malnutrition selon l'UNICEF (2013)*

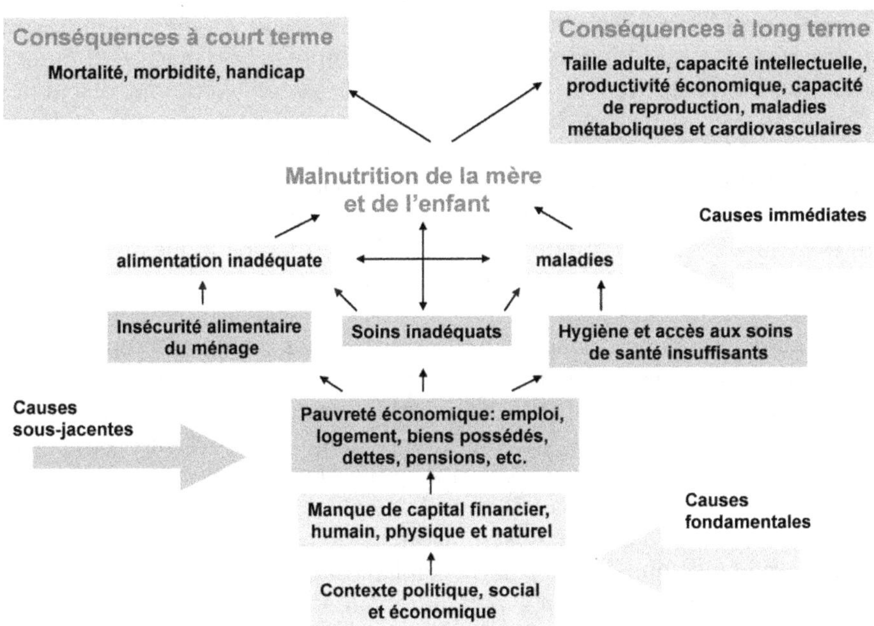

Il n'intègre pas les avancées plus récentes en matière de recherches en nutrition, appelées certainement à complexifier les choses, mais à mieux les expliquer. Il demeure tout de même un formidable outil pédagogique permettant d'harmoniser aisément le point de vue des différents acteurs concernés par les programmes et politiques d'intervention : familles, personnels de soins sociaux et de santé, intervenants techniques, décideurs de tous niveaux.

7. UNICEF, 2013, *Improving Child Nutrition : The achievable imperative for global progress*, United Nations Children's Fund, p.4.

Les malnutritions étaient classiquement considérées comme une conséquence de la pauvreté et du mal-développement ; mais à la CIN de 1992, il fut reconnu et mis en avant qu'à l'inverse une bonne nutrition pouvait aussi être un facteur clef de la lutte contre la pauvreté et un moteur de développement. Malgré une relative mobilisation à l'époque, et en dépit des efforts entrepris jusqu'ici, la prévention de la sous-nutrition des jeunes enfants reste un sujet de préoccupation ; de même, si la prévalence du retard de taille des jeunes enfants a, elle, diminué de manière significative dans un certain nombre de pays, on est loin encore d'une compréhension complète de sa genèse et de la mise en place de prévention et traitement efficaces en toutes situations. Par contre, le traitement de la malnutrition aiguë sévère a connu, par étapes, des progrès spectaculaires : une vraie révolution par rapport aux premiers temps où la mortalité pouvait dépasser 30 à 50 % des cas admis en urgence. Un traitement bien conduit aujourd'hui peut abaisser ce chiffre à moins de 5-10 % dans les meilleures conditions. L'établissement d'un protocole rigoureux en même temps que la mise au point d'aliments simples mais complets, bon marché et prêts à l'emploi ont constitué un véritable « *magic bullet* » comme disent les Anglo-Saxons. Il reste pour autant à pousser cet avantage pour réduire le plus possible ce fléau, qui, s'il touche relativement peu d'enfants par rapport à d'autres types de malnutritions, constitue toujours une urgence absolue. Les chapitres suivants, traitant des malnutritions aux différents âges de la vie (chap. 3) ou de la prise en charge thérapeutique de la malnutrition aiguë (chap. 4), nous renseignent plus avant sur l'évolution récente des concepts dans ces domaines.

D'autres formes de malnutritions sont venues lentement compléter le tableau : celles liées aux carences en éléments secondaires de l'alimentation, nécessaires à très petite dose, mais vitaux, que l'on appelle des « micronutriments », principalement des vitamines et des minéraux. Des pathologies sévères liées à des carences graves en certains éléments comme la vitamine B1 (béribéri), la vitamine A (cécité liée à la xérophtalmie) ou la carence en iode (goitre, crétinisme) avaient été repérées depuis longtemps. Leur importance numérique était cependant mal évaluée et jugée faible en dehors de certains contextes particuliers. La carence en iode était un problème bien connu des zones de montagne (y compris en Europe, cf. les « crétins des Alpes ») suite aux lessivements séculaires des sols par les pluies ; elle sévissait aussi par poches de territoires avec des étiologies supposées diverses (aliments goitrigènes, pollutions bactériennes de l'eau, etc.) et de façon relativement stable au vu des enquêtes menées de temps à autre. Le manque d'iode affecte le fonctionnement de la glande thyroïdienne, la faisant notamment grossir anormalement. Dans les régions affectées, les gens étaient frappés par la présence de goitres disgracieux énormes, mais aussi par une petite taille, un développement mental fortement retardé, des problèmes de mutisme et de surdité, une mortalité infantile accrue et un fonctionnement économique et social fortement perturbé. Depuis 1922, année où la Suisse, à la suite de travaux pionniers un peu partout dans le monde, avait institué l'enrichissement d'un aliment en iode de façon appropriée (en l'occurrence le sel, qui se révéla le meilleur aliment vecteur), nombre de pays (USA, Amérique latine) puis l'OMS recommandèrent une mesure similaire au niveau national de chaque pays concerné. Il fallut attendre longtemps cependant avant la mise en marche d'un programme à l'échelle mondiale, nombre de pays se contentant de traiter médicalement les populations localement affectées. Il n'y eut que très lentement une prise de conscience, largement relayée par un Conseil international pour la lutte contre les troubles de la carence en iode, l'ICCIDD, de l'ampleur réelle du nombre de personnes potentiellement à risque de carence en iode même modérée et de l'impact profond sur l'économique et le social[8]; les pays se mirent alors à appliquer ce traitement d'iodation du sel, apparemment simple, cependant complexe dans le détail, notamment au vu du nombre de fabricants et fournisseurs à impliquer dans les pays. En 1990, le Sommet mondial des Nations unies pour l'enfance établit un objectif d'éradication à l'échelle mondiale de la déficience en iode. Environ 70 % des ménages en 2013 avaient un accès à du sel iodé (dans 111 pays l'ingéré en iode de la population était globalement satisfaisant, dans 30 pays, l'ingéré était encore insuffisant, mais dans aucun pays à un niveau sévère)[9]. Fort de ce succès sommes toutes assez rapide dès le démarrage du programme, les spécialistes des questions de déficit en fer et en vitamine A, puis en zinc, se lancèrent dans des opérations de grande envergure, basées sur un triplet aujourd'hui classique: prévention et traitement au niveau du système de santé, puis montage de programmes d'enrichissement d'aliments largement distribués (pain, huile, sucre, etc.) et enfin une politique d'accès alimentaire équilibré le plus large possible pour éradiquer autant que faire se peut les carences en question. Il y eut alors un large *momentum* international (techniciens, décideurs, bailleurs de fonds, commerciaux, etc.) à travers diverses institutions ou programmes ad hoc pour lutter contre ce que l'on a appelé la « faim cachée » (par opposition à la faim visible liée au déficit en énergie alimentaire dont les conséquences sont plus immédiatement remarquées), tandis qu'une grande part de la population à risque de carences en micronutriments, ou souffrant de carences modérées, ne montrait pas de signes manifestes des troubles associés.

L'histoire s'est répétée pour chaque micronutriment d'importance, avec des hauts et des bas, passant d'un *magic bullet* par exemple pour la distribution de capsules de vitamine A à un constat apparent de fiasco là encore[10]. Cette véritable « saga » des micronutriments nous est contée au chapitre 5. Les auteurs nous expliquent pourquoi certains micronutriments ont été choisis en priorité, tandis qu'en réalité beaucoup de vitamines et

8. Hetzel B. S. et Pandav C. S. (éd.), 1994, *SOS for a Billion People : The Conquest of Iodine Deficiency Disorders*, Oxford, Oxford University Press.

9. Pearce E. *et al.*, 2013, « Global iodine nutrition: Where do we stand in 2013 ? », *Thyroid*, 23 (5), p.523-528.

10. Latham M., 2010, « The great vitamin A fiasco », *World Nutr*, 1 (1), p.12-45.

minéraux sont simultanément insuffisants dans un certain nombre de régimes alimentaires. Aujourd'hui, où l'accent est davantage mis sur les solutions alimentaires larges, la recherche porte également sur les effets d'apports multiples simultanés en micronutriments. Rappelons-le, on considère aujourd'hui que 2 milliards d'individus au moins sont affectés par une déficience chronique en micronutriments. Et nous sommes encore loin de voir ce problème disparaître[11].

On ne saurait conclure ce bref et lointain historique de la nutrition dans le monde sans aborder un problème beaucoup plus récent, en partie inattendu, celui de la présence de plus en plus préoccupante de cas de surpoids et d'obésité un peu partout dans le monde. Les spécialistes de nutrition des pays en voie de développement, traditionnellement, se sont préoccupés essentiellement des malnutritions par carence, comme le montrent les indicateurs et les statistiques utilisés pendant de nombreuses années. Certes, dès les années 1990, nous avions vu F. Delpeuch et moi-même apparaître des cas de surcharge pondérale chez des adultes urbains du Congo et du Sénégal, deux pays d'Afrique subsharienne aux conditions alimentaires pourtant assez distinctes. Et nous avions alors progressivement constaté à travers la littérature et les congrès scientifiques qu'il en était de même dans nombre de pays pauvres à travers le monde. Mais on ne se doutait pas alors que le phénomène prendrait une telle ampleur. C'est apparu manifeste au cours des années 2000, où il y avait environ autant de femmes en surpoids que de femmes maigres par exemple dans le monde, globalement. Ce fut un choc pour les nutritionnistes qui avaient connu les risques élevés de famine en Chine ou en Inde dans les années 1970. L'analyse a progressé depuis, le mouvement ne s'est pas démenti ; la Fédération mondiale pour l'obésité[12] estime que la tendance actuelle conduira 2,7 milliards d'individus à être en surcharge pondérale en 2025, dont 1 milliard seront atteints d'obésité franche, 177 millions étant sévèrement obèses. Nous sommes face à un phénomène complètement nouveau : jamais on n'avait vu ni imaginé de la surcharge pondérale et de l'obésité jusque chez des enfants, avec le cortège des maladies chroniques associées en perspective pour toute une vie au moment ou justement l'espérance de vie s'allonge de façon conséquente pour de plus en plus d'individus. Ceci est développé au chapitre 3 tandis que les conditions qui ont conduit à cette situation de « transition nutritionnelle » sont analysées de façon spécifique au chapitre 6.

Au gré de l'évolution des connaissances, sous l'influence des débats plus larges affectant l'organisation des interventions en santé dans les pays au cours de leur développement, et sous la pression des bailleurs de fonds et des décideurs soucieux d'obtenir des effets significatifs et rapides, on a souvent privilégié des programmes verticaux, à objectif unique, géné-

---

11. Berti C. *et al.*, 2014, « Prevention and control of micronutrient deficiencies in developing countries : Current perspectives », *Nutr Diet Suppl*, 6, p. 41-57.

12. http://www.worldobesity.org

rant des structures internationales et nationales appropriées, gouvernementales ou non. Il y eut des succès, mais aussi des échecs patents à vouloir plaquer le même type de programmes un peu partout sans distinction. À cette époque s'est aussi développé un mouvement dit de « nutrition de santé publique » ou « nutrition publique » (par opposition à la « nutrition clinique », champ qui s'adresse aux individus plutôt qu'aux populations), et dont une des implications était de permettre aux populations de participer pleinement au contrôle de leur alimentation, de leur nutrition et de leur santé en s'impliquant dans le partage des responsabilités dans les domaines de l'analyse de leur situation nutritionnelle et de la mise en place de programmes d'intervention appropriés[13].

En parallèle, un certain nombre d'investigateurs ont développé des recherches de terrain mêlant des approches quantitatives et qualitatives, à une échelle souvent modeste, pour mieux définir dans – et avec – les communautés les meilleures interventions à réaliser en fonction des besoins locaux, et comment les réaliser. Un problème s'est très vite posé : comment évaluer de façon scientifique pertinente les résultats de ces expériences locales ? La conception et les conditions de réalisation de ces programmes ne permettaient pas souvent de conclure de façon rigoureuse à l'effet réel de l'intervention proposée ou de chacune de ses composantes. Avec le temps c'est devenu lentement la norme et on a pu mieux apprécier les résultats en conditions réelles. Cela permit de publier des synthèses à intervalles réguliers, comme celles parues dans les « séries nutrition » du célèbre journal médical *The Lancet* en 2008 puis en 2013. Si aujourd'hui on peut faire le constat que l'on dispose d'un certain nombre d'études utiles à l'évaluation des actions en nutrition, on peut cependant regretter qu'elles soient souvent de dimension modeste et donc insatisfaisantes pour les promouvoir à une échelle plus large en espérant le même succès. Nonobstant, on dispose aujourd'hui de notions assez précises sur les effets à tous niveaux (santé, économie) des actions spécifiques de nutrition, ou des interventions « nutrition-sensibles » portant sur des déterminants plus lointains de la situation nutritionnelle, en se référant par exemple au modèle causal UNICEF illustré plus haut pour la malnutrition de l'enfant et des mères. Le chapitre 7 aborde largement la question des stratégies mises en œuvre dans les actions de nutrition aujourd'hui.

Une question qui a fait l'objet de nombreux débats au cours des décennies passées est celle de la gestion globale – de façon plus moderne la « gouvernance » – relative aux questions de nutrition. La nutrition est un domaine critique pour les États (forte visibilité politique interne et externe des émeutes de la faim, des chiffres de malnutrition, etc.) et donc l'objet d'une attention certaine et de vifs débats ; mais c'est aussi parfois un objet de pouvoir au travers de la question du leadership entre institutions nationales ainsi qu'au niveau international. Nombreux sommes-nous à avoir cru et plaidé pour une planification multisectorielle pour mieux affronter

13. Mason J. B. *et al.*, 1996, « Public nutrition », *Am J Clin Nutr*, 63, p. 399-400.

globalement la question de la nutrition dans les pays dès les années 1980 et à avoir vu le concept s'effondrer[14]... avant de le voir renaître de ses cendres[15] tant le besoin pratique et la logique l'exigeaient (cf. le schéma causal UNICEF pour la malnutrition de l'enfant)[16]. Malgré de récentes expériences réussies, les pays demandent toutefois davantage de preuves de leur utilité compte tenu de la complexité de ce fonctionnement[17]. Ce n'est pas tant la coordination qui est en cause, même si les services se concurrencent souvent, mais plutôt le maintien d'un plaidoyer politique sur le moyen terme afin de mobiliser les ressources internes et externes adéquates ; et sans doute aussi l'absence d'évaluation périodique. Au niveau international maintenant, il est toujours frappant de constater, pour un observateur externe, le nombre apparemment élevé de centres de décision, de contrôle et d'action sous forme d'agences internationales multiples ou, de manière plus floue, « d'initiatives » ou de « mouvements », émanant d'ONG ou d'institutions formelles, de bailleurs de fonds privés, d'organisations multi-pays montées de façon parfois conjoncturelle. Dédiés à une ou plusieurs questions de nutrition (micronutriments, croissance, sécurité alimentaire, etc.), leurs objectifs et actions peuvent paraître redondants ; on peine parfois à voir quel est l'organigramme effectif et les liens entre tous, malgré l'existence d'un Sous-comité des Nations unies pour la nutrition censé assurer la coordination globale, au moins au niveau des organisations affiliées au système des Nations unies. Là encore, la logique ne paraît pas toujours respectée, et les questions de pouvoir ou de leadership à tout le moins évidentes, ainsi que la nécessité d'aller « grappiller » autant que possible des financements, toujours insuffisants par rapport aux besoins avérés. L'évolution historique est ici fondamentale pour décortiquer ces jeux institutionnels et leur rapport avec les pays. C'est cette question de la gouvernance qui est présentée au chapitre 8 sous un jour compréhensible tout en interrogeant l'évolution en cours, au regard de ce que devrait être une bonne gouvernance pour la nutrition.

Après une période de repli relatif post-CIN (1992), l'heure est à nouveau à la nutrition, sous la pression des avancées scientifiques, de la « redevabilité » de plus en plus exigée des États, des questions nouvelles et pressantes du changement climatique qui exige des actions durables en matière d'environnement mais aussi d'alimentation et de santé, et de la montée « épidémique » d'une nouvelle forme de malnutrition (l'obésité et les maladies chroniques associées), tandis que les formes classiques de

14. Field J. O., 1987, « Multisectoral nutrition planning: A post-mortem », *Food Policy*, 12, p. 15-28.

15. World Bank, 2012, *Improving Nutrition Through Multisectoral Approaches*, Washington DC, World Bank.

16. Reinhardt K. et Fanzo J., 2014, « Addressing chronic malnutrition through multisectoral, sustainable approaches: A review of the causes and consequences », *Frontiers in Nutrition*, 1, p. 13.

17. Marasini M. K. et Mugenyi S., 2016, « Overcoming the limits of evidence on effective multisectoral nutrition policy », *Food Nutr Bull*, 37 (4S), p. 183-184.

malnutrition par carences ne sont pas éradiquées, loin de là. Une nouvelle Conférence internationale sur la nutrition a vu le jour en novembre 2014 (CIN2) et les initiatives se multiplient depuis 2008: REACH (Renewed Efforts Against Child Hunger), N4G (Nutrition-for-Growth), Mouvement SUN (Scaling Up Nutrition), Zéro Hunger Challenge, etc. Après l'ère des « Objectifs du Millénaire pour le développement », voici lancée en 2015 celle des « Objectifs du développement durable ». Le deuxième de ces objectifs stipule que l'on doit éradiquer la faim, concrétiser la sécurité alimentaire pour tous, améliorer la nutrition et promouvoir une agriculture soutenable. Ceci devrait favoriser le maintien des préoccupations de nutrition au plus haut niveau. Sensible à ce besoin, l'Organisation des Nations unies a lancé en 2016, comme indiqué en introduction, une « Décennie d'action des Nations unies pour la nutrition », pour un avenir plus sain et plus durable dont la feuille de route provisoire a été annoncée début 2017. L'avenir dira si nous continuerons à progresser. En ayant notamment à l'esprit l'ombre que font planer pour les décennies prochaines les indications sur les changements alimentaires liés au changement climatique en cours. C'est ce qu'explore, parmi les défis à venir, Yves Martin-Prével, dans le chapitre de conclusion.

De manière utile, la CIN2 s'est accompagnée de la publication d'un nouveau genre de rapport annuel sur la nutrition dans le monde (*Global Nutrition Report*) en 2014[18]. Rédigé par un groupe d'experts indépendants, il apporte non seulement une mise à jour des données connues globalement et pour chaque pays, en pointant les efforts encore nécessaires en matière d'indicateurs et de recueil de données, mais surtout il analyse en détail les progrès accomplis et fournit un mécanisme de mesure de redevabilité concernant les engagements pris par 96 pays signataires.

On terminera justement par un encadré qui présente les 50 chiffres les plus marquants du Rapport 2015 selon un panel d'experts; chiffres qui reflètent bien la situation et les enjeux de la nutrition dans le monde aujourd'hui.

---

18. http://globalnutritionreport.org/

50 chiffres frappants sur la nutrition dans le monde,
les défis et les actions pour y répondre
(d'après le Rapport sur la nutrition mondiale 2015)

1. L'ampleur des malnutritions dans le monde est effarante	
1/3	Proportion de personnes dans le monde qui sont en état de malnutrition
1/12	Proportion d'adultes avec un taux de sucre dans le sang élevé ou avec un diabète
45 %	de pays font face à un double fardeau de malnutrition (dénutrition/surpoids, obésité et maladies chroniques associées)
> 50 %	d'enfants < 5 ans émaciés ou retardés en taille dans 5 pays où cela a été étudié (Bangladesh, Rép. dém. du Congo, Éthiopie, Pakistan, Nigeria)
193	Nombre de pays sur 193 qui ont un problème significatif de malnutritions (toutes formes, obésité comprise)
42 millions	d'enfants < 5 ans dans le monde sont en surpoids ou obèses
51 millions	d'enfants < 5 ans dans le monde sont émaciés (trop maigres)
161 millions	d'enfants < 5 ans dans le monde sont retardés en taille (trop petits)
795 millions	de personnes sont en insécurité alimentaire
1,9 milliard	de personnes sont en surpoids ou obèses dans le monde
2 milliards	de personnes sont déficientes en micronutriments (vitamines et minéraux)
2. Nous payons un coût humain et financier élevé pour les malnutritions	
2-20 %	Part des coûts de soins de santé dans le monde affectés au traitement de l'obésité
10 %	Coût des malnutritions au Malawi en proportion de son PIB (Produit intérieur brut)
45 %	Pourcentage de décès d'enfants < 3 ans liés à des malnutritions sous formes diverses
3. Mais investir dans la nutrition génère un rendement élevé	
10 %	Rendement financier sur 30 ans d'un renforcement des programmes de nutrition
13 %	Taux de rendement composé d'un renforcement des interventions spécifiques de nutrition en Rép. dém. du Congo, au Mali, au Nigeria et au Togo
1/16	Ratio coût/bénéfice d'un investissement dans le renforcement des interventions en nutrition dans 40 pays

4. La nutrition est à peine mentionnée dans les Objectifs de développement durable	
0	Nombre de fois où l'obésité est mentionnée dans le document final des ODD
1	Nombre de cibles ODD, sur 169, qui mentionnent la nutrition
2	Nombre d'indicateurs ODD qui ont trait à la nutrition
8	Nombre d'indicateurs ODD qui devraient être en rapport avec la nutrition selon les principales organisations internationales
5. Des progrès, en certains endroits, pour limiter la sous-nutrition	
39	pays en bonne voie pour atteindre l'objectif global de l'Assemblée mondiale de la santé (AMS) de réduction du retard de croissance des jeunes enfants, contre 24 en 2014
67	pays en bonne voie pour atteindre l'objectif de l'AMS de réduction de l'émaciation des jeunes enfants, contre 59 en 2014
63	pays en bonne voie pour atteindre l'objectif de l'AMS de réduction du surpoids des jeunes enfants, contre 55 en 2014
39 %	d'enfants < 5 ans retardés en taille en Inde, contre 48 % en 2005-2006
50 %	de réduction de l'émaciation des jeunes enfants dans les États indiens les plus affectés entre 2005 et 2013
100 %	d'augmentation du taux d'allaitement exclusif pour les États indiens les plus affectés entre 2005 et 2013
6. Ailleurs, la situation nutritionnelle ne s'améliore que lentement, voire s'aggrave	
0	aucun pays n'a réussi à renverser la tendance à l'obésité chez les adultes
1	seul pays a réussi à se mettre en bonne voie d'atteindre les 5 objectifs de l'AMS : le Kenya
5	pays seulement sont en bonne voie pour atteindre l'objectif global de réduction de l'anémie chez les femmes en âge de reproduction
6	pays encore ne sont pas en voie d'atteindre un quelconque des objectifs de l'AMS
30-50 %	d'augmentation probable du retard de croissance des jeunes enfants en 2050 du fait du changement climatique mondial
63	pays ont un taux faible mais en augmentation de surpoids et obésité
127	pays ont un taux élevé et toujours en augmentation de surpoids et obésité

7. Nous ne connaissons encore qu'insuffisamment l'état nutritionnel des populations et les actions qui doivent être entreprises pour l'améliorer	
3	interventions en nutrition à fort impact pour lesquelles on dispose de données nationales de couverture comparables entre elles, seulement, sur 12
5	cibles globales de l'AMS pour la nutrition sur 6 pour lesquelles on peut évaluer les progrès : 1. retard de croissance ; 2. émaciation ; 3. surpoids de l'enfant ; 4. allaitement exclusif ; 5. anémie des femmes en âge de reproduction ; la dernière cible, 6. faible poids de naissance, reste en chantier encore
9	seulement, sur 151 nouvelles données ajoutées à la base de données OMS/UNICEF, proviennent des pays de l'OCDE (Australie, Chili, Japon)
58	pays ne sont capables de suivre les progrès que d'un seul des objectifs de l'AMS
108	pays sont capables de suivre les progrès de 4 des objectifs de l'AMS, contre 99 en 2014
115	pays ne disposent pas de données suffisantes pour suivre les progrès en matière d'allaitement exclusif
8. Les actions menées par les intervenants en nutrition présentent des succès comme des échecs	
1,3 %	Part du budget gouvernemental alloué à des dépenses spécifiques ou en lien avec la nutrition dans 14 pays du Mouvement SUN
6	donateurs sur 13 qui s'étaient engagés au Sommet « Nutrition for Growth » (N4G) en 2013 ont négligé de remplir l'ensemble des données financières correspondantes telles que requises par le *Rapport mondial sur la nutrition*
10	plans de nutrition de pays membres du SUN sur 26 ne faisaient pas mention explicite du changement climatique
13	donateurs ont dépensé moins de 1 million de dollars US pour des actions spécifiques de nutrition en 2013
21 %	d'engagements lors du Sommet N4G en 2013 n'ont pas fait l'objet d'un rapport, mais seulement 10 % en 2014
24	indicateurs ATNI (Access to Nutrition Index), sur 178, pour lesquels les 25 sociétés évaluées avaient un score de 0
30	pays ont engagé un processus de comptabilisation des actions en nutrition au sein de leur bilan budgétaire en 2015, contre 3 en 2014
30 %	des 284 engagements pris lors du Sommet N4G en 2013 étaient spécifiques, mesurables, attribuables, réalistes et en temps opportun (SMART)
~1 milliard dollars US	Dépenses spécifiques en nutrition par des donateurs en 2013, contre 0,5 milliard de dollars US en 2012
~5 milliards dollars US	Dépenses spécifiques en nutrition et en « assistance officielle pour le développement » (ODA) en lien avec la nutrition en 2013 ; soit environ 4 % de l'ODA

2

Une lecture politique des débats sur la sécurité alimentaire et la nutrition

Nicolas BRICAS* et Arlène ALPHA**

La crise des prix internationaux de 2007-2008 a contribué à une remise à l'agenda politique des questions de sécurité alimentaire et de nutrition. Avec la multiplication des émeutes dites « de la faim » ces années-là, avec le « printemps arabe » à partir de décembre 2010 prenant prétexte initial de l'augmentation des prix alimentaires, ces questions autrefois locales semblent devenir globales. Elles mobilisent en tout cas la communauté internationale au travers de plusieurs initiatives récentes. L'analyse de celles-ci et des débats qu'elles suscitent au sein des instances internationales fait l'objet de ce chapitre. La crise depuis 2008 a-t-elle seulement réveillé les consciences pour remobiliser une communauté internationale qui avait eu tendance à oublier la question de la faim depuis les années 1970 ? Ou bien a-t-elle aussi entraîné une reconfiguration du jeu des acteurs impliqués dans le domaine de la sécurité alimentaire et de la nutrition ? Qu'est-ce que cette crise a changé aux conceptions de la sécurité alimentaire et de la nutrition, de ses causes et surtout des actions pour améliorer les situations ? En apportant des éléments de réponse à ces questions, l'ambition de ce chapitre est de montrer deux choses : d'une part, malgré une compréhension croissante du caractère multifactoriel de la sécurité alimentaire conduisant à recommander une approche multisectorielle des interventions, cette question reste largement traitée sous un angle avant tout agricole et malthusien où les disponibilités alimentaires jouent un rôle déterminant. D'autre part, après une période de relatif délaissement du secteur agricole par la communauté internationale, la sécurité alimentaire et la nutrition sont devenues un champ de légitimation pour un déploiement du secteur privé. Les débats en cours sur la sécu-

* CIRAD, UMR MOISA, F-34398 Montpellier, France. MOISA, Univ. Montpellier, CIHEAM-IAMM, CIRAD, INRA, Montpellier SupAgro, Montpellier, France.

** CIRAD, UMR MOISA et Laboratoire Citoyennetés, Ouagadougou, Burkina Faso. MOISA, Univ. Montpellier, CIHEAM-IAMM, CIRAD, INRA, Montpellier SupAgro, Montpellier, France.

rité alimentaire et la nutrition ne peuvent plus se lire sans considérer le jeu désormais déterminant des acteurs privés.

Retour sur la définition de la sécurité alimentaire

Si le terme de sécurité alimentaire est apparu dès 1943 à la Conférence de Hot Spring qui donnera naissance à la FAO, il ne s'est véritablement popularisé qu'avec la Conférence mondiale de l'alimentation de 1974 organisée à Rome par le Conseil économique et social des Nations unies. La définition consensuelle adoptée lors de ce sommet renvoie essentiellement à une question d'équilibre entre offre et demande. Être en sécurité alimentaire signifie « disposer, à chaque instant, d'un niveau adéquat de produits de base pour satisfaire la progression de la consommation et atténuer les fluctuations de la production et des prix ».

Une telle définition ne se comprend que dans le contexte politique et économique de la période. Ce sommet se tient en effet alors que les prix des céréales sur les marchés internationaux flambent. À l'origine de cette crise se trouvent le choc pétrolier qui renchérit tous les prix et une série d'accidents climatiques qui fait fondre les stocks de céréales. Même si le rythme de la croissance démographique mondiale commence à ralentir depuis le début des années 1970, l'augmentation de la population reste rapide et les craintes malthusiennes sont très présentes dans le débat. Un

Figure 1. *Évolution des disponibilités alimentaires dans différentes régions du monde en Kcal/pers/jour*

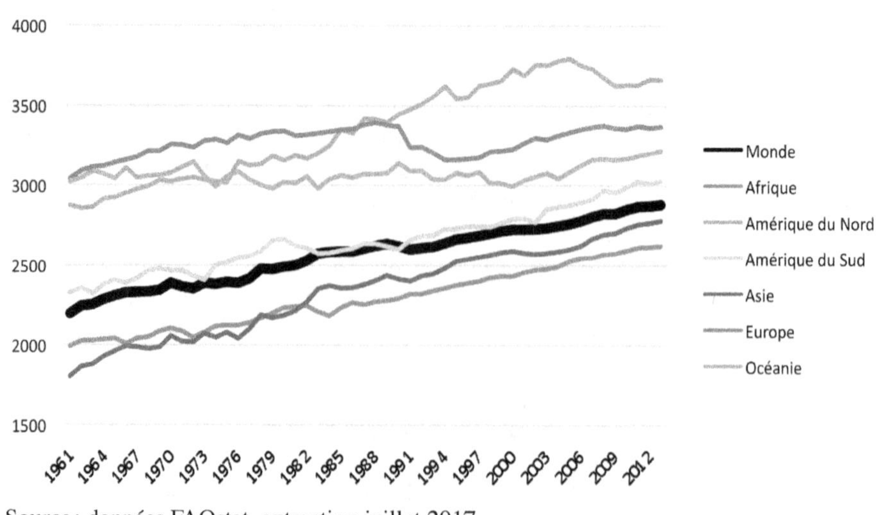

Source : données FAOstat, extraction juillet 2017.

grand nombre de pays, en particulier en Asie et en Afrique, souffrent encore de malnutrition protéino-énergétique, leur niveau de production alimentaire restant en deçà du seuil recommandé pour couvrir les besoins de la population, entre 2200 et 2500 Kcal/pers/jour selon les pays et le niveau d'activité physique de leur population (figure 1).

Considérer qu'il s'agit de disposer de suffisamment de nourriture pour assurer la sécurité alimentaire conduit naturellement à encourager la production alimentaire, à accélérer son augmentation, voire à réduire la progression de la demande par un contrôle des naissances. Si, de ce point de vue, cette définition de la sécurité alimentaire apparaît relativement technique, elle n'est pas contradictoire avec une vision politique dominante à l'époque dans les pays en développement: celle de l'autosuffisance alimentaire. Les décolonisations entreprises depuis la fin de la seconde guerre mondiale, la guerre froide entre Est et Ouest et le mouvement des pays non alignés conduisent à considérer la question alimentaire comme une question d'indépendance vis-à-vis des puissances coloniales et des pays dits « du centre », dans la crainte que les agro-exportateurs utilisent leur capacité d'exportation comme une « arme alimentaire », ce que dénoncera le célèbre ouvrage de Sophie Bessis en 1979[1]. Le terme mobilisateur d'autosuffisance alimentaire porte en lui l'ambition d'une moindre dépendance vis-à-vis de l'extérieur pour nourrir la population et de disposer pour cela de suffisamment de nourriture dans chaque pays.

Du point de vue institutionnel, entrer par les disponibilités alimentaires revient à placer le secteur agricole au cœur de la solution à l'insécurité alimentaire. Ce n'est d'ailleurs pas un hasard si la Conférence mondiale de l'alimentation se tient à Rome. Deux institutions des Nations unies y ont déjà leur siège à l'époque: la FAO et le Programme alimentaire mondial (PAM). Et la conférence de 1974 engendre une troisième institution qui s'installe dans la capitale italienne elle aussi: le Fonds international pour le développement agricole (Fida) en charge de mener des projets visant à augmenter la production alimentaire dans les pays en développement.

Cette conception de la sécurité alimentaire a une force indéniable: elle permet une représentation simple du problème – l'équilibre offre/demande –, conduit à une solution simple – augmenter la production –, qui peut être confiée à un acteur principal: le secteur agricole. Une telle conception restera très présente, et ce jusqu'aujourd'hui, dans les conceptions du problème, malgré sa remise en cause[2].

Les années 1980 marquent en effet un tournant majeur dans la conception de la sécurité alimentaire sous l'influence notable d'Amartya Sen et

1. Bessis S., 1979, *L'arme alimentaire*, Paris, Maspero; réédité en 1983 et 1985, Paris, La Découverte.

2. Fouilleux E. *et al.*, 2017, « "Feeding 9 billion people": Global food security debates and the productionist trap », *Journal of European Public Policy*, DOI: 10.1080/13501763.2017.1334084 (p. 1658-1677).

de son ouvrage *Pauvreté et Famine* publié en 1981[3]. S'appuyant sur une analyse des famines du Bengale, de l'Éthiopie, du Sahel et du Bangladesh, celui qui deviendra prix Nobel d'économie, notamment pour cet ouvrage, montre que l'insécurité alimentaire est moins une question de disponibilités que d'accès. Ceux qui souffrent de la faim sont ceux qui n'ont pas un accès à des moyens de production alimentaire suffisants (terre, intrants, main-d'œuvre), ou à des moyens d'acheter leur nourriture. C'est la pauvreté qui est responsable de l'insécurité alimentaire, ce qui explique que certains pays auto-suffisants, voire excédentaires, n'aient pas réglé le problème de la faim pour autant.

Une nouvelle définition de la sécurité alimentaire émerge ainsi, d'abord en 1986 dans un rapport de la Banque mondiale[4], institution dont le mandat est justement la lutte contre la pauvreté. Cette définition est reprise et complétée lors du Sommet mondial de l'alimentation (SMA) réuni à nouveau à Rome en 1996 : la sécurité alimentaire est l'« accès physique et économique pour tous les êtres humains, à tout moment, à une nourriture suffisante, saine et nutritive, leur permettant de satisfaire leurs besoins énergétiques et leurs préférences alimentaires pour mener une vie saine et active ». Si cette définition met clairement en avant la question de l'accès, elle mentionne aussi ce qui sera désormais appelé les trois autres piliers de la sécurité alimentaire : la disponibilité, la qualité de l'alimentation et la régularité (de l'accès, des disponibilités et de la qualité).

Certes, cette nouvelle conception de la sécurité alimentaire s'appuie sur des constats de terrain et sur des avancées scientifiques dans la compréhension des famines. Mais elle s'avère surtout tout à fait compatible avec le nouveau contexte de libéralisation économique qui s'engage depuis les années 1980. Puisqu'il s'agit désormais de disposer de moyens d'accès à l'alimentation, pourquoi chercher à produire soi-même à un coût élevé si d'autres pays peuvent le faire à moindre coût ? C'est en ouvrant le marché international, en supprimant les barrières aux échanges que les prix peuvent devenir des indicateurs de la tension entre offre et demande. Le monde peut alors bénéficier des prix des aliments les plus bas possible, permettant de réduire le coût de la main-d'œuvre et d'être par conséquent plus compétitif. C'est là le raisonnement du célèbre « Rapport Berg » (1981)[5] sur « le développement accéléré en Afrique au sud du Sahara » et des politiques d'ajustements structurels qui permettront la mise en application de ces préceptes libéraux.

3. Sen A. K., 1981, *Poverty and Famines. An Essay on Entitlement and Deprivation*, Oxford, Oxford University Press.

4. Banque mondiale, 1986, *La pauvreté et la faim. La sécurité alimentaire dans les pays en développement. Problèmes et options*, Washington DC, Banque mondiale.

5. Berg E. (coordinateur), 1981, *Le développement accéléré en Afrique au sud du Sahara. Programme indicatif d'action*, Washington DC, Banque mondiale.

L'évolution du mode de calcul de l'importance de l'insécurité alimentaire

En cohérence avec la première définition consensuelle de la sécurité alimentaire, la mesure du nombre de personnes en insécurité alimentaire consiste initialement à estimer le nombre de personnes se situant en dessous d'un seuil critique de disponibilités alimentaires. Cette estimation est faite à l'échelle des pays et s'appuie sur deux indicateurs : d'une part les disponibilités caloriques moyennes dans le pays et, d'autre part, la répartition de la population autour de la moyenne. Le premier indicateur, construit chaque année pour chaque pays du monde par la FAO, est issu du Bilan de disponibilités alimentaires, calcul des quantités produites de chaque aliment, diminuées des usages non alimentaires (pertes au champ et au stockage, semences, alimentation animale, utilisation industrielle), augmentées du solde import-export et du solde de stocks entre le début et la fin de l'année. Les quantités disponibles pour chaque aliment sont converties en calories. Divisée par la population, la somme des disponibilités peut être mise en relation avec les besoins nutritionnels énergétiques individuels. Le second indicateur est issu d'un modèle basé sur les données des enquêtes budget-consommation réalisées sur des échantillons représentatifs des populations nationales. Il permet d'établir la forme de la répartition de la population autour de la moyenne des consommations totales (plus ou moins aplatie sur la figure 2 ci-dessous). En dessous d'un certain seuil de disponibilité, la population est considérée en insécurité alimentaire. Le cumul de ces populations est généralement présenté par les médias comme le nombre de personnes qui ont faim dans le monde : autour de 800 millions ces dernières années. Un tel mode de calcul tend à favoriser une représentation de la solution pour lutter contre la faim : augmenter le disponible alimentaire revient à déplacer la courbe de la population vers la droite (cf. figure 2) pour sortir de l'insécurité alimentaire ceux qui se situent sous le seuil critique.

En cohérence avec la seconde définition mettant l'accent sur l'accès à l'alimentation, a été développée une approche alternative du calcul de l'insécurité alimentaire, basée non plus sur les disponibilités mais sur les conditions de vie des ménages. Les enquêtes auprès des ménages mesurent leurs

Figure 2. *Principe du calcul de la population en insécurité alimentaire par les disponibilités alimentaires*

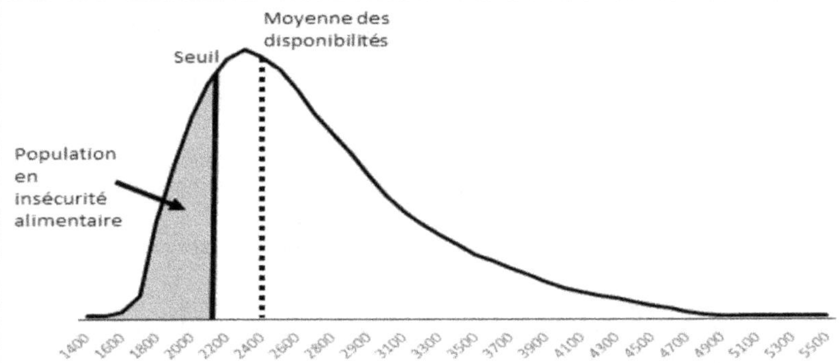

niveaux de consommation monétaires (achats) et non monétaires (autoproduction et dons) rapportées en valeur économique. Ces consommations sont ensuite mises en rapport avec le montant d'un panier de biens jugés essentiels pour vivre. Il s'agit donc plutôt d'un indicateur de pauvreté basé sur des besoins de base, notamment alimentaires. De tels indicateurs présentent l'inconvénient de devoir s'appuyer sur des données d'enquêtes nationales lourdes qui ne sont jamais répétées tous les ans. Elles ne permettent pas de calculer une situation annuelle et de la suivre dans le temps, à moins d'utiliser des modèles d'estimation basés sur le PNB/hab. et les prix.

Depuis 2012, la FAO a entrepris une réforme de son mode de calcul de l'insécurité alimentaire et construit un indicateur composite qui s'appuie sur des indicateurs d'état nutritionnel combinés à des indicateurs de chacun des quatre « piliers » de la sécurité alimentaire: indicateurs d'accès, de disponibilité, de qualité et de régularité, et des indicateurs de vulnérabilité[6]. Cette démarche rejoint celle entreprise par d'autres instances internationales comme l'Ifpri qui calcule chaque année depuis 2006 un Global Hunger Index, basé lui aussi sur une combinaison d'indicateurs d'état nutritionnel et de causes de l'insécurité alimentaire. Depuis 2008, on a vu également se multiplier les initiatives de structures privées pour proposer, elles aussi, des indicateurs d'insécurité alimentaire, par exemple le Global Food Security Index de DuPont ou le Maplecroft Food Security Risk Index. Toute cette nouvelle génération d'indicateurs ne se limite plus à un calcul basé sur des indicateurs des seuls déterminants mais intègre, il faut le souligner, des indicateurs d'état nutritionnel. On reste cependant, dans tous les cas, sur des mesures objectives de la situation.

C'est pour compléter ces mesures que se développent depuis quelques années des mesures de l'insécurité alimentaire ou de la faim « ressenties ». Déjà Maxwell indiquait en 1996[7] cette tendance post-moderniste où était reconnu l'intérêt de prendre en compte le ressenti ou le vécu de la population. Cette approche, utilisée initialement aux États-Unis, a été adaptée pour produire un indicateur dit expérientiel, le *Household Food Insecurity Access Scale* (HFIAS)[8], mesurant par enquête auprès de la population la gravité de l'insécurité alimentaire vécue par le ménage au cours d'une période passée. Plus récemment, l'institut de sondage Gallup, qui réalise des enquêtes dans la plupart des pays du monde, a intégré des questions sur l'insécurité alimentaire et la faim ressenties. Le croisement de ces données, avec celles plus objectives de la FAO, montre un net décalage entre les indicateurs. La crise des prix de 2008 ne se serait pas traduite, au niveau global, par une forte augmentation de l'insécurité alimentaire, mais au contraire par une poursuite de sa baisse, sauf en Afrique. La croissance

6. Cafiero C., 2012, *Advances in hunger measurement. Traditional FAO methods and recent innovations (ESS Paper)*, Rome, FAO. http://www.fao.org/fileadmin/templates/ess/ess_test_folder/Food_security/Cafiero_Global_Food_Security.pdf

7. Maxwell S., 1996, « Food security: A post-modern perspective », *Food Policy*, 21 (2), p.155-170.

8. Coates J. *et al.*, 2007, *Household Food Insecurity Access Scale (HFIAS) for Measurement of Household Food Access: Indicator Guide (v. 3)*, Washington DC, Food and Nutrition Technical Assistance Project.

économique de la Chine et de l'Inde, pays qui comptent le plus de population en insécurité alimentaire, aurait sorti une part importante de la population de cette situation, d'autant que ces pays ont pris des mesures pour limiter les répercussions de la hausse des prix internationaux sur les prix domestiques[9]. En 2014, la FAO a mis au point une échelle de mesure de l'insécurité alimentaire ressentie grâce à un partenariat avec l'institut Gallup. Cette mesure a été intégrée au sondage mondial réalisé chaque année par Gallup. L'indicateur de la prévalence de l'insécurité alimentaire modérée ou grave dans la population utilisé pour les objectifs de développement durable à l'horizon 2030 s'appuie sur ce système de mesure.

Une telle conception de la sécurité alimentaire provoque des réactions et des critiques. La principale critique est l'absence de dimension politique de la définition et sa conception par trop technique. Parce que cette définition est issue d'un consensus international, les questions de rapports de force entre nations, de jeux d'influence et de domination par le biais du commerce international n'apparaissent pas. Un grand nombre de pays africains élaborent ainsi, en opposition à ce qui sera synthétisé dans le rapport Berg, un plan d'action, dit « Plan de Lagos » en 1980, qui affirme une volonté de plus grande autosuffisance alimentaire et la liberté de penser son développement en dehors du cadre libéral promu par les institutions de Bretton Woods: la Banque mondiale et le Fonds monétaire international (FMI). Une telle position rejoint celle défendue plus tard, lors du Sommet mondial de l'alimentation de 1996, par le mouvement Via Campesina qui promeut le concept de « souveraineté alimentaire », définie comme « le droit des populations, de leurs États ou unions à définir leur politique agricole et alimentaire, sans dumping vis-à-vis des pays tiers ».

Ces revendications de refus de la soumission au dogme libéral n'empêcheront pas les accords de libéralisation du commerce international entrepris au travers de l'accord général sur les tarifs douaniers et le commerce (GATT) qui se poursuivront et s'étendront à l'agriculture avec la création de l'Organisation mondiale du commerce (OMC) en 1994. De fait, les marchés internationaux de céréales connaissent une période atypique, longue, de prix bas et de stabilité à partir des années 1990 (figure 3). Recourir à ces marchés apparaît effectivement de moins en moins risqué au fur et à mesure que s'éloigne le souvenir de la flambée des prix de 1974. Cette situation pousse de nombreux pays à relâcher leur soutien à leur secteur agricole quand celui-ci n'est pas compétitif à l'échelle internationale, encouragés en cela par les bailleurs de fonds qui accordent de moins en moins d'intérêt à l'agriculture au profit des secteurs sociaux, de l'éducation et de la santé.

9. Headey D., 2011, *Was the Global Food Crisis Really a Crisis? Simulations versus Self-Reporting (IFPRI Discussion Paper 01087)*, Washington DC, IFPRI. http://www.ifpri.org/sites/default/files/publications/ifpridp01087.pdf

Figure 3. *Évolution de l'indice FAO des prix alimentaires*

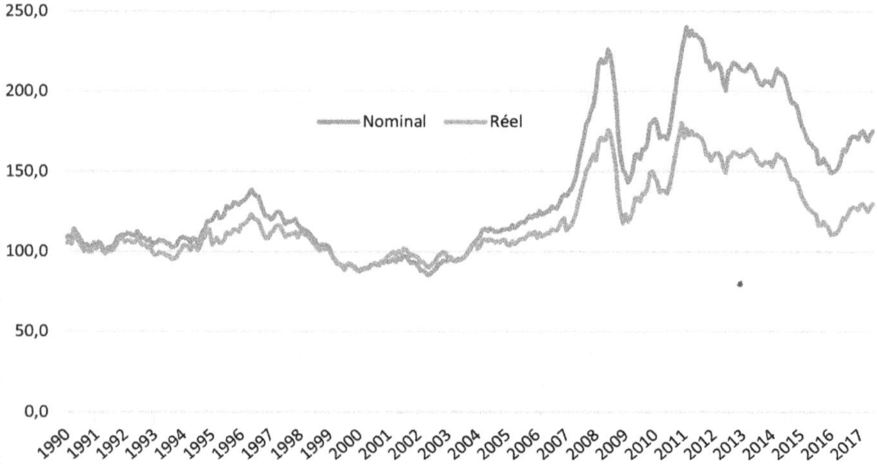

Source : FAO extraction juillet 2017. L'indice des prix réels correspond à l'indice des prix nominaux ajusté d'après l'indice des prix de la valeur unitaire des produits manufacturés publié par la Banque mondiale.

Malgré ce changement de paradigme dans la conception de la sécurité alimentaire, et en particulier la reconnaissance qu'elle concerne à la fois la production agricole, l'emploi, le commerce, l'industrie, l'éducation, le transport, l'eau, la santé, etc., elle reste institutionnellement le plus souvent pilotée par les ministères de l'agriculture. Sa mesure et son suivi restent largement appréhendés par les bilans céréaliers, même dans des pays où une partie importante des apports caloriques est fournie par les racines, tubercules et bananes à cuire ! Au mieux, lorsqu'un enjeu important devient la gestion de l'aide alimentaire, sont créés des commissariats à la sécurité alimentaire souvent attachés à la présidence de la République ou à la primature. Mais ils n'acquièrent que rarement un poids politique suffisant pour organiser une coordination intersectorielle sur les politiques de sécurité alimentaire. L'exception notable, bien sûr, est celle du Brésil qui, sous l'impulsion du président L. I. Lula da Silva et s'appuyant sur l'expérience de la politique alimentaire de la ville de Belo Horizonte[10], construit une ambitieuse politique nationale de sécurisation alimentaire, *Fome Zero*, dont le fondement est cette coordination intersectorielle incarnée par le Conseil national de la sécurité alimentaire (Consea).

Dans cette histoire de la définition de la sécurité alimentaire, la nutrition est intégrée au « pilier » qualité (appelé également utilisation) mais ne fait pas l'objet d'une attention centrale. Pourtant, la compréhension des

10. Rocha C. et Lessa L., 2009, « Urban Governance for Food Security : The Alternative Food System in Belo Horizonte, Brazil », *International Planning Studies*, 14 (4), p. 389-400.

déterminants de la malnutrition progresse en parallèle et aboutit à un modèle causal bien plus complexe que ce qu'on appelait la malnutrition protéino-énergétique. Dès les années 1970, la compréhension de la malnutrition met en évidence la multiplicité de ses causes. Sont reconnues l'importance cruciale des apports en micronutriments, l'importance de la santé et des soins aux côtés de l'alimentation pour expliquer les situations de malnutrition des mères et des enfants, l'explosion de nouvelles pathologies nutritionnelles dites de pléthore qui côtoient des malnutritions « plus classiques » par carences (double charge).

L'idée d'une planification multisectorielle émerge dans les années 1980. Elle entend traiter la malnutrition de façon holistique, en s'appuyant sur l'analyse système, pour se distinguer des approches antérieures axées sur des solutions techniques et qualifiées de « *magic bullets* »[11]. Cette nouvelle perspective conduit également à recommander de passer d'approches curatives à des approches préventives de la malnutrition. À la fin des années 1980 et au début des années 1990, l'élaboration des modèles causaux de la malnutrition infantile valide l'intérêt d'une approche multisectorielle de la nutrition. Le cadre conceptuel développé par l'UNICEF (1990)[12] est endossé par la communauté internationale lors de la Conférence internationale sur la nutrition organisée par la FAO et l'OMS en 1992. Celle-ci marque le véritable démarrage d'une approche multisectorielle de la nutrition. Largement diffusé, il est aujourd'hui repris et décliné par l'ensemble des acteurs de la nutrition et constitue leur cadre de référence principal[13].

Bien que la FAO dispose d'une division de la nutrition qui s'inscrit également dans cette approche holistique, son influence pour intégrer cette démarche dans le traitement de la sécurité alimentaire reste limitée. Malgré les progrès dans la connaissance, les définitions de la sécurité alimentaire et les indicateurs qui en découlent traitent encore les questions nutritionnelles de façon très basique: la faim est réduite à un apport calorique insuffisant. Les aliments au cœur des débats sont avant tout les céréales qui apportent, dans les pays les plus pauvres, une grande partie des apports énergétiques et protéiques. Même si des travaux parviennent à montrer que la malnutrition affecte négativement la croissance économique[14], jusqu'à la crise de 2008, la nutrition ne devient pas pour autant un secteur d'intervention prioritaire et institutionnalisé des politiques.

11. Field J. O., 1987, « Multisectoral nutrition planning: A post-mortem », *Food Policy*, 12 (1), p. 15-28.

12. UNICEF, 1990, *Strategy for Improved Nutrition of Children and Women in Developing Countries*, UNICEF Policy Review, New York, UNICEF.

13. Tonglet R. *et al.*, 1992, « The causal model approach to nutritional problems: An effective tool for research and action at the local level », *Bull World Health Organization*, 70 (6), p. 715-723; Garrett J. et Natalicchio N., 2011, *Working Multisectorally in Nutrition. Principles, Practices, and Case Studies*, Washington DC, IFPRI.

14. Hunt J. M., 2005, « The Potential Impact of Reducing Global Malnutrition on Poverty Reduction and Economic Development », *Asia Pac J Clin Nutr*, 14 (S), p. 10-38;

Encore aujourd'hui, il n'y a pas de ministère de la Nutrition, pas plus qu'il n'y a de ministère de la Sécurité alimentaire d'ailleurs. Mais au moins le ministère de l'Agriculture est-il généralement identifié comme celui qui a en charge la sécurité alimentaire (il est parfois nommé Agriculture et Sécurité alimentaire). La nutrition est généralement traitée dans une Direction du ministère en charge de la santé.

La crise de 2008, élément déclencheur d'une remise à l'agenda international de la sécurité alimentaire

La hausse des prix des aliments sur les marchés internationaux qui commence en 2007 et qui se double en 2008 et en 2011 de flambées brutales (figure 3) surprend un monde habitué à une longue période de prix bas et stables. Les émeutes qu'elle contribue à provoquer dans une trentaine de villes du monde font craindre une véritable déstabilisation internationale. C'est cette crainte qui remobilise initialement la communauté internationale. En juin 2008, la FAO convoque ainsi à Rome un sommet de haut niveau auquel succéderont de multiples initiatives globales ou régionales.

Cette crise des prix intervient dans un contexte bien différent de celui des années 1970. Nettement moins de pays souffrent désormais de déficits alimentaires chroniques, et l'insécurité alimentaire est surtout considérée comme un problème de pauvreté. De nombreux pays recourent plus largement qu'auparavant aux marchés internationaux pour approvisionner leur population urbaine, notamment en céréales et en huiles. La demande en céréales et protéagineux pour l'alimentation animale reste soutenue par l'augmentation de la consommation de viandes et de produits animaux liée à la croissance économique. Sur les marchés internationaux, les excédents et les stocks ont diminué suite à la libéralisation, et l'équilibre entre offre et demande est plus tendu. Des ralentissements ponctuels de production et des rétentions d'exportations de certains pays, conjugués à une rapide hausse de la demande en céréales et huiles pour les agro-carburants, provoquent ces flambées de prix que la spéculation sur les marchés à terme de produits agricoles vient partiellement accentuer[15]. Cette crise touche alors massivement un grand nombre de pays et, malgré des politiques d'atténuation de la hausse des prix sur les marchés intérieurs, affecte des populations vulnérables, surtout urbaines.

Darnton-Hill I. *et al.*, 2005, « Micronutrient deficiencies and gender: Social and economic costs », *Am J Clin Nutr*, 81 (S5), p. 1198-1205.

15. HLPE, 2011, *Price Volatility and Food Security. A Report by the High Level Panel of Experts on Food Security and Nutrition of the Committee on World Food Security*, Rome, HLPE.

Pauvreté et inégalités, demande soutenue en aliments pour les animaux et demande croissante pour la production d'agro-carburants, épuisement des stocks, spéculation, blocages d'exportations constituent autant de sujets de controverse, de conflits d'intérêts qui rendent difficile un accord international pour identifier comment gérer la crise et en éviter d'autres. Le sommet de haut niveau sur la sécurité alimentaire de juin 2008 est révélateur de ce point de vue. Passant pratiquement sous silence tous les sujets de désaccord, il met en avant un défi qui devient, à partir de là, un mot d'ordre de tous les discours : il faut doubler la production agricole pour nourrir les 9 milliards d'habitants que la Terre comptera en 2050[16]. Si une telle intention ne règle en rien la crise alimentaire actuelle, elle a un double mérite.

D'une part, cette projection dans le futur constitue un sujet moins controversé que les autres et permet d'obtenir un accord. Pour la FAO, organisatrice du sommet, fragilisée par sa difficulté à mener une réforme souhaitée par de nombreux pays depuis plusieurs années, victime de l'intérêt décroissant pour l'agriculture de la communauté internationale, l'enjeu est d'importance : obtenir un accord à ce sommet est un moyen de légitimer l'institution dans le traitement de la crise. C'est d'ailleurs non seulement la légitimité de la FAO et plus généralement des « trois Romaines » (FAO, PAM et Fida) qui est en jeu, mais celle de toutes les institutions du secteur agricole, elles aussi délaissées durant la décennie précédente.

D'autre part, cet appel à augmenter la production rencontre les intérêts du secteur privé. À l'heure où les financements publics sont plus difficiles à mobiliser, crise financière et économique aidant, la perspective d'une alliance avec les entreprises devient une importante carte à jouer. Celles-ci sont également en quête de légitimité. Les industries de l'agrofourniture (semences, engrais, produits phytosanitaires) sont la cible de critiques de la part d'ONG environnementalistes. Ces dernières dénoncent les effets polluants des modes de production agricole fortement consommateurs d'intrants, et les risques possibles de l'usage d'organismes génétiquement modifiés. Les formes de production agricole les plus intensives sont dénoncées pour leurs effets sur l'environnement, la biodiversité et l'emploi : plantations industrielles de palmier à huile ou pêche industrielle par exemple. Les industries de transformation agroalimentaire sont critiquées pour les effets sur la santé et la nutrition de leur offre en produits transformés, souvent trop gras, sucrés ou salés, promus à grand renfort de publicité[17]. Certaines sont également critiquées pour les effets sur l'environnement de leurs modes de production très consommateurs d'eau,

16. Bricas N. et Daviron B., 2008, « De la hausse des prix au retour du productionnisme : les enjeux du sommet sur la sécurité alimentaire de juin 2008 à Rome », *Hérodote*, 131, p. 31-39 ; Fouilleux E. *et al.*, 2017, *op. cit.*

17. Nestle M., 2013, *Food Politics : How the Food Industry Influences Nutrition and Health*, Berkeley, University of California Press.

d'énergie fossile et de plastique, générateurs d'emballages coûteux à recycler[18]. Les industries de la grande distribution sont elles aussi critiquées pour les effets d'éviction des petits producteurs du fait des contraintes de qualité qu'elles imposent à leurs fournisseurs[19], pour leur responsabilité dans l'augmentation considérable du gaspillage qu'elles induisent en amont chez les producteurs, à qui elles imposent la gestion des invendus, et en aval chez les consommateurs qu'elles poussent à acheter au-delà de leurs besoins[20]. Mettre en avant, comme le font les grandes entreprises de tous ces secteurs, le défi de nourrir la planète en 2050 en augmentant la production permet clairement de minimiser les enjeux environnementaux de leurs opérations économiques, en activant la vieille peur malthusienne.

Du sommet de Rome en 2008 sort également une proposition portée par quelques pays, en particulier la France, de « Partenariat mondial pour l'agriculture, la sécurité alimentaire et la nutrition ». Cette initiative comporte trois « étages »:

a) Un étage politique qui consiste à se doter d'une instance de dialogue international plus ouvert, intégrant toutes les parties prenantes, pour promouvoir une gouvernance globale de la sécurité alimentaire et de la nutrition et maintenir cet objectif au sommet de l'agenda international. Cet étage politique prendra la forme d'une réforme du Comité de la sécurité alimentaire mondiale (CSA), qui était initialement un simple comité de la FAO. L'enjeu de la réforme est double. D'une part, sortir le comité d'une vision par trop agricole qu'il tend à privilégier du fait de sa composition: des représentants des ministères de l'agriculture et des ambassadeurs des pays auprès des « trois Romaines ». Il s'agit de rendre le comité capable de traiter de la sécurité alimentaire de façon plus intersectorielle. D'autre part, il s'agit d'ouvrir le débat qui s'y mène à des représentants de la société civile et du secteur privé pour obtenir des consensus plus larges et engageants. Pour une instance des Nations unies, c'est là un changement important. Engagée au lendemain du sommet de Rome, la réforme est effective dès 2010. Les mécanismes de la société civile (MSC) et du secteur privé (MSP) se mettent successivement en place et permettent la participation aux débats et aux négociations de représentants de ces acteurs aux côtés de ceux des États.

b) Un étage scientifique constitué par la création d'une instance d'expertise indépendante, affranchie des enjeux économiques et politiques, pour conseiller les politiques sur des sujets de controverse concernant la sécurité alimentaire et la nutrition. Placé comme instance au service du

18. Kroyer G. T., 1995, « Impact of food processing on the environment, an overview », *LWT – Food Science and Technology*, 28 (6), p. 547-552.

19. Reardon T. et Berdegue J., 2008, « The Rapid Rise of Supermarkets in Latin America: Challenges and Opportunities for Development », *Development Policy Review*, 20 (4), p. 371-388.

20. Stuart M., 2009, *Waste: Uncovering the global food scandal*, New York, WW Norton & Company Inc.

CSA, est ainsi créé un Panel d'experts de haut niveau sur la sécurité alimentaire et la nutrition (HLPE) qui commence à produire des rapports dès 2011.

c) Un étage financier qui vise à remobiliser des financements pour soutenir les efforts de sécurisation alimentaire. Les pays du G8 s'engagent à augmenter leur aide publique à hauteur de 20 milliards de dollars sur trois ans lors d'un sommet organisé à l'Aquila en Italie en 2009, où est également mis en place un mécanisme de redevabilité de ces engagements.

Dès lors, on constate dans les débats, tant au sein du CSA que dans les discours politiques ou la communication des entreprises et des syndicats agricoles, un double sens de l'expression « sécurité alimentaire ». D'un côté on continue de discuter de ce qui permet de lutter aujourd'hui contre la faim: stabilisation des prix, enjeux fonciers, filets de sécurité, etc. De l'autre, et plus souvent sous le vocable « sécurité alimentaire mondiale », on discute de cette question malthusienne de l'équilibre entre offre et demande à l'horizon 2050. Si l'on examine l'évolution des débats au sein du CSA, notamment au travers des agendas des discussions en plénière et des choix des rapports demandés au HLPE, on constate un glissement progressif de la première vers la seconde discussion. Au lendemain de la crise des prix sont demandés puis mis en débat des rapports sur la volatilité des prix (2011), sur les régimes fonciers, face notamment à la question des acquisitions de terres à grande échelle (2011), sur la protection sociale (2012), autant de sujets qui concernent d'abord l'accès à l'alimentation et la stabilisation des prix. Les derniers rapports reviennent plutôt sur des questions d'offre agricole: l'investissement dans l'agriculture des petits exploitants (2013), le rôle des pêches (2014), les pertes et le gaspillage (2014), l'élevage (2016), la forêt (2017). Dans les derniers rapports produits, la question de la sécurité alimentaire devient secondaire devant les enjeux agricoles. Le CSA devient finalement un espace de débat international sur l'agriculture, à défaut d'autres espaces permettant de discuter de ce secteur redevenu stratégique. Le blocage des négociations agricoles à l'OMC est emblématique de ces difficultés. Par ailleurs, contrairement à l'OMC, les acteurs de la société civile trouvent dans le CSA un espace de débat où ils peuvent pleinement s'exprimer et contribuer aux discussions sur l'agriculture.

L'un des principaux enjeux de ces débats porte sur l'encadrement de la montée en puissance du secteur privé. C'est d'abord l'acquisition de terres à grande échelle, fortement médiatisée dès 2008, qui cristallise les discussions. Pariant sur une orientation durablement à la hausse des marchés agricoles, conscients des risques d'être trop dépendants des marchés internationaux pour leurs approvisionnements, entreprises et pays à potentiel agricole limité cherchent à acheter des terres dans des zones à faible densité démographique de pays étrangers. Les représentants de la société civile font pression pour faire adopter par le CSA en 2012, avec l'aide de plusieurs États, des directives volontaires pour une gouvernance responsable des régimes fonciers. Bien qu'il ne s'agisse que de directives volontaires, l'adoption de ce texte est difficile, plusieurs pays s'y opposant car y voyant un risque d'instrumentation par leurs sociétés civiles et une référence potentiellement contraignante. À partir de cette adoption, on voit se renforcer la présence du secteur privé au sein du CSA, notamment au travers de la multiplication d'évènements parallèles aux plénières pour y défendre leurs points de vue et leurs intérêts. D'une part, ce secteur oriente le débat sur la nécessité d'augmenter la production et montre sa contribution pour ce faire en matière de semences, d'engrais, de produits phytosanitaires et d'irrigation. D'autre part, ce secteur se défend sur les critiques dont il fait l'objet sur ses nouveaux domaines d'investissements : les agrocarburants, les investissements industriels dans la production agricole comme ceux réalisés dans le cadre de l'initiative du G8 de 2012 intitulée la « Nouvelle Alliance pour la sécurité alimentaire et nutritionnelle »[21], et les nouvelles formes de techniques agricoles intégrant des préoccupations environnementales (« intensification écologique » et « agriculture intelligente face au climat », investies par les grands groupes de l'agrofourniture). La discussion en CSA en 2013 sur les effets de la promotion des agro-carburants sur la sécurité alimentaire et la longue et difficile négociation sur les « Principes pour un investissement agricole responsable » aboutissent à des textes que les représentants de la société civile, bien qu'ayant participé aux négociations, considèrent finalement comme décevants et insuffisamment volontaires pour encadrer le déploiement du secteur privé. L'année internationale de l'agriculture familiale en 2014 aura été pour la société civile un moment de défense d'un modèle menacé par la promotion d'une agriculture industrielle, présentée le plus souvent par les pouvoirs publics comme moderne et performante pour relever le défi des 9 milliards de bouches à nourrir en 2050.

En parallèle, un renouveau de l'intérêt pour la nutrition

Malgré les crises de prix, les disponibilités alimentaires par habitant n'ont jamais été si abondantes dans l'histoire du monde, bien au-delà, en moyenne mondiale, des besoins nutritionnels. Pourtant la malnutrition n'a pas diminué au même rythme que l'augmentation de la production comme on aurait pu le penser. Les malnutritions aiguës par insuffisance d'apports énergétiques sont en nette réduction et sont surtout le fait de situations de crises. Mais les malnutritions chroniques par carences en micronutriments restent à des niveaux de prévalence très élevés. Surtout, les malnutritions

---

21. Pascal P. *et al.*, 2014, *La Faim, un business comme un autre. Comment la nouvelle alliance du G8 menace la sécurité alimentaire en Afrique*, Paris, Oxfam France, Action contre la Faim, CCFD Terres Solidaires.

de pléthore atteignent des proportions inquiétantes jusque dans les pays à faible PIB/hab. Pourtant, les questions nutritionnelles parviennent difficilement à intégrer l'agenda des discussions sur la sécurité alimentaire. En 2012, une proposition est faite au cours de la plénière du CSA de parler désormais de « sécurité alimentaire et nutritionnelle » pour intégrer les déterminants de la santé et des soins dans les débats, et inciter par là à une approche plus intersectorielle. Cette proposition rencontre une vive opposition de certains pays qui, représentés par leurs ministères en charge de l'agriculture, n'entendent pas devoir élargir les débats aux parties prenantes du secteur de la santé. De leur point de vue, le risque est de voir contesté le monopole d'un traitement agricole de la question, et de voir également mis en discussion les effets sur la santé des modes de développement agricole et agroalimentaire. Après un ajournement du débat et un report à l'année suivante, cette question sera finalement abandonnée sans mise à l'agenda des plénières de 2013 et de 2014.

Si la nutrition ne parvient pas à rentrer dans les débats au CSA, la crise de 2008 et la parution d'une série d'articles sur la malnutrition dans la prestigieuse revue médicale *The Lancet* contribuent à un regain d'intérêt sur la nutrition. En 2010, avec le lancement du mouvement « Scaling Up Nutrition » (SUN), parallèle au CSA, la nutrition est mise à l'agenda international. Sans chercher à remplacer le Comité permanent sur la nutrition des Nations unies (UNSCN), le SUN facilite, sur une base volontaire, la construction de programmes et de politiques nutritionnelles dans plus de cinquante pays. Sous la houlette de son animateur, également responsable jusqu'en 2014 de « l'Équipe spéciale de haut niveau du secrétaire général des Nations unies sur la crise mondiale de la sécurité alimentaire » (HLTF), Dr David Nabarro, le SUN devient une instance active pour promouvoir la nutrition dans l'agenda international et mobiliser des fonds auprès de nouveaux bailleurs privés comme les fondations. Comme elle avait tenté de le faire sur la sécurité alimentaire avec la HLTF, l'équipe du Dr Nabarro défend une approche intersectorielle de la nutrition avec le SUN.

En conséquence, on constate que les espaces de débats sur la sécurité alimentaire et ceux sur la nutrition continuent d'évoluer de façon parallèle. On peut identifier quelques tentatives de passerelles entre ces deux espaces, comme « l'agriculture sensible à la nutrition », mais cette idée reste essentiellement portée par les nutritionnistes. Le texte provisoire de déclaration finale de la Conférence internationale sur la nutrition (CIN2) de fin 2014, tel que négocié en octobre 2014, ne fait pas référence au CSA. Alors que se multiplient les travaux sur les relations entre développement agricole et nutrition[22], le CSA reste relativement fermé à cette question. Il faut dire que plusieurs de ces travaux montrent que le développement

22. Dury S. *et al.*, 2014, *Identifier et limiter les risques des interventions agricoles sur la nutrition*, Working Paper UMR Moisa n° 2014-1, http://www1.montpellier.inra.fr/bartoli/moisa/bartoli/download/moisa2014_pdf/WP_1_2014.pdf

agricole n'entraîne pas automatiquement une amélioration de la nutrition, voire contribue à la dégrader dans certains cas. De tels résultats, relativement contre-intuitifs, embarrassent le monde de l'agriculture, déjà contesté sur les questions environnementales et qui n'a pas besoin d'un nouveau type de critique à l'heure de sa re-légitimation.

Si la capacité d'entrepreneur politique du Dr Nabarro explique en partie cette mise à l'agenda international de la nutrition, une autre explication peut être avancée. La nutrition devient, comme l'agriculture, un nouveau champ d'investissement du secteur privé, et donc un nouveau secteur stratégique.

Historiquement, la nutrition a d'abord été investie par des entreprises agroalimentaires sur le marché des aliments thérapeutiques prêts à l'emploi. Destinés à des situations d'urgence, à de la réhabilitation nutritionnelle, ces aliments tendent à être parfois plus largement utilisés comme aliments à forte valeur nutritionnelle. Déjà exploité dans les pays industrialisés depuis quelques décennies, ce marché s'ouvre dans les pays en développement. L'émergence d'une classe moyenne ouvre le marché de produits à plus forte valeur ajoutée comme les aliments enrichis. Et certaines entreprises jouent également la conquête de marchés à plus faible pouvoir d'achat par le biais des stratégies dites « *Bottom of the Pyramid* » (BOP)[23], où la réduction des valeurs ajoutées et des marges est compensée par les volumes potentiellement plus importants des marchés. La fortification devient une stratégie de lutte contre les malnutritions par carences soutenue par les industries alimentaires. Celles-ci jouent une double démarche combinant la pénétration de nouveaux marchés à forte croissance et la responsabilité sociale de l'entreprise de contribuer à l'amélioration des situations nutritionnelles.

Un autre secteur économique investit également le champ de la nutrition, celui des industries de l'agrofourniture. L'amélioration de la qualité nutritionnelle des aliments ne passe plus par un enrichissement au cours du processus de fabrication de l'aliment mais par une sélection variétale – la bio-fortification[24] – ou par une fertilisation, par exemple l'ajout de zinc dans les engrais chimiques agricoles. Dans les deux cas, ces entreprises intègrent un objectif nutritionnel présenté comme plus avantageux que la simple fortification. Puisque la matière première est désormais de meilleure qualité nutritionnelle, c'est toute la population qui peut en bénéficier, et notamment les plus pauvres, plutôt que la seule population au pouvoir d'achat suffisant pour acheter des aliments enrichis.

Dans un cas comme dans l'autre, lutte contre la malnutrition et business sont compatibles. Et dans un contexte où les financements publics se tarissent, cette solution gagnante-gagnante, comme se plaisent à le répéter

---

23. Prahalad C. K., 2006, *The Fortune at the Bottom of the Pyramid*, Upper Saddle River, NJ, Pearson Prentice Hall.

24. Saltzman A. *et al.*, 2013, « Biofortification : Progress toward a more nourishing future », *Global Food Security*, 2 (1), p. 2-17.

les industriels, apparaît une carte à jouer pour mobiliser des fonds privés, directement ou, et surtout, par le biais de fondations d'origine industrielle. La CIN2 marque cependant une rupture dans le débat international sur la nutrition: les multiples formes de la malnutrition sont désormais affichées comme les enjeux prioritaires, reléguant au second plan les problèmes de carences et les solutions techniques de fortification et de bio-fortification portées par les entreprises. De la même façon qu'il y a quelques années il était fortement reproché aux entreprises de l'agroalimentaire d'encourager par les produits laitiers la substitution au lait maternel, les entreprises de production de boissons sucrées et produits transformés sont mises à l'index pour leur marketing agressif, en particulier à l'endroit des jeunes, à un moment où l'obésité devient un sérieux problème dès les jeunes âges dans nombre de pays.

Encore en 2013, lors de la Conférence de Londres « Nutrition for Growth » (N4G), l'engagement de ces entreprises à lutter contre la sous-nutrition ne soulevait pas de trop fortes vagues de contestation, mais le passage aujourd'hui du focus de la sous-nutrition aux multiples formes de malnutrition rend inaudible leur engagement dans la nutrition. Elles sont particulièrement actives dans le lobbying auprès des États pour s'attaquer aux régulations qui pourraient contrecarrer leurs activités (par exemple l'interdiction de la vente de boissons sucrées dans les écoles). Mais la montée en puissance du sujet « systèmes alimentaires », en lien avec la reconnaissance des multiples formes de malnutrition, pourrait faire le jeu de certaines entreprises qui souhaitent s'imposer comme « faisant partie de la solution ». On peut voir notamment dans le discours des patrons des plus grosses entreprises multinationales une forme de compétition à vouloir rechercher l'aval des Nations unies pour être pleinement intégré dans les débats sur les systèmes alimentaires. L'idée également prédominante aujourd'hui qu'une approche « multi-acteurs », de même façon que multisectorielle, est nécessaire pour lutter contre la malnutrition peut contribuer à ne pas exclure ces entreprises agroalimentaires de la recherche de solutions. Déjà lors de la réunion technique préparatoire à la CIN2, en novembre 2013, cette position s'était traduite par la prise de parole à la tribune de plusieurs entreprises agroalimentaires et avait provoqué une levée de boucliers de la part des ONG, dénonçant le fait que ceux qui étaient une partie du problème ne pouvaient pas faire partie de la solution.

Bien qu'encore très émergent, un troisième secteur économique s'intéresse aux questions alimentaires et nutritionnelles. Il est le fait des nouveaux géants californiens du web, se situe davantage sur le front d'innovations de rupture et se présente comme de nouvelles formes de réponse aux enjeux à la fois environnementaux et nutritionnels, surtout concernant les nouvelles malnutritions de pléthore: protéines végétales, aliments à base de nouvelles matières premières (insectes ou algues), aliments imprimés en 3D, etc. Il se situe aussi sur le front des nouveaux services offerts par le déploiement de l'informatique portable et miniaturisée, et surtout des innovations issues des technologies convergentes (biotechnologies, nanotechnologies, informatique et science cognitive) : nano puces intégrées aux aliments pour renseigner leur origine ou gérer leur qualité sanitaire ; gestion informatisée des achats et des stocks pour réduire les déplacements et le gaspillage ; capteurs intégrés dans le corps pour un contrôle permanent de son état nutritionnel et de santé associé à des conseils personnalisés pour un meilleur pilotage de son mode de vie et d'alimentation et à des incitations douces (*nudge*[25]). Les perspectives de profit qu'offrent ces nouveaux champs d'innovation conduisent dès à présent ces nouveaux investisseurs à intégrer les forums de débats sur les questions alimentaires et nutritionnelles.

Il reste que la principale approche défendue par de nombreux nutritionnistes pour lutter contre la malnutrition à la fois de carence et de pléthore, la diversification alimentaire, se retrouve relativement marginalisée de ces nouvelles approches de la nutrition. Pourtant, de nombreux travaux scientifiques montrent le caractère peu coûteux des solutions proposées, leur durabilité environnementale (valorisation de la biodiversité notamment), et bien sûr leur efficacité[26]. Ces travaux insistent également sur la nécessité de ne pas limiter l'amélioration de la qualité nutritionnelle de l'alimentation à celle de chaque aliment, mais de raisonner les combinaisons de ces aliments au sein de mets et au travers de la cuisine, en étant attentif aux effets de synergie ou d'interactions négatives[27]. Ces travaux invitent là encore à des approches plus holistiques de la qualité nutritionnelle de l'alimentation, intégrant également les considérations sociales (manières de cuisiner et manger) et culturelles (représentations, symboles). Mais les stratégies de diversification, bien que soutenues par des ONG et une partie du monde académique de la nutrition, n'ont qu'un relativement faible poids politique, n'étant soutenues par aucune force économique.

25. Le « *nudge* », que l'on pourrait traduire par le mouvement d'un léger coup de coude incitatif, est un moyen d'encourager des comportements vertueux par le biais de stimulations discrètes, non culpabilisantes, voire ludiques. Il rappelle discrètement à un ordre que l'on s'est soi-même fixé (Thaler R. et Sunstein C., 2010, Nudge. *La méthode douce pour inspirer la bonne décision*, Paris, Vuibert).

26. Delisle H., 2004, « Food diversification strategies are neglected in spite of their potential effectiveness : Why is it so and what can be done ? », in Brouwer I. *et al.* (éd.), *Proceedings of the 2nd International Workshop on Foodbased Approaches for a Healthy Nutrition in West Africa*, Ouagadougou, Presse Universitaire, p. 303-316 ; Keatinge J. D. H. *et al.*, 2011, « The Importance of Vegetables in Ensuring both Food and Nutritional Security in Attainment of the Millennium Development Goals », *Food Security*, 3, p. 491-501.

27. Fardet A. et Rock E., 2014, « Toward a new philosophy of preventive nutrition : From a reductionist to a holistic paradigm to improve nutritional recommendations », *Advances in Nutrition*, 5 (4), p. 430-446.

Conclusion

Qu'est-ce que la crise des prix de 2008 aura changé finalement dans le traitement de la question de la sécurité alimentaire et de la nutrition? Aura-t-elle réveillé les consciences pour remettre ces questions dans l'agenda international?

Depuis la fin des années 1970, la FAO n'aura eu de cesse d'appeler à une mobilisation internationale contre la faim, rappelant année après année le nombre scandaleusement élevé de personnes qui en souffrent. Mais il faut bien reconnaître que ces annonces de centaines de millions de personnes en insécurité alimentaire n'auront pas suffi à mobiliser la communauté internationale. Car s'il est bien une difficulté dans ce combat, c'est qu'il concerne une population sans pouvoir, majoritairement rurale, silencieuse, sans grandes ressources politiques. Ce qui a changé avec la crise de 2008 et les émeutes qu'elle a entraînées est que l'insécurité alimentaire est devenue aussi une question urbaine. La simultanéité des émeutes a révélé le pouvoir potentiellement déstabilisateur des pauvres dans les villes. C'est bien cette menace sur la stabilité mondiale qui a mobilisé la communauté internationale initialement. Mais cette menace est retombée au fur et à mesure des années pour laisser s'exprimer les opportunités que la remise à l'agenda de l'agriculture et de l'alimentation a générées. À qui aura profité la crise? Aujourd'hui sans doute plus aux entreprises des secteurs agricole et alimentaire qu'aux consommateurs pauvres. Car ce qui s'est joué depuis la crise est, d'une part, la légitimation renouvelée du secteur agricole et agroalimentaire à la fois pour augmenter la production et résoudre les problèmes nutritionnels, et, d'autre part, le déploiement du secteur privé dans tous les domaines: production agricole, information et indicateurs de sécurité alimentaire, fortification, bio-fortification et innovations de rupture. Dans un contexte de raréfaction des financements publics, les entreprises, par leurs investissements ou leurs fondations, sont appelées à se positionner comme des acteurs incontournables de la lutte contre l'insécurité alimentaire et la malnutrition. De questions essentiellement considérées comme publiques, la sécurité alimentaire et la nutrition deviennent désormais l'enjeu des stratégies privées.

Dans ce processus, les façons dont sont abordées la sécurité alimentaire et la nutrition n'ont cependant que peu changé. Les approches restent souvent sectorielles: agricole pour la sécurité alimentaire d'un côté, santé pour la nutrition de l'autre. Les approches restent également souvent techniques, les dimensions politiques restant sous-jacentes, voire contestées, comme en témoigne la remise en cause du droit à l'alimentation au CSA de 2014. Les leçons des expériences locales et nationales de lutte contre la faim, même relativement couronnées de succès comme le programme Fome Zero du Brésil – forte volonté politique et organisation d'une large intersectorialité – n'ont pas fondamentalement changé les principes de la plupart des interventions sur le terrain.

Même si la dernière définition consensuelle de la sécurité alimentaire ouvre la porte à des questions culturelles avec la prise en compte des préférences alimentaires, toutes les conceptions de ces questions alimentaires restent focalisées sur une seule des dimensions de l'alimentation : la dimension biologique, la satisfaction des besoins nutritionnels, toujours considérés comme un besoin fondamental. Il est vrai que la non-satisfaction de ce besoin conduit dans les cas extrêmes à la mort. Mais dès qu'un minimum est assuré permettant la survie, la fonction biologique de l'alimentation peut cesser d'être primordiale pour certaines sociétés. Le plaisir, le lien social que le repas construit et entretient tout au long de la vie et surtout l'identité, individuelle et collective, peuvent être plus importants que bien se nourrir[28]. Et l'alimentation elle-même peut apparaître secondaire par rapport à d'autres consommations[29]. Reconnaître cette multifonctionnalité de l'alimentation et qu'au-delà d'un seuil la hiérarchie des fonctions est éminemment culturelle est un enjeu important pour définir les politiques alimentaires. Car cela conduit à considérer que ce qui fait la satisfaction ou l'insatisfaction alimentaire des sociétés ne se joue pas, tant s'en faut, seulement dans les questions de nutrition, mais tout autant voire surtout dans les questions de rapports au monde et de rapports aux autres[30]. L'enjeu des questions alimentaires n'est peut-être pas seulement ce qu'on mange mais comment on le produit, le transforme, le cuisine, avec qui et quand on le mange. Mais on aborde là un univers loin d'être normé, loin de pouvoir être défini techniquement par des experts. Une telle conception de l'alimentation appelle alors d'autres formes de gouvernance où les mangeurs, dans leur diversité, ont plus de place et de pouvoir pour définir le devenir de ce qu'ils mangent et la façon dont ils s'organisent pour le faire.

---

28. Lebrun M., 2013, *L'économie du bonheur face à l'insécurité nutritionnelle. Des Maliens ruraux, urbains et migrants évaluent leur situation alimentaire*, thèse en économie et gestion, Montpellier SupAgro ; Héron R., 2016, *Les mangeurs urbains burkinabè entre satisfaction et sécurisation alimentaires*, thèse en socio-anthropologie de l'alimentation, Université Paris I Panthéon-Sorbonne.

29. Banerjee A. V. et Duflo E., 2007, « The Economic Live of the Poor », *J Econ Perspect*, 21 (1), p. 141-167.

30. Fischler C. et Masson E., 2008, *Manger : Français, Européens et Américains face à l'alimentation*, Paris, Odile Jacob.

3

Les malnutritions aux différents âges de la vie

Bernard MAIRE*

En dépit des améliorations survenues au fil des décennies dans les domaines de la sécurité alimentaire, de la santé et de l'assistance sociale, nombreuses sont les populations à travers le monde qui restent encore soumises de façon temporaire ou régulière à des situations précaires d'alimentation et de santé/nutrition. Traditionnellement, on considère l'enfance comme la période la plus à risque pour les malnutritions. La malnutrition aiguë du jeune enfant, même sous ses formes les plus sévères, n'a pas disparu, et elle fait courir un risque vital à court terme au jeune enfant s'il n'est pas pris en charge rapidement. Aujourd'hui, une meilleure compréhension de cette pathologie et des conditions relativement codifiées de prise en charge font que les institutions de santé devraient être à même d'en limiter de façon significative les conséquences délétères, à défaut de pouvoir envisager son éradication rapide. C'est en ce sens qu'un chapitre spécifique y est consacré après celui-ci.

Toutefois, les problèmes de malnutrition rencontrés par les jeunes enfants ne se limitent pas à cette pathologie de dénutrition extrême. Dès avant la naissance, puis au cours de sa petite enfance, le nourrisson est exposé à des influences nutritionnelles défavorables diverses et assez complexes qui peuvent entraîner une perturbation de la croissance ; un grand nombre de nourrissons de par le monde en sont affectés de façon plus ou moins durable. C'est ce que nous allons explorer dans un premier temps au cours de ce chapitre, notamment au travers du syndrome de « retard de croissance » du jeune enfant qui peut s'ajouter à une malnutrition aiguë modérée et qui montrera à quel point il est décidément important de se concentrer sur cette période de la vie comme le recommandent les institutions internationales de santé.

* Unité mixte de recherche Nutripass, Univ. Montpellier, IRD, Montpellier SupAgro, Montpellier, France.

Qu'en est-il des enfants plus grands, voire des adolescents ? Bien que moins concernés par des problèmes de malnutrition grave a priori, ces âges ne sont pas exempts de problèmes, notamment de carences en micronutriments, dont les conséquences en matière de développement mental et scolaire les rendent préoccupantes comme nous le verrons. Les adultes, en dehors de périodes de disette avérée, bénéficient dans leur majorité d'une alimentation quantitativement satisfaisante pour couvrir leurs besoins en énergie et sont beaucoup moins concernés a priori par des soucis de dénutrition. Un certain nombre, en milieu rural notamment, reste soumis à des variations saisonnières qui peuvent avoir une influence défavorable en matière de santé et d'alimentation et donc altérer à court terme leur état nutritionnel. Ils n'échappent pas non plus à des carences modérées ou sévères en divers minéraux ou vitamines liées à une qualité insuffisante de leur alimentation même lorsque celle-ci est quantitativement suffisante, et les conséquences en matière de santé peuvent être plus importantes qu'il n'y paraît, surtout chez les femmes en âges de procréer. D'où à nouveau cette attention portée à la période de conception et de la vie fœtale où tant se joue.

Mais on abordera aussi un autre versant des malnutritions qui affecte de plus en plus d'adultes du monde en développement, comme un nombre croissant de leurs enfants : la surcharge pondérale, l'obésité et les maladies chroniques qui y sont fréquemment associées ; celles-ci se développent dans le cadre d'un changement de contexte économique, alimentaire et social que l'on appelle la « transition alimentaire et nutritionnelle », phénomène traité plus en détail par ailleurs dans le chapitre 6. Et les exemples ne sont pas rares d'une juxtaposition, voire d'une interférence entre les différents types de malnutritions par carences ou « par excès » dans de nombreuses sociétés.

On voit ainsi que la nutrition garde son importance aux différentes périodes de la vie : comment les institutions et les États peuvent-ils prendre cela en considération dans le cadre des politiques nutritionnelles ? Ce sera l'objet de la discussion finale de ce chapitre.

Les malnutritions du jeune enfant en croissance

Les anthropologues physiques ont établi de longue date que la croissance staturo-pondérale du jeune enfant est peu ou prou la même dans toutes les populations, la génétique exerçant peu d'influence à ce stade, beaucoup moins en tout cas que les conditions de vie, alimentation et hygiène notamment[1]. Les nutritionnistes ont alors pris l'habitude de

1. Eveleth P. B. et Tanner J. M., 1991, *Worldwide Variation in Human Growth*, 2nd ed., Cambridge, Cambridge University Press.

mesurer les poids et les tailles des enfants dans les enquêtes, pour les comparer aux valeurs normales supposées aux âges et sexes correspondants. Cela permit de quantifier la maigreur (déficit pondéral) que l'on observait fréquemment chez les jeunes enfants dans les sociétés pauvres, puis de distinguer parmi les enfants présentant une insuffisance pondérale ceux qui souffraient d'une émaciation, soit une malnutrition aiguë modérée à sévère (faible poids, mais taille normale pour leur âge), de ceux atteints de retard de croissance staturale (taille plus petite, et donc de poids plus faible pour l'âge; mais de poids normal pour la taille atteinte). En réalité, une combinaison des deux formes de malnutrition peut exister selon les environnements et les âges considérés, et seules des mesures anthropométriques précises permettent d'objectiver à la fois le degré de déficit pondéral et celui de retard statural chez un enfant, à un âge donné.

Indices anthropométriques

L'indice poids-pour-taille caractérise la présence ou non de malnutrition aiguë (ou émaciation; en anglais: *wasting*); l'indice taille-pour-âge indique la présence ou non de retard de croissance staturale (en anglais: *stunting*); tandis que l'indice poids-pour-âge donne une indication combinée de la sous-nutrition (ou maigreur; en anglais: *underweight*), qui présente cependant moins d'intérêt car elle sous-estime la charge globale de malnutrition. On place le seuil de définition d'une malnutrition pour chaque indice à une valeur égale ou inférieure à deux écarts-types en dessous de la moyenne du standard (car pratiquement toutes les valeurs se situent en dessus de ce seuil dans une population non malnourrie).

L'adoption en 2006 par l'OMS d'un standard de référence pour la croissance des jeunes enfants dans le monde[2], issu d'études multi-pays sur des enfants exclusivement allaités au sein et en bonne santé, a été l'occasion de revisiter la dynamique d'apparition des différentes formes de malnutrition au cours des premières années de vie. La figure 1 présente ainsi l'évolution moyenne des indices anthropométriques en fonction de l'âge chez des enfants d'âge préscolaire (0-5 ans) de 54 pays selon des enquêtes réalisées entre 1994 et 2007[3], par rapport à ce standard OMS. Si les enfants mesurés étaient normaux, la valeur moyenne des trois indices devrait suivre la ligne d'ordonnée 0; or on remarque sur la figure 1 que ce n'est pas le cas. Cela traduit la présence de problèmes de sous-nutrition chez les enfants de ces pays.

2. WHO Multicentre Growth Reference Study Group, 2006, « WHO child growth standards based on length/height, weight and age », *Acta Paediatr*, 450 (suppl.), p.76-85.

3. Victora C. *et al.*, 2010, « Worldwide Timing of Growth Faltering: Revisiting Implications for Interventions », *Pediatrics*, 125, e473.

Figure 1. *Indices anthropométriques moyens selon le standard OMS (0-5 ans) pour 54 pays*

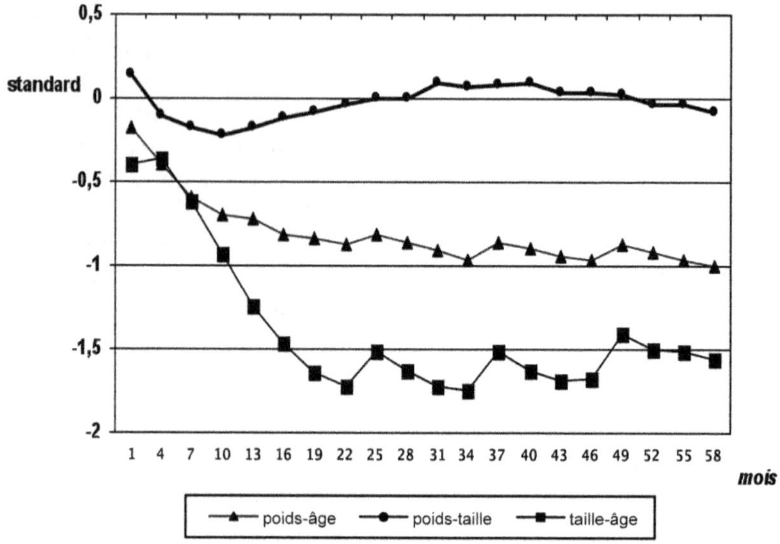

Source : UNICEF / WHO / World Bank Group Joint Child Malnutrition Estimates, 2018, *Levels and trends in child malnutrition*, http://www.who.int/nutgrowthdb/2018-jme-brochure.pdf?ua=1

L'indice poids-pour-taille moyen, initialement positif, ce qui indique un statut pondéral généralement normal à la naissance, décroît entre 2 et 9 mois, puis revient lentement au niveau du standard vers 24 mois. Le déficit n'apparaît pas considérable, mais c'est une moyenne. En fonction des pays, des saisons, du milieu socio-économique, un pourcentage variable d'enfants se situe en dessous du standard : les régions les plus affectées par la malnutrition aiguë sont l'Asie du Sud (où la moyenne de l'indice poids-pour-taille est à -0,75 écart-type à la naissance et descend rapidement à -1 écart-type où elle stagne jusqu'au-delà de l'âge de 5 ans) et l'Afrique subsaharienne (où l'indice poids-pour-taille moyen est au-dessus du standard à la naissance, puis décline vers -0,5 écart-type jusqu'à 12 mois environ pour remonter lentement au niveau du standard vers 30 mois).

De fait, les chiffres globaux de malnutrition du jeune enfant dans le monde en 2014 signalent que près de 51 millions (8 % environ) d'enfants d'âge préscolaire sont affectés d'émaciation avérée (poids-pour-taille ≤ -2 écarts-types), dont 17 millions de façon sévère (≤ -3 écarts-types)[4]. Le risque vital est élevé à très court terme pour ces enfants ; les ONG humanitaires avec l'aide de chercheurs et de services médicaux *ad hoc* ont progres-

4. IFPRI, 2015, *Rapport 2015 sur la nutrition mondiale : mesures et redevabilité en vue d'accélérer les progrès mondiaux en matière de nutrition*, Washington DC, http://globalnutritionreport.org

sivement mis en place des stratégies de soins aujourd'hui très efficaces. Les services de soins de proximité des pays du Sud ne maîtrisent cependant pas toujours ces pratiques au quotidien. C'est pourquoi cette partie – description de la maladie, conditions de traitement efficace et réflexion sur les cas encore nombreux de malnutrition aiguë modérée – fait l'objet d'un chapitre à part (chap. 4).

L'autre observation importante de la figure 1, c'est l'évolution de l'indice taille-pour-âge au cours des premières années de vie. L'indice moyen, déjà en dessous du standard à la naissance, continue à diminuer rapidement jusqu'à 24 mois et reste peu ou prou au même niveau par la suite, sans effet net de « rattrapage », contrairement à ce qui se passe pour l'indice poids-pour-taille. Cette proportion très importante de mesures de taille qui s'écartent progressivement et de manière cumulative des valeurs normales au cours de la croissance concerne des enfants qui deviennent plus petits que les enfants normaux de même âge, souvent sans autre apparence de problèmes de santé, paraissant simplement plus jeunes qu'ils ne le sont en réalité. Pour autant, ces enfants sont affectés d'un véritable « syndrome de retard de croissance staturale », plus ou moins prononcé dont les effets vont se prolonger souvent une grande partie de la vie. En réalité ce retard de croissance est le marqueur d'un retard plus général affectant le développement d'un certain nombre d'organes et de fonctions physiologiques qui vont rendre l'enfant plus vulnérable à son environnement. Or on estime que cela concernait, en 2017, 58,7 millions d'enfants d'âge préscolaire en Afrique (30,3 %) et 83,6 millions en Asie (23,2 %)[5]. Les chiffres sont moindres pour l'Amérique latine (5,1 millions, soit 9,6 %) et l'Océanie (0,5 million, soit 36,8 %). À titre de comparaison, 7 % des enfants des pays développés sont aussi concernés, soit 5 millions.

La figure 2 montre l'évolution suivie par le phénomène au fil des décennies : la diminution de la prévalence est générale depuis 1990 ; elle n'empêche pas une augmentation du nombre d'enfants concernés en Afrique par suite de l'accroissement de la population, contrairement à ce qui se passe en Asie. Cet aspect de la malnutrition de l'enfant, pourtant régulièrement documenté, a été relativement négligé jusqu'ici. Il bénéficie depuis quelque temps d'un regain d'intérêt qui devrait contribuer à favoriser sa réduction à des niveaux de prévalence beaucoup plus faibles. Ainsi en 2012, l'Assemblée mondiale de la santé a formulé un objectif global de réduction de 40 % du nombre d'enfants retardés en taille d'ici 2025, soit une réduction à environ 100 millions d'enfants en 2025 contre 171 millions en 2011[6].

---

5. Il s'agit du nombre ou du pourcentage d'enfants dont l'indice taille-pour-âge est ≤ -2 écarts-types en dessous de la médiane de la courbe de référence internationale. UNICEF/WHO/World Bank Group Joint Child Malnutrition Estimates, 2018, *Levels and trends in child malnutrition*, http://www.who.int/nutgrowthdb/2018-jme-brochure.pdf?ua=1

6. De Onis M. *et al.*, 2013, « The World Health Organization's global target for reducing childhood stunting by 2025 : Rationale and proposed actions », *Maternal Child Nutr*, 9 (S2), p. 6-26.

Malnutrition chronique et malnutrition aiguë

On a coutume de distinguer la malnutrition chronique, telle que peut la révéler le retard de croissance staturale, de la malnutrition aiguë modérée. S'il est vrai qu'il y a des situations où seule l'une des deux formes apparaît (au Guatemala par exemple, seul le retard de taille est présent), il faut cependant rappeler que ces deux formes coexistent fréquemment et qu'il n'est pas toujours aisé de distinguer ce qui revient à l'une ou l'autre dans l'état nutritionnel d'un enfant à un moment donné, hors les critères anthropométriques qui concourent à leur caractérisation par définition. De fait, la question est régulièrement posée de ce qui différencie vraiment les deux formes de malnutrition en termes de causes, même s'il est clair que la temporalité d'installation est différente, de même que les conséquences à long terme. Un certain nombre des facteurs à l'origine du retard de taille peuvent aussi être reliés à l'émaciation; en toile de fond on retrouve de façon commune pauvreté, mauvaise santé et faible statut social des mères; et de manière plus immédiate des facteurs alimentaires et infectieux fréquents dans l'enfance. La différence pourrait venir d'une combinaison distincte de facteurs d'alimentation (insuffisance de nutriments essentiels pour la croissance musculaire ou pour la croissance osseuse), de stress, ou de décalages dans leur rapidité d'apparition et leur sévérité. Il pourrait s'agir de deux façons de préserver des organes vitaux dans un environnement défavorable en fonction de la durée: soit les chocs sont amortis par une baisse momentanée de masse corporelle (muscle principalement) sans qu'il y ait nécessairement ralentissement de croissance staturale, soit pour une succession de chocs la croissance est ralentie avec un souci de préservation de la masse corporelle et des fonctions associées. Cela n'exclut donc pas que l'émaciation soit souvent elle-même contributive à la mise en route ou à l'aggravation d'une malnutrition chronique. La capacité de compensation alimentaire (quantité, qualité) après récupération d'une émaciation peut également faire une différence. Il est indéniable que mauvais état nutritionnel et infections peuvent entretenir un cercle vicieux d'aggravation in fine de cet état nutritionnel, émaciation comme retard de taille. De ce point de vue, toutes interventions valides pour prévenir ou traiter la malnutrition aiguë (alimentation équilibrée, lutte anti-infectieuse) auront aussi un impact à plus long terme sur le retard de croissance là où les deux formes sont associées; il ne devrait pas y avoir de tension entre les deux considérations dans les politiques ou services de nutrition comme on le voit parfois[7]. La priorité devrait être donnée aux enfants cumulant les deux formes, qui ont un risque de mortalité aggravé. Une mention spéciale doit être faite de la période prénatale, où taille et poids insuffisants sont souvent associés et requièrent une intervention commune.

---

7. Martorell R. et Young M. F., 2012, « Patterns of stunting and wasting: Potential explanatory factors », *Adv Nutr*, 3, p. 227-233; Briend A. *et al.*, 2015, « Wasting and stunting – similarities and differences: Policy and programmatic implications », *Food and Nutrition Bull*, 36 (S1), p. 15-23.

Figure 2. *Évolution du retard de croissance staturale de 1990 à 2015 en millions d'enfants concernés et en pourcentages*

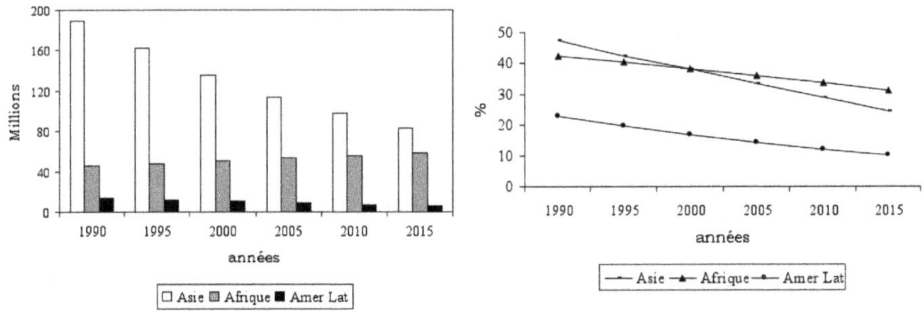

Source : OMS.

Enfin, un dernier problème qui affecte régulièrement nombre d'enfants en croissance : les carences en micronutriments. Ces éléments, présents dans les aliments et boissons, qui sont des minéraux et des vitamines pour l'essentiel, sont nécessaires à un fonctionnement optimal des différentes fonctions, et donc à la croissance et au développement. Bien que les quantités nécessaires soient faibles, il est courant que des régimes alimentaires monotones, ou limités en certains éléments pour des raisons environnementales (iode par exemple), ou par suite de la présence d'agents bloquants (phytates par exemple), ne couvrent pas tous les besoins des jeunes enfants comme des adultes. Si certaines déficiences modérées n'ont pas d'action apparente forte, certaines affectent très vite et de façon durable l'état de santé, comme la déficience en vitamine A qui peut notamment être une cause de cécité ou de décès, et la carence en fer qui peut entraîner une anémie et affecter le développement mental. Selon le moment d'apparition, la sévérité et la durée de ces carences, et la présence ou non d'interventions efficaces, elles peuvent avoir des conséquences tout au long de la vie, et devenir à un moment irréversibles. On ne s'étendra pas spécifiquement ici sur cet aspect, car il fait l'objet du chapitre 5. On évoquera cependant à différentes reprises les interactions possibles avec les autres formes de malnutrition traitées ici, notamment pour le retard de croissance staturale et le surpoids[8].

8. Bailey R. L. *et al.*, 2015, « The epidemiology of global micronutrient deficiencies », *Ann Nutr Metab*, 66 (S2), p. 22-33.

Le retard de croissance en taille, indicateur d'un retard de développement de l'enfant

Un syndrome complexe

Diverses hypothèses ont été formulées sur l'origine de ce retard de croissance ; il est certainement d'origine multifactorielle, impliquant outre la génétique aussi bien des facteurs immédiats d'origine alimentaire et infectieuse via des processus moléculaires et microbiens variés, que des facteurs de plus long terme liés au contexte socioculturel et économique. On n'est pas encore en mesure de définir de façon précise tous les facteurs impliqués et leurs mécanismes d'action[9], mais on a cependant suffisamment avancé dans la compréhension du phénomène pour exercer des actions de prévention ou des traitements en partie efficaces. On l'a vu, ce retard débute très fréquemment avant la naissance. Il existe un lien très clair entre l'état nutritionnel de la mère avant la naissance (maigreur, petite taille, anémie, etc.) et celui du nouveau-né ; y compris dans le cadre de variations saisonnières : le mois de naissance peut avoir une influence marquée, surtout en milieu rural[10]. Lorsque poids et taille de naissance sont insuffisants par rapport aux valeurs de référence[11], ils signent, hors cas de prématurité, un retard de croissance d'origine intra-utérine qui va augmenter le risque d'une accumulation de ce retard au cours de la prime enfance. Dans les six premiers mois la vitesse de croissance en taille du nourrisson est très élevée mais ralentit ensuite sensiblement ; elle semble assez directement fonction de la période de croissance précédente et on peine à mettre en évidence le rôle de l'allaitement maternel, même s'il ne fait aucun doute que celui-ci est crucial à cette période critique de développement du cerveau. La phase suivante est très sensible à l'environnement de l'enfant (alimentation, soin, infections). Lors du passage de l'allaitement strict à une alimentation de complément au lait maternel puis à une alimentation plus proche de celle de l'adulte, le retard de croissance staturale se poursuit de façon active si l'alimentation est inadaptée en termes de contenu et de quantité en fonction de l'âge (ce qui n'est pas toujours aisé à saisir pour une mère). Le phénomène peut être renforcé par des carences psychosociales, en lien notamment avec un taux élevé de dépression maternelle dans certains pays en développement[12].

---

9. Prendergast A. et Humphrey J. H., 2014, « The stunting syndrome in developing countries. Pediatrics and Int. Child Health », 34, p. 250-265 ; Ahmed T. *et al.*, 2014, « An evolving perspective about the origins of childhood undernutrition and nutritional interventions that includes the gut microbiome », *Ann NY Acad Sci*, 1332, p. 22-38.

10. Cf. Panel 6.1 Time to take seasonality more seriously, *Global Nutrition Report 2015*, p. 79 (*English version*).

11. Cf. INTERGROWTH-21st Project : http://www.intergrowth21.org.uk

12. Nguyen P. H. *et al.*, 2012, « Maternal mental health is associated with child undernutrition and illness in Bangladesh, Vietnam and Ethiopia », *Public Health Nutr*, 17, p. 1318-1327.

Sur le plan strictement alimentaire, il n'y a aucun doute sur l'influence de l'énergie et des protéines pour une bonne croissance; la croissance ne peut notamment reprendre lors de la récupération d'une malnutrition aiguë que lorsque les réserves de masse grasse ont recommencé à s'accumuler. La leptine, hormone produite par le tissu adipeux, favoriserait le métabolisme osseux. De même les protéines, voire certains acides aminés plus spécifiquement, agiraient sur l'IGF-1, facteur de croissance pouvant agir au niveau osseux. Mais le retard de croissance est traditionnellement associé à des régimes pauvres en nutriments et reposant essentiellement sur des produits végétaux; ce retard serait ainsi associé à des déficits plus spécifiques en vitamines et minéraux (vitamine D, soufre, phosphore, calcium, magnésium) nécessaires à la croissance du cartilage et du tissu osseux, qui pourraient survenir dans les phases de croissance rapide, ou dans les phases de rattrapage après un ralentissement (lié à des épisodes infectieux par exemple)[13]. D'autres minéraux (iode, fer, zinc) ou vitamines pourraient intervenir en accompagnement de la croissance et du développement. Les aliments d'origine animale, et plus spécifiquement les produits laitiers, peuvent favoriser ou altérer la croissance selon leur présence ou absence relative dans le régime alimentaire, en lien avec une teneur en zinc élevée et avec leur action marquée sur les hormones ou facteurs liés à la croissance (IGF-1 par exemple). Les différents essais d'enrichissement des aliments en micronutriments seuls, y compris le zinc, ont montré un impact relativement modeste jusqu'ici. Il n'en reste pas moins que le retard de croissance de l'enfant, bien que probablement d'origine multifactorielle, est clairement associé à des régimes alimentaires peu variés, notamment limités en micronutriments. C'est un cas fréquent pour des régimes exclusivement d'origine végétale où la disponibilité en micronutriments peut être altérée par des anti-nutriments comme les phytates ou les polyphénols, ou de par leur intrication dans des matrices protéiques complexes (foliaires par exemple); tandis que pour les tubercules, le gonflement de l'amidon à la cuisson dans l'eau a pour effet une dilution relative des autres nutriments pour un volume donné (élément important compte tenu du volume limité de l'estomac du jeune enfant). On peut naturellement contourner ces difficultés par des technologies alimentaires appropriées, mais elles ne sont pas toujours disponibles ni même connues par un certain nombre de mères, surtout dans les régions pauvres. Et il n'en reste pas moins que fournir sous un faible volume tous les éléments nutritifs nécessaires au développement de l'enfant est un véritable défi, d'où la fréquence des problèmes de nutrition à ces âges.

---

13. Golden M. H., 2009, « Proposed recommended nutrient densities for moderately malnourished children », *Food Nutr Bull*, 30 (S3), p.267-342; Millward J., 2017, « Nutrition, infection and stunting: The roles of deficiencies of individual nutrients and foods, and of inflammation, as determinants of reduced linear growth of children », *Nutrition Res Rev*, 30, p.50-72.

Les infections répétées – liées au climat, à un assainissement du milieu insuffisant, à un environnement familial plus ou moins hygiénique ou à un accès limité aux soins médicaux – contribuent également à ce retard de croissance ; d'où une modification de l'appétit, une moins bonne absorption digestive, des pertes en nutriments et une augmentation des besoins nutritionnels pour assurer les fonctions de défense. Parmi les infections, les diarrhées récurrentes, mais aussi certains parasites intestinaux ou la malaria, ont régulièrement été mis en relation avec le retard de croissance en taille. De manière plus subtile, des observations ont mis en évidence un état inflammatoire chronique à bas bruit chez nombre d'enfants pendant la période d'installation du retard de taille, reliée à une entéropathie environnementale chronique responsable de malabsorption et d'altération de la perméabilité intestinale. L'inflammation chronique résultante favoriserait l'inhibition de l'IGF-1, une hormone qui stimule la croissance du cartilage de conjugaison des os longs. On n'a pas encore exploré à ce jour les relations entre des variations du microbiote intestinal et le retard de croissance chez l'enfant, mais des expériences et observations toutes récentes conduites chez la souris en laboratoire indiqueraient qu'une perturbation de la flore microbienne qui se met en place progressivement avec le lait maternel pourrait entraîner un ralentissement de la croissance et provoquer des troubles analogues au retard de croissance observé chez l'enfant[14]. Des souriceaux en contact avec le microbiote d'enfants malnourris, maigres et retardés en taille, présentent à leur tour des défauts de croissance liés à l'immaturité du microbiote de ces jeunes enfants de 6 à 18 mois[15]. Ceci pourrait ouvrir la voie à de nouvelles perspectives d'intervention.

Pour être complet, les toxiques peuvent être fréquemment impliqués, en particulier les toxines liées aux moisissures qui se développent facilement en milieux tropicaux avant ou après la récolte de céréales ou de légumineuses par exemple (aflatoxines, fusarines, etc.) ; elles agissent probablement là encore via un phénomène d'inflammation chronique du tube digestif.

Les conséquences de ce retard de croissance sont bien établies[16]. Une stature adulte plus faible qu'attendue d'abord ; cela ne paraît pas important *a priori* mais cela contribue à limiter les capacités physiques chez les travailleurs manuels. Il y a aussi, pour les mères de très petite taille, un risque accru de mortalité périnatale pour elles comme pour leur nouveau-

---

14. Pennisi E., 2016, « Microbiome. The right gut microbes help infants grow », *Science*, 351, p. 802.

15. Blanton L. V. *et al.*, 2016, « Gut bacteria that prevent growth impairments transmitted by microbiota from malnourished children », *Science*, 351, p. 6275.

16. Black R. E. *et al.*, 2008, « Maternal and child undernutrition : Global and regional exposures and health consequences », *Lancet*, 371, p. 243-260 ; Victora C. G. *et al.*, 2008, « Maternal and child undernutrition : Consequences for adult and human capital », *Lancet*, 371, p. 340-357 ; Dewey K. et Begum K., 2011, « Long-term consequences of stunting in early life », *Maternal Child Nutr*, 7 (S3), p. 5-18.

né. Mais il ne s'agit pas cependant d'un simple retard de croissance en taille ; il s'agit aussi et surtout d'un retard associé de développement de l'organisme, touchant un certain nombre d'organes-clefs. Les risques à court terme de morbidité, mais aussi de mortalité, sont plus élevés, par suite d'une altération des fonctions immunes. Ce retard peut également affecter le développement cognitif, l'apprentissage du langage ou encore l'acquisition de capacités sensorimotrices normales ; il peut en résulter notamment de moindres performances scolaires. Les déficiences nutritionnelles sont susceptibles en effet d'altérer l'anatomie et la physiologie du cerveau avec des modifications possibles, sur la durée, de sa structure et de son fonctionnement. À plus long terme on sait maintenant que cela comporte une augmentation du risque de ne pas développer pleinement ses capacités d'apprentissage et d'altérer sa productivité en tant que travailleur adulte, ou, comme développé plus loin, de présenter à un âge plus avancé des pathologies chroniques non transmissibles comme l'obésité, le diabète ou l'hypertension, surtout dans un contexte de transition nutritionnelle rapide (cf. chap. 8). Enfin, risque de nature différente mais tout aussi important, pour les futures mères, les répercussions intergénérationnelles ; ces enfants deviennent des adolescentes puis des adultes de petite taille qui vont donner naissance à des nourrissons à nouveau de petite taille pour leur âge gestationnel. Ceci explique que la régression du phénomène d'une génération à l'autre soit lente, malgré les interventions mises en œuvre[17]. Tout cela a un coût économique et social énorme pour nombre de pays ; au-delà des pertes liées à un excès de mortalité et de morbidité, des estimations économétriques ont montré que les pertes occasionnées par le déficit de croissance en taille dans le domaine de l'éducation ou de la productivité à l'âge adulte pouvaient avoisiner jusqu'à 12 % du produit intérieur brut (PIB) dans les pays les plus pauvres[18]. Inversement, une étude de coût-efficacité basée sur la mise en œuvre des mesures qui font consensus auprès des scientifiques pour réduire de façon significative le retard de croissance, indique un ratio de retour sur l'investissement nécessaire de l'ordre de 3,6/1 (République démocratique du Congo) à 48/1 (Indonésie), avec une moyenne de 18/1 (Bangladesh) dans 17 pays où la prévalence de retard de taille est très élevée[19].

17. Martorell R. et Zongrone A., 2012, « Intergenerational influences on child growth and undernutrition », *Paediatric & Perinatal Epidemiol*, 26, p. 302-314.

18. Horton S. et Steckel R., 2011, *Malnutrition. Global economic losses attributable to malnutrition 1900-2000 and projections to 2050*, Assessment Paper, Copenhagen Consensus on Human Challenges.

19. Hoddinott J. *et al.*, 2013, « The economic rationale for investing in stunting reduction », *Maternal Child Nutr*, 9 (S2), p. 69-82.

Quelles interventions ?

Concrètement, quelles interventions proposer[20] ? Dans le domaine de la lutte contre les infections et les parasites, cela renvoie à l'arsenal classique de la lutte anti-infectieuse, antibiotiques et hygiène du milieu compris, mais aussi une supplémentation en micronutriments, zinc par exemple dans le cas des diarrhées. Des effets positifs sur la croissance ont pu être démontrés. La prise en compte plus systématique de la présence d'une « dysfonction entérique environnementale », pour peu que son dépistage et son traitement soient rapidement précisés, pourrait avoir un effet certain. En attendant, des initiatives de type WASH (*water, sanitation and hygiene*), pour l'amélioration de l'eau, de l'assainissement et de l'hygiène avec pour objectif de réduire l'exposition à la transmission d'agents pathogènes et de micro-organismes oro-fécaux, présentent un réel intérêt[21]. Toutefois les premières évaluations n'ont pas montré d'effets réellement probants[22] ; il reste à voir si ce sont les conditions de réalisation ou les programmes en eux-mêmes qui sont responsables.

Dans le domaine de l'alimentation elle-même, les résultats sont plus incertains. Une série d'interventions s'adressent à la période *in utero* d'abord, lorsque le déficit de croissance et développement s'installe avant la naissance ; elles seront évoquées plus loin dans la partie consacrée aux malnutritions des femmes en âge de procréer. À la période postnatale, l'intervention la plus classique concerne l'allaitement maternel : éviction des liquides pré-lactéaux, initiation de l'allaitement au sein dès la première heure puis à la demande, allaitement exclusif jusqu'à six mois, et poursuivi si possible jusqu'à deux ans (de manière non exclusive). Il y a un large consensus scientifique depuis un certain nombre d'années autour de cette question. Bien que les données reliant l'allaitement maternel et la réduction du retard de croissance ne soient pas nombreuses ni toujours concluantes sur le long terme comme on l'a dit, il ne fait aucun doute que l'allaitement maternel bien conduit reste un élément pré-requis pour un bon développement et une protection optimale de l'enfant, immunitaire et mentale notam-

---

20. Bhutta Z. A. *et al.*, for the Maternal & Child Undernutrition Study Group, 2008, « What works ? Interventions for maternal and child undernutrition and survival », *Lancet*, 371, p. 417-440 ; Bhutta Z. A. *et al.*, for The Lancet Nutrition Interventions Review Group, and the Maternal and Child Nutrition Study Group, 2013, « Evidence-based interventions for improvement of maternal and child nutrition : What can be done and at what cost ? », *Lancet*, 382, p. 452-477.

21. Ngure F. *et al.*, 2014, « Water, sanitation, and hygiene (WASH), environmental enteropathy, nutrition, and early child development : Making the links », *Ann N Y Acad Sci*, 1308, p. 118-128 ; Arnold B. *et al.*, 2013, « Cluster-randomised controlled trials of individual and combined water, sanitation, hygiene and nutritional interventions in rural Bangladesh and Kenya : The WASH Benefits study design and rationale », *Br Med J Open*, 3 (8), e003476.

22. Gera T. *et al.*, 2018, « Impact of Water, Sanitation and Hygiene Interventions on Growth, Non-diarrheal Morbidity and Mortality in Children Residing in Low- and Middle-income Countries : A Systematic Review », *Indian Pediatr*, 55, p. 381-393.

ment. La qualité du lait maternel reste évidemment un facteur critique, notamment pour les apports en micronutriments, d'où l'intérêt d'une supplémentation des mères lorsque c'est nécessaire. Le déploiement de programmes et de politiques en faveur de la promotion et du support à l'allaitement maternel a été considérable au cours des dernières décennies, même s'il reste encore du chemin à faire, comme pour l'allaitement chez les femmes qui travaillent, par exemple. Il n'en a pas été de même pour l'alimentation de complément, c'est-à-dire l'introduction à 6 mois d'aliments nutritionnellement complémentaires au lait maternel pour couvrir les besoins de l'enfant en croissance et développement jusqu'à la cessation de l'allaitement et au passage à une alimentation proche de celle des adultes. Cette question, techniquement plus complexe, regroupe un ensemble varié de croyances et de comportements, des problèmes de choix d'aliments disponibles (quantité, qualité) et des problèmes d'hygiène, qui sont tous liés au contexte local et ne peuvent faire l'objet d'une recommandation unique applicable partout. Du reste, la question des meilleurs indicateurs de mesure des pratiques des mères est encore une question de recherche. Or il s'agit d'un axe essentiel d'intervention dans le domaine de la croissance et du développement du jeune enfant car pendant cette période peuvent s'accumuler les déficits de poids et de taille comme on l'a vu précédemment. À côté des régulations internationales (sur la promotion inappropriée des substituts au lait maternel ou de certains compléments alimentaires industriels destinés aux jeunes enfants), l'effort de clarification et de production de guides techniques dans ce domaine est en amélioration constante depuis quelques années[23]. Si cela englobe de manière générale tous les aspects pratiques concernant la diversification et la qualité de l'alimentation préparée pour les jeunes enfants, les modalités peuvent varier fortement. Cela va de l'amélioration de l'alimentation préparée par les mères avec des procédés techniques à usage domestique (augmentation de la densité énergétique et de la richesse en nutriments) à l'apport d'aliments spécifiques fournis par l'industrie ou l'artisanat local. Les progrès dans le traitement des émaciations sévères ont permis d'obtenir des aliments thérapeutiques enrichis qui ont aussi un impact relatif sur le rattrapage de croissance[24]. La revue des différents travaux dans le domaine de l'alimentation de complément a montré jusqu'ici un effet réel, modeste mais suffisant pour prévenir 30 % des retards de croissance par la seule éducation et près de 67 % en combinant éducation et provision d'aliments adaptés aux familles en insécurité alimentaire. On manque toutefois d'essais contrôlés en plus grand nombre et de meilleure qualité pour un facteur aussi crucial, qui tienne

23. Cf. un numéro spécial publié en 2015 : « Policy, Program and Innovation in Complementary Feeding », *Maternal and Child Nutr*, 11 (S4), i–viii, http://onlinelibrary.wiley.com/doi/10.1111/mcn.12265/epdf

24. Hess S. *et al.*, 2015, « Small-quantity lipid-based nutrient supplements, regardless of their zinc content, increase growth and reduce the prevalence of stunting and wasting in young Burkinabe children : A cluster-randomized trial », *PLoS One*, 10 (3), e0122242 (19 p.).

compte des conditions locales (niveaux de malnutrition, aliments d'origine animale, hygiène, etc.) et des modalités d'investigation, en se référant à un modèle causal à plusieurs niveaux de déterminants[25].

La question des interventions nutritionnelles efficaces dans ce domaine reste une question critique pour les nutritionnistes, dans la mesure où, il faut le dire clairement, aucune intervention nutritionnelle isolée, de quelque nature que ce soit, n'a vraiment réussi à ce jour à prévenir ou traiter le retard de croissance du jeune enfant de manière importante. Paradoxalement, le développement économique rapide de certains pays émergents (Chine) peut s'accompagner d'un recul assez manifeste de la prévalence de ces retards de croissance, même si le lien n'est pas systématique[26] ; mais lorsque ce développement économique est accompagné de mesures sociales fortes, ce recul est spectaculaire (de 37 % à 7 % au Brésil entre 1990 et 2010). Ainsi en raisonnant sur les causes biologiques et sociales probables du retard de croissance et en s'appuyant sur les éléments des politiques de ces pays émergents, on peut proposer une association d'interventions nutritionnelles spécifiques et d'interventions de nature plus socio-économique pour espérer atteindre les objectifs ambitieux des organismes des Nations unies dans ce domaine. En se basant sur des modèles conceptuels appliqués au retard de croissance qui hiérarchisent les facteurs sur lesquels on peut intervenir à plusieurs niveaux : contexte de fond (économique, sanitaire, éducatif, socioculturel, agricole et alimentaire, hygiène de l'environnement) ; causes plus immédiates (facteurs maternels et familiaux, allaitement maternel et alimentation de complément, facteurs d'hygiène familiale et maladies infectieuses) ; et conséquences à court et à long terme (ce dernier volet s'adressant davantage aux interventions susceptibles de corriger tout ou partie de ces conséquences, contrairement aux deux premiers qui se préoccupent de prévention primaire), on peut ainsi promouvoir des politiques qui s'attaquent à un maximum de facteurs simultanément tout en tenant compte du contexte[30]. Une politique globale dépassant le seul cadre des actions spécifiques à la nutrition, attentive aux aspects nutritionnels dans tous les domaines sectoriels et agissant sur des facteurs de nature plus sous-jacente (*i. e.* scolarisation des filles), est actuellement en développement au travers notamment de l'initiative SUN (Scaling Up Nutrition)[27]. Une étude de 2015 s'est attachée à repérer de manière rétrospective, pour la période 1970-2012, quels étaient les

---

25. Stewart C. P. *et al.*, 2013, « Contextualising complementary feeding in a broader framework for stunting prevention », *Maternal Child Nutr*, 9 (S2), p.27-45 ; Lassi Z. *et al.*, 2013, « Impact of education and provision of complementary feeding on growth and morbidity in children less than 2 years of age in developing countries : A systematic review », *BMC Public Health*, 13 (S3), p.13.

26. Vollmer S. *et al.*, 2014, « Association between economic growth and early childhood undernutrition : Evidence from 121 Demographic and Health Surveys from 36 low-income and middle-income countries », *Lancet*, 2, p.225-234.

27. Consulter : http://scalingupnutrition.org/fr/ ; voir aussi les Rapports 2014/15/16 sur la nutrition mondiale : http://globalnutritionreport.org/

facteurs les plus reliés à la diminution du retard de croissance dans 116 pays[28]. Les différents facteurs associés aux principaux déterminants sous-jacents (alimentation, soins maternels, santé) ont tous contribué fortement aux améliorations observées, ce qui valide le modèle généralement accepté dans ce domaine. Ces changements sont largement associés à l'augmentation du PIB et à la qualité de la gouvernance dans les pays (une bonne gouvernance semble avoir un effet tout particulier sur l'amélioration de l'accès à l'eau potable). Les facteurs potentiels de réduction du retard de croissance pour l'avenir seraient une meilleure diversité alimentaire (fort potentiel), puis un meilleur accès à l'hygiène et enfin un meilleur niveau d'éducation des femmes. Pourraient jouer un rôle, à un degré moindre, une amélioration de l'accès à l'eau potable, un meilleur niveau d'égalité hommes-femmes et un niveau de sécurité alimentaire plus élevé au niveau national. Ces derniers facteurs ont un potentiel de diminution du taux de retard de croissance de l'enfant à relativement court terme (5 ans) alors que les premiers agissent sur le plus long terme. Tandis que les considérations alimentaires, l'amélioration de l'hygiène et de l'égalité entre genres sont les principaux facteurs d'amélioration à considérer en Asie du Sud, l'accès à l'hygiène, l'égalité entre genres et l'éducation des femmes semblent les facteurs à améliorer en priorité en Afrique subsaharienne, avec dans les deux cas un souci constant d'amélioration du PIB pour les pays les plus pauvres. Alors que la stabilité politique est un frein en Asie du Sud, l'efficacité administrative doit être améliorée en Afrique subsaharienne, tout en réduisant le niveau de corruption[34]. Bien que le degré de sécurité alimentaire ne soit pas un facteur majeur dans ces deux régions du monde pour la réduction du retard de croissance, l'accent devant être mis sur la diversification avant tout, il reste évident que le niveau de sécurité global doit être maintenu, notamment dans un contexte de forte augmentation de population et de changement climatique. En clair, la sécurité alimentaire reste une condition nécessaire mais non suffisante pour réduire le retard de croissance.

Une étude récente a remis en évidence un fait connu mais souvent oublié : la répartition des tailles des enfants montre dans les pays en développement que c'est l'ensemble de ces enfants qui sont en décalage progressif de taille au cours de la croissance, pas seulement les plus vulnérables[29]. L'analyse des facteurs liés au retard de croissance basée sur une opposition entre enfants vulnérables et enfants moins affectés ne permet donc pas de repérer l'ensemble des facteurs responsables au niveau de toute la population, seulement de ceux qui affectent les plus vulnérables

28. Smith L. et Haddad L., 2015, « Reducing child undernutrition : Past drivers and priorities for the post-MDG Era », *World Dev*, 68, p. 180-204.

29. Roth D. E. *et al.*, 2017, « Early childhood linear growth faltering in low-income and middle-income countries as a whole-population condition : Analysis of 179 Demographic and Health Surveys from 64 countries (1993-2015) », *Lancet Glob Health*, 5, p. 1249-1257.

par rapport aux autres. Des études complémentaires en ce sens restent nécessaires ; toutefois cette observation renforce l'idée que la réduction du retard de croissance passe par des programmes globaux à l'échelle de toute la population des pays concernés.

Malnutritions au cours de l'enfance et de l'adolescence

Si l'enfant d'âge scolaire peut être affecté par des problèmes de maigreur (autour de 30-35 % environ en Afrique ou en Asie du Sud-Est, 5 à 15 % ailleurs), il est inhabituel que cette tranche d'âge présente des cas de malnutrition aiguë sévère, hormis les épisodes de disette ou famine généralisée affectant de larges segments de la population lors de problèmes climatiques ou de conflits armés. Mais le Programme alimentaire mondial estime par exemple que 66 millions d'enfants en âge d'aller à l'école dans le monde y vont le ventre vide. Il est certain que dans les familles en insécurité alimentaire il est usuel de rencontrer des enfants qui n'ont pas une alimentation suffisante tant en quantité qu'en qualité. D'une manière générale l'alimentation des scolaires et des adolescents dans les pays en développement est limitée en diversité, avec une faible consommation de produits d'origine animale et une consommation insuffisante en fruits et légumes ; d'où des carences variées en divers micronutriments. L'anémie reste un défi dans de nombreux cas, cette pathologie étant aussi associée à un parasitisme encore fréquent. Ces problèmes nutritionnels ont forcément des conséquences sur le niveau scolaire, cela perturbe au minimum les qualités d'écoute, d'attention, d'apprentissage et de mémorisation ; cela rend souvent les enfants plus vulnérables aux infections aussi, ce qui favorise l'absentéisme scolaire. Cette tranche d'âge, peu affectée par la mortalité contrairement aux préscolaires, fait l'objet d'assez peu d'attention depuis longtemps, et on manque de données pour avoir une vision d'ensemble. Une des raisons avancées, avec une certaine logique, est qu'il vaut mieux concentrer les moyens disponibles sur les jeunes âges, les interventions y ayant souvent un bénéfice de long terme qui se fait également sentir à l'âge scolaire. Ce raisonnement peut se comprendre pour les sociétés les plus pauvres. Pour les autres, dans une optique de meilleur développement passant notamment par une meilleure réussite scolaire, ce n'est pas toujours un bon calcul de négliger ces enfants. Les programmes associés à des cantines scolaires (éducation nutritionnelle, diversification de l'alimentation) permettent un accès direct à la supervision de l'alimentation quotidienne des enfants scolarisés, et favorisent en outre l'assiduité. Ils assurent aussi une forme de transmission des messages nutritionnels au reste de la famille. Mais les enfants non scolarisés à ces âges requièrent sans aucun doute une attention particulière, dans la mesure où ils font partie de segments plus défavorisés de la société en général. Le meilleur moyen de les atteindre de manière abordable reste souvent un défi.

Les nutritionnistes se posent traditionnellement deux grandes questions à ces âges (on exclut provisoirement ici le problème de la surcharge pondérale qui est traité dans un paragraphe ultérieur). La première question est celle de la persistance ou de la récupération du retard statural. On a longtemps pensé que le retard cessait de s'accumuler après l'âge de 2 ans, stagnait jusque vers 5 ans. Mais, plus récemment, on a estimé que 30 % du déficit de taille à 5 ans survenait en fait entre 2 et 5 ans[30]. Qu'en est-il du coup après cette période ? Le peu de travaux dont on dispose suggère que chez un faible pourcentage d'enfants le mécanisme de retard reste encore actif entre 5 et 8 ans (3 % au Pérou, 6 % en Inde et Éthiopie) ; mais la plupart des enfants dans les différents pays étudiés ont plutôt tendance à amorcer ou renforcer un rattrapage. Celui-ci n'est toutefois pas complet d'où une plus petite taille généralement à l'âge adulte. Cela signifie qu'il faut continuer à suivre cette question tout au long de l'enfance pour renforcer le rattrapage spontané ; les études sur les enfants adoptés à ces âges, qui changent alors radicalement d'environnement social et économique, ont montré un rattrapage souvent spectaculaire. On mentionnera que des ingérés en lait plus élevés semblent avoir un effet promoteur de croissance en taille à tous les âges, y compris jusqu'à l'adolescence, sans que l'on sache bien si cela est dû à la qualité des protéines du lait, à sa teneur en certains micronutriments, ou a des facteurs de promotion de la croissance spécifiques du lait. En outre ce même lait aurait un effet favorable en prévention du surpoids, sans que l'on sache là encore à quoi l'attribuer de manière précise.

La deuxième question est celle de la nutrition des adolescentes. Il y a une accélération normale de la croissance au moment de la puberté ; celle-ci est souvent plus lente mais maintenue plus longtemps dans les pays en développement, permettant ainsi de se rapprocher d'une taille adulte normale *in fine*. Il s'agit d'un âge très vulnérable aux conditions nutritionnelles défavorables ; les études démographiques ont montré que le marasme économique qui a affecté l'Afrique au sud du Sahara dans les années soixante-quinze, pendant un quart de siècle, a clairement ralenti l'accroissement de la taille moyenne des adolescentes. Le rattrapage en taille espéré à ces âges a donc été significativement affecté, avec une incidence sur le retentissement intergénérationnel du retard de croissance. La croissance accélérée de l'adolescence, sous influence hormonale, augmente les besoins en calories, protéines, calcium, folates et fer (menstruation), et en autres micronutriments d'une manière générale. De surcroît, un certain nombre d'adolescentes sont susceptibles, dans des sociétés pauvres, d'être mariées très jeunes et de devenir mères assez rapidement.

30. Leroy J. L. *et al.*, 2014, « Linear growth deficit continues to accumulate beyond the first 1000 days in low- and middle-income countries: Global evidence from 51 national surveys », *J Nutr*, 144 (9), p. 1460-1466.

Chaque année, 11 % de toutes les naissances dans le monde sont issues de jeunes filles âgées de moins de 20 ans ; la fréquence est la plus élevée en Afrique sub-saharienne. Si l'âge minimum du mariage des filles est fixé à 18 ans dans un certain nombre de pays, ce n'est pas encore le cas partout. Ces grossesses prématurées accroissent d'abord le risque de contracter des maladies sexuellement transmissibles, dont le VIH, et celui d'abandonner par ailleurs toute scolarisation. En outre, grossesse et allaitement précoces augmentent les besoins nutritionnels, et donc les risques de carences tout en refermant la fenêtre de croissance et donc toute possibilité de rattrapage. Une maigreur et un retard de croissance chez la jeune mère peuvent entraîner un risque de complications lors de l'accouchement – un petit bassin comporte notamment un risque de dystocie –, une fréquence plus élevée de faibles poids de naissance et d'hypocéphalies. L'anémie est également fréquente chez ces jeunes filles, ainsi que les carences en calcium. La nutrition des adolescentes devrait bénéficier d'une attention toute particulière dans les politiques nutritionnelles. Comment favoriser le meilleur rattrapage possible du retard de taille à cette période ? Quelle est la meilleure préparation nutritionnelle en vue de grossesses prochaines ? Peut-on encore compenser à l'adolescence le retard de fonction cognitive lié à la malnutrition de l'enfance ? Peu d'études se sont penchées de façon globale sur la nutrition à ces âges dans les pays en développement.

La sous-nutrition chez les adultes

La maigreur a tendance à diminuer, sauf en Asie

On sait assez précisément grâce aux EDS[31] quel est le statut nutritionnel des femmes adultes en âge de procréer dans la plupart des pays en développement. On a moins de renseignements pour les hommes adultes. Si dans les années 1980 on constatait que la maigreur[32] était relativement fréquente chez les femmes, surtout en Afrique et en Asie, et plus spécifiquement en milieu rural, la situation a bien changé puisque l'attention se focalise maintenant sur la montée de l'obésité, comme on le verra plus loin. La maigreur reste cependant encore supérieure à 10 % aujourd'hui[33], avec de grandes variations (entre 10 et 19 % dans nombre de pays africains, jusqu'à 40 % en Inde ou au Bangladesh). Si le facteur sous-jacent est bien l'insécurité alimentaire, les causes plus fondamentales en sont par

31. EDS : Enquêtes démographiques et de santé (voir glossaire).

32. La maigreur se mesure ici par un indice de masse corporelle (IMC ou poids/taille^2) < 18,5 kg/m^2, pour les hommes comme pour les femmes, et pour toutes les populations.

33. Black R. E. *et al.*, 2013, « Maternal and child undernutrition and overweight in low-income and middle-income countries », *Lancet*, 382, p. 427-451.

exemple pour l'Asie : la pauvreté, le manque d'éducation et le faible statut social et économique des femmes. Les hommes semblent moins affectés, avec de fortes disparités régionales là aussi. Les variations saisonnières de poids liées à la saisonnalité de l'insécurité alimentaire en milieu rural sont souvent modestes, mais peuvent avoir un effet significatif, surtout chez les femmes exposées aux grossesses aux périodes alimentaires difficiles[34]. Les adultes pauvres, les femmes principalement, sont exposés, séparément ou simultanément à de la maigreur, à une petite taille et à de nombreuses carences en micronutriments. Ceci a un impact direct sur la perte de productivité physique, et dans des sociétés rurales ou urbaines pauvres où le travail des hommes comme des femmes repose sur une activité physique encore importante, cela contribue à la persistance de cette pauvreté.

La sous-nutrition des femmes enceintes, un point critique

Chaque atteinte nutritionnelle, maigreur et faible gain de poids au cours de la grossesse, petite taille, carences en micronutriments, entraîne des complications, séparément ou de manière conjuguée, pour une grande partie des femmes enceintes. Au-delà du risque plus élevé de mortalité maternelle ou néonatale, l'enfant à naître va souffrir d'un retard de croissance intra-utérin plus ou moins sévère, tandis que le lait maternel sera insuffisamment riche en divers micronutriments.

On estime que le retard de croissance in utero, qui peut être dû à des causes nutritionnelles directes comme à des causes infectieuses, concerne environ 27 % de toutes les naissances des pays en développement, surtout dans le Sahel et l'Asie du Sud (> 45 % en Inde). Environ 10 % de ces retards in utero sont en outre associés à une naissance avant-terme, avec un risque accru de morbidité et de mortalité. Ce retard intra-utérin entraîne dans près d'un cas sur deux un faible poids de naissance, et présente un risque manifeste de retard de croissance du jeune enfant après la naissance[35], ainsi que de développement insuffisant sur le plan cognitif et psychosocial[36], voire de maladies chroniques à l'âge adulte[37], en lien avec la transition épidémiologique en cours dans ces pays (cf. chap.6). La prévention des retards de croissance et de développement chez les jeunes enfants passe donc par des interventions nutritionnelles spécifiques chez les femmes enceintes, voire si possible avant les grossesses, y compris

34. Rayco-Solon P. *et al.*, 2005, « Differential effects of seasonality on preterm birth and intrauterine growth restriction in rural Africans », *Am J Clin Nutr*, 81, p. 134-139.

35. Christian P. *et al.*, 2013, « Risk of childhood undernutrition related to small-for-gestational age and preterm birth in low- and middle-income countries », *Int J Epidemiol*, 42, p. 1340-1355.

36. Mwaniki M. K. *et al.*, 2012, « Long-term neurodevelopmental outcomes after intrauterine and neonatal insults : A systematic review », *Lancet*, 379 (9814), p. 445-452.

37. Barker D. J. *et al.*, 1989, « Growth in utero, blood pressure in childhood and adult life, and mortality from cardiovascular disease », *BMJ*, 298, p. 564-547.

chez les très jeunes filles à risque de grossesses précoces comme on l'a vu précédemment.

On peut mettre en œuvre une supplémentation ciblée en protéines et énergie pour les cas de maigreur liés à de l'insécurité alimentaire, et pour assurer un gain de poids suffisant au cours de la grossesse ; et de manière générale une supplémentation multiple en vitamines et minéraux, dont calcium et zinc, en complément (voire en substitution) de l'intervention classique en fer et folates durant cette période pour traiter ou prévenir l'anémie, diminuer la mortalité, favoriser un meilleur poids de naissance. Un traitement systématique des infections peut également jouer un rôle non négligeable dans la prévention du retard de croissance intra-utérin, là où les infections ou infestations parasitaires (malaria) sont fréquentes. L'effet porte non seulement sur l'infection mais aussi sur l'inflammation associée, comme cela a été montré en Afrique subsaharienne. Enfin il ne faut pas oublier le rôle d'un intervalle trop court entre les naissances, bien que les familles ne reconnaissent pas toujours ce facteur comme un élément important, alors qu'il reste essentiel au même titre que le recul de l'âge de la première grossesse. Améliorer par ailleurs la survie et la santé des enfants nés avant terme et/ou petits pour leur âge gestationnel est une priorité, d'autant que les techniques simples de réanimation, de traitement des infections et d'alimentation appropriée de ces nouveau-nés, sont bien connues et de relativement faible coût, mais insuffisamment appliquées.

Des recherches sont encore nécessaires pour comprendre comment atteindre une meilleure efficacité avec les interventions existantes ou avec de nouvelles interventions prenant en compte les différents mécanismes conduisant à un retard de croissance intra-utérin. Se pose par ailleurs la question des interventions nutritionnelles avant la grossesse ; dans le domaine des micronutriments, il est possible que les interventions au moment de la grossesse (multi-micronutriments) ne montrent pas une efficacité importante parce qu'elles interviennent trop tard. On doit explorer plus systématiquement l'option d'une amélioration généralisée de l'alimentation et de l'état nutritionnel avant la grossesse. Enfin la taille de la mère au début de la grossesse, un indicateur significatif des problèmes nutritionnels qu'elle a dû affronter au cours de sa vie jusqu'ici, reste un déterminant important de la croissance intra-utérine, et de la taille et du poids à la naissance, ne serait-ce que par la limitation de la taille utérine. C'est donc un enjeu réel de s'intéresser comme on l'a vu précédemment à la capacité des jeunes filles à la puberté d'atteindre une taille adulte la plus proche possible de la norme, ce qui incite à se pencher sur la nutrition de ces jeunes filles comme sur la possibilité encore une fois de repousser l'âge des premières grossesses[38].

38. Christian P. *et al.*, 2015, « Nutrition and maternal, neonatal and child health », *Seminars in Perinatology*, 39, p.361-372.

Les personnes âgées

Le vieillissement de la population mondiale est certainement un des grands défis de demain. Alors que les sociétés des pays industrialisés connaissent un vieillissement progressif, les pays émergents et en développement vivent ce processus en accéléré (les personnes de plus de 60 ans sont passées de 7 % à 17 % de la population française en 115 ans ; on pense que la Chine connaîtra cette augmentation sur à peine 25-30 ans). On s'attend à un total de 1,2 milliard de personnes âgées dans le monde en 2025, la majorité vivant dans les pays en développement, alors que beaucoup de ces pays ont encore une population relativement jeune qui mobilise l'essentiel de leur attention. On ne sait pas grand-chose en fait de l'état nutritionnel des personnes âgées dans de nombreux pays ; peu de programmes se sont encore intéressés à elles. Diminution de l'ingéré alimentaire spontané et perte de poids, de masse musculaire surtout, sont habituellement fréquentes au grand âge dans tous les pays, par suite d'une diminution de l'activité physique, de problèmes de dentition, de maladies chroniques, et parfois d'une relative désocialisation. Pour autant, il semble que la malnutrition soit encore plus fréquente dans nombre de sociétés pauvres où les personnes âgées sont en outre obligées de travailler très longtemps. Si on a un certain nombre de données d'enquêtes sur la maigreur de ces personnes âgées, on ne connaît quasiment pas actuellement leur situation en matière de carences en micronutriments dans les pays peu industrialisés. Il faudra des recherches plus poussées pour estimer la situation dans chaque pays, comprendre les besoins en fonction des modes de vie, et trouver des solutions adaptées pour améliorer la situation ; on pourrait sinon faire face à un véritable naufrage à terme dans certains pays pauvres. Cet âge fait partie du cycle de vie normal et on doit pouvoir y accéder à une alimentation équilibrée et un état nutritionnel satisfaisant comme pour les autres âges de la vie.

L'obésité, à tous les âges de la vie

La surcharge pondérale et l'obésité ont longtemps été la préoccupation des seuls pays riches. D'abord présente dans les couches supérieures aisées de la société où la nourriture était abondante, l'obésité s'est progressivement déplacée vers les couches moyennes et surtout pauvres au fur et à mesure que le niveau de vie s'est élevé. Liée à une abondance de calories, elle s'est complexifiée dès lors que cette quantité en excès s'est accompagnée d'une qualité moindre de l'alimentation, par suite d'un manque de moyens, d'une culture alimentaire monotone, ou de la consommation de plus en plus fréquente de plats industriels de qualité nutritionnelle insatisfaisante, présentant souvent un excès de sel, de sucres simples, d'acides gras saturés (voire d'acides gras « trans » permettant un meilleur travail industriel des plats à base de produits gras, mais qui se sont révélés nocifs pour la santé), et un manque relatif en micronutriments et en fibres. Les personnes ayant un faible niveau d'éducation et peu ou pas de connaissances en nutrition sont particulièrement vulnérables à ce type d'alimentation. La caricature en est le régime alimentaire de beaucoup de Nord-Américains où la culture alimentaire a largement favorisé le phénomène : très dense en énergie, mais limité à quelques plats de composition simple et mal équilibrés, avec une faible présence de fruits et légumes, et une omniprésence de boissons très sucrées, contenant notamment du fructose issu de blé. Dans le même temps, la diminution spectaculaire des travaux pénibles, puis l'apparition d'une sédentarité très large au travail, dans les transports et à domicile (avec un temps de visionnage d'écrans de plus en plus élevé) et un confort thermique en toutes occasions, ont considérablement abaissé les besoins énergétiques, favorisant un relatif déséquilibre avec les apports quotidiens. Alors qu'un tiers des adultes aux États-Unis sont obèses, et une bonne partie des autres sont en surcharge pondérale, avec fréquemment un syndrome métabolique (processus inflammatoire associé à de l'hyperglycémie, de l'hyperlipidémie et de l'hypertension) on a vu progressivement apparaître l'obésité à des âges de plus en plus jeunes, et les complications classiques (maladies chroniques non transmissibles associées telles que troubles cardiovasculaires et diabète) devenir fréquentes même chez de jeunes adultes. Cette situation est de plus en plus banale dans l'ensemble des pays industrialisés, où de nombreux programmes tentent de lutter contre l'obésité chez l'enfant comme chez l'adulte, sans trop de succès jusqu'à maintenant, même si un plateau semble progressivement apparaître dans un certain nombre de pays suite aux actions menées. Mais est-ce durable ou un simple répit de cette « épidémie » ?

Cette « malnutrition par excès » s'est propagée de façon insidieuse aux pays émergents, avec la même trajectoire des couches aisées aux couches moyennes puis aux plus pauvres de la population. Les instances de santé ont mis un certain retard à voir venir cette généralisation à l'ensemble des pays du monde, à des fréquences variables selon le type de transition économique et de transition alimentaire qui l'accompagne (cf. chap. 6).

Dans les années 2000, il apparaissait déjà évident que la surcharge pondérale se retrouvait de façon significative chez 3,3 % des enfants d'âge préscolaire dans le monde en développement ; les données de l'OMS en 2010 ont conforté l'avance rapide du phénomène : la prévalence atteignait 6,1 % (35 millions d'enfants) avec une prévision de 8,6 % en 2020 (contre 10,7 % dans les pays industrialisés). Si on a pu penser un temps qu'un gros bébé et un jeune enfant plantureux reflétaient un bon état de santé, on sait aujourd'hui qu'il y a une relative poursuite du phénomène au cours de la croissance et que bon nombre de ces enfants développeront surpoids et obésité plus tard, avec le cortège de troubles associés : problèmes musculo-squelettiques liés à la surcharge, et maladies chroniques (diabète, troubles cardio- ou neuro-vasculaires, cancers).

Une des raisons de l'avancée rapide de l'obésité dans les pays en émergence serait due à la plus grande sensibilité à un environnement alimentaire changeant, comme à un mode de vie plus sédentaire, de personnes qui ont été exposées *in utero* ou pendant la petite enfance à de la malnutrition aiguë ou chronique. Il est en effet acquis qu'une véritable « programmation maternelle » de la croissance du fœtus, permettant de mieux s'adapter métaboliquement à un environnement nutritionnel contraint dans l'enfance, peut avoir une influence sur le long terme. Si l'environnement nutritionnel ultérieur change (plus grande abondance alimentaire), ce qui est assez classique dans le cas de la transition alimentaire dans les pays émergents, cette programmation au cours de la vie fœtale est susceptible de conduire à un défaut d'adaptation métabolique[39], provoquant ce que l'on pourrait appeler un phénomène de « dysnutrition » (cf. chap.6), favorisant l'apparition à l'âge adulte d'obésité et des maladies chroniques associées. Il s'agirait d'un mécanisme de type « épigénétique »[40], c'est-à-dire de changements induits par l'environnement maternel (nutrition, toxiques, perturbateurs endocriniens, stress) dans la structure des organes, dans les réponses cellulaires ou dans l'expression de gènes, avec un effet durable sur le métabolisme et la physiologie du fœtus sur une période prolongée, voire parfois sur plusieurs générations, sans pour autant modifier les gènes eux-mêmes. Les implications détaillées de ce phénomène et les moyens de le prévenir dans ses différentes manifestations restent encore du domaine d'une recherche active.

Ainsi il serait vain d'opposer ceux qui sont victimes de déficiences alimentaires d'un côté à ceux qui sont malades d'une trop grande abondance de l'autre; le problème est infiniment plus complexe. D'une part des personnes ayant souffert de malnutrition dans l'enfance deviennent particulièrement susceptibles à l'obésité dans un environnement « obésogène » ultérieurement; d'autre part, si le surpoids et l'obésité pour nombre de personnes relèvent effectivement d'une surcharge en calories, notamment sous forme de calories « cachées » dans des régimes à forte densité énergétique ou riches en boissons sucrées, ils se caractérisent aussi par des régimes monotones, de qualité insuffisante en vitamines, minéraux, et substances bioactives importantes pour la santé, comme dans le cas de la sous-nutrition.

On a vu que les pourcentages concernés par la surcharge pondérale sont encore relativement modérés au niveau préscolaire en pays en développement; ils augmentent rapidement à l'âge scolaire et à l'adolescence ailleurs qu'en Afrique sub-saharienne et en Asie du Sud. Cette évolution

---

39. Benyshek D. C., 2013, « The "Early Life" Origins of Obesity-Related Health Disorders: New Discoveries Regarding the Intergenerational Transmission of Developmentally Programmed Traits in the Global Cardiometabolic Health Crisis », *Am J Physic Anthropol*, 57, p.79-93.

40. Desai M. *et al.*, 2015, « Epigenomics, gestational programming and risk of metabolic syndrome », *Int J Obes*, 39, p.633-641.

est connue depuis longtemps dans les sociétés les plus avancées, avec une évolution rapide au début des années 1970 puis un ralentissement progressif depuis le début des années 2000. Pour le reste du monde l'analyse la plus récente montre une évolution régulière du surpoids depuis 1975, chez les 5-19 ans, en Afrique du Nord, en Afrique du Sud, en Amérique latine et en Asie du Sud-Est ; de sorte qu'en 2016, tandis que 75 millions de filles et 117 millions de garçons dans le monde étaient encore en sous-poids plus ou moins modéré à sévère selon les régions, 50 millions de filles et 74 millions de garçons étaient déjà obèses[41]. On rencontre même couramment des pays où le retard de croissance est encore présent tandis que l'obésité et le surpoids prennent de plus en plus d'importance (Afrique du Nord et Moyen-Orient, Amérique latine, par exemple), ce chevauchement résultant sans doute des effets de la programmation parentale conjugués à ceux d'une transition alimentaire rapide (cf. chap. 6).

Les données les plus complètes sont celles concernant l'obésité des adultes, hommes et femmes, d'après leur indice de masse corporelle[42], cet indice étant en outre relativement bien corrélé à un risque plus élevé de morbidité et mortalité à des âges avancés. Un indicateur d'obésité abdominale (tour de taille ou mesure d'épaisseur graisseuse à ce niveau) serait sans doute plus spécifique du risque de syndrome métabolique, mais les données ne sont pas encore collectées partout pour cet indicateur. Les données disponibles montrent bien l'évolution progressive, généralisée, parfois très rapide, vers une augmentation de la masse corporelle des adultes dans le monde[43]. Le surpoids affectait 37 % des hommes et des femmes en 2013, soit 2,1 milliards de personnes ; plus de la moitié des femmes en Amérique latine sont déjà en surpoids. Une autre étude à échelle mondiale indique une évolution de la prévalence standardisée pour l'âge entre 1975 et 2014 du taux d'obésité de 3,2 % à 10,8 % pour les hommes et de 6,4 % à 14,9 % pour les femmes[44]. Si ces tendances se poursuivent, on pourrait atteindre des taux de 18 % pour les hommes et de 21 % pour les femmes, loin des objectifs de limitation envisagés par les instances internationales. Les risques associés sont bien connus : troubles

41. NCD Risk Factor Collaboration, 2017, « Worldwide trends in body-mass index, underweight, overweight, and obesity from 1975 to 2016: A pooled analysis of 2416 population-based measurement studies in 128.9 million children, adolescents, and adults », *Lancet*, 390, p. 2627-2642.

42. La surcharge pondérale ou surpoids correspond à un indice de masse corporelle (IMC ou poids/taille^2) ≥ 25,0 kg/m^2, pour les hommes comme pour les femmes, et l'obésité correspond à un IMC ≥ 30,0 kg/m^2. Pour les populations asiatiques, ces seuils sont un peu plus bas.

43. Ng M. *et al.*, 2014, « Global, regional, and national prevalence of overweight and obesity in children and adults during 1980-2013: A systematic analysis for the Global Burden of Disease Study 2013 », *Lancet*, 384, p. 766-781.

44. NCD Risk Factor Collaboration, 2016, « Trends in adult body-mass index in 200 countries from 1975 to 2014: A pooled analysis of 1698 population-based measurement studies with 19.2 million participants », *Lancet*, 387, p. 1377-1396.

musculo-squelettiques en premier, reliés à l'excès pondéral, et cause de plus en plus fréquente de consultation (« mal au dos » par exemple) ; mais aussi troubles de la glycémie, dyslipidémies et hypertension, conduisant à un certain nombre de maladies chroniques non transmissibles telles que le diabète de type II (autrefois quasi inconnu dans un certain nombre de pays en développement), les maladies cardio- et cérébro-vasculaires, voire certains cancers ou certaines maladies neurodégénératives, et un risque de décès plus précoce. Pour les femmes adultes, c'est aussi un risque de complications de la grossesse (diabète gestationnel) et de la croissance du nouveau-né (nouveau-né de poids insuffisant lié à l'hypertension par exemple ou inversement nouveau-né de poids de naissance élevé du fait de l'obésité de la mère), avec une incidence sur l'ensemble de la vie de ces enfants[19]. Ces pathologies sont bien connues et prises en charge de façon relativement codifiées dans les pays industrialisés ; dans les autres pays le dépistage et les traitements de base pourraient être menés correctement en soins primaires et non pas dans des hôpitaux débordés si le personnel était informé et formé, et la prise en charge codifiée ; mais les services de santé ne sont pas encore tous bien préparés à cette situation dans nombre de pays en développement.

L'obésité est généralement attribuée on l'a vu à un excès d'énergie, associé ou non à une qualité insuffisante de l'alimentation, et à un manque d'activité physique satisfaisante, pour un segment de la population qui offre une sensibilité génétique plus particulière à ces facteurs. La génétique (complexe) de l'obésité n'ayant pas réellement changé dans des périodes récentes, c'est bien le changement de l'environnement qui est en partie responsable, le degré d'exposition étant largement influencé par le niveau socio-économique (choix des aliments en fonction du prix par exemple), le niveau de connaissances, mais aussi par des choix personnels. Pour autant on ne saurait écarter l'influence d'autres facteurs : ont été cités entre autres, avec des éléments variables de preuve, les perturbateurs endocriniens (dont certains pesticides ou solvants, les phtalates, le bisphénol A, des métaux lourds, etc.), la dépression et la prise de médicaments (antidépresseurs), la perturbation ou le manque de sommeil, le stress, ou les régimes pour contrôler son poids (effet « yoyo »). Les perturbateurs endocriniens pourraient en particulier fortement influencer le métabolisme des adipocytes tout au long de la vie si l'exposition est précoce, in utero ou dans la petite enfance. Au fur et à mesure de l'évolution des connaissances, notre vision de l'obésité change : le tissu adipeux joue un rôle métabolique actif, plus complexe qu'imaginé auparavant, en interaction avec nos différents organes, et susceptible de favoriser un dérèglement inflammatoire de faible intensité mais au long cours, et à l'origine de conséquences pathologiques.

Jusqu'à présent, si on a pu noter un ralentissement de l'augmentation, voire un arrêt, dans quelques pays industrialisés, notamment chez les enfants, et peut-être en relation avec de meilleures prescriptions alimentaires chez les tout jeunes (effet protecteur de l'allaitement maternel, retour à un régime plus proche du lait maternel par la suite, plus riche en lipides et moins en protéines, pour éviter un rebond d'adiposité précoce), aucun pays n'a vraiment pu inverser la tendance, malgré les mesures prises. Il s'agit donc d'un problème complexe, sans doute lié à la multiplicité des causes à différents niveaux: biologiques, comportementales, familiales, sociales, environnementales, et qui peuvent entrer en interaction, avec parfois un effet multiplicatif. De nombreux débats ont cours, avec une vision souvent réductrice entre deux points de vue opposés sur cette question comme le rappelle la littérature scientifique récente: responsabilité d'une offre alimentaire inadaptée et en excès *versus* un problème d'insuffisance de dépense énergétique; responsabilité individuelle (choix volontaire) *versus* celle d'un environnement obésogène; responsabilité individuelle *versus* collective pour l'action contre l'obésité; responsabilité de l'industrie alimentaire *versus* celle des pouvoirs publics (régulation); priorité au traitement *versus* prévention. Ces arguments facilement mis en avant par l'un ou l'autre des acteurs concernés pour se dédouaner, bien qu'exprimant des éléments de vérité, ne font pas vraiment avancer les choses; il importe de les dépasser. Aujourd'hui on admet que l'environnement induit par la société exploite les vulnérabilités biologiques, psychologiques, sociales et économiques des gens pour aller vers des régimes malsains pour leur santé mais qui leur sont agréables (lié par exemple à la palatabilité du gras, la douceur du sucré, la satisfaction liée à la densité énergétique, la facilité de la sédentarité, etc.). La préférence pour une alimentation de mauvaise qualité nutritionnelle se renforce ainsi en un cycle de plus en plus difficile à rompre; gouvernants, industries agroalimentaires et société civile doivent s'entendre sur une régulation[45]. L'OMS en appelle à une vision globale et concertée de la part de tous les acteurs et prenant en compte tous les éléments connus du problème. Après une « stratégie mondiale pour l'alimentation, l'exercice physique et la santé » en 2004, un « plan d'action global pour la prévention des maladies chroniques non transmissibles pour 2020 » en 2013, une « approche de la prévention de l'obésité de l'enfant dans la population »[46] et un plan plus général, exhaustif, pour la nutrition des mères et des enfants dans le monde[47], ont été publiés successivement; mais avec des objectifs modestes dans un premier temps (non-augmentation des cas). Une « Commission sur les moyens de mettre fin à l'obésité de l'enfant dans le monde » a finalement été mise sur pied pour définir une politique détaillée pour les États. Le consensus grandit sur la gravité et l'urgence de la situation, ce qui a déjà poussé un certain nombre de pays dans le monde à prévoir une poli-

45. Roberto C. A. *et al.*, 2015, « Patchy progress on obesity prevention: Emerging examples, entranched barriers, and new thinking », *Lancet*, 385 (9985), p. 2400-2409.

46. Une approche de la prévention de l'obésité de l'enfant dans la population (OMS, 2012): http://apps.who.int/iris/bitstream/10665/85399/1/9789242504781_fre.pdf?ua=1

47. Plan d'application exhaustif concernant la nutrition chez la mère, le nourrisson, et le jeune enfant (2014): http://apps.who.int/iris/bitstream/10665/130454/1/WHO_NMH_NHD_14.1_fre.pdf

tique nationale pour une alimentation saine et pour la prévention de l'obésité et du diabète. Néanmoins, l'expérience reste encore largement confinée aux pays industrialisés, touchés depuis plus longtemps par cette question de l'obésité et des maladies chroniques associées. En 2016, un article du *Lancet* rappelait que si les tendances actuelles continuent, l'obésité atteindra 18 % des individus dans le monde, l'obésité sévère entre 6 et 9 %[48].

Pour concrétiser ce consensus sur les actions à entreprendre un canevas (NOURISHING) a été réalisé par le Fonds international de recherche sur le cancer dans le monde, adaptable à la plupart des situations géographiques[49]. Il porte sur trois domaines complémentaires: l'environnement alimentaire (étiquetage nutritionnel, taxes ou subventions pour certains types d'aliments, contrôle de la publicité), le système alimentaire (politiques d'encouragement à des comportements favorables à la santé) et l'invitation à des changements de comportements au travers de différents canaux de communication. Jusqu'ici on a surtout mis l'accent sur les changements de comportements, et moins sur les modifications de l'environnement en matière d'alimentation et d'activité physique. En outre beaucoup de pays pauvres, où la malnutrition des jeunes enfants est encore fréquente, ont du mal à se mobiliser pour la prévention de l'obésité; l'application de politiques séparées dans des communautés où ces problèmes coexistent constitue un frein à la perception des actions utiles à une amélioration globale de l'alimentation dans ces populations.

D'aucuns pensent qu'on devrait notamment parvenir à l'établissement d'un Code international en matière de ventes alimentaires à l'intention des enfants au même titre que pour les substituts du lait maternel pour les nourrissons[50]. Cela permettrait de mieux contrôler l'exposition alimentaire des enfants dans la plupart des pays du monde en fonction d'une croissance optimale, évitant l'écueil des malnutritions par carence comme par excès. La pression des lobbys industriels sur les ventes alimentaires pour cette tranche d'âge (où se façonnent les habitudes alimentaires tout au long de la vie) est véritablement très forte; et on ne peut certainement pas leur laisser le champ libre sans contrôle, quelle que soit par ailleurs leur bonne volonté: il reste une certaine divergence d'intérêts entre les parties au vu des profits concernés. On n'est sans doute qu'au tout début de l'histoire dans nombre de pays en développement sur ces questions, d'autant que les progrès enregistrés dans les pays industrialisés sont encore bien minces. L'avenir dira si des initiatives comme INFORMAS (International

48. NCD Risk Factor Collaboration, 2016, « Trends in adult body-mass index in 200 countries from 1975 to 2014: A pooled analysis of 1698 population-based measurement studies with 19.2 million participants », *Lancet*, 387, p. 1377-1396.

49. Hawkes C. *et al.*, 2013, « A food policy package for healthy diets and the prevention of obesity and diet-related non-communicable diseases: The NOURISHING framework », *Obesity Rev*, 14 (S2), p. 159-168.

50. Lobstein T. *et al.*, 2015, « Child and adolescent obesity: Part of a bigger picture », *Lancet*, 385 (9986), p. 2510-2520.

Network for Food and Obesity/NCDs Research, Monitoring and Action Support)[51], destinées à favoriser une démarche de « redevabilité » publique pour tous les acteurs concernés, sont susceptibles de créer des avancées dans le domaine. Il est certain que l'apparition d'une obésité chez un individu comme dans une population est le résultat d'une combinaison de nombreux facteurs qui agissent à différents niveaux, et seules des politiques de prévention s'adressant à tous les niveaux peuvent espérer atteindre des objectifs significatifs[52]. Enfin la prévention de l'obésité passe aussi par la lutte contre la malnutrition intra-utérine et de la petite enfance qui en est la source dans un certain nombre de cas ; il n'y a donc pas, encore une fois, d'antagonisme entre malnutrition et obésité au niveau de la définition des politiques nutritionnelles.

Les « 1000 jours » et le « cycle de vie »

De tout ce qui précède, il ressort qu'un des moments-clefs de la nutrition des individus est la période dite des « mille jours », qui va de la conception à la fin de la deuxième année de vie du jeune enfant[53]. Il y a eu un consensus progressif autour de l'idée que les interventions étaient les plus susceptibles d'être efficaces à court comme à long terme durant cette période : point de départ in utero ou pendant les premiers mois de la vie pour les malnutritions de l'enfance (aiguës ou chroniques), comme pour l'obésité de l'enfant, en lien avec le statut nutritionnel de la mère, maigreur, carences en micronutriments ou obésité ; et période de meilleure prévention (notamment via la nutrition de la mère) et de réversibilité probable au cours de la prime croissance du jeune enfant de son retard de développement ou de son obésité selon les situations (via l'allaitement maternel, l'alimentation de complément, la lutte contre l'anémie, etc.), à un moment où les contacts avec le système de santé et les programmes de nutrition/santé sont théoriquement fréquents et très ciblés (suivi de la gestation, suivi de la croissance et du développement de l'enfant au cours des 24 premiers mois).

En 2008, le « Maternal and Child Undernutrition Study Group » publiait dans le *Lancet* une première série d'articles de synthèse sur la nutrition des mères et de leurs enfants dans les pays à faible et moyen revenu, appelant à une stratégie ciblée sur les 1000 premiers jours. Dans les cinq années qui ont suivi, avec notamment le support du Mouvement SUN, nombre d'agences de développement et de pays ont infléchi ou

51. http://www.worldobesity.org/what-we-do/policy-prevention/projects/informas/

52. Seidell J. et Halberstadt J., 2015, « The global burden of obesity and challenges of prevention », *Ann Nutr Metab*, 66 (S2), p. 7-12.

53. http://www.thousanddays.org/

renforcé leur stratégie autour de ce concept. La publication d'une deuxième série d'articles du même groupe international en 2013, précisant et réévaluant à la hausse les risques associés aux malnutritions durant cette période et pour le reste de la vie, a contribué à renforcer encore davantage cette stratégie. Le groupe a notamment renouvelé le schéma conceptuel utilisé jusqu'ici depuis les années 1990 pour unifier la vision de la malnutrition des jeunes enfants en le centrant sur « une nutrition et un développement optimal du fœtus et du jeune enfant ». Ce schéma, remis à l'aune des idées du moment, tente de montrer les effets potentiels à cette période de programmes et interventions spécifiques au domaine de la nutrition d'une part, et d'interventions sensibles aux enjeux nutritionnels d'autre part (visant plus largement les déterminants sous-jacents des malnutritions et touchant aux domaines de l'hygiène, du social, de l'éducation, etc.) ; enfin un troisième volet s'intéresse à ce qui peut renforcer ces actions dans l'environnement politique, législatif ou juridique.

Des voix se sont même élevées pour focaliser encore davantage l'action sur les 500 premiers jours, c'est-à-dire la période où l'enfant est exclusivement dépendant de sa mère, pour augmenter encore l'efficacité des politiques nutritionnelles, surtout dans les pays pauvres[54]. Les pays sont ainsi invités à se pencher en priorité sur le statut nutritionnel des mères, avec une extension des programmes d'utilisation de sel iodé, de contrôle de l'anémie, et d'une supplémentation en protéines et énergie partout où elle s'avère nécessaire pour éviter tout risque de maigreur des mères ; en argumentant que tout déficit durant cette période (gestation et première phase d'allaitement maternel) ne peut plus être rattrapé tout en ayant des conséquences délétères et durables ensuite tout au long de la vie de l'enfant. La nécessité de se concentrer sur une période courte mais cruciale des 500 ou 1 000 premiers jours n'est pas remise en cause par qui que ce soit, compte tenu de l'impact à court terme sur la mortalité, le développement cérébral, ou à plus long terme sur le risque de maladies chroniques ; et donc compte tenu des retombées importantes en matière économique et sociale par exemple pour les pays d'Afrique ou d'Asie. On s'est cependant posé la question de savoir s'il n'y avait pas un risque que le pendule n'aille trop loin dans un sens, en laissant penser qu'il n'y avait pas d'efficacité en dehors de cette période. Évoquant cette question, on a rappelé ces dernières années que l'effet estimé des mesures possibles durant les 1 000 premiers jours, pour ce qui est du retard de croissance du jeune enfant par exemple, reste malgré tout encore modeste pour le moment, en tout cas loin de prévenir tout retard de croissance et de développement[55]. D'autres fenêtres d'opportunité restent nécessaires à considérer pour renforcer l'efficacité globale des politiques sur ce thème : cela

54. Mason J. B. *et al.*, 2014, « The first 500 days of life : Policies to support maternal nutrition », *Global Health Action*, 7, p. 23623.

55. Prentice A. M. *et al.*, 2013, « Critical windows for nutritional interventions against stunting », *Am J Clin Nutr*, 97, p. 911-918.

concerne aussi bien la période pré-conceptionnelle, que les poussées de croissance de l'enfance et de l'adolescence qui permettent un rattrapage de croissance. En matière d'obésité, il est clair aussi que si la période fœtale et la petite enfance sont le moment spécifique d'une possible programmation parentale et environnementale, il y a ensuite un phénomène d'accumulation du risque tout au long de la vie, ouvrant la possibilité d'interventions à différents âges.

Le Plan d'action de l'OMS pour la nutrition des mères et de leurs jeunes enfants (2014) a repris comme priorité la nutrition pendant les 1 000 jours et il propose aux pays tout un ensemble de mesures susceptibles d'atteindre plusieurs cibles clefs dans ce domaine pour 2025 : 50 % de réduction du taux d'anémie chez les femmes en âge de procréer ; 30 % de réduction de l'insuffisance pondérale à la naissance ; porter les taux d'allaitement exclusif au sein au cours des six premiers mois de la vie à au moins 50 % ; réduire de 40 % le nombre d'enfants de moins de 5 ans présentant un retard de croissance ; réduire et maintenir au-dessous de 5 % l'émaciation chez l'enfant ; enfin éviter toute augmentation du pourcentage d'enfants en surcharge pondérale. Pour autant, le plan ne se limite pas à cette seule période, reconnaissant que si c'est l'amélioration de la nutrition dans les premiers stades de la vie qui a les plus grands effets bénéfiques, il faut aussi « se préoccuper d'améliorer la nutrition sur toute la durée de la vie par des activités ciblées sur les enfants plus âgés et les adolescents en plus des nourrissons et des jeunes enfants, de manière à assurer le meilleur environnement possible pour les mères avant la conception, de réduire ainsi l'incidence de l'insuffisance pondérale à la naissance et de rompre le cycle intergénérationnel de la malnutrition. La prise en charge de la surcharge pondérale chez l'enfant nécessite aussi de mener une action pendant toutes les années de scolarité ». Même pour des pays pauvres, il est important chaque fois que possible d'inclure dans des politiques nutritionnelles des actions aux différents âges de la vie pour diminuer le fardeau global des malnutritions et leurs effets économiques au-delà des bienfaits de santé (capacité d'éducation, de travail physique et mental, coûts de soins évités, etc.).

Cette vision d'une bonne nutrition aux différents âges de la vie, reposant sur les interactions de la nutrition aux différents âges et entre les générations via des effets biologiques complexes et de long terme, a été forgée progressivement, au cours des dernières décennies, au vu de l'évolution des connaissances scientifiques et pour favoriser l'intégration des actions en nutrition au sein des politiques globales de santé. Elle ambitionne de saisir de manière intégrée plusieurs phénomènes : 1) la ou les périodes critiques de la vie où un évènement peut avoir un effet durable pour le reste de la vie (*i. e.* programmation fœto-maternelle) ; 2) la ou les périodes où un risque antérieur peut être compensé ou aggravé (*i. e.* le retard de croissance, ou l'obésité de l'enfant et de l'adolescent) ; 3) l'accumulation progressive de risques par suite de facteurs biologiques ou de facteurs sociaux défavorables sur une longue période (*i. e.* mode de vie ou environnement obésogène chez l'enfant et l'adulte) ; 4) l'accumulation de risques séparés, dé-corrélés de ce qui a précédé ou du contexte local, et qui peuvent survenir indépendamment et à tout moment de la vie pour renforcer les risques déjà établis (grossesse à un âge précoce, arrêt d'une activité physique, ingestion d'alcool à un certain âge, etc.)[56].

Une idée qui fait son chemin aussi est que l'approche « cycle de vie » devrait reposer plutôt sur une vision centrée sur l'alimentation globale – et non pas sur une approche par nutriment – permettant de promouvoir une nutrition équilibrée à l'ensemble du groupe familial, quel que soit l'âge ou le statut physiologique de chacun, et apte à limiter aussi bien les risques de malnutrition par carences que par excès. Les carences en micronutriments par exemple se manifestent certes chez les femmes enceintes et les jeunes enfants avec plus d'acuité, mais elles concernent généralement l'ensemble du ménage, et ont des conséquences aussi bien sur l'attention en classe des scolaires, que sur le risque d'aggravation des maladies chroniques chez les adultes en surpoids. Une approche par l'alimentation globale permet en outre une meilleure insertion des actions de nutrition dans le mode de vie et la culture des familles. Il reste cependant des recherches spécifiques à conduire dans ce domaine en fonction des localisations géographiques et des cultures des sociétés concernées : mieux définir d'abord les différents régimes alimentaires, leurs indicateurs biologiques et leurs effets sur la santé à tous âges et sexes, mais aussi considérer les aspects de durabilité environnementale et de disparités sociales et économiques[57].

Conclusion

Les malnutritions peuvent survenir à tout âge en fonction des circonstances. Se focaliser sur la dénutrition infantile et sur son origine principale, à savoir les malnutritions maternelles, est un impératif éthique, afin de prévenir une mortalité et une morbidité d'autant plus inacceptables que nous connaissons de mieux en mieux les moyens de les prévenir. Les connaissances récentes nous disent aussi que c'est un excellent moyen de prévenir au moins en partie la survenue de l'obésité et des maladies chroniques ultérieurement. Un agenda raisonnable se doit encore de s'intéresser au statut des futures mères, soit les adolescentes et jeunes femmes, afin de limiter préventivement une programmation fœtale métabolique

56. Darnton-Hill I. *et al.*, 2004, « A life course approach to diet, nutrition and the prevention of chronic diseases », *Public Health Nutr*, 7 (1A), p. 101-121.

57. Herforth A. *et al.*, 2014, « Toward an integrated approach to nutritional quality, environmental sustainability, and economic viability : Research and measurement gaps », *Ann NY Acad Sci*, 1332, p. 1-21.

défavorable à leurs futurs enfants. Enfin l'avenir du développement d'une société repose sur un bon déroulement scolaire et un accomplissement physique et mental satisfaisant qui préserve la capacité de travail et de vie en société de chacun dans le futur. Aussi, il est essentiel d'avoir à l'esprit pour toute politique nutritionnelle nationale ce qui peut être fait pour chaque âge de la vie, en songeant aux bénéfices immédiats et à plus long terme que l'on peut engranger avec les interventions possibles à chaque niveau. Le schéma classique ci-après résume ce « cycle de vie » qui doit cependant être analysé à chaque fois dans son contexte environnemental et social (présence d'émaciation, de retard de croissance ou d'obésité, ou fardeau multiple ; pays émergent, pays pauvre, etc.), et envisagé avec une approche économiquement équilibrée, équitable et durable, de l'alimentation des groupes sociaux ; ce qui reste un formidable défi.

Figure 3. *Les interventions en nutrition considérées tout au long du cycle de vie des individus*

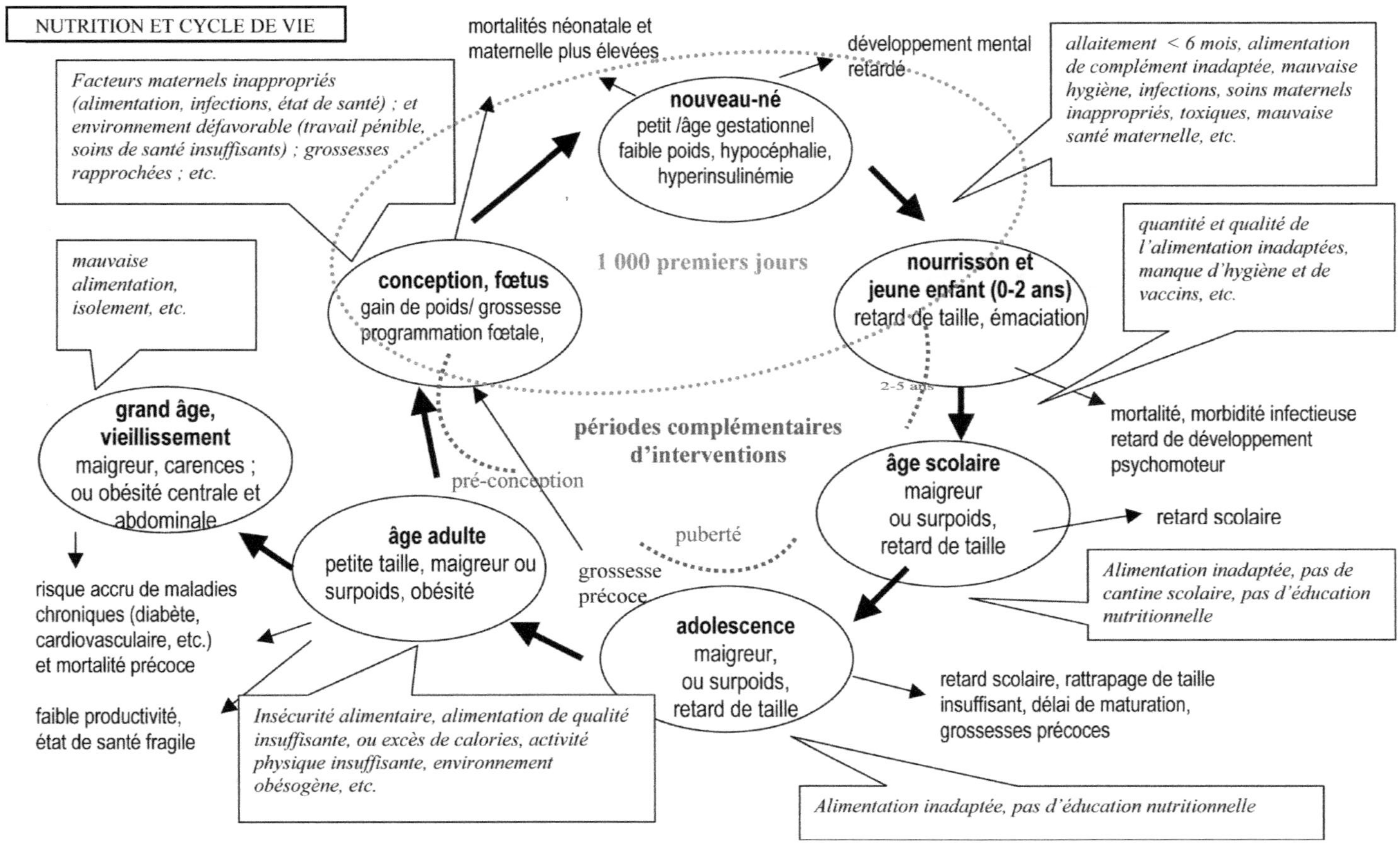

4

La malnutrition aiguë

Anne-Dominique Israël et Benjamin Guesdon*

La malnutrition aiguë sévère est une des manifestations les plus spectaculaires de la sous-nutrition, apparaissant rapidement chez le jeune enfant en croissance lorsque les conditions alimentaires et/ou sanitaires deviennent difficiles. Offrant une vision pénible à supporter humainement tant la souffrance de l'enfant est grande, précipitant rapidement celui-ci vers une issue fatale, cette condition a tôt suscité l'attention du corps médical dans les pays où elle était récurrente, d'autant qu'elle présentait une réelle difficulté d'abord thérapeutique au vu des connaissances de l'époque. Souvent liée à des conflits armés ou à une sévérité climatique en zones semi-arides, elle est par la suite devenue un symbole de pauvreté et de mal-développement, au gré d'images souvent insoutenables véhiculées par les médias à chaque épisode de disette ou famine, au grand dam le plus souvent des gouvernements des pays concernés qui se sentaient ainsi montrés du doigt pour une gestion humaine déficiente. On utilisa même un temps les statistiques de nombre d'enfants gravement malnourris, mises en regard de celles de l'insécurité alimentaire, comme indicateur de sévérité des crises. Puis la prise en compte progressive de la « masse immergée de l'iceberg », dont les cas de malnutrition aiguë sévère ne représentent qu'une toute petite partie – c'est-à-dire l'ensemble du phénomène de sous-nutrition que reflétaient mal les seules statistiques disponibles de malnutrition aiguë sévère –, et la différentiation progressive entre malnutrition aiguë et malnutrition chronique ont quelque peu brouillé les pistes aux yeux du grand public comme de ceux des décideurs. Cette confusion fut à son comble lorsqu'on estima qu'une cause principale était le manque de protéines, ce qui entraîna un élan sans précédent de production d'aliments enrichis en protéines pour répondre à ce déficit jugé considérable dans la plupart des pays dits en voie de développement, emballement considéré depuis sans véritable fondement.

---

* Action contre la faim (ACF), Paris, France. Nous tenons à remercier le Dr André Briend, pour ses conseils et relectures.

Aujourd'hui la vision de la malnutrition aiguë a été quelque peu rationalisée ; elle est d'abord revenue dans le champ plus spécifique du secteur santé/nutrition, lui-même devenu très performant dans sa prise en charge, et associée à l'urgence médicale et humanitaire. Pour autant, tout n'est pas réglé ; la malnutrition aiguë est un problème majeur de santé publique encore mal reconnu bien qu'il soit à l'origine d'un nombre important de décès, environ un million par an[1] rien que pour les formes sévères. C'est, au quotidien, un enjeu de santé publique dans de nombreuses situations qui dépassent largement les frontières de l'urgence.

C'est à tout cela – historique de la prise en compte de la maladie, évolutions successives dans le traitement de l'affection et problématiques cruciales qui demeurent à ce jour – que ce chapitre est consacré. Part importante de l'histoire de la nutrition dans les pays en développement, question toujours d'actualité, objet de nombreux débats, il paraissait essentiel d'en relater les évolutions et les perspectives. Ainsi, après un rappel des différentes formes de malnutrition aiguë et des thérapies disponibles, nous effectuerons l'état des lieux de la malnutrition aiguë dans le monde, nous mentionnerons ce qui freine encore aujourd'hui sa prise en compte de façon efficace, dont un certain nombre de croyances persistantes traditionnellement véhiculées autour de cette maladie, puis sa place dans l'agenda politique international, et nous détaillerons l'historique des avancées scientifiques et opérationnelles pour, enfin, identifier les enjeux actuels.

Qu'est-ce que la malnutrition aiguë ?

On distingue couramment deux niveaux de gravité de la malnutrition aiguë : modérée ou sévère. La malnutrition aiguë sévère prend aussi deux formes distinctes, que l'on pourrait schématiquement décrire au travers de l'image d'un enfant principalement maigre et émacié d'une part (le « marasme »), d'un enfant bouffi présentant des œdèmes d'autre part (« kwashiorkor »). Dans le cas du marasme, modéré ou sévère selon la gravité de l'émaciation, que l'on caractérise à l'aide de la mesure de l'indice poids-pour-taille et du périmètre brachial, l'enfant présente un amaigrissement fort, voire extrême, qui met en péril le fonctionnement de ses fonctions vitales. Le kwashiorkor, lui, est automatiquement considéré comme une forme sévère de la malnutrition aiguë ; l'enfant peut alors avoir un poids relativement satisfaisant, mais présente des œdèmes bilatéraux sur une surface plus ou moins importante du corps. Les deux formes peuvent coexister, l'enfant atteint de « marasme-kwashiorkor » présentera un faible indice poids-pour-taille et des œdèmes bilatéraux.

1. Déclaration commune de l'OMS, du PAM, de l'UNSCN et de l'UNICEF sur la prise en charge communautaire de la malnutrition aiguë sévère, 2007.

La perte de poids importante dans le marasme peut se produire selon deux mécanismes différents : soit il existe une carence en énergie (besoin nutritionnel non compensé par les apports) et, malgré des phénomènes adaptifs, les tissus sont mobilisés ou dégradés pour y puiser l'énergie nécessaire ; soit il existe une carence en nutriments spécifiques, et les tissus sont mobilisés ou dégradés pour y puiser les nutriments en question. Pour préserver les fonctions vitales, ce sont d'abord les tissus adipeux et les muscles qui sont affectés, ce qui explique la fonte adipeuse et musculaire caractéristique du marasme. Si les carences perdurent, les fonctions vitales finissent par être affectées elles aussi. À ce stade, on observe une sorte de régression métabolique de l'enfant, qui explique une partie des problèmes cliniques rencontrés chez ces enfants marasmiques : comme les nourrissons, ils ont par exemple du mal à réguler leur température et sont sujets à l'hypothermie.

Ils souffrent aussi de malabsorption. Le ralentissement de la pompe sodium/potassium et la perturbation du métabolisme de l'eau en réponse à la sous-alimentation expliquent que ces enfants sont sensibles aux apports excessifs en sel. Les carences en nutriments et la réduction du métabolisme affectent la fonction immunitaire, rendant ces enfants particulièrement sensibles aux infections. Enfin, la réponse inflammatoire étant diminuée, ces infections ne se manifestent pas toujours par de la fièvre et peuvent un temps passer inaperçues. Pour les cas non compliqués, ne présentant pas d'infections ou de maladies chroniques sous-jacentes et pris en charge à un stade précoce, le marasme, une fois traité, n'aurait pas de conséquences immédiates. Les conséquences à long terme sont encore mal connues. En revanche, pour les enfants qui présentent des complications en sus de l'amaigrissement, le risque de mortalité est très élevé.

Un enfant souffrant de kwashiorkor n'apparaît quant à lui pas forcément dénutri, puisque le corps augmente de volume par la présence des œdèmes ; l'excès d'eau retenue par le corps augmente le poids de l'enfant, qui peut rester ainsi dans des limites normales. Dans sa forme la plus sévère, le kwashiorkor peut se manifester par une peau extrêmement fine et brillante, des lésions cutanées, des cheveux décolorés. Une stéatose hépatique et une apathie sont toujours observées. La physiopathologie en reste assez mal connue. Les diverses hypothèses proposées ont pour la plupart été infirmées par les études menées depuis. Il est ainsi probable que le kwashiorkor ne soit finalement pas dû à un régime pauvre en protéines, comme on le pensait au départ, notamment dans le cadre des travaux effectués en Jamaïque après la seconde guerre mondiale sous la houlette du Pr J. Waterlow, ni à un allaitement trop prolongé, ni à un régime contenant des aflatoxines, ni à un excès de stress oxydatif, même si ces éléments peuvent être présents ici ou là. En effet, la distribution de suppléments alimentaires à base de protéines et d'antioxydants, par exemple, chez les enfants à haut risque de kwashiorkor, n'a pas montré d'efficacité pour réduire le risque de développer cette forme de malnutrition aiguë, et les œdèmes disparaissent même avec un traitement pauvre en protéines. Une piste récemment proposée fait intervenir des perturbations du microbiote intestinal (anciennement appelé flore intestinale). Pour l'heure, cette hypothèse n'a pas été confirmée. Ainsi, malgré des efforts importants du monde de la recherche et diverses hypothèses formulées pour les mettre à jour, les mécanismes d'installation du kwashiorkor restent inconnus.

Quelle que soit la forme prise par la malnutrition aiguë il existe aujourd'hui un traitement pour soigner la forme sévère de la maladie. Cela n'a pas toujours été le cas, comme nous le verrons plus en détail dans la partie relative à l'historique. Depuis les années 2000 une stratégie thérapeutique distinguant les cas présentant ou non des complications médicales a été introduite et a montré d'excellents résultats. Le traitement est basé sur la distribution d'aliments thérapeutiques prêts à l'emploi, en sus d'un allaitement maintenu et de l'administration d'un traitement antibiotique systématique pour les cas non compliqués ; pour les cas compliqués s'y ajoutent une surveillance et une prise en charge médicale spécifiques. En reprenant les éléments de physiopathologie décrits plus haut on comprend quels sont les axes principaux du protocole de suivi et de traitement de ces cas compliqués. Les perturbations liées au métabolisme de l'eau nécessitent une réhydratation très précautionneuse. Le ralentissement des fonctions du foie et des reins conduisant à une diminution de la capacité à éliminer les toxines, comme les médicaments, est pris en considération en adaptant les doses ou en écartant certaines molécules. L'orientation du métabolisme vers un mode d'économie d'énergie, entraînant potentiellement une hypothermie, implique un contrôle strict de la température des lieux de soins. Les infections silencieuses décrites plus haut rendent leur diagnostic très difficile, l'anorexie est souvent le seul signe d'appel. Cela explique la prescription systématique d'agents antibiotiques et antipaludéens pour les cas non compliqués. En cas de signes cliniques associés il est conseillé d'utiliser des antibiotiques de deuxième ou troisième ligne.

En ce qui concerne la prise en charge de la forme modérée de la malnutrition aiguë, les avancées scientifiques, paradoxalement, n'ont pas encore permis de développer des recommandations harmonisées en la matière.

État des lieux

Combien d'individus sont concernés ?

À l'échelle mondiale, on estime que 51 millions d'enfants de moins de cinq ans souffrent de malnutrition aiguë, soit un sur 12 dans cette classe d'âge. Parmi ceux-ci, 16 millions au moins souffriraient de sa forme sévère[2]. Soixante-dix pour cent de ces enfants vivent en Asie, la plupart en Asie du Sud et Asie Centrale. Ces estimations proposées conjointement par l'UNICEF, l'OMS et la Banque mondiale doivent cependant être lues avec précaution. En effet, elles sont classiquement basées sur des prévalences[3] et sous-estiment la dynamique du phénomène, à savoir le nombre de cas survenant chaque année (ou incidence annuelle). Les 51 millions d'enfants mentionnés ne représentent ainsi qu'un nombre de cas au moment du recueil de données, et non le cumul des cas au cours de l'année. Or une estimation basée sur l'incidence annuelle de la maladie figure mieux l'impact réel sur les systèmes de santé. Ces estimations des organismes internationaux sont en outre fondées sur l'utilisation de l'indice poids-pour-taille, sans tenir compte d'une autre classification anthropométrique – le périmètre brachial (PB) – qui donne des résultats différents, ni spécifiquement des cas de kwashiorkor, à risque plus élevé de décès en moyenne.

Identification de la malnutrition aiguë

L'OMS a officiellement adopté en 1999 un indice poids-pour-taille < -2 écarts-types (score z) de la valeur médiane d'une population de référence, comme critère d'identification de la malnutrition aiguë chez les enfants de 6 à 59 mois. La population de référence était alors celle définie par le Centre national de la statistique de la santé des États-Unis (référence de 1978) jusqu'à ce que l'OMS établisse un standard international pour la croissance de l'enfant en 2006. La malnutrition aiguë s'identifie ainsi maintenant par un indice poids-pour-taille de score z inférieur à -2 écarts-types par rapport à la valeur médiane du standard OMS ; on parle alors de malnutrition aiguë globale (MAG). Ce terme englobe à la fois la malnutrition aiguë modérée (MAM) qui s'identifie par un indice poids-pour-taille de score z situé entre -2 et -3 écarts-types par rapport à la valeur médiane de référence de l'OMS, et la malnutrition aiguë sévère (MAS) qui s'identifie par un indice poids-pour-taille de score z inférieur à -3 écarts-types par rapport à la valeur médiane de référence de l'OMS, mais aussi cliniquement par une émaciation visible et sévère ou par la présence d'un œdème nutritionnel. Chez les enfants âgés de 6 à 59 mois, une circonférence du bras inférieure à 115 mm est également un critère de diagnostic de la MAS.

Des chiffres récents de l'UNICEF suggèrent que le nombre réel d'individus touchés par l'émaciation sévère chaque année pourrait être jusqu'à deux fois plus élevé. Une estimation récente d'un facteur de correction de

2. https://data.unicef.org/wp-content/uploads/2018/05/JME-2018-brochure-pdf

3. La prévalence est un pourcentage de sujets atteints au moment de l'enquête, mesurant un état de santé dans une population à un instant donné.

la prévalence par une estimation indirecte de l'incidence annuelle pour trois pays sahéliens sur 2009-2012 a même donné un facteur moyen de correction de près de 5, mais avec de grandes variations selon les années et les pays[4]. Si ces chiffres se confirmaient, cela exigerait la mobilisation de moyens beaucoup plus importants pour assurer une couverture correcte de l'ensemble des cas. Tandis que d'autres formes de sous-nutrition ont vu ces dernières années une réduction notable en termes de prévalence, ce n'est toujours pas le cas pour la malnutrition aiguë qui stagne depuis 1990 (près de 9 %).

Où sont-ils ?

La malnutrition aiguë est traditionnellement perçue par le grand public et les décideurs comme une problématique d'urgence liée à la famine, aux conflits ou aux catastrophes naturelles, et qui concerne essentiellement le continent africain. S'il est vrai que sa médiatisation est au plus fort lors de conflits ou de famines, la vaste majorité des enfants souffrant de malnutrition aiguë sévère vit cependant hors des contextes dits d'urgence pure. Il est important de réaliser que, dans les pays dont les indicateurs de pauvreté sont au plus haut, une forte proportion de la population est confrontée de manière endémique à la malnutrition aiguë. Par ailleurs, les pays dont on salue l'essor économique tels que l'Inde doivent eux aussi faire face à des taux nationaux qui pourraient paraître relativement moyens mais se traduisent, compte tenu de la forte densité de population, par un nombre absolu très élevé d'enfants sévèrement malnourris. Ainsi, un enfant sur trois souffrant de malnutrition aiguë dans le monde vit en Inde, soit un total de 8,3 millions d'enfants, ce qui représente un véritable défi pour le pays. Plus de la moitié des cas de malnutrition aiguë sévère vivent en Asie. Cela montre clairement la charge énorme de la malnutrition aiguë dans les contextes hors-urgence.

Par ailleurs, dans les pays ou régions du monde cités récemment comme étant « en crise » ou « en situation d'urgence » (Sahel au cours des récents épisodes de sècheresse, ou Sud-Soudan faisant face à des conflits récurrents), il est important de noter que hors des coups de projecteurs médiatiques suscités par une dégradation de la situation climatique ou politique, ces pays souffraient déjà d'un problème endémique de malnutrition aiguë. Le nord du Tchad est à ce titre un excellent exemple car depuis plusieurs décennies des taux particulièrement élevés de malnutrition aiguë y sont constatés quelle que soit la saison. Ainsi, on ne peut opposer fermement contexte d'urgence et contexte de développement dès lors que l'on souhaite décrire la géographie de la malnutrition aiguë. La grande majorité des enfants souffrant de ce mal vivent dans des pays en développement où la

4. Isanaka S. *et al.*, 2016, « Improving estimates of numbers of children with severe acute malnutrition using cohort and survey data », *Am J Epidemiol*, 184 (12), p.861-869.

malnutrition aiguë globale est endémique, à des degrés divers, et où la saisonnalité et la survenue de chocs jouent un rôle important, entraînant des pics d'incidence. Enfin, il faut noter le caractère récurrent et prévisible de certaines urgences et de nombreuses crises. Il faut appréhender à la fois l'intensité et l'amplitude pour juger de la situation d'un pays : dans le cas de l'Inde, par exemple, on peut parler de crises nutritionnelles de relativement faible intensité (prévalence intermédiaire) mais de grande amplitude (le nombre de personnes touchées étant très important).

La carte de la page suivante proposée par l'UNICEF[5] (figure 1) permet de visualiser les zones particulièrement affectées par la malnutrition aiguë[6] : la situation est considérée comme particulièrement grave en termes de santé publique selon l'OMS au-delà de 10 %, ce qui est le cas général pour l'Asie du Sud.

Malnutrition aiguë et mortalité

Les rapports annuels de l'UNICEF concernant la mortalité infantile ne listent pas la malnutrition aiguë comme une cause de mortalité directe ; elle est de fait rarement enregistrée comme une cause de décès bien qu'elle figure dans la classification internationale des maladies proposée par l'OMS. Les soignants, peu ou pas formés à l'identification et la prise en charge de cette pathologie, ont des difficultés à la diagnostiquer et donc imputent souvent le décès à la complication survenue en sus de la malnutrition aiguë. La malnutrition est, par ailleurs, souvent absente des systèmes d'informations sanitaires et on ne peut tout simplement pas l'enregistrer en tant que telle. Il est donc difficile de se prononcer clairement sur la mortalité liée à la malnutrition aiguë. Cependant, en se fondant sur des études des taux de létalité menées dans plusieurs pays, l'OMS a calculé par extrapolation les taux de mortalité des enfants atteints de malnutrition aiguë sévère. Ceux-ci font apparaître un risque de décès de 5 à 20 fois supérieur par rapport aux enfants bénéficiant d'un statut nutritionnel normal. La malnutrition aiguë sévère peut être aussi bien une cause directe de mortalité qu'avoir des effets indirects en augmentant considérablement le taux de létalité des maladies courantes comme la diarrhée ou la pneumonie. On estime en effet qu'un enfant souffrant de malnutrition aiguë, en raison de son état nutritionnel, est 6 fois plus susceptible de mourir de diarrhée, 9 fois plus d'une pneumonie, 2 fois plus de la malaria et 6 fois plus de la rougeole. D'une manière générale, une analyse des décès dus aux désordres nutritionnels à l'échelle mondiale chez les enfants de moins de 5 ans concluait récemment que les effets combinés du retard de croissance intra-utérin, de l'allaitement insuffisant, des retards de crois-

5. https://data.unicef.org/resources/joint-child-malnutrition-estimates-2017-edition/

6. Les couleurs de cette carte correspondent aux seuils de prévalence que l'OMS a définis pour classer les situations en « acceptable », « mauvais », « sérieux » et enfin « critique ».

Figure 1. *Pourcentage d'enfants concernés (prévalence) par la malnutrition aiguë (émaciation) dans chaque grande région du monde en 2016*

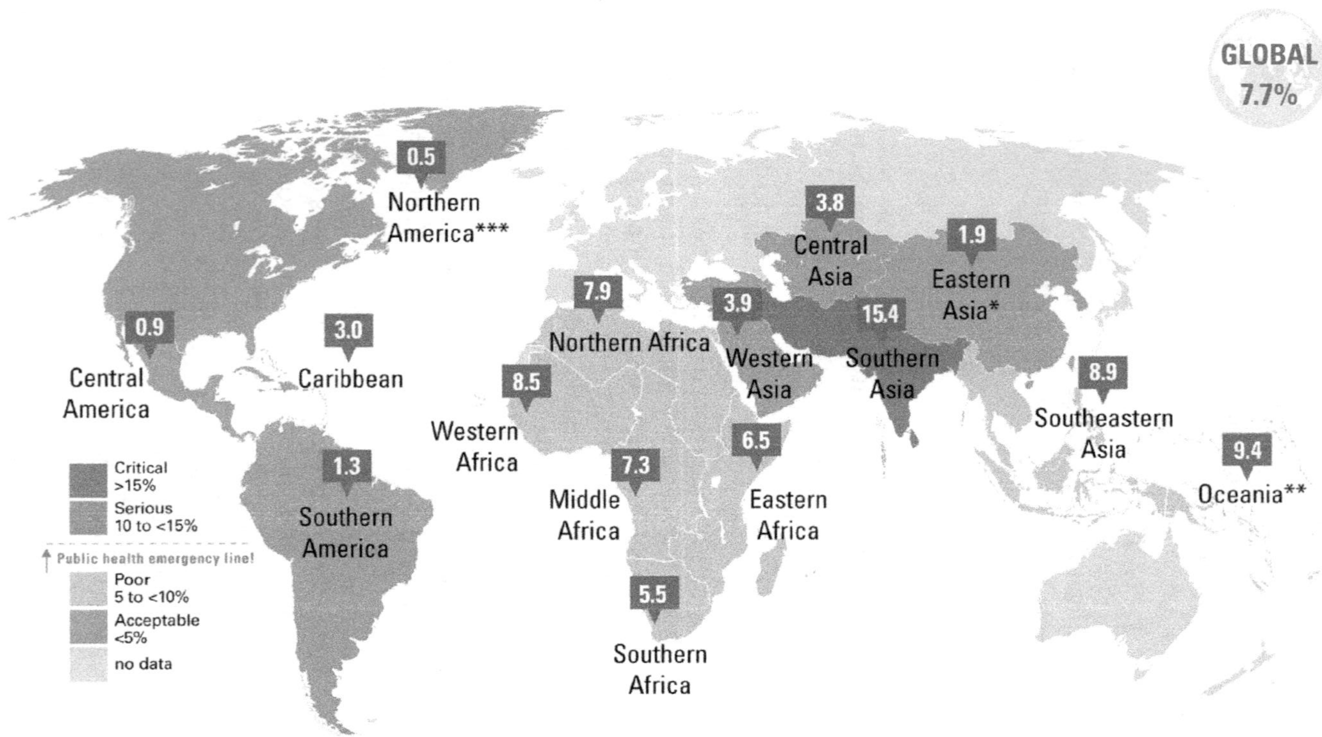

Source: UNICEF, WHO, World Bank Group joint malnutrition estimates, 2017 edition. Note: *Eastern Asia excluding Japan; **Oceania excluding Australia and New Zealand, ***Northern America regional average based on United States data. These maps are stylized and not to scale and do not reflect a position by UNICEF, WHO or World Bank Group on the legal status of any country or territory or the delimitation of any frontiers.

sance (malnutrition chronique), de l'émaciation (malnutrition aiguë) et des carences en vitamine A et en zinc étaient responsables de 45,6 % des décès des enfants de moins de 5 ans, la part des décès imputée à la malnutrition aiguë étant de 11,5 % (sur un total de 6,6 millions de décès d'enfants de moins de 5 ans en 2012)[7]. Cette analyse doit cependant être lue avec précaution, au regard des limites évoquées plus haut, les calculs ayant été basés sur les taux de prévalence et ne prenant pas en compte les cas de kwashiorkor. Ce risque de décès élevé observé montre l'importance d'une prise en charge nutritionnelle et médicale intensive.

Croyances et tabous liés à la malnutrition aiguë

Dans beaucoup de régions du monde, la malnutrition peine à être reconnue comme une maladie à part entière chez les professionnels de santé, la population elle-même ou les décideurs. La malnutrition aiguë est souvent le sujet de croyances voire de tabous qu'il est important de connaître si l'on souhaite améliorer la détection et la prise en charge de la maladie. Nous traiterons ici d'un côté des barrières liées aux croyances, de l'autre du tabou politique.

• Les croyances

En Afrique comme en Asie, malgré les progrès récents d'information en matière de malnutrition aiguë, la maigreur de l'enfant n'est pas toujours perçue comme un signe de morbidité et n'est pas spontanément toujours associée à des problèmes nutritionnels. Chez un enfant maigre, ce sont les symptômes associés (vomissements, diarrhées…) qui vont inciter à la recherche d'une cause; et le recours encore fréquent à des tradipraticiens ne favorise pas une prise de conscience des questions nutritionnelles. On peut ainsi se trouver face à divers systèmes explicatifs: mécanique (l'enfant est né petit), surnaturel (sorcellerie), social (interdit sexuel du post-partum transgressé) ou médical. Même lorsque l'affection est reconnue, portant alors souvent un nom local, l'interprétation de son origine fait souvent référence au non-respect des coutumes et à des causes surnaturelles (*i. e.* la sorcellerie), rarement directement à l'alimentation, à l'exception peut-être de croyances autour de l'allaitement et de l'attitude de la mère au cours de cette période. Ainsi, on rapporte que les mères au Pakistan associaient rarement le marasme à la consommation insuffisante en nourriture; il était plus souvent lié à l'influence sur l'enfant d'esprits ou de « mauvaises personnes »[8]. On retrouve de telles constatations égale-

7. Série du *Lancet* sur la nutrition maternelle et infantile (2013). www.thelancet.com/series/maternal-and-child-nutrition

8. Mull D. S., 1991, « Traditional perceptions of marasmus in Pakistan », *Soc Sci Med*, 32 (2), p. 175-191.

ment en Afrique de l'Est, en Inde ou au Népal, où la malnutrition protéino-énergétique était souvent considérée comme le résultat de l'adultère, de l'allaitement durant la grossesse ou d'un mauvais esprit[9]. Ces interprétations entraînent la mise en place de pratiques spécifiques, liées à la médecine traditionnelle locale, ayant pour but de « traiter » ces problèmes, pratiques très éloignées de la médecine moderne et souvent empreintes d'interdits alimentaires enfermant davantage l'enfant dans le cercle vicieux de la malnutrition aiguë. Ces dissonances entre l'interprétation médicale et l'interprétation populaire peuvent conduire à des difficultés dans l'identification de la maladie, dans l'accès aux soins, et à une incompréhension entre les acteurs de santé et les patients. Il est ainsi nécessaire pour les systèmes de santé de dépasser les apparences pour mieux comprendre les représentations associées et concevoir des programmes de prévention et de traitement efficaces. La honte ressentie par les familles est un autre élément qu'il est nécessaire de prendre en considération si l'on souhaite mieux cerner le sujet de la malnutrition aiguë. La crainte de la stigmatisation est une des barrières majeures rencontrées par les parents d'enfants malnutris lorsqu'ils sont confrontés au choix de mener ou non leur enfant au centre de santé.

• Le tabou politique

La notion de famine souvent associée à la malnutrition aiguë sévère sonne comme une menace sur la stabilité politique des pays touchés. Aussi, durant de longues années la malnutrition aiguë sévère n'a pas reçu l'attention nécessaire car il était même souvent interdit d'en faire état dans nombre de pays concernés. Ainsi de nombreuses organisations internationales ont dû travailler sous couvert de programmes de santé pour ne surtout pas prononcer ou écrire le mot « malnutrition ». En considérant l'histoire récente du Niger par exemple et de son coup d'État de 1974 provoqué par une famine, on comprend que le chef de l'État Mamadou Tandja, encore en 2005, identifiait clairement comme une menace les annonces de famine effectuées par les agences de l'ONU. Il a alors accusé ces agences de collaborer avec l'opposition pour le discréditer. Ainsi, il était rigoureusement interdit de parler de famine. « Une famine, c'est de quoi renverser un régime ! » titrait le journal local *Le Soleil* en 2005. En mai 2010, le *New York Times* publiait un article intitulé: « Niger. La famine tue encore, mais n'est plus un tabou ». Depuis le renversement du président Tandja, en février 2010, la loi du silence n'est en effet plus de mise. Les nouveaux dirigeants reconnaissent la situation catastrophique et tentent d'y remédier. Pour le Dr Mamadou Yami Chegou, directeur du département nutrition au ministère de la Santé du Niger: « La volonté politique de s'attaquer au problème est évidente. Avant, le sujet était tabou. » Les engagements

9. Xavier Tislair et Barbara Laumont, 2008, *Aspects psychosociaux de la malnutrition chez les enfants*, Paris, MSF.

récents et vigoureux contre la malnutrition aiguë de pays connus pour leurs « réticences » à s'exprimer sur le sujet, comme le Niger ou l'Éthiopie, sont inédits et montrent une transition internationale en la matière. La médiatisation des grandes famines de 2005 et 2010 a clairement favorisé ce changement, probablement en diluant la responsabilité politique et en y associant les problèmes climatiques.

L'annonce du Premier ministre indien en janvier 2012, selon laquelle la malnutrition était une honte nationale, est un autre signe positif indiquant qu'il est désormais possible de parler publiquement de cet échec politique et social qu'est la malnutrition. De nombreux progrès restent cependant à réaliser et tous les pays du monde ne bénéficient pas du même niveau d'ouverture sur le sujet.

Malnutrition aiguë et agenda politique international

Depuis quelques années, la réduction de la sous-nutrition a fait l'objet d'un regain d'intérêt et d'engagement de la part des bailleurs de fonds, des gouvernements des pays du Sud et du système des Nations unies. Cette prise de conscience fait suite à de longues années de relative négligence, une des raisons pour lesquelles les niveaux de malnutrition aiguë sont restés obstinément élevés au cours des dernières décennies alors que des solutions efficaces avaient émergé. Il est cependant nécessaire d'apporter quelques précisions pour mieux comprendre la nature de la progression de la sous-nutrition dans l'agenda politique international : l'attention s'est en effet déplacée en grande majorité sur les problématiques de malnutrition chronique, au vu des nombres concernés. Ainsi, la place consacrée à la lutte contre la malnutrition aiguë reste malheureusement très limitée. Si la volonté politique d'améliorer la situation est manifeste, les actions tardent à se mettre en place et cette volonté doit encore s'accompagner d'une capacité collective de suivi des engagements pris et des progrès réalisés.

En 2012, les pays membres de l'OMS ont voté et adopté lors de l'Assemblée mondiale de la santé un ensemble de six cibles mondiales et un plan d'action concernant la sous-nutrition et l'obésité[10]. L'une des cibles est une réduction du taux moyen mondial de malnutrition aiguë en dessous de 5 % d'ici à 2025. Ces travaux ont cependant montré que la malnutrition aiguë n'est pas une priorité politique qui s'impose de manière évidente : en effet, la cible sur la réduction de la malnutrition aiguë n'était pas incluse dans la version initiale du Plan et a été approuvée in extremis, notamment grâce à un lobbying intense de la société civile.

10. « Comprehensive Implementation Plan on Maternal, Infant and Young Child Nutrition » (en français : « Plan d'application exhaustif concernant la nutrition chez la mère, le nourrisson et le jeune enfant ») : http://www.who.int/nutrition/publications/CIP_document/fr/

En juin 2013, les dirigeants du monde entier se sont réunis à Londres pour signer un pacte mondial en faveur de la « nutrition pour la croissance » (Nutrition4Growth). Ce Pacte a été approuvé par 94 participants (États, partenaires du développement, organisations du secteur privé et de la société civile, organisations scientifiques). Un ensemble d'engagements individuels en vue de combattre la faim et améliorer la nutrition a été pris, y compris un engagement de financement à hauteur de 4,15 milliards de dollars. Le Pacte mondial en faveur de la nutrition pour la croissance énonce des objectifs ambitieux à atteindre d'ici 2020, et l'amélioration du traitement de la malnutrition aiguë sévère y est mentionnée. On regrettera cependant que la réduction de la malnutrition aiguë ne fasse pas l'objet d'une cible en tant que telle. Alors que 14 États ont fixé des objectifs nationaux ambitieux en matière de réduction du retard de croissance, seulement 6 ont fixé des objectifs de réduction de malnutrition aiguë et ces engagements ont été pris uniquement par des États africains ; seule l'Indonésie, pour le continent asiatique, mentionne la volonté de renforcer la gestion de la malnutrition aiguë sévère. En Asie, la malnutrition aiguë reste ainsi peu reconnue et peu priorisée. Le manque d'engagements individuels pris sur la scène internationale en faveur de la réduction de la malnutrition aiguë doit cependant être relativisé puisque certains pays faisant partie du mouvement SUN ont intégré dans leur plan national de nutrition une cible de réduction de la malnutrition aiguë (comme le Népal en Asie). Par ailleurs, la définition des objectifs de développement durable (ODD) du cadre de développement post-2015 a constitué une opportunité pour placer la sous-nutrition et notamment la malnutrition aiguë globale sur l'agenda politique. Les dirigeants du monde ont ainsi adopté de nouveaux objectifs mondiaux en septembre 2015 avec, pour la première fois, l'objectif historique de mettre fin à la faim et la malnutrition d'ici 2030. La lutte contre la malnutrition aiguë n'y est toutefois pas mentionnée explicitement, seulement au travers d'une cible plus large d'élimination de toutes les formes de malnutrition.

Le financement de la lutte contre la malnutrition aiguë

Globalement le financement international actuel en matière de nutrition ne permet pas de couvrir les besoins identifiés, malgré les engagements financiers récemment pris sur la scène internationale. Ainsi, de 2009 à 2011, l'aide octroyée par l'ensemble des bailleurs de fonds au secteur de la nutrition équivalait à seulement 0,8 % de l'Aide publique au développement (APD) au niveau mondial, ce qui ne permet de couvrir que 1,4 % des besoins identifiés[11]. Lors de la conférence « Nutrition for Growth », un financement de 4,15 milliards de dollars de fonds supplé-

11. ACF, 2013, *Aid for nutrition : Are we on-track to meet the needs ? 2010 and 2011*, p.7.

mentaires pour la nutrition a été promis, pour la période de 2013 à 2020. Cependant, même avec cet engagement, le niveau de l'aide reste bien en dessous du montant nécessaire à la lutte contre la malnutrition dans les pays à forte prévalence, lequel est estimé à 9,6 milliards de dollars par an[12].

Le financement spécifique par des bailleurs de fonds des programmes de prise en charge de la malnutrition aiguë a tendance à être de court terme et provient principalement de l'aide humanitaire[13], car cette prise en charge a longtemps été vue comme une urgence humanitaire plutôt que comme une priorité de développement et de santé publique. Du côté de la mobilisation des ressources domestiques, même dans les pays où des plans nationaux chiffrés ont été développés, les budgets alloués au traitement de la malnutrition aiguë sont encore trop faibles pour avoir l'impact nécessaire. La malnutrition aiguë doit être traitée comme une problématique de développement et être mise au premier plan dans les politiques nationales de santé publique tout comme dans les budgets nationaux. Les fonds humanitaires resteront bien sûr nécessaires tant que des catastrophes naturelles et des conflits continueront de se produire. Ils doivent maintenant être complétés par la mobilisation de fonds de développement, pour financer le traitement et la prévention de la malnutrition aiguë sur le long terme.

Historique des avancées scientifiques et opérationnelles

La prise en charge de la malnutrition aiguë sévère

La prise en charge de la malnutrition aiguë sévère a connu un large bouleversement au cours des dernières décennies. On peut décrire schématiquement trois grandes révolutions.

Après la seconde guerre mondiale, l'intérêt porté à la malnutrition aiguë s'est accru compte tenu de l'ampleur du problème (famine des populations et camps de concentration) ; la communauté internationale réalise alors que les mécanismes d'installation de la maladie, sa physiopathologie et les thérapies possibles étaient relativement inexplorés. Des unités de recherche s'emparent de la question dans divers pays comme en Jamaïque, Ouganda, Afrique du Sud, Pérou, Thaïlande, Liban, Égypte,

---

12. Ce chiffre comprend à la fois l'APD et les ressources domestiques des pays. Cf. Bhutta Z. A. *et al.*, 2013, « Evidence-based interventions for improvement of maternal and child nutrition: What can be done and at what cost ? », *The Lancet*, 382 (9890), p. 452-477.

13. Shoham J. *et al.*, 2013, *The management of acute malnutrition at scale : A review of donor and government financing arrangements*, Humanitarian Practice Network, Network Paper 75, Emergency Nutrition Network, ODI, Mai, p. 14.

Inde[14]. En Jamaïque, Waterlow se concentre à la fois sur la pathologie du foie et le métabolisme des protéines avec la ferme conviction que la carence en protéines est la cause sous-jacente du kwashiorkor et la carence en énergie la cause du marasme. Le terme de malnutrition protéino-énergétique (MPE) est alors utilisé pour parler de malnutrition aiguë (ce terme n'est plus utilisé aujourd'hui) ; les taux de mortalité en phase de traitement restent encore très importants. En 1969, lors de la crise du Biafra, des programmes de réhabilitation nutritionnelle proposent et testent des produits tels que le K-mix (poudre à base de caséine, une protéine de lait) mélangés à de l'huile et de l'eau. Cette recette sera ensuite reprise par l'UNICEF sous la forme du « K-mix 2 » et promue jusqu'aux années 1990. Un lait à haute densité énergétique (LHE) testé en Ouganda dans une unité de recherche (travaux inspirés de ceux de Waterlow, père des régimes modernes à base de lait écrémé, huile et sucre) est utilisé en 1974 en Éthiopie puis lors de la famine au Bangladesh. Le LHE peut être préparé directement sur le terrain, contrairement au K-mix qui est fabriqué industriellement.

Dans les années 1990, on assiste à la première véritable révolution dans l'évolution du traitement de la malnutrition aiguë sévère. Une thérapie est enfin mise au point grâce au développement de laits thérapeutiques spécialisés (F100 et F75) par le professeur Mike Golden en Jamaïque sur la base des LHE précédemment cités, mais améliorés (enrichis en minéraux de base). Ces laits thérapeutiques, associés à des antibiotiques et à une amélioration de l'utilisation des électrolytes, permettent à l'OMS d'établir des protocoles plus spécifiques. La prise en charge de la MAS est alors nettement améliorée et on constate une réduction drastique des taux de mortalité dans les centres fournissant ce traitement. En 1993, le comité scientifique d'Action internationale contre la faim – aujourd'hui Action contre la faim – (André Briend, Michael Golden, Yvonne Grellety) vulgarise alors les recommandations d'un projet de prise en charge de la malnutrition aiguë sévère rédigé et testé deux années plus tôt dans le but d'une large application à un grand nombre de malades lors de situations de famine. Le comité scientifique travaille également avec une entreprise française (Nutriset) qui développe une préparation prête à l'emploi du produit proposé dans le manuel (F100). Ce protocole sera repris dans ses grandes lignes en 1999 par l'OMS au vu de son efficacité. Il reste cependant de nombreuses limites posées par la prise en charge hospitalière. En effet, cette dernière requiert des soins 24h/24, la présence d'un personnel qualifié et nombreux, ce qui est possible dans des structures centralisées, mais la couverture des besoins reste ainsi modeste. Les personnes en charge d'un enfant malnourri doivent s'engager à passer 4 semaines (durée moyenne du traitement) au centre auprès d'un seul enfant, d'où un coût important pour la famille et un risque pour les enfants de la fratrie

14. Golden MHN, 2002, « The Development of Concepts of Malnutrition », *J Nutr*, 132 (S7), p.2117-2122.

n'ayant plus leur donneur de soins à domicile. Ces contraintes entraînent de nombreux abandons de traitement. Enfin, la prise en charge hospitalière augmente le risque d'infections nosocomiales et les complications subséquentes.

La seconde révolution débute alors avec le développement par le Dr André Briend (IRD) et Michel Lescanne (Nutriset), en 1996, d'un aliment thérapeutique prêt à l'emploi (ATPE, ou RUTF en anglais, pour *Ready-to-Use Therapeutic Food*) : le Plumpy'nut® (PN). C'est un aliment énergétique enrichi en minéraux et vitamines, de composition nutritionnelle similaire au F100. Les ATPE ont été développés dans un souci de simplifier la prise en charge de la malnutrition aiguë sévère afin de permettre une plus grande couverture des besoins. Ils se présentent aussi sous forme solide, sont consommés sans eau et donc n'exposent pas au risque d'ingestion massive de bactéries pathogènes en cas de contamination accidentelle avec de l'eau de mauvaise qualité hygiénique, ce qui pouvait arriver en conditions locales avec du F100 qui devait être mélangé à une portion d'eau pour une ingestion sous forme liquide.

Zoom sur l'évolution de la létalité

Entre les années 1950 et 1990, les taux de létalité étaient de l'ordre de 20-30 % chez les enfants souffrant de malnutrition aiguë sévère et traités dans les hôpitaux ou les unités de réadaptation, et les taux étaient plus élevés (50-60 %) pour les cas de malnutrition avec œdème. Au cours de la première révolution, les taux de mortalité enregistrés dans les programmes fournissant le nouveau traitement préconisé ont connu une réduction spectaculaire, pour finalement atteindre moins de 5 % lors de la seconde révolution.

Dès les années 2000, un modèle décentralisé de prise en charge à base communautaire du traitement de la malnutrition aiguë sévère est créé. Ce modèle, appelé Community-based Therapeutic Care (CTC) à l'époque, permet l'identification et la prise en charge de la malnutrition aiguë directement au sein de la communauté après une période de sensibilisation et de mobilisation communautaire. Le but principal de cette approche est d'augmenter la couverture du traitement au-delà de la prise en charge hospitalière. La notion de malnutrition aiguë sévère simple ou avec complications est alors introduite, et les cas de MAS sont traités en fonction de leur état médical général, dont l'appétit est le facteur déterminant. Avec le développement de cette approche environ 80-85 % des cas de MAS peuvent désormais être traités à domicile, avec une visite régulière dans la structure de santé la plus proche. Seuls les enfants avec un appétit insuffisant ou présentant des complications médicales ont besoin d'être traités dans un centre de stabilisation. Une fois l'appétit de ces enfants retrouvé et les complications traitées, ils peuvent, à leur tour, poursuivre leur traitement à domicile. La durée du traitement en structure hospitalière a ainsi été considérablement réduite car même les formes compliquées sont hospitalisées sur de courtes durées. Cette approche a donc permis un désengorgement des structures hospitalières et un traitement décentralisé dans les communautés, plus acceptable pour les populations. Ainsi, les capacités de prise en charge ont été multipliées. Au début de la mise en place du CTC, la notion d'augmentation de la couverture avait justifié un suivi médical réduit. Les performances du CTC ont dépassé les attentes, avec des taux de mortalité bien inférieurs à ceux obtenus avec l'approche classique (moins d'exposition aux maladies nosocomiales, prise en charge des cas plus précoce, meilleures conditions de traitement pour le bénéficiaire), des taux d'abandons également inférieurs, et par conséquent des taux de guérisons supérieurs en moyenne à ceux obtenus avec l'approche classique. Cette approche est ensuite devenue le Community-based Management of Acute Malnutrition (CMAM ou Prise en charge à base communautaire de la malnutrition aiguë [PCMA] en français). Il est important de mentionner qu'au-delà du choix du produit nutritionnel, la qualité de conception et d'implémentation du programme est cruciale pour l'amélioration du devenir des enfants souffrant d'une MAS ; la recherche reste par ailleurs importante pour mieux comprendre l'étendue du problème et à quel point le traitement permet de répondre aux besoins des enfants MAS pour assurer leur guérison et leur croissance en bonne santé sur la durée.

La troisième révolution est celle actuellement en cours, avec le passage à grande échelle et l'adaptation au contexte. En effet, grâce aux protocoles de traitement communautaires de la MAS il est maintenant possible d'augmenter la couverture du traitement, à la fois dans les contextes d'urgence et dans les contextes de non-urgence. Il est important de noter que la prise en charge de la malnutrition aiguë a été, jusqu'en 2000, essentiellement promue et mise en œuvre par des organisations humanitaires et dans les contextes d'urgence. Il s'agit depuis quelques années de promouvoir l'intégration de cette prise en charge au cœur des systèmes de santé. La couverture universelle du traitement de la MAS ne peut être atteinte qu'en assurant la disponibilité et l'accès au traitement à tous les niveaux du système de santé. En clair, la MAS doit être considérée comme une maladie faisant partie des cibles du paquet minimum de santé, ce qui nécessite de revoir les approches existantes. L'efficacité de la prise en charge sur la réduction de la morbidité et de la mortalité associées à la MAS dépendra elle aussi de la capacité des systèmes de santé à garantir la qualité de la prise en charge et le suivi strict des recommandations de l'OMS. Dans de nombreux pays, les programmes visant à traiter la MAS relèvent maintenant de la responsabilité et de la direction du ministère de la Santé et des autorités sous-nationales. À l'heure actuelle, selon l'UNICEF, 65 pays ont mis en œuvre une prise en charge de la MAS à assise communautaire, mais toujours avec une faible couverture. On estime en effet qu'environ 20 % seulement des enfants souffrant de malnutrition aiguë sévère ont accès au traitement, soit environ 3,4 millions d'enfants de moins de 5 ans en 2012 selon l'UNICEF. La partie relative aux enjeux opérationnels reprendra plus largement les freins et défis que la communauté internationale tente de relever actuellement pour favoriser une plus grande couverture du traitement.

La prise en charge de la malnutrition aiguë modérée

Contrairement aux avancées importantes qui ont marqué l'histoire de la MAS, les programmes de prise en charge de la sous-nutrition aiguë modérée chez l'enfant n'ont malheureusement pratiquement pas évolué au cours des 30 dernières années. Deux approches sont traditionnellement proposées en la matière. Dans la plupart des situations, des conseils diététiques sont prodigués aux familles avec l'idée qu'elles ont accès à tous les aliments nécessaires pour nourrir leurs enfants, mais qu'elles n'ont pas de connaissances suffisantes sur la meilleure façon de les utiliser. Pour les contextes d'insécurité alimentaire, des farines mélangées, généralement enrichies, ou des suppléments alimentaires prêts à l'emploi (souvent à base lipidique) sont proposés. Ainsi, les enfants souffrant de malnutrition aiguë modérée dans des situations d'insécurité alimentaire sont admis dans des programmes dits « supplémentaires » dans lesquels ils reçoivent une ration environ une fois par semaine. Les deux approches ont véritablement peiné à démontrer des résultats effectifs ; l'évaluation de l'impact des programmes à grande échelle n'est par ailleurs pas plus concluante[15]. Les conseils diététiques donnés sont souvent non spécifiques, c'est-à-dire pas vraiment différents de ceux donnés à des enfants bien nourris, et l'efficacité des programmes de supplémentation à base de mélanges de farines est régulièrement questionnée depuis plus de 30 ans[16].

Plusieurs raisons peuvent expliquer l'absence apparente d'efficacité de ces deux types de programmes ; les régimes recommandés dans le cadre des programmes favorisant les conseils révèlent une faible densité nutritionnelle des produits préparés, insuffisante pour favoriser la guérison. Lorsque des aliments riches en nutriments sont recommandés, ils sont chers et pas vraiment accessibles à des familles pauvres. En outre, lorsque des suppléments alimentaires sont donnés sous forme de farines enrichies, ils sont fréquemment constitués avec les sources d'énergie (céréales) et les protéines (légumineuses) les moins chères et n'ont souvent pas de graisse ajoutée. Ces suppléments (riches en protéines, faibles en gras, et élevés en fibres alimentaires et en contenu antinutritionnels) ont alors un profil nutritionnel qui ne semble pas le mieux adapté pour favoriser la

15. Ashworth A. et Ferguson E., 2009, « Dietary counseling in the management of moderate malnourishment in children », *Food Nutr Bull*, 30 (S3), p.405-433.

16. Beaton G. H. et Ghassemi H., 1982, « Supplementary feeding programs for young children in developing countries », *Am J Clin Nutr*, 35 (S4), p.863-916.

croissance rapide des enfants souffrant de malnutrition[17]. Ainsi, les organisations impliquées dans la mise en œuvre des programmes de supplémentation ont, ces dernières années, fait face à de vraies limites : trop de non-réponses au traitement et, logiquement, d'abandons. Récemment, l'introduction de suppléments alimentaires prêts à l'emploi et à base lipidique et l'amélioration de la qualité des farines enrichies ont suscité beaucoup d'attente : les résultats peinent cependant à venir. Il subsiste en effet de nombreuses questions autour de la physiopathologie de la sous-nutrition aiguë modérée et des besoins en termes de réhabilitation (type de prise en charge et type de traitement). En 2008, une série de consultations a été lancée par l'OMS dans le but de lister les enjeux majeurs autour de ce sujet et de répondre aux questions posées par la communauté internationale. En 2015, il n'y avait toujours pas de recommandations concernant la composition des suppléments alimentaires utilisés pour les enfants souffrant de malnutrition aiguë modérée qui soient fondées sur des éléments probants. L'OMS a publié une note technique qui récapitule les connaissances actuelles et en expose les principes, avec notamment un profil de composition en nutriments pour les suppléments alimentaires. Lors d'une conférence à Vienne en mai 2014, organisée par l'IAEA avec les acteurs clés du domaine, il a été largement question de distinguer le type de réponse en fonction des contextes d'intervention. On a ainsi retenu l'intérêt de poursuivre la mise en œuvre des programmes de supplémentation, mais uniquement en situation d'urgence, et décidé d'explorer d'autres modalités d'intervention dans des contextes plus stables, mais où les populations les plus vulnérables souffrent d'un accès difficile aux aliments recommandés (transferts monétaires, coupons alimentaires couplés aux conseils nutritionnels). Il s'agit aujourd'hui de poursuivre la recherche sur la composition, l'acceptabilité et l'utilisation des suppléments alimentaires pour le traitement de la malnutrition aiguë modérée et d'explorer les alternatives susmentionnées en termes de modalités d'intervention. Mais la question de la capacité des acteurs, notamment des décideurs, à mettre en œuvre ces programmes sur le long terme et en autonomie reste pendante.

17. Briend A. et Prinzo Z. W., 2009, « Consultation on the Dietary Management of Moderate Malnutrition in Under-5 Children », *Food Nutr Bull*, 30 (3).

Enjeux actuels (défis et opportunités)

Les enjeux sont de deux ordres: scientifiques et techniques tout d'abord; et ensuite opérationnels.

Les enjeux techniques et scientifiques

• La surveillance

Le premier défi à relever pour la communauté scientifique est celui de l'évaluation de l'ampleur du problème. Les systèmes de surveillance actuels basés sur la seule prévalence ne permettent pas d'évaluer le nombre de cas de MAS survenant dans un pays chaque année. Or prévalence et incidence sont nécessaires pour fixer les moyens et le coût des traitements nécessaires. Aucune évaluation fiable n'est disponible au niveau international. Ceci est clairement un obstacle à la prise en compte du problème et à la mise en œuvre de stratégies de couverture adéquates. Il est ainsi essentiel de proposer un dépistage actif permettant de mesurer l'incidence. Ce dépistage, à l'heure actuelle, ne peut en pratique se faire que par mesure régulière du périmètre brachial au niveau communautaire. La mesure d'incidence de la MAS par l'indice poids-pour-taille est en effet illusoire à ce niveau (elle reste limitée pour des raisons techniques aux enquêtes des organismes internationaux et des centres de recherche, ce qui représente une difficulté). Par ailleurs, le nombre d'enfants souffrant de kwashiorkor reste mal connu et il n'existe pas d'évaluation fiable de sa prévalence. Des tentatives pour cartographier le phénomène sont cependant en cours à l'aide des données existantes.

• Le diagnostic anthropométrique de la malnutrition aiguë

Dans un contexte général marqué par une insuffisance des fonds nécessaires pour la lutte contre la sous-nutrition, le diagnostic correct des enfants souffrant de malnutrition aiguë modérée ou sévère est crucial. Pour améliorer la couverture de la prise en charge, il est nécessaire de veiller notamment à ce que le diagnostic de la malnutrition aiguë soit simple et réalisable facilement, mais également suffisamment exact, alors qu'il reste aujourd'hui encore approximatif. Parmi l'ensemble des problèmes rencontrés, nous insisterons ici sur le désaccord entre les résultats donnés par l'indice poids-pour-taille (IPT) et le périmètre brachial (PB), les deux indices reconnus pourtant pour identifier conjointement les enfants souffrant d'émaciation. Ces deux indices, avec des seuils propres, n'identifient en effet pas les mêmes enfants comme souffrant de malnutrition aiguë et, à l'échelle des populations, ne renvoient pas la même image de la gravité de la situation. Le PB est reconnu comme possédant des avantages opérationnels sur l'IPT, puisqu'une seule mesure est nécessaire, à l'aide d'un bracelet en plastique coloré simple et peu coûteux permettant de mesurer la circonférence de la partie supérieure du bras. L'IPT, quant à lui, nécessite la prise du poids et de la taille et donc l'utilisation d'outils de mesure plus coûteux et difficilement transportables au plus près des communautés, ainsi qu'un savoir-faire technique plus important si l'on veut qu'il reste précis et exact. Un code couleur peut être facilement utilisé et interprété par les agents de santé communautaires même peu instruits pour le PB, permettant son utilisation dans les grands programmes communautaires. C'est pourquoi, depuis sa validation et en raison de ses avantages opérationnels, le PB est de plus en plus utilisé comme unique critère d'admission pour la réhabilitation nutritionnelle dans les pays tels que le Bangladesh, l'Éthiopie et le Pakistan. Cependant l'OMS a reconnu en 2009 que pour la MAS seuls environ 40 % des enfants sélectionnés par un critère étaient aussi sélectionnés par l'autre. Autrement dit, l'accord entre les critères parmi l'ensemble des cas diagnostiqués n'était que d'environ 25 %. En réalité, il existe une grande variabilité selon les contextes. Un recoupement plus faible encore entre les indicateurs est fréquemment rapporté, la plupart du temps en raison d'un nombre de cas identifiés par un IPT beaucoup plus grand que ceux identifiés par le PB. La déclaration de l'OMS entérinant l'usage des deux indicateurs précisait en 2009 que cette différence s'explique « en partie par le fait que les enfants sélectionnés par le PB, dont le seuil de définition est fixe (< 115 mm pour la MAS et < 125 mm pour la MAM) et n'évolue donc pas entre 6 mois et 5 ans, tendent à être plus jeunes que ceux sélectionnés par l'indice-poids-pour-taille », et pour finir concluait que « les implications de ces différences en termes de risque associé et de réponse au traitement méritent d'être étudiées plus en détail ». Il a effectivement été montré dans divers contextes que de faibles valeurs de PB sont plus fréquentes chez les filles, les enfants les plus jeunes et les enfants en retard de croissance (malnutrition chronique), et à l'inverse moins fréquentes chez les autres[18]. L'IPT s'est révélé quant à lui être davantage sensible aux variations de proportions du corps (notamment la longueur des jambes par rapport à la longueur totale du corps), sans que cela puisse non plus expliquer une part importante de la divergence de diagnostic observée entre PB et IPT[19]. Au-delà des hypothèses d'erreurs de diagnostic qui découlent de ces observations, avec la possible surestimation ou sous-estimation de la présence de déficits nutritionnels propres à la malnutrition aiguë, cette

18. Grellety E. et Golden M. H., 2016, « Weight-for-height and mid-upper-arm circumference should be used independently to diagnose acute malnutrition: policy implications », *BMC Nutrition*, 2, p. 10.

19. Myatt M. *et al.*, 2009, « The effect of body shape on weight-for-height and mid-upper arm circumference based case definitions of acute malnutrition in Ethiopian children », *Ann Hum Biol*, 36 (1), p. 5-20 ; Roberfroid D. *et al.*, 2015, « Inconsistent diagnosis of acute malnutrition by weight-for-height and mid-upper arm circumference: contributors in 16 cross-sectional surveys from South Sudan, the Philippines, Chad, and Bangladesh », *Nutr J*, 14, p. 86. doi: 10.1186/s12937-015-0074-4

divergence de diagnostic entre IPT et PB pourrait également refléter une hétérogénéité dans la pathogénèse et la physiopathologie sous-jacente de ces déficits anthropométriques, et donc refléter différents besoins. Il est ainsi important de savoir si certains types de déficits anthropométriques correspondent davantage que d'autres au besoin de réhabilitation nutritionnelle pour lequel le protocole de prise en charge standard a été initialement conçu, et si les enfants qui les présentent doivent y être exposés en priorité. Une telle divergence de diagnostic soulève également d'importantes questions programmatiques. Si la différence de diagnostic est causée par la sensibilité trop faible de l'indicateur choisi, s'appuyer sur cet indicateur peut sous-diagnostiquer de vrais cas de malnutrition aiguë et entraîner des occasions manquées de traiter un état grave. Par ailleurs, si la différence de diagnostic vient d'une trop faible spécificité de l'autre critère, alors une stratégie de diagnostic de la MAS fondée sur ce critère peut gonfler indûment les volumes de programme, avec l'inclusion à tort de nombreux enfants qui ne sont pas dans le besoin d'un traitement nutritionnel, et générer un impact négatif important, notamment sur les ressources.

Il est ainsi nécessaire d'étudier plus avant la réalité et la diversité des besoins associés aux différents types de déficits anthropométriques, incluant leur combinaison avec le retard de croissance, afin de comprendre quels sont les individus les plus à risque. À quel point les programmes médico-nutritionnels actuels répondent-ils à ces besoins, notamment en termes de promotion d'une croissance saine sur la durée, et à quel point font-ils baisser le risque de mortalité de ces patients ?

• La question de l'étendue de la récupération nutritionnelle et de la guérison des individus

Si les thérapies proposées actuellement ont montré une forte amélioration des résultats de la prise en charge des enfants souffrant de malnutrition aiguë, d'autres améliorations peuvent encore être envisagées dans un futur proche. Les chercheurs continuent à explorer la question de l'étendue et de la durée de la guérison, de l'identification des enfants à risque élevé de mortalité, ou encore de la baisse du risque de mortalité au-delà de la période de récupération immédiate. L'étude de la mortalité chez les cas non traités n'étant pas possible d'un point de vue éthique, la baisse du risque de mortalité chez les cas traités n'est pas directement mesurable. On s'attachera alors à mesurer d'autres facteurs tels que la morbidité afin de documenter le devenir des enfants ayant bénéficié d'un traitement. En pratique, le suivi des cas hospitalisés et celui de l'ensemble des enfants traités sont très rarement réalisés au-delà de deux à trois mois. Pour les cas compliqués et les cas de kwashiorkor il est probable que la mortalité, même à court terme, soit en réalité toujours très élevée. D'après les études publiées dans le cadre de projets de recherche utilisant des protocoles de traitement standard en Afrique subsaharienne, le taux de mortalité des cas de MAS hospitalisés est très variable et reste souvent élevé (> 20 %), et les taux de mortalité sont sans doute beaucoup plus élevés dans les nombreux centres où la qualité de l'offre de soins fait défaut, qui manquent d'antibiotiques, minéraux (potassium, de zinc, etc.) et de régimes alimentaires thérapeutiques appropriés[20]. Enfin, l'infection par le VIH ou la tuberculose compliquent grandement le traitement de la malnutrition à l'hôpital, et les protocoles manquent d'orientations sur le diagnostic, les interactions entre les différents programmes, et la prise en charge dans ces cas-là. De récents essais cliniques réalisés dans un contexte hospitalier de référence, dans lequel un soin particulier a été mis à suivre le devenir de chaque cas, montrent que la mortalité des enfants pris en charge pourrait être toujours très importante: soit 30 % de mortalité à court terme enregistrée pour l'ensemble des enfants souffrant de MAS compliquée et non compliquée. Ce taux de mortalité est monté à 42 % au bout d'un an, avec environ un quart des décès enregistrés au-delà de 90 jours après la prise en charge[21]. Il est important ici de noter que l'étude portait sur des enfants sélectionnés avec fort taux de VIH et dont le pronostic n'a rien à voir avec celui des enfants traités dans la communauté. Néanmoins, cela a permis de mettre en avant l'importance de la prise en charge holistique de l'enfant. En effet, se limiter à l'apport de produits nutritionnels thérapeutiques reste insuffisant si l'on souhaite améliorer la récupération nutritionnelle. Dans les pays à forte prévalence de VIH il est ainsi essentiel de créer des ponts entre les programmes. Au-delà de la situation de la MAS, il est notable que la malnutrition modérée n'est pas en reste en matière de risque de mortalité. Une étude récente a montré la forte fréquence des issues négatives chez les enfants sortant guéris d'un programme de prise en charge de la MAM[22], conduisant les auteurs à suggérer qu'au-delà de la récupération pondérale, les statuts physiologique et immunitaire des enfants n'avaient pas été rétablis à un niveau normal. Cette perspective à long terme aiderait également à accorder plus d'importance à d'autres types de conséquences que la mortalité, telles que la croissance, le développement, le déficit immunitaire[23], les comorbidités et certains déterminants de l'apparition à l'âge adulte de maladies chroniques non transmissibles. Enfin la question de la malnutrition aiguë chez les nourrissons de moins de 6 mois, qui concerne au minimum près de 4 millions de jeunes enfants, nécessite une attention particulière. Le diagnostic comme les trai-

---

20. Bhutta Z. A. et Black R. E., 2013, « Global Maternal, Newborn, and Child Health. So Near and Yet So Far », *N Engl J Med*, 69, p. 2226-2235.

21. Kerac M. *et al.*, 2014, « Follow-up of post-discharge growth and mortality after treatment for severe acute malnutrition (FuSAM study): A prospective cohort study », *PLoS One*, 9 (6), e96030.

22. Chang C. Y. *et al.*, 2013, « Children successfully treated for moderate acute malnutrition remain at risk for malnutrition and death in the subsequent year after recovery », *J Nutr*, 143 (2), p. 215-220.

23. Rytter MJH *et al.*, 2014, « The Immune System in Children with Malnutrition. A Systematic Review », *PLoS One*, 9 (8), e105017.

tements préconisés et leurs modalités d'application semblent ne pas reposer sur des preuves suffisantes; des recherches sont là aussi nécessaires et urgentes[24].

• Perspectives d'amélioration du traitement

La malnutrition aiguë sévère est souvent associée à une augmentation de la sévérité des maladies infectieuses, et les décès des enfants malnourris résultent souvent d'une infection. Le diagnostic et la prise en charge des infections diffèrent d'un enfant bien-nourri à un enfant souffrant de malnutrition aiguë[25], mais on manque de données plus précises dans ce domaine. En 1999, l'OMS dans son protocole de traitement de la malnutrition aiguë sévère recommandait une antibiothérapie systématique pour tous les enfants admis même lorsque ceux-ci ne présentaient pas de complications visibles. Depuis quelques années, des chercheurs se sont penchés sur l'efficacité de ces antibiothérapies systématiques face au risque de développement de résistances bactériennes aux antibiotiques. Cette recommandation a été reconduite en 2013 dans la version actualisée des recommandations de l'OMS pour la prise en charge ambulatoire de la MAS. Les essais cliniques contrôlés menés récemment ont toutefois confirmé les recommandations actuelles[26]. L'utilisation de probiotiques pour réduire les effets des diarrhées chez ces enfants est également en cours d'investigation, parmi d'autres pistes.

Les enjeux opérationnels

Ces vingt-cinq dernières années ont été le théâtre d'avancées spectaculaires dans la recherche des causes de la sous-nutrition aiguë, dans la mise en œuvre de thérapies appropriées et de méthodes d'identification des patients à risque. Mais d'importants défis opérationnels restent à relever. Dès 1990, les réponses proposées étaient peu adaptées à l'état de fonctionnement des systèmes de santé, elles n'étaient finalement applicables qu'au travers d'un soutien accru par des organisations humanitaires. En effet, leur complexité et leur coût ne permettaient pas aux États d'envisager une mise en œuvre à l'échelle de leur pays. Le défi majeur aujourd'hui est de permettre à tous les enfants souffrant de malnutrition aiguë d'être pris en charge avec efficacité quel que soit leur lieu de vie; soit un

24. Angood C. *et al.*, 2015, « Research priorities to improve the management of acute malnutrition in infants aged less than six months (MAMI) », *PLoS Med*, 12 (4), e1001812.

25. Jones K. D. et Berkley J. A., 2014, « Severe acute malnutrition and infection », *Paediatr Int Child Health*, 34 (S1), p. 1-29.

26. Trehan I. *et al.*, 2013, « Antibiotics as part of the management of severe acute malnutrition », *N Engl J Med*, 368 (5), p. 425-435; Isanaka S. *et al.*, 2016, « Routine Amoxicillin for Uncomplicated Severe Acute Malnutrition in Children », *N Engl J Med*, 374 (5), p. 444-453.

défi de couverture maximale. Si aujourd'hui moins de 15 % des enfants souffrant de malnutrition aiguë sévère ont accès au traitement, comment accélérer les progrès et permettre au plus grand nombre d'accéder à ce droit fondamental ?

Parmi les freins à l'accès au traitement, le principal est le manque de connaissances de la population concernant la maladie et le traitement proposé[27]. Mais le coût du traitement, souvent beaucoup trop élevé pour les familles affectées, la distance séparant le foyer ou la communauté du site de prestation de service, ou encore le rapport parfois conflictuel entre le personnel de santé et les patients ainsi que le faible niveau de formation des soignants demeurent aussi des obstacles importants à l'accès aux services. Enfin les fréquentes ruptures de stock en médicaments et surtout en aliments thérapeutiques prêts à l'emploi (ATPE) ne permettent pas d'assurer la prise en charge dans la durée, et peuvent ruiner la confiance de la communauté vis-à-vis des services de santé.

Si la plupart des obstacles identifiés sont communs à tous les services de santé, certaines barrières sont spécifiques aux programmes de prise en charge de la malnutrition aiguë, comme la méconnaissance de la maladie, une interface de soins inadaptée par suite d'un manque, voire d'une absence totale de formation des personnels de santé en matière de prise en charge de malnutrition, ou les difficultés rencontrées en matière d'approvisionnement en ATPE.

La faible couverture des services de santé d'un point de vue géographique de même que les coûts importants pour les familles générés par le traitement, ou la relation soignants/soignés sont par contre des barrières classiques pour tous les soins proposés aux populations. Surmonter ces obstacles courants implique de travailler au renforcement des services de santé globaux tout en militant pour la mise en place d'ajustements nécessaires aux particularités de la prise en charge de la MAS, et enfin à favoriser l'amélioration de la demande des populations concernées.

• Le défi du renforcement des systèmes de santé

La malnutrition aiguë étant responsable d'un nombre important de décès, il est intéressant de regarder ce qui a été fait au niveau des « initiatives globales en santé » développées dans les années 2000 et mises en place à grande échelle pour favoriser la prise en charge élargie de maladies responsables d'un nombre important de décès dans le monde. Les initiatives GAVI (pour la vaccination), PEPFAR (pour le VIH/SIDA) et le Fonds mondial pour le VIH, le paludisme et la tuberculose, ont appliqué, à leurs premiers stades, une approche « verticale » (les programmes mis

27. Puett C., Swan S. H., Guerrero S., 2013, *Accès pour Tous*, vol. 2: *Quels sont les facteurs qui influencent l'accès au traitement communautaire de la malnutrition aiguë sévère ?*, Londres, Coverage Monitoring Network, http://www.severemalnutrition.org/fr/resource-library/Ge

en œuvre pour la malnutrition aiguë ont eux aussi adopté de 1990 à 2010 cette approche verticale). Une approche « verticale » ou « basée sur la maladie » propose des interventions portant sur des problèmes de santé spécifiques, menées grâce à des services de santé spécifiques qui ne sont pas entièrement intégrés dans les systèmes de santé mais œuvrent en parallèle de ceux-ci. Cette approche, si elle a d'abord permis de mettre l'accent sur ces maladies, de focaliser l'attention des décideurs, et de pallier la fragilité des systèmes de santé, a aussi montré ses limites. Au milieu des années 2000, on a reconnu que la situation d'un système de santé était intrinsèquement liée à la réussite des initiatives globales de santé (*Global Health Initiatives* – GHI en anglais). Les systèmes de santé faibles présentaient une atteinte limitée des objectifs de ces initiatives ; et à l'inverse, les GHI, en utilisant une approche verticale, étaient susceptibles de surcharger le système, achevant de fragiliser celui-ci. Au cours des dernières années, la communauté internationale en nutrition a dû faire face à des défis et des questions similaires à ceux des initiatives globales en santé dans le cadre de l'intégration de la malnutrition aiguë globale. La communauté internationale a ainsi pris conscience des effets potentiellement contre-productifs de l'approche verticale et a commencé à se tourner vers des schémas plus horizontaux, dits « intégrés ». Dans de nombreux pays, les programmes visant à traiter la malnutrition aiguë relèvent désormais de la responsabilité et de la direction du ministère de la Santé et des autorités sous-nationales. Cela permet entre autres la mise en place du traitement de la MAS dans le système de santé de manière intégrée (comme une composante du paquet des soins de santé de base). Des liens avec les autres services peuvent désormais être tissés. Il est essentiel de favoriser une prise en charge globale de l'enfant qui permettra aussi de renforcer l'efficience du traitement de la malnutrition aiguë, comme suggéré *supra* dans la section enjeux techniques et scientifiques. Mais pour mettre en œuvre des approches horizontales (intégrant les services de santé et proposant un vrai continuum de soins), les systèmes de santé doivent être renforcés. Si l'on souhaite désormais augmenter la couverture des services permettant la prise en charge de la malnutrition aiguë, il faut s'attacher à renforcer le système de santé dans sa globalité. En d'autres termes, quand un enfant fréquente un établissement de santé ou est visité par un agent de santé communautaire, il faut s'assurer que son périmètre brachial est systématiquement dépisté dans le cadre du processus de consultation de base au même titre que d'autres maladies ; mais il faudra aussi s'assurer que le centre de santé fonctionne bien, que les médicaments et ATPE sont disponibles et les personnels de santé sont en nombre suffisant et correctement formés, etc. Sans ces prérequis les avancées scientifiques et techniques n'auront que très peu d'impact sur les populations affectées par cette maladie. En effet si ces traitements améliorés ne sont tout simplement pas disponibles au plus près de ceux qui en ont besoin au travers de services fonctionnels, toutes les avancées techniques et scientifiques des vingt-cinq dernières et prochaines années n'auront servi à rien.

Le renforcement des systèmes de santé est un défi de taille qui dépasse largement le sujet seul de la malnutrition aiguë mais qui met bien en lumière les liens étroits existant entre l'accès à la santé et le statut nutritionnel des populations. Les défenseurs de l'accès au traitement de la malnutrition aiguë ne pourront faire l'économie d'un tel investissement s'ils veulent voir une amélioration notable des taux de couverture.

• Les perspectives offertes par une mobilisation et une prise en charge au niveau communautaire

En parallèle des efforts consentis pour renforcer le système de santé il est impératif de poursuivre l'adaptation du modèle de mise en œuvre du traitement en mobilisant les communautés. Ainsi, les efforts de simplification des protocoles et d'adaptation aux différents contextes se poursuivent avec par exemple la mise en place du dépistage précoce par un outil simple (le périmètre brachial). Certains programmes ont aussi récemment étudié la faisabilité et la pertinence de proposer aux mères de mesurer périodiquement le périmètre brachial de leurs enfants, afin d'identifier précocement le moindre changement. Par ailleurs, la mise en œuvre de stratégies avancées en matière de santé de la reproduction ou en ce qui concerne la diarrhée, le paludisme et la pneumonie a montré des résultats très encourageants en matière de couverture, permettant aux régions les plus éloignées des centres de santé de bénéficier de l'offre de soins. Ces stratégies appelées aussi de « prise en charge communautaire intégrée » (ICCM en anglais) visent à étendre la gestion des maladies infantiles au-delà des établissements de santé afin que plus d'enfants aient accès aux traitements. On proposera ainsi aux agents de santé communautaires de prendre en charge le diagnostic et le traitement des principales maladies de l'enfance. Intégrer la prise en charge de la malnutrition aiguë dans ces stratégies semble offrir de vraies solutions aux différentes barrières évoquées plus haut. La réussite dépendra cependant fortement des efforts consentis plus globalement sur l'ensemble des niveaux de la pyramide sanitaire. On ne pourra pas faire porter tout le poids de la responsabilité du système de santé vis-à-vis des populations sur les épaules des seuls agents communautaires.

• Les aliments thérapeutiques prêts à l'emploi

La fréquence et la régularité des ruptures de stock d'ATPE dans les zones les plus touchées par la MAS ont montré ces dernières années combien il était complexe d'assurer cette partie cruciale du traitement. Ainsi en raison du coût des ATPE, des difficultés rencontrées en matière d'approvisionnement et du caractère peu soutenable d'une telle approche pour un système de santé, les États les plus touchés par la MAS sont encore réticents à l'utiliser (Bangladesh, Népal), voire en ont proscrit l'utilisation (Inde), le temps de tester et de développer leur propre modèle, qu'il soit celui de la fabrication locale d'un produit nutritionnel similaire ou de l'enrichissement du régime habituel par des aliments adaptés sur un plan nutritionnel et/ou par des mélanges de micronutriments[28]. Dès les premiers documents recommandant l'utilisation d'ATPE dans l'approche communautaire de la gestion de la MAS, le besoin d'une recherche spécifique sur les régimes thérapeutiques de substitution a été clairement exprimé. La déclaration commune de 2007 reconnaît aussi que dans certaines circonstances, il est possible de constituer un régime thérapeutique adéquat en utilisant des aliments nutritifs disponibles localement et en y ajoutant des suppléments de micronutriments. Cette approche nécessite toutefois un suivi très attentif car il n'est pas simple de fournir une quantité adéquate de nutriments. La qualité des protéines gagne à être en adéquation avec le statut inflammatoire de l'enfant, ce qui implique des choix différents de ceux pour une croissance normale[29]. Les ATPE semblent en outre avoir un effet insuffisant sur la croissance en taille et n'ont été validés qu'en termes de gain de poids rapide. Les effets sur d'autres variables fonctionnelles ne sont pas optimisés (la composition en acides gras n'a pas été adaptée, bien que cela soit important pour le développement cognitif) ; ainsi des travaux de recherche sont-ils nécessaires pour améliorer leur efficacité à différents niveaux physiologiques comme rappelé plus haut.

Réduire les coûts des ATPE en développant des productions locales ou en réduisant la teneur en lait, poursuivre la recherche pour proposer des alternatives moins coûteuses et volumineuses mais aussi tester des formules et dosages optimisés sont autant de défis à relever dans les prochaines années[30].

• La spécificité de la malnutrition aiguë modérée

Si aujourd'hui les experts et décideurs s'accordent à dire que la prise en charge de la malnutrition aiguë sévère doit être proposée comme un élément indissociable du paquet minimum de santé, il n'en est pas de même pour la prise en charge de la malnutrition aiguë modérée. En effet, il semble aujourd'hui illusoire de penser qu'un système de santé pourrait absorber un service de nutrition supplémentaire pour un assez grand nombre d'enfants de manière routinière. Les freins constatés autour du traitement de la MAS seraient décuplés. Pour ne mentionner que les produits, les difficultés d'approvisionnement seraient d'autant plus grandes

28. Bhandari N. *et al.*, 2016, « Efficacy of three feeding regimens for home-based management of children with uncomplicated severe acute malnutrition : A randomised trial in India », *BMJ Global Health*, 1, e000144.

29. Manary M. *et al.*, 2016, « Protein Quality and Growth in Malnourished Children », *Food Nutr Bull*, 37 (S1), p. 29-36.

30. Briend A. *et al.*, 2015, « Developing food supplements for moderately malnourished children : Lessons learned from ready-to-use therapeutic foods », *Food Nutr Bull*, 36 (S1), p. 53-58.

que le volume nécessaire deviendrait très conséquent. Aujourd'hui ces services sont soutenus, en matière d'approvisionnement, en grande majorité par le PAM (Programme alimentaire mondial) mais de nombreuses ruptures de stocks sont déjà constatées. Comme mentionné dans le chapitre relatif à l'historique des avancées scientifiques et opérationnelles, l'évaluation des programmes de prise en charge de la malnutrition modérée a jusqu'ici donné des résultats mitigés. Les problèmes d'efficacité de l'approche, son coût et le poids qu'elle représenterait pour le système de santé ne semblent pas jouer en sa faveur. De l'avis général, l'approche des programmes de nutrition supplémentaire peut cependant rester pertinente en situation d'urgence et sur du court terme. Dans les situations plus stables il est en revanche essentiel aujourd'hui de prendre en charge ces enfants souffrant de malnutrition aiguë modérée, dont le risque de mortalité reste élevé. L'enjeu désormais est donc de piloter et tester des approches alternatives mêlant intervention du système de santé (proposant par exemple un suivi médical rapproché et des conseils en nutrition) et intervention sociale (proposant par exemple en période de soudure des transferts monétaires ou des coupons alimentaires).

• Défis et opportunités en matière de prévention de la malnutrition aiguë

Ne vaut-il pas mieux prévenir que guérir ? Voilà la phrase maintes fois entendue par les acteurs œuvrant pour la promotion du traitement de la malnutrition aiguë. Curieusement, s'il s'agissait du paludisme les acteurs trouveraient tout à fait incongru que l'on oppose action de prévention et action de traitement, distribution de moustiquaire imprégnée et traitement des accès palustres. Ainsi, s'il est essentiel de promouvoir la prise en charge de la malnutrition aiguë il faut avec la même énergie proposer des actions de prévention, l'un n'excluant pas l'autre. En matière de prévention on distinguera deux types de programmes : les programmes de court terme visant à réduire l'impact d'une crise attendue et les programmes de long terme visant à réduire progressivement les taux de sous-nutrition aiguë.

Dans des contextes de crises récurrentes et saisonnières, la mise en œuvre de distributions alimentaires « de couverture » proposées systématiquement aux enfants de moins de 5 ans ou de moins de 2 ans a montré des résultats intéressants en matière de prévention de la malnutrition aiguë. Une étude publiée par Epicentre en 2012 concluait que la distribution à court terme d'ASPE (aliments supplémentaires prêts à l'emploi) pour les enfants de 6 à 23 mois avait la possibilité d'améliorer l'état nutritionnel des enfants à risque de malnutrition[31]. Ces approches et leur efficacité restent cependant à explorer en profondeur. Le développement

31. Grellety E. *et al.*, 2012, « Effect of Mass Supplementation with Ready-to-Use Supplementary Food during an Anticipated Nutritional Emergency », *PLoS One*, 7 (9), e44549.

d'une gamme de produits spécifiques à base lipidique (dont les ASPE font partie) a permis d'élargir le champ des possibilités en matière de distributions « de couverture ». L'intérêt pour l'utilisation d'aliments à base de lipides pour lutter contre la malnutrition des enfants a augmenté ces dernières années, accéléré par le succès des aliments thérapeutiques prêts à l'emploi (ATPE). Cela a motivé le développement d'une gamme de produits à base de lipides à des fins différentes, y compris le traitement de la malnutrition aiguë modérée (MAM) et la prévention de l'émaciation ou d'un retard de croissance (faible taille-pour-âge). D'autres approches préventives ont vu le jour, telles que la mise en place d'espaces mère-enfants (*baby friendly spaces*) en situation de crise permettant la poursuite sereine de l'allaitement et d'un lien mère-enfant optimal. Ces approches proposant une action de prévention court terme visant à réduire l'impact d'une crise sur les plus vulnérables, si elles sont extrêmement prometteuses, restent coûteuses et de nombreuses questions sur les meilleures approches ou produits à proposer dans ces contextes restent à explorer.

En ce qui concerne les approches long terme, grâce à l'arbre conceptuel proposé à la fin des années 1990 par l'UNICEF, la communauté internationale a pu s'accorder sur les déterminants de la sous-nutrition et ainsi développer des stratégies permettant de travailler sur ces causes (voir chap. 7). Ces déterminants ne sont pas spécifiques à la malnutrition aiguë et concernent aussi la malnutrition chronique. Lorsque l'on observe attentivement les programmes proposés en matière de prévention de la malnutrition aiguë, leur construction ne diffère pas de ceux proposés pour la malnutrition chronique ; seuls les indicateurs proposés pour en mesurer l'efficacité changent. Idéalement, les programmes de prévention doivent s'appuyer sur une analyse des causes de sous-nutrition spécifiques au contexte étudié. Les interventions proposées tenteront alors de répondre aux causes principales ressortant de l'analyse. Ces causes nécessiteront la mise en œuvre d'interventions dans les domaines de l'eau et de l'assainissement, de la sécurité alimentaire, de la santé (accès aux soins) mais aussi dans le domaine de l'éducation des femmes, de l'accompagnement des mères aux pratiques de soins destinés aux nourrissons et jeunes enfants. Mesurer l'impact des programmes reste un enjeu de taille et peu d'études se sont penchées sur l'efficacité des programmes de prévention en matière de malnutrition aiguë particulièrement. Quand bien même ces études existeraient, les résultats s'appliqueraient au contexte étudié seul et seraient peu transposables à d'autres contextes. Mais l'enjeu majeur aujourd'hui reste de faire financer des programmes de prévention de long terme destinés à réduire la malnutrition aiguë tout en ayant un impact dans la durée sur les taux globaux de sous-nutrition au sein des populations concernées.

5

Les carences en micronutriments : perspectives historiques

Jacques BERGER*, Marjoleine DIJKHUIZEN** et Frank WIERINGA*

Dans le domaine des micronutriments, la plupart des interventions de santé publique comme les travaux de recherche ces dernières décennies se sont focalisés sur les carences en vitamine A, en fer et en iode, en conformité avec les priorités fixées par le « Sommet mondial pour les enfants » de 1990, la « Conférence sur la faim insoupçonnée » de 1991 et la « Conférence internationale sur la nutrition » de 1992[1]. Le fait que ce soit ces micronutriments-là qui aient été choisis et pas d'autres est en partie dû à des raisons historiques, aux implications sanitaires significatives et claires des carences en ces micronutriments, et à l'absence de données ou au manque de preuves de l'importance des carences en d'autres micronutriments. Cependant, le manque de données sur les autres micronutriments ne signifie pas qu'on ne doive pas leur porter attention. Au contraire, les micronutriments tels que le zinc, la thiamine et la riboflavine par exemple jouent un rôle important pour la santé humaine, notamment en raison d'interconnections dans les processus métaboliques, ce qui souligne l'urgence de recherches sur ces micronutriments. En outre, les individus et populations sont susceptibles d'être carencés en plusieurs micronutriments en même temps, ces carences pouvant être engendrées simultanément par les mêmes facteurs ou inadéquations alimentaires[2]. Une bonne santé et une croissance optimale sont les signes d'un fonctionnement métabolique adéquat et toutes les composantes du processus métabolique y contribuent, bien qu'elles ne soient pas toutes également visibles ou directement mesurables. Plus la science de la nutrition avance, plus notre compréhension du

* Unité mixte de recherche Nutripass, Univ. Montpellier, IRD, Montpellier SupAgro, Montpellier, France.

** Nutrition, Exercise and Sports (NEXS), Copenhagen University, Denmark.

1. Maberly G. F. *et al.*, 1994, « Programs against micronutrient malnutrition : Ending hidden hunger », *Annu Rev Public Health*, 15, p. 277-301.

2. Dijkhuizen M. A. *et al.*, 2001, « Concurrent micronutrient deficiencies in lactating mothers and their infants in Indonesia », *Am J Clin Nutr*, 73, p. 786-791.

contexte complexe de la santé et de la croissance s'étend, plus nous prenons conscience que l'objectif de la nutrition devrait être plus holistique et inclure l'ensemble des (micro)nutriments, plutôt que de se concentrer seulement sur un micronutriment à la fois, ce qui bien évidemment rajoute à une complexité déjà importante.

De fait, nous commencerons dans ce chapitre par nous focaliser séparément sur trois micronutriments importants, la vitamine A, le fer et le zinc, avant d'envisager leurs interactions. Ce choix est lié au souhait de replacer tout d'abord ces micronutriments dans leur contexte historique, puis de discuter pourquoi et comment ces micronutriments sont devenus prédominants pendant que d'autres étaient oubliés, dans le but d'illustrer le développement de la science en nutrition et des politiques nutritionnelles de santé publique. Cela nous entraînera finalement vers plusieurs considérations importantes susceptibles de façonner l'avenir des micronutriments en général, dans la nutrition et les politiques de santé publique.

La vitamine A

La vitamine A est issue de l'alimentation, à partir de produits animaux (foie) ou de précurseurs comme les bêta-carotènes que l'on trouve dans les légumes ou les fruits jaune-orange. La vitamine A joue un rôle clef dans beaucoup de processus métaboliques. La fonction la plus connue se situe au niveau de l'œil et affecte le processus de la vision : l'acide 11-cis-rétinoïque, un dérivé du rétinol, est un composant essentiel de la rhodopsine, le pigment de la rétine particulièrement important pour la vision dans la pénombre[3]. Historiquement, la carence en vitamine A était décrite comme un syndrome de lésions oculaires et épithéliales, qui commençait par une cécité visuelle nocturne et se poursuivait avec la destruction de la cornée (*kératomalacie*), jusqu'à la perte totale de la vue. Déjà le physicien romain Celsius (25 avant J.-C. – 50 après J.-C.) utilisait le terme de « xérophthalmie » pour décrire ce que nous savons être aujourd'hui les signes oculaires d'une carence sévère en vitamine A. Hopkins, en 1912, fut le premier à identifier les défauts alimentaires entraînant la carence en vitamine A, puis Mc Collum et Davies ont isolé la vitamine A elle-même en 1913, et en 1931 sa structure fut complètement élucidée par Karrer *et al.* Cela entraîna un intérêt scientifique soudain pour la vitamine A, que l'on peut mettre en évidence rétrospectivement par le nombre de publications dédiées à celle-ci à l'époque (figure 1).

Cependant, c'est seulement bien plus tard qu'un autre rôle important de la vitamine A, principalement de l'acide rétinoïque, sera découvert.

3. McLaren D. S. et Kraemer K., 2012, « Vitamin A in nature », *World Review Nutr Dietetics*, 103, p. 7-17.

L'acide rétinoïque et ses dérivés jouent un rôle important dans la régulation de la différenciation et de la prolifération des cellules et contribuent au développement fœtal et au fonctionnement immunitaire[4], la carence en vitamine A réduisant l'immunocompétence. Ce rôle a émergé plus récemment bien que la vitamine A ait déjà été labélisée « vitamine anti-infection » dès les années 1930, à la suite d'observations faites par Bloch liant les régimes pauvres en lipides d'orphelins danois et la présence de xérophtalmie, à un déficit de croissance et à la sensibilité aux maladies infectieuses. Ces observations firent que l'huile de foie de morue et autres suppléments en vitamines A furent alors largement utilisés pour traiter les carences en vitamine A avant même que le métabolisme et le rôle de cette vitamine dans les fonctions immunes ne soient complètement compris. Ainsi, dans les années 1930, la vitamine A était prête à devenir une des « stars » des micronutriments.

Toutefois la santé publique a ensuite connu la découverte des antibiotiques dans les années 1940 et le développement des programmes de vaccinations de masse des enfants. La rapidité d'action et l'efficacité des antibiotiques et des vaccins dans la réduction de la mortalité due aux maladies infectieuses furent telles que ceux-ci ont virtuellement éclipsé la vitamine A. L'intérêt scientifique déclinant, et du fait de la possibilité d'utiliser la vitamine A sous forme de médicament après le succès de la synthèse du rétinol en 1947, le rôle de la vitamine A en nutrition a été plus ou moins considéré comme dépassé, celle-ci n'étant dispensée que si vraiment nécessaire. Cela explique probablement la forte baisse de publications scientifiques concernant la vitamine A au milieu du siècle dernier (figure 1). Dans les faits, l'intérêt scientifique général pour la nutrition a décliné du fait de la place centrale que prenaient les avancées spectaculaires de la médecine curative. De plus, après les immenses désastres et les urgences humanitaires de cette époque liés notamment à la seconde guerre mondiale et la chute des empires coloniaux, les intérêts dans le domaine de la nutrition passèrent du métabolisme, des patients et des expériences fondamentales vers les populations, la famine et la sécurité alimentaire. Il faudra plus de deux décennies pour que les micronutriments suscitent un renouveau d'intérêt scientifique.

Les avancées de la compréhension en santé humaine, des fonctions immunitaires et du métabolisme, et la reconnaissance de l'interconnexion entre la pauvreté, la santé, les maladies infectieuses et la nutrition ont finalement ravivé cet intérêt pour les micronutriments et leurs rôles fondamentaux, bien qu'encore mal compris, dans la fonction immunitaire, le métabolisme et la croissance. Les indicateurs de santé publique devinrent des outils standards pour évaluer la pauvreté et la santé, et permirent d'établir l'importance de l'état nutritionnel pour une bonne santé.

---

4. Stephensen C. B., 2001, « Vitamin A, infection and immune function », *Annu Rev Nutr*, 21, p. 167-192.

Figure 1. *Publications par décennie dans le domaine de la nutrition en % du total des publications et pour chaque nutriment considéré en % des publications en nutrition*

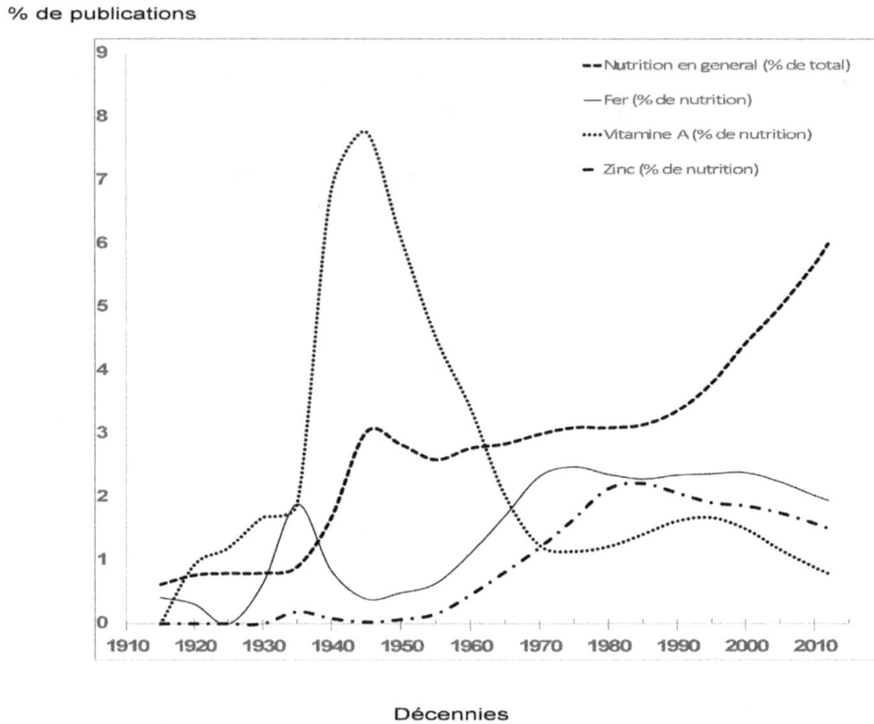

Lorsque les progrès de la médecine offrirent des indicateurs de meilleure qualité et plus appropriés aux réalités du terrain pour l'étude des statuts en micronutriments et des carences, on prit conscience que la carence en vitamine A constituait une menace importante pour la santé des populations, même en l'absence de signes cliniques classiques tels que ceux de la xérophtalmie. En outre, comme les miracles attendus de la médecine du XXe siècle n'ont pas tous eu lieu et que le traitement médical ne pouvait pas toujours tout guérir ou tout le temps, l'accent est passé du traitement à la prévention, en nutrition comme dans le reste de la santé publique. De fait, le statut marginal en vitamine A, tout comme ses effets et ses fonctions métaboliques revinrent au centre des intérêts scientifiques[5].

Ce regain d'intérêt est immédiatement perceptible à travers l'augmentation du nombre des articles scientifiques dans les années 1960, avec une série d'études d'intervention démontrant un effet direct et très impressionnant de la vitamine A, ou plutôt d'une forte dose semestrielle de vitamine A

5. Underwood B. A., 1998, « From research to global reality: The micronutrient story », *J Nutr*, 128, p. 145-151.

(sous forme de capsule) sur la mortalité infantile. La supplémentation médicamenteuse à dose élevée chez les enfants (100000 unités internationales entre 6 et 12 mois, 200000 UI pour les enfants de plus d'un an) a été un succès dans de nombreux pays avec l'élimination quasi totale de la xérophtalmie et la réduction de la mortalité. L'effet sur la mortalité infantile était alors estimé autour de – 20 à – 30 %, et ces résultats spectaculaires et prometteurs ont conduit à des publications positives, à nombre de réunions d'experts et de décideurs et ont été un coup d'accélérateur pour la promotion d'une supplémentation à forte dose en vitamine A dans le monde entier. Une « méta-analyse »[6] célèbre du *Lancet*, qui résuma et quantifia ces effets positifs de manière très convaincante, reflète l'enthousiasme et l'excitation à l'époque pour la vitamine A comme solution efficace et même comme traitement pour les problèmes compliqués et résilients de morbidité et mortalité des populations pauvres[7]. La vitamine A est alors présentée comme une « solution magique » et saluée par les politiques publiques comme l'un des outils simples, directs, facilement disponibles, permettant de réaliser de fortes avancées dans la lutte contre la pauvreté et la maladie, notamment en contribuant directement aux Objectifs du Millénaire pour le développement. La couverture mondiale de la supplémentation en vitamine A devint un objectif en soi et l'intérêt scientifique pour la vitamine A devint plus intense que jamais, générant un nombre très important de publications dans les deux dernières décennies du XXe siècle (figure 1).

Las ! Des études ultérieures sur des populations plus importantes, une analyse plus détaillée des données sur la morbidité et la mortalité et les résultats décevants des campagnes nationales de supplémentation commencèrent alors à suggérer une situation plus compliquée. Dans les pays développés, la supplémentation en bêta-carotène (précurseur de vitamine A) chez les fumeurs paraît augmenter la mortalité liée au cancer des poumons. En 2003, une revue sur les suppléments à haute dose en vitamine A ne démontre aucun effet global sur la diarrhée, et suggère même une augmentation des infections respiratoires. En particulier, l'incidence de la rougeole et la vaccination contre la rougeole se sont avérées d'importants facteurs de confusion, la rougeole étant l'une des rares infections dont la morbidité et la mortalité étaient effectivement directement affectées par la vitamine A. Pour compliquer les choses, la supplémentation en vitamine A était souvent combinée aux grands programmes de vaccination contre la rougeole, conduisant à l'hypothèse que c'était l'interaction entre la vaccination contre la rougeole et la vitamine A qui était responsable de la survie et non l'apport en vitamine A *per se*. L'intense intérêt scientifique pour la vitamine A généra des études fondamentales sur son métabolisme, tandis que de nombreuses autres fonctions et dérivés de la vitamine A étaient identifiés ou mis en évidence.

---

6. Méta-analyse : une étude statistique combinant les résultats d'une série d'études indépendantes sur un problème donné.

7. Bates C. J., 1995, « Vitamin A », *Lancet*, 345, p.31-35.

L'augmentation des connaissances sur la vitamine A a démontré que bien que la vitamine A soit un nutriment essentiel pour la santé humaine et la croissance, et que le statut en vitamine A soit facile à mesurer et les carences faciles à traiter, elle n'était peut-être pas la solution miracle tant espérée. De fait, la réévaluation d'études anciennes a montré que la vitamine A ne peut pas induire de réduction globale durable et substantielle de la mortalité infantile en une seule intervention[8]. Toutefois, une méta-analyse sur la morbidité et la mortalité publiée dans le *British Medical Journal* en 2011 a mis en évidence une réduction de la mortalité (24 %), ainsi qu'une réduction significative des diarrhées (15 %) et de la rougeole (50 %)[9]. Malheureusement, les données de la plus grande étude jamais réalisée (Devta) n'étaient pas incluses dans cette méta-analyse, ce qui aurait réduit l'impact sur la mortalité considérablement (environ 11 %), même si un tel effet peut toujours être considéré comme un impact important sur la santé[10].

Les objectifs de la science et des politiques de santé publiques commencèrent à changer pendant cette période, allant de l'étude d'un seul micronutriment à celle des effets combinés de plusieurs micronutriments. D'autres déterminants de santé publique tels que la prévalence des maladies infectieuses, l'état nutritionnel général et la croissance, la vaccination et les facteurs socio-économiques ont été de plus en plus pris en compte. Pendant ce temps, les programmes mondiaux de supplémentation en vitamine A commencèrent à mettre en évidence un manque constant d'efficacité pour certaines populations comme lors de la distribution de doses élevées de vitamine A aux femmes en période de post-partum, ou des différences géographiques inexpliquées sur l'effet de doses élevées de vitamine A pour les nouveau-nés, conduisant à un débat tendu au cours de la dernière décennie, avec des effets bénéfiques rapportés en Asie du Sud mais une augmentation de la mortalité dans les études africaines. Une réévaluation des politiques de santé publique concernant la vitamine A et son statut de « micronutriment star » est imminente. Un récent commentaire dans le *Lancet* sur les études déjà mentionnées indique qu'il est maintenant temps de se concentrer sur les stratégies alternatives afin d'améliorer l'état nutritionnel des populations à risque de carences en vitamine A et autres micronutriments, et conclut qu'il n'y a probablement pas de solution miracle pour atteindre cet objectif[11].

---

8. Underwood B. A., 2004, « Vitamin A deficiency disorders: International efforts to control a preventable "pox" », *J Nutr*, 134 (S), p. 231-236.

9. Mayo-Wilson E. *et al.*, 2011, « Vitamin A supplements for preventing mortality, illness, and blindness in children aged under 5: Systematic review and meta-analysis », *BMJ*, 343, d5094.

10. Awasthi S. *et al.*, 2013, « Vitamin A supplementation every 6 months with retinol in 1 million pre-school children in north India: DEVTA, a cluster-randomised trial », *Lancet*, 381, p. 1469-1477.

11. Haider B. A. et Bhutta Z. A., 2015, « Neonatal vitamin A supplementation: Time to move on », *Lancet*, 385, p. 1268-1271.

La progression de la connaissance scientifique du métabolisme, de la croissance et de la fonction immunitaire chez l'homme, associée à une nouvelle appréciation des facteurs sociaux déterminants de la pauvreté, a conduit à une approche plus intégrée. Les micronutriments sont de plus en plus étudiés dans le cadre plus large d'une gamme complète de nutriments, ou dans des modèles basés sur les aliments. La nutrition est de plus en plus perçue comme faisant partie de l'environnement complexe qui détermine la pauvreté et la santé. Dans le même temps, des études très précises sur les interactions entre vitamine A et zinc, et sur leurs effets immuno-modulateurs[12] et spécifiques lors de certaines maladies (VIH) sont en cours, avec l'objectif de contribuer à une meilleure compréhension des résultats parfois inattendus ou paradoxaux des études en population. Ainsi, alors que la santé publique passe de l'étude des micronutriments séparés à celle des effets de plusieurs nutriments combinés ou même d'une nutrition combinée à d'autres interventions telles que l'assainissement, l'hygiène ou l'éducation, des efforts de recherche importants sont toujours dirigés très précisément vers la vitamine A elle-même, conduisant finalement à une constante progression dans notre compréhension de la biologie de la vitamine A au-delà de ses effets sur la santé publique. En effet, de nombreuses études indiquent que cette vitamine a de nombreuses fonctions mais leur élucidation scientifique reste encore incomplète. Les études sont techniquement difficiles, souvent déroutantes et difficiles à interpréter. En fait le concept de « vitamine A » comprend un grand groupe de composés apparentés, pour la plupart des dérivés de bêta-carotène et du rétinol. Certains composés ont des fonctions très spécifiques, par exemple dans l'expression de l'ADN ou de la signalisation intracellulaire, d'autres sont rares ou à durée de vie courte.

Les études approfondies menées aujourd'hui sur la vitamine A bénéficient des questions et des hypothèses précises générées par les études menées sur des populations, et aussi des évolutions de domaines émergents tels que la santé publique internationale et la nutrition de santé publique. Ces études très spécifiques sur la vitamine A répondent ainsi aux questions de santé publique de façon plus précise car elles tiennent compte d'un modèle plus complexe des forces en interactions.

Le fer

Le fer est l'un des minéraux les plus abondants sur terre, dont le corps humain n'a besoin que de faibles quantités. Pourtant, la carence en fer est

12. Wieringa F. T. *et al.*, 2010, « Maternal micronutrient supplementation with zinc and beta-carotene affects morbidity and immune function of infants during the first 6 months of life », *Eur J Clin Nutr*, 64, p. 1072-1079.

probablement la plus répandue. L'Organisation mondiale de la santé estime que près de 2 milliards de personnes sont touchées par une carence en fer dans le monde entier[13]. Le fer présent dans les végétaux est notoirement beaucoup moins bien absorbé que celui contenu dans les produits animaux ; or une grande partie de la population mondiale a pour base un régime essentiellement végétarien, ce qui ne facilite pas la satisfaction quotidienne des besoins en fer. Le fer libre est aussi très réactif, et les organismes vivants ont développé des moyens ingénieux de stockage et d'utilisation du fer en toute sécurité, principalement en liant le fer aux protéines. Chez l'homme adulte, les deux tiers du fer dans le corps sont liés à l'hémoglobine dans les globules rouges. Les autres protéines liant le fer sont la myoglobine dans le tissu musculaire, les enzymes des cytochromes principalement dans les mitochondries, et les protéines impliquées dans le transport et le stockage du fer : la transferrine et la ferritine.

Contrairement à la vitamine A, il est difficile de préciser la date de la « découverte » de l'importance du fer pour la santé, mais Hippocrate utilisait déjà des sels de fer. Au début des années 1900, il était clair que certains types d'anémie pouvaient être guéris par l'administration de fer, mais aussi que le fer était mal absorbé au niveau du tractus intestinal. La carence en fer conduit à une altération fonctionnelle de nombreux tissus. Dès 1950 le fer a bénéficié d'une forte attention des chercheurs, une tendance qui se poursuit jusqu'à ce jour (figure 1).

La carence en fer conduit à une altération fonctionnelle de nombreux tissus. La réduction de l'érythropoïèse[14] du fait d'une carence en fer, conduisant au développement d'une anémie hypochrome microcytaire, est l'exemple le plus connu. De fait, la mesure de la concentration d'hémoglobine a été largement utilisée pour sa mise en évidence, car facilement réalisable dans des conditions de terrain via des appareils de mesure automatiques ne nécessitant qu'une goutte de sang, et d'un coût abordable. Cependant, la mesure de la concentration d'hémoglobine ne permet pas de différencier les types d'anémies dont certaines sont causées par des carences en d'autres micronutriments, et d'autres dues à des causes non nutritionnelles. En outre, la baisse de la concentration d'hémoglobine est l'étape ultime de la sévérité de la carence en fer et les perturbations fonctionnelles se manifestent avant que l'érythropoïèse ne soit affectée et l'anémie détectée. La carence en fer altère la capacité de travail physique, non seulement en raison de la réduction de l'apport d'oxygène aux tissus du fait de l'anémie, mais aussi en raison du déficit de transport de l'oxygène cellulaire et du métabolisme oxydatif dans les tissus. L'importance du fer pour le développement du cerveau est également reconnue depuis assez récemment. La carence en fer au cours de l'enfance peut conduire à un retard de développement psychomoteur et à des troubles d'apprentis-

---

13. WHO, 2001, *Iron Deficiency Anaemia Assessment, Prevention and Control. A guide for programme managers*, Genève, World Health Organization.

14. Processus de production des érythrocytes ou « globules rouges ».

sage, comme nous l'avons récemment montré au Cambodge chez des enfants d'âge scolaire[15]. Il est à craindre que ces effets soient, au moins partiellement, irréversibles. Cela souligne aussi l'importance de traiter la carence en fer dans une approche « cycle de vie ». En effet, les femmes en âge de procréer qui débutent leur grossesse avec des réserves de fer marginales sont à risque de développer une carence en fer pendant la grossesse[16]. Cela se traduira par des réserves de fer diminuées ou inexistantes chez le nouveau-né, et par l'apparition d'une carence en fer avant l'âge de 1 an. En outre, le fer joue un rôle important dans le système immunitaire, et une carence en fer conduit en particulier à une diminution de la réponse immunitaire à médiation cellulaire.

Compte tenu de ces effets négatifs graves de la carence en fer sur la santé, il n'est pas étonnant que de nombreuses organisations internationales et les gouvernements tentent de lutter contre la carence en fer et l'anémie ferriprive, et que la carence en fer ait été une des premières préoccupations au début des années 1990. À l'échelle mondiale, plusieurs types d'interventions peuvent être mises en œuvre de manière intégrée et hiérarchisée en fonction de la prévalence et de la gravité de la déficience, des facteurs étiologiques et des groupes cibles des populations concernées. Ces interventions comprennent la supplémentation médicamenteuse en fer, les approches fondées sur l'alimentation dont l'enrichissement des aliments avec du fer et une diversification alimentaire favorisant un meilleur apport en fer bio disponible, ainsi que des mesures de santé publique telles que le contrôle des infections (parasitaires notamment) et des pathologies susceptibles d'aggraver les carences.

La plupart des efforts visant à réduire la carence en fer et l'anémie ferriprive se sont d'abord concentrés sur les femmes enceintes, car dans de nombreux pays la prévalence de l'anémie était beaucoup plus élevée chez ces femmes, dont les besoins en fer pendant la grossesse sont supérieurs à 4 mg de fer/jour. Or la plupart des femmes, en particulier dans les pays en développement, où le régime alimentaire est pauvre en fer disponible, ne sont pas en mesure de répondre à cette exigence sans suppléments de fer. Enfin, en ciblant les femmes enceintes, l'objectif était de rompre le cercle vicieux intergénérationnel négatif d'une croissance intra-utérine déficitaire conduisant à un risque de plus petite taille à l'âge adulte. Pendant la grossesse les femmes accèdent plus régulièrement aux services de santé, ce qui offrait des possibilités d'interventions comme la supplémentation régulière en fer. De fait, la plupart des études publiées ont été réalisées chez les femmes enceintes et la plupart des preuves de l'impact de la supplémentation en fer ont tout d'abord été disponibles pour ce

15. Perignon M. *et al.*, 2014, « Stunting, poor iron status and parasite infection are significant risk factors for lower cognitive performance in Cambodian school-aged children », *PLoS One*, 9, e112605.

16. Milman N., 2011, « Iron in pregnancy: How do we secure an appropriate iron status in the mother and child? », *Ann Nutr Metab*, 59, p. 50-54.

groupe cible, d'où des politiques de santé publiques bien établies en faveur des femmes enceintes.

Dans les années 1970, le besoin en fer des femmes enceintes était estimé à un minimum de 120 mg par jour, et il était admis qu'un supplément contenant de l'acide folique et de la vitamine B12 en plus du fer avait un meilleur effet sur la concentration en hémoglobine que le fer seul. Par la suite, les doses de fer quotidiennes recommandées pendant la grossesse ont été progressivement diminuées à 60 mg/jour pendant au moins 6 mois au cours de la grossesse, ou de 120 mg/jour en cas d'une durée plus courte de supplémentation ou lorsque la carence en fer ou l'anémie étaient fréquentes[17].

Une méta-analyse de l'impact de la supplémentation en fer avec ou sans acide folique pendant la grossesse menée par Pena-Rosas et Viteri en 2009[18] a démontré l'association de suppléments en fer avec une augmentation des concentrations d'hémoglobine dans le sang maternel avant l'accouchement et un risque réduit d'anémie et de déficience en fer à terme. Cependant, aucun effet significatif n'a été observé sur la santé des nourrissons, en particulier la naissance avant terme, le faible poids de naissance, la mortalité périnatale, ou le taux d'hémoglobine du nourrisson à 6 mois, pas plus qu'une amélioration significative des paramètres cliniques maternels et néonataux. Ces résultats peuvent s'expliquer par le fait que l'accouchement prématuré, le poids de naissance et la mortalité périnatale liée au faible poids de naissance dépendent aussi de facteurs autres que l'anémie et la carence en fer, et que le nombre d'études concernant la mortalité périnatale était trop faible pour tirer des conclusions cohérentes. Des études menées sur de grands échantillons en Indonésie et en Chine ont montré que les programmes de supplémentation en fer et acide folique protègent bien contre la mort néonatale dans la première semaine après la naissance[19] et qu'ils réduisent la mortalité néonatale précoce de moitié.

Comme la carence en plusieurs micronutriments chez un individu est plus fréquente que la carence en un seul micronutriment, on pouvait penser que les suppléments en micronutriments multiples pendant la grossesse auraient une meilleure efficacité que les suppléments en fer seul (ou avec l'acide folique). Trois méta-analyses récentes[20], dont l'une comprenait des études ayant pour la plupart utilisé le même supplément en micronutriments multiples UNIMMAP formulé par un groupe d'experts

17. WHO, 2006, *Iron and Folate Supplementation. Standards for Maternal and Neonatal Care. Integrated Management of Pregnancy and Childbirth (IMPAC)*, Genève, World Health Organization [27 oct. 2010]: http://www.who.int/reproductivehealth/publications/maternal_perinatal_health/iron_folate_supplementation.pdf

18. Pena-Rosas J. P. et Viteri F. E., 2009, *Effects and safety of preventive oral iron or iron+folic acid supplementation for women during pregnancy*, Cochrane database of Syst Rev (Online): CD004736.

19. Titaley C. R. *et al.*, 2010, « Iron and folic acid supplements and reduced early neonatal deaths in Indonesia », *Bull WHO*, 88, p. 500-508.

20. Haider B. A. et Bhutta Z. A., 2015, *Multiple-micronutrient supplementation for women during pregnancy*, Cochrane Database Syst Rev (11): CD004905.

(15 vitamines et minéraux, dont 30 mg de fer et 400 mg d'acide folique), ont conclu que la supplémentation en micronutriments multiples améliore le poids à la naissance et diminue notamment la prévalence des plus faibles poids à la naissance, le nombre de nouveau-nés présentant un retard de croissance, et l'anémie maternelle, par rapport à la supplémentation en fer et acide folique. Toutefois, ces améliorations, bien que statistiquement significatives, demeurent faibles et suggèrent également que différentes combinaisons de micronutriments ont des effets différents sur la courbe de distribution des poids à la naissance, avec certaines combinaisons (fer et acide folique) affectant en particulier l'extrémité inférieure de la courbe de distribution, alors que d'autres combinaisons (plusieurs micronutriments) déplacent la totalité de la courbe de distribution.

Le moment au cours de la grossesse où la supplémentation est appliquée est crucial[21], tout comme l'état des réserves en fer des femmes au début de leur grossesse. Plusieurs études ont confirmé que les supplémentations en fer et en micronutriments mises en place avant ou au début de la grossesse ont un impact positif plus important que des supplémentations prodiguées en fin de grossesse. En particulier l'amélioration du statut en acide folique avant la grossesse a un effet conséquent sur la réduction des anomalies du tube neural[22], près de 70 % de ces anomalies pouvant être évitées par un apport en acide folique[23].

Ainsi, améliorer le statut en fer et en acide folique, et plus généralement améliorer l'état nutritionnel global des femmes avant la grossesse, est une approche prometteuse. Un essai mené dans plusieurs pays d'Asie du Sud-Est est l'un des rares exemples à large échelle d'une recherche portant sur les effets de la supplémentation en fer et en acide folique des femmes en âge de procréer avant et pendant la grossesse, celles-ci ayant été suivies jusqu'à l'accouchement. L'intervention a consisté en une supplémentation hebdomadaire en fer et acide folique (WISF), des études antérieures ayant démontré un effet positif sur l'amélioration du statut en fer des adolescentes en Malaisie et en Indonésie, tout comme une supplémentation en fer hebdomadaire chez les enfants d'âge scolaire. L'étude réalisée au Vietnam a montré que chez les femmes non enceintes, le statut en fer s'est amélioré significativement et que les prévalences de carence en fer et d'anémie ont diminué de façon très significative. Chez les femmes enceintes, plus la période de supplémentation avant la grossesse était longue, plus la prévalence d'anémie se réduisait et meilleur était le statut en fer au cours des deux premiers trimestres de grossesse; avec même une absence d'anémie ferriprive au cours de ces deux trimestres de grossesse chez les femmes qui avaient reçu des suppléments plus de 3 mois avant la conception. Les données sur le poids de naissance, dispo-

21. Berger J. *et al.*, 2011, « Strategies to prevent iron deficiency and improve reproductive health », *Nutrition Rev*, 69 (S1), p. 78-86.

22. Défaut de développement du cerveau et/ou de la moelle épinière.

23. Wang H. *et al.*, 2016, « Effectiveness of folic acid fortified flour for prevention of neural tube defects in a high risk region », *Nutrients*, 8 (3), p. 152.

nibles pour 200 nourrissons, ont montré une tendance à un poids de naissance plus élevé (+ 81 g) et une prévalence de faible poids de naissance plus basse dans le groupe WISF comparé à un groupe de femmes supplémentées quotidiennement lors de la grossesse selon la politique de santé en cours au Vietnam. Une autre étude a montré que la fourniture gratuite de suppléments fer-acide folique hebdomadaires associée au déparasitage a donné lieu à des réductions significatives de la prévalence de l'anémie et de la carence en fer. Ainsi, en 2009, l'OMS a édicté une recommandation indiquant que « dans les groupes de population où la prévalence de l'anémie est supérieure à 20 % chez les femmes en âge de procréer, et où les programmes d'enrichissement de masse des aliments de base en fer et en acide folique sont peu susceptibles d'être mis en œuvre rapidement, la supplémentation hebdomadaire fer-acide folique (WISF) devrait être considérée comme une stratégie pour la prévention de la carence en fer, l'amélioration des réserves en fer pré-grossesse et du statut en folates chez certaines femmes »[24].

La carence en fer est tout aussi préoccupante au cours de l'enfance, en particulier dans la période allant de la naissance à 24 mois, durant laquelle les déficits nutritionnels sont d'une importance particulière pour le développement de l'enfant par la suite. Il y a quelques années, l'OMS a publié un guide de supplémentation en fer pour les nourrissons et les enfants en fonction de la prévalence et de la sévérité de l'anémie dans la population, qui n'est malheureusement pas souvent mis en œuvre. Durant l'enfance les besoins en micronutriments, en particulier en fer, sont très élevés et la supplémentation quotidienne en fer améliore le statut en fer des nourrissons significativement, et plus qu'une simple supplémentation hebdomadaire[25]. La supplémentation quotidienne en micronutriments multiples incluant du fer, sous forme de comprimés jetables, a un effet identique au fer seul sur le statut en fer, mais un meilleur effet sur la réduction de l'anémie et la prévention des troubles de la croissance. En outre, la supplémentation combinée de fer et de zinc est efficace pour réduire la prévalence de l'anémie et des carences en fer et en zinc chez les enfants de plusieurs pays, même si la supplémentation en zinc affecte négativement le statut en fer dans une certaine mesure.

À côté de la supplémentation, l'enrichissement des aliments en micronutriments est une solution à long terme pour améliorer le statut en micronutriments d'une population, y compris des groupes vulnérables, qui a reçu beaucoup d'attention au cours des deux dernières décennies. Un exemple bien connu est la fortification de la farine de blé avec de l'acide

24. WHO, 2009, *World Health Organization Position Statement. Weekly iron-folic acid supplementation (WIFS) in women of reproductive age : Its role in promoting optimal maternal and child health*, Genève, World Health Organization, http://www.who.int/nutrition/publications/micronutrients/weekly_iron_folicacid.pdf

25. Nguyen X. N. *et al.*, 2002, « Efficacité de la supplémentation en fer quotidienne et hebdomadaire pour le contrôle de l'anémie chez le nourrisson en milieu rural au Vietnam », *Cah Santé*, 12, p.31-37.

folique aux États-Unis, qui a contribué à prévenir le risque de malformation du tube neural chez les nouveau-nés. L'enrichissement des aliments en fer est une question complexe en raison de la relation inverse entre la stabilité du composé de fer ajouté dans les aliments et sa bio-disponibilité[26]. Au Vietnam, la consommation contrôlée pendant six mois de sauce de poisson (nuoc man) enrichie avec du fer EDTA a permis d'améliorer significativement le statut en fer de femmes anémiques, de diminuer la prévalence de l'anémie de moitié et la carence en fer de deux tiers. Après un an de consommation de la même sauce enrichie utilisée dans des conditions réelles (pour la cuisine et en assaisonnement), aucune femme en âge fertile ne présentait de carence en fer ou d'anémie ferriprive et toutes les femmes avaient des réserves en fer adéquates. La viabilité de cette approche a été confirmée récemment au Cambodge, mettant en évidence la nécessité d'une législation obligatoire pour l'enrichissement des aliments qui doive s'accompagner d'un système de suivi et d'un contrôle de qualité adapté[27].

Les femmes et les enfants ne sont pas le seul groupe cible et plusieurs essais contrôlés randomisés ont prouvé que les aliments enrichis en fer seul, ou en combinaison avec d'autres micronutriments, ont contribué à l'amélioration de l'état nutritionnel de l'ensemble de la population, enfants compris. Parmi quelques exemples récents, l'enrichissement de biscuits en multi-micronutriments (dont du fer) s'est montré aussi efficace que des suppléments de fer seul pour l'augmentation des réserves corporelles de fer chez les enfants des écoles vietnamiennes[28]. En outre, seuls les biscuits enrichis (mais pas les suppléments en fer seul) ont permis de diminuer l'anémie et d'améliorer le poids des enfants, soulignant l'effet contributif ou synergique des autres micronutriments, en particulier de la vitamine A, pour la réduction de l'anémie. Plus récemment, la consommation au petit-déjeuner durant une année scolaire de riz enrichi avec plusieurs micronutriments au Cambodge a montré des effets positifs sur le statut en vitamine A et en zinc, mais pas sur le statut en fer, sans doute en raison de la faible disponibilité du fer dans le riz enrichi et de la faible prévalence de la carence en fer dans la population.

Pour le nourrisson, la consommation d'aliments de complément au lait maternel de bonne qualité à partir de 6 mois est essentielle et a un impact sur la croissance et le développement. Des recommandations pour concevoir des aliments de compléments appropriés ont été émises depuis de

---

26. WHO, 2009, *Recommendations on wheat and maize flour fortification meeting report: Interim consensus statement*, Genève, World Health Organization, http://www.who.int/nutrition/publications/micronutrients/wheat_maize_fort.pdf

27. Laillou A. *et al.*, 2016, « Beyond Effectiveness-The Adversities of Implementing a Fortification Program. A Case Study on the Quality of Iron Fortification of Fish and Soy Sauce in Cambodia », *Nutrients*, 8, p. 94-101.

28. Hieu N. T. *et al.*, 2012, « Multi-micronutrient-fortified biscuits decreased the prevalence of anaemia and improved iron status, whereas weekly iron supplementation only improved iron status in Vietnamese school children », *Brit J Nutr*, 108, p. 1419-1427.

nombreuses années[29], même s'ils font encore l'objet de recherches plus fines. Chez les nourrissons vietnamiens, des aliments de complément enrichis en micronutriments améliorent significativement le statut en fer et contribuent à la diminution de la prévalence de l'anémie, de la carence en fer et de l'anémie ferriprive plus spécifiquement. Ils permettent de contrôler en partie le retard de croissance avec toutefois des effets différents sur la taille et la croissance pondérale, indiquant que l'apport de micronutriments seuls au lieu d'une gamme complète de nutriments, au cours de cette période de croissance rapide, n'aurait qu'un effet à court terme sur la croissance en taille. De nouveaux types d'aliments complémentaires contenant des macro- et micronutriments, tels que les produits enrichis à base de lipides, ont montré un impact prometteur sur la croissance et l'état nutritionnel des nourrissons.

Les résultats ci-dessus indiquent clairement qu'il existe des interventions nutritionnelles directes et efficaces pour lutter contre la carence en fer. Malheureusement, les stratégies visant à réduire la carence en fer présentent le paradoxe suivant: alors qu'il existe de nombreuses études publiées sur l'efficacité scientifique des interventions pour améliorer le statut de fer, en particulier chez les femmes enceintes, les quelques études sur l'efficacité des interventions en conditions réelles de terrain ne montrent que peu ou pas d'impact. En outre, en dépit de tous les éléments de preuve apportés par de nombreuses études, la plupart des pays, en particulier les pays en développement, recommandent encore une supplémentation quotidienne en fer et en acide folique aux femmes enceintes seulement à partir du moment où leur grossesse est dépistée (souvent vers le quatrième mois et parfois plus tard) et la supplémentation en fer des nourrissons et des jeunes enfants n'est pas souvent mise en œuvre.

Il s'agit d'une politique tout à fait regrettable étant donné les énormes sommes d'argent dépensées pour des programmes de supplémentation en fer chez les femmes enceintes. Au début de ce siècle, on pensait que sachant enfin résoudre « techniquement » le problème de la carence en fer, il s'agissait surtout d'un problème de communication avec les utilisateurs comme les femmes enceintes et, en amont, avec les décideurs. Cependant même avec une bonne communication, l'impact des interventions ou des programmes peut échouer en raison d'autres facteurs, tels que des carences concomitantes en d'autres micronutriments; et pour ajouter à cette complexité, un article publié en 2006 dans le *Lancet* a montré que la supplémentation systématique en fer chez les jeunes enfants vivant dans une zone endémique de paludisme induisait une augmentation de la mortalité d'environ 15 %[30]. De même les doses élevées de fer données quotidiennement au cours de la grossesse ont été associées à des effets néfastes

29. Lutter C. K. et Dewey K. G., 2003, « Proposed nutrient composition for fortified complementary foods », *J Nutr*, 133 (S), p.3011-3020.

30. Sazawal S. *et al.*, 2006, « Effects of routine prophylactic supplementation with iron and folic acid on admission to hospital and mortality in preschool children in a high

sur la santé maternelle, tels qu'une hémoconcentration et un risque plus élevé d'accouchement prématuré et de faible poids de naissance[31]. Même l'enrichissement des aliments en fer peut avoir des effets défavorables quand le fer est mal absorbé par le corps et augmente par conséquent le risque de certaines morbidités, comme l'ankylostomiase, par exemple. Donc, du point de vue de la santé publique, nous sommes actuellement à un stade où le paradigme du contrôle de la carence en fer et plus largement des carences en micronutriments est en train de changer: des approches raisonnées, préventives et durables doivent maintenant être envisagées. En effet, comme nous l'avons déjà dit plus haut, le fer est un composé très réactif qui peut réagir différemment en fonction de l'état nutritionnel de l'individu, notamment lorsque des doses élevées de fer sont utilisées, et en particulier sous forme libre (supplément médicamenteux).

Un autre problème non négligeable affecte bien souvent ces programmes: dans la plupart des pays à faible revenu, les politiques actuelles visant à réduire la carence en fer sont fondées sur des estimations de la carence en fer obtenues à partir des seules données de prévalence de l'anémie, qui peuvent conduire à de fausses estimations de la carence en fer elle-même, et par conséquent à des interventions non adaptées au contexte spécifique du pays et des groupes cibles de populations. Ainsi une enquête réalisée en 2014 au Cambodge montre que 51 % des enfants de moins de 5 ans sont anémiques. En revanche, seulement 5,7 % des enfants auraient une anémie ferriprive. Par conséquent, pour le Cambodge, l'étiologie de l'anémie dominante doit être établie avant de fixer des objectifs réalistes pour la réduction de la prévalence de l'anémie chez les jeunes enfants, et on ne peut se contenter de programmes visant à améliorer le seul statut en fer. Au Vietnam, après un an de consommation de sauce de poisson fortifiée en fer aucune des femmes ne présente une carence en fer (la prévalence avant l'intervention était de 22 %), mais environ 8 % souffrent encore d'anémie, probablement liée à des hémoglobinopathies. En termes de carence en fer cette intervention est donc un succès, mais les conclusions auraient pu être différentes si seules les données de l'anémie avaient été disponibles. La première étape pour mieux informer les décideurs politiques, et pour concevoir ainsi les programmes d'intervention les plus appropriés, est donc d'obtenir des données directes et pertinentes sur le statut en fer de la population (en utilisant les bons indicateurs) et sur les différentes causes de l'anémie, sans quoi les décideurs pourraient s'interroger et être déçus du manque d'impact de leur programme *in fine*.

---

malaria transmission setting: community-based, randomised, placebo-controlled trial », *Lancet*, 367, p. 133-143.

31. Viteri F. E. et Berger J., 2005, « Importance of pre-pregnancy and pregnancy iron status: Can long-term weekly preventive iron and folic acid supplementation achieve desirable and safe status ? », *Nutrition Rev*, 63 (12 Pt 2), p. 65-76.

Le zinc

Bien que le zinc soit reconnu depuis plus de cent ans maintenant comme nutriment essentiel pour la croissance des plantes, il a fallu attendre le début des années 1960 pour qu'il le soit aussi comme nutriment important pour la santé des hommes. Prasad a été le premier à décrire dans les années 1960 un syndrome de nanisme et de puberté retardée dû à une carence primaire en zinc chez un Iranien adulte. Une des raisons pour lesquelles il a fallu si longtemps pour apprécier le rôle du zinc dans la santé humaine est l'absence d'un indicateur fiable et spécifique du statut en zinc. Comme indiqué précédemment dans ce chapitre, de nombreuses carences en micronutriments sont associées à un syndrome clinique clair : par exemple la carence en vitamine A est associée à la xérophtalmie et la carence en fer est associée à l'anémie. Mais la carence en zinc n'est pas associée à un syndrome spécifique, et il n'existe pas de bio-marqueur spécifique. La carence en zinc conduit généralement à des signes ou des symptômes tels que des troubles de la croissance, une puberté retardée et une déficience immunitaire générale, mais ces symptômes peuvent être le résultat de beaucoup d'autres causes.

Le zinc a été classé comme un nutriment de type II ou nutriment de « croissance », par opposition aux nutriments de type I (vitamine A, fer) qui sont des éléments nutritifs associés à des manifestations cliniques précises. Tous les nutriments de type II ont un large éventail de fonctions dans le métabolisme humain et sont essentiels pour tous les tissus. Mais, comme ces nutriments sont présents dans tous les tissus, il n'y a pas de compartiment clairement identifiable à partir duquel le nutriment peut être mobilisé. La carence en l'un de ces éléments nutritifs conduira avant tout, au moins chez les enfants, à un retard de croissance. Si la carence persiste, le corps humain subira un catabolisme avec une dégradation des tissus afin de recycler les éléments nutritifs manquants permettant ainsi de sauvegarder les processus métaboliques essentiels. Une légère carence d'un nutriment de type II va donc conduire à une croissance déficiente et finalement à un retard de croissance, alors qu'un déficit plus sévère s'accompagnera de cachexie et d'amaigrissement.

L'intérêt initial pour le zinc dans les années 1930 avait principalement concerné la teneur en zinc des différents tissus, et bien qu'Eggleton ait montré des différences de teneur en zinc des ongles entre patients atteints de béribéri et sujets normaux, suggérant ainsi le rôle du zinc dans le béribéri, l'intérêt pour le zinc a ensuite diminué (figure 1). La plupart des chercheurs considéraient alors le rapport de Prasad sur la carence en zinc en Iran comme un cas isolé, qui ne méritait pas beaucoup d'attention[32] ; cela a changé au début des années 1970, lorsque Halsted a poursuivi les

32. Sandstead H. H., 2013, « Human zinc deficiency : Discovery to initial translation », *Adv Nutr*, 4, p. 76-81.

travaux de Prasad en Iran, et montré que la carence en zinc était présente chez 15 hommes iraniens qui n'avaient pas été recrutés par l'armée parce que considérés comme souffrant de malnutrition. Fait intéressant, ces hommes âgés de 19-20 ans ont grandi significativement après avoir reçu des suppléments de zinc, à un âge où la croissance est normalement supposée avoir déjà pris fin. En outre, au début des années 1970, les patients atteints d'une maladie génétique, l'acrodermatite entéropathique, qui cause une déficience grave en zinc en raison d'une mutation de la protéine intestinale de transport du zinc ZIP4, partageaient de nombreuses caractéristiques avec le patient décrit par Prasad en 1961.

Mais l'intérêt pour le zinc et plus spécialement pour la carence marginale en zinc s'est renforcé dans les années 1980 quand il est devenu clair, à partir de données de consommation alimentaire, qu'une très large proportion de la population humaine pouvait en souffrir, avec des conséquences établies sur la santé et le développement. L'attention pour le zinc n'atteint vraiment son apogée que dans les années 1990 lorsqu'on démontra son rôle dans le traitement et la prévention de la diarrhée chez les enfants, une des causes les plus importantes de décès chez les enfants de moins de 5 ans. Ceci amènera l'Organisation mondiale de la santé à modifier en 2004 ses recommandations, vieilles de plusieurs décennies, au sujet du traitement de la diarrhée avec un apport complémentaire en zinc pendant 10 à 14 jours en association aux sels de réhydratation orale. En 2000, une « task-force », The International Zinc Nutrition Consultative Group (IZiNCG), a été créée, 25 ans exactement après la création de l'International Vitamin A Consultative Group (IVACG) et de l'International Nutritional Anemia Consultative Group (INACG) concernées elles par les nutriments précédents. On notera qu'on va aujourd'hui vers une fusion de ces différents groupes (Micro Nutrient Forum), en accord avec l'évolution des études en matière de multi-micronutriments.

Le zinc est alors devenu à son tour une sorte de « nutriment miracle » et a suscité de nombreuses études pour trouver d'autres effets bénéfiques. Une recherche rapide dans le cadre de la bibliothèque Cochrane, qui est une base de données de méta-analyses d'études cliniques et d'études basées en populations, a abouti à 39 résultats concernant le zinc. Ces méta-analyses ont conclu à un effet potentiellement bénéfique du zinc en cas de rhume, de thalassémie et d'anémie falciforme, et pour la prévention de la pneumonie. Au contraire, le zinc n'aurait pas d'effet sur le paludisme et des conclusions n'ont pu être émises concernant les infections de l'oreille moyenne, la prévention du diabète sucré de type 2 ou le traitement de la rougeole faute de preuves ou de données fiables. En outre, du fait de l'association de la carence en zinc avec le retard de croissance, on a pensé qu'une carence en zinc marginale pouvait expliquer la forte prévalence du retard de croissance dans de nombreux pays en développement. Pourtant, l'enrichissement d'aliments à domicile avec plusieurs micronutriments sous forme d'une poudre facile à ajouter, dont du zinc, n'a pas montré d'impact sur le retard de croissance des jeunes enfants, malgré la réduction de la prévalence de l'anémie[33]. Ainsi, tout comme la vitamine A et le fer, il est devenu clair que le zinc n'était pas non plus « la » solution magique pour résoudre tous les problèmes de santé-nutrition, comme certains l'avaient espéré.

Pour le zinc, peut-être encore plus que pour le fer, il est urgent de disposer de données fiables sur la prévalence de la carence dans les populations afin d'orienter les politiques publiques. À l'heure actuelle, la plupart des estimations sont fondées sur des indicateurs indirects tels que la prévalence du retard de croissance ou sur des données sur les apports alimentaires. Lowe a examiné différents indicateurs de carence en zinc et a rapporté 32 bio-marqueurs différents[34]. Récemment, nous avons montré au Vietnam que selon l'indicateur indirect choisi les estimations de la prévalence de la carence en zinc pouvaient aller de 9 % à 52 % chez les enfants, et entre 12 et 67 % chez les femmes en âge de procréer[35], cela ne pouvant conduire qu'à la confusion parmi les décideurs politiques sur les politiques publiques à mettre en œuvre ! L'IZiNCG a proposé des lignes directrices pour évaluer la prévalence de la carence en zinc dans les populations, mais la collecte et l'interprétation des bio-marqueurs tels que les concentrations plasmatiques en zinc sont souvent considérées comme fastidieuses et sujettes à caution. Il est donc nécessaire de continuer les recherches sur des indicateurs simples à mesurer, fiables et précis, afin d'évaluer le statut en zinc des populations avec le maximum d'exactitude.

Les micronutriments dans le contexte général de l'évolution de la nutrition de santé publique

Au cours des décennies passées, l'évolution des connaissances sur la santé humaine, les métabolismes et la croissance, a permis de démontrer les fonctions importantes des micronutriments, notamment de ceux dont l'historique a été rapidement présenté ici, et de mieux apprécier la complexité des processus, les nombreuses interrelations, et les voies d'interconnexion qui fonctionnent en synergie pour assurer une santé et une croissance optimales. Progressivement, des représentations telles que la « carte Boehringer des voies métaboliques », pendant longtemps confinées aux laboratoires de biologie moléculaire, ont commencé à être utilisées par

33. Suchdev P. S. *et al.*, 2012, « Selling Sprinkles micronutrient powder reduces anemia, iron deficiency, and vitamin A deficiency in young children in Western Kenya: A cluster-randomized controlled trial », *Am J Clin Nutr*, 95, p. 1223-1230.

34. Lowe N. M. *et al.*, 2009, « Methods of assessment of zinc status in humans: A systematic review », *Am J Clin Nutr*, 89 (S), p. 2040-2051.

35. Wieringa F. T. *et al.*, 2015, « Determination of zinc status in humans: Which indicator should we use ? », *Nutrients*, 7, p. 3252-3263.

les sciences de la nutrition[36]. Les approches interdisciplinaires telles que l'analyse génétique/environnement, la modélisation alimentaire incluant les flux métaboliques, l'étude de la flore intestinale, ou encore l'évaluation des risques, ont contribué à l'émergence de nouveaux concepts. Au-delà d'un plus grand intérêt pour les interactions entre micronutriments, cela a permis une meilleure reconnaissance de l'importance de la nutrition, de l'alimentation et des régimes alimentaires vus comme une entité complexe et non plus comme un assortiment de nutriments sans lien.

Il est en effet de plus en plus évident qu'il est nécessaire d'aborder les questions liées aux malnutritions par une approche plus holistique et d'y intégrer ces interactions. Cette prise de conscience s'est concrétisée dans l'évolution d'une supplémentation en micronutriments isolés vers des interventions reposant sur des supplémentations multiples en micronutriments ou encore des stratégies basées sur une amélioration de la qualité de l'alimentation. Cependant, les interventions en multi-micronutriments ne donnent pas nécessairement des avantages additionnels simples, et il devient crucial de mieux appréhender les effets synergiques et antagonistes des micronutriments pour en évaluer correctement l'impact bénéfique pour la santé.

Voici de manière résumée quelques évolutions scientifiques récentes de ces dernières décennies, qui illustrent notre compréhension croissante de la complexité des principaux micronutriments présentés dans ce chapitre.

Un bon exemple en est l'interaction entre la vitamine A et le fer observée lors d'études d'intervention en populations. Ces études montrent que l'anémie ferriprive est souvent associée à une carence en vitamine A : dans ce cas la supplémentation en fer seule est moins efficace pour améliorer l'anémie que combinée avec une supplémentation en vitamine A. De plus, un apport de vitamine A sans supplémentation en fer peut avoir aussi bien un effet positif sur l'incidence de l'anémie qu'un effet négatif sur le statut en fer. Ces résultats sont autant de preuves de l'interaction entre ces deux micronutriments au niveau de la moelle osseuse pour la synthèse d'érythropoïétine puis la mobilisation du fer pour la synthèse des globules rouges[37]. Les répercussions en termes de santé publique sont potentiellement importantes : l'ingestion d'une dose élevée de vitamine A pourrait induire une carence en fer chez des jeunes enfants avec un statut marginal en fer ! On a aussi pu démontrer qu'une supplémentation en fer chez les jeunes nourrissons peut rendre moins disponible la vitamine A pour les processus biologiques[38].

---

36. La métabolomique, qui analyse l'ensemble des métabolites d'un tissu ou d'un liquide biologique, est reconnue comme pertinente de nos jours pour l'étude de la complexité des relations alimentation-santé.

37. Zimmermann M. B. *et al.*, 2006, « Vitamin A supplementation in children with poor vitamin A and iron status increases erythropoietin and hemoglobin concentrations without changing total body iron », *Am J Clin Nutr*, 84, p.580-586.

38. Wieringa F. T. *et al.*, 2003, « Redistribution of vitamin A after iron supplementation in Indonesian infants », *Am J Clin Nutr*, 77, p.651-657.

Une autre interaction entre micronutriments concerne l'interaction entre le fer et le zinc lorsqu'ils sont administrés en même temps. Bien que le zinc et le fer soient absorbés dans l'intestin par des mécanismes différents, il semble y avoir dans ce cas un effet inhibiteur du zinc sur l'absorption du fer, réduisant d'autant l'efficacité de la supplémentation en fer. Ce serait moins probant toutefois dans le cas d'aliments enrichis en ces deux minéraux. D'autres interactions similaires ont été décrites comme celle entre le zinc et le calcium, le calcium réduisant l'absorption du zinc dans les aliments de complément, en particulier lorsqu'ils sont riches en phytates[39].

Mais toutes les interactions ne sont pas négatives. L'addition de zinc à des suppléments en bêta-carotène donnés aux femmes enceintes améliore non seulement le statut en vitamine A de ces femmes, mais aussi celui des nouveau-nés jusqu'à six mois après l'accouchement, probablement en améliorant la conversion du bêta-carotène en rétinol par certains mécanismes encore mal connus.

Ces résultats soulignent la complexité des relations entre les micronutriments et la nécessité d'aborder les questions de nutrition, en particulier les impacts des interventions en micronutriments dans le cadre d'une approche globale de santé publique. En effet, un regard rapide sur le développement des politiques nutritionnelles et leur position vis-à-vis de la santé montre que les constellations ont changé de façon substantielle au cours des années, ce qui reflète non seulement les progrès des connaissances scientifiques et l'émergence de nouveaux domaines tels que la nutrition publique, mais aussi les évolutions des politiques publiques.

Après la deuxième guerre mondiale, les politiques de santé étaient très concentrées sur les soins médicaux, avec une approche de type « résolution de problèmes » axée sur le traitement. La dénutrition sévère était considérée alors comme un syndrome de déficience protéino-énergétique devant être traité à l'hôpital. Les suppléments en minéraux et les doses pharmaceutiques de vitamines étaient considérés comme des interventions utiles au même titre que les vaccins et les antibiotiques. La nutrition était regardée comme un aspect mineur de la santé, définie par des symptômes très spécifiques de carence, devant être traités dans le cadre des systèmes de santé. Fait intéressant, à l'époque la nutrition était considérée plutôt séparément des aliments et des régimes alimentaires, qui étaient eux rattachés aux domaines de la sécurité alimentaire et de la politique agricole.

Cette perspective a été développée et maintenue pendant plusieurs décennies, jusqu'en 1970 où l'amélioration des efforts de surveillance et d'évaluation basées sur de larges populations a montré que les résultats des politiques publiques étaient décevants, incapables de produire de

39. Les phytates et les composés polyphénoliques qui se trouvent dans les aliments d'origine végétale sont connus pour s'associer à un certain nombre de minéraux, les rendre insolubles, et diminuer leur absorption.

nouveaux progrès faute de traiter la plupart des causes fondamentales des problèmes de santé et de santé publique, et que ceux-ci étaient plus complexes et multifactoriels que présumé. La conception d'un modèle élargi de la santé incluant des soins préventifs au travers des soins de santé primaires, et la reconnaissance de l'interconnexion entre pauvreté, infection et nutrition, et de leurs rôles en tant que principaux déterminants de l'état de santé, ont conduit à une réorientation des politiques de santé.

Durant les trois décennies suivantes, les politiques de santé ont cherché à inclure une plus grande variété de niveaux et de stratégies en ciblant le mieux possible les groupes de population les plus vulnérables. Au-delà de la prévention, les politiques de santé se préoccupèrent de plus en plus des problèmes d'accès aux soins et d'évaluation des bénéfices pour les populations. On vit ainsi émerger des politiques de plus en plus axées sur les impacts en termes de santé publique dans les domaines du retard de croissance, du faible poids de naissance, des mortalités maternelle et infanto-juvénile et on vit apparaître la notion de risque relatif pour certains groupes versus d'autres au sein des populations. Ainsi, les politiques de santé des trois dernières décennies du xxe siècle ont permis le développement des soins de santé primaires, de l'éducation sanitaire et des programmes d'eau et d'assainissement, ou encore des programmes ciblés pour les femmes enceintes, les nourrissons et les enfants de moins de cinq ans, aboutissant progressivement à une véritable approche intégrée des soins de santé de la mère et de l'enfant.

Les programmes de cette époque montrent également que les politiques de santé ont combiné les différentes stratégies existantes pour mieux répondre aux déterminants complexes, multi-causaux, des problèmes de santé, tandis que le curseur se déplaçait des hôpitaux vers les programmes de santé en direction des communautés. De fait, le regain d'intérêt pour la nutrition dans les années 1970 et 1980 fut non seulement lié à une prise de conscience croissante du rôle clé de la nutrition dans les résultats de la santé publique, mais aussi à l'élargissement du champ de la politique sanitaire qui a permis d'inclure la nutrition comme discipline à part entière. L'impact apparemment simple de la vitamine A sur la mortalité infantile a certainement contribué à stimuler davantage l'intérêt des politiques pour la micro-nutrition, tout comme l'importance d'un statut en fer correct pour le bon développement cognitif. L'évolution vers des interventions et des résultats basés sur la population et le développement d'indicateurs de l'état nutritionnel adaptés à une évaluation au niveau de la population a en outre aidé à mettre la nutrition à un meilleur niveau au sein des politiques de santé publique. Cependant, l'intérêt pour la nutrition était encore très axé sur les micro-nutriments isolés dans ces années-là. La dénutrition, la malnutrition protéino-énergétique et le rôle des apports alimentaires étaient encore marginalisés, d'autant que la sécurité alimentaire, la qualité et la diversité des aliments relevaient toujours pour l'essentiel des politiques agricoles et économiques, n'incitant pas les politiques de santé à se sentir concernées par ces aspects.

Ainsi, au début du nouveau millénaire, la nutrition a été fermement établie comme un facteur clé pour la santé, un facteur déterminant autant qu'une conséquence de l'état de santé et donc un outil potentiellement efficace et pratique au sein des interventions de santé. Le calcul des coûts des malnutritions et de la contribution potentielle de la nutrition lors de la préparation des Objectifs du Millénaire pour le développement, principalement via des supplémentations simples en micronutriments, a encore rehaussé l'importance de la nutrition dans les politiques de santé[40]. Cependant, les résultats décevants des interventions à grande échelle, les nouvelles découvertes de la recherche et les avancées de la science dans les domaines de la croissance humaine, du métabolisme et du système immunitaire ont tous pointé vers une réalité plus complexe. Peut-être l'exemple le plus clair est-il le nouveau concept stipulant que le retard de croissance pourrait être en partie causé par une flore intestinale immature, plutôt que seulement par un manque de nutriments spécifiques[41].

L'importance de la nutrition pour la santé est donc maintenant fermement établie. Le coût des malnutritions marginales et les conséquences socio-économiques plus larges des carences nutritionnelles, comme les carences en micronutriments qui contribuent au retard de croissance et à un déficit du développement psychomoteur, sont reconnus. L'évolution de la nutrition, intégrant la gamme complète allant des nutriments aux aliments et aux régimes alimentaires, donne à la nutrition son identité propre et la rend de fait plus indépendante de la santé tout en la rapprochant d'autres disciplines comme l'agriculture, l'éducation, l'économie et les politiques publiques. Et l'évolution des idées et des interventions dans le domaine des micronutriments reflète inévitablement tous ces changements, aux mains des différents acteurs que sont les chercheurs, les politiques, les bailleurs de fonds et les populations.

---

40. Black R. E. *et al.*, 2008, « Maternal and child undernutrition: Global and regional exposures and health consequences », *Lancet*, 371, p.243-260.

41. Pennisi E., 2016, « Microbiome. The right gut microbes help infants grow », *Science*, 351, p.802.

6

La transition nutritionnelle, ses déterminants et ses conséquences

Hélène DELISLE*

Dans ce chapitre sont décrits les changements nutritionnels qui contribuent pour une large part à la montée de maladies chroniques non transmissibles, dites « de civilisation » ou « de surcharge », et à la coexistence de ces maladies et de troubles nutritionnels de carence, dans les pays à faible ou moyen revenu (pays en développement).

Dans son bilan de 2010, l'OMS rapportait que les maladies non transmissibles (MNT), dont les principales sont les maladies cardiovasculaires, le diabète, les cancers et les maladies pulmonaires obstructives chroniques, étaient responsables d'environ 60 % des décès dans le monde et que 80 % de ces décès survenaient dans les pays en développement. Fait remarquable et inquiétant, si 26 % de ces décès survenaient avant 70 ans dans les pays à haut revenu (décès dits « prématurés »), cela représentait déjà 48 % des décès liés aux MNT dans les pays en développement. On prévoyait à l'époque que l'augmentation de ces décès entre 2010 et 2020 serait particulièrement importante en Afrique, dans le Sud-Est asiatique et en Méditerranée orientale[1]. En 2017, globalement, à la suite d'une grande étude internationale sur la charge de morbidité et de mortalité dans le monde publiée en 2016, l'OMS indiquait un chiffre de 15 millions de décès prématurés, et donc en théorie évitables, sur un total de 40 millions de décès liés aux MNT dans le monde[2]. L'obésité est à l'origine d'un risque accru de MNT liées à la nutrition, notamment le diabète et les maladies cardiovasculaires (MCV). L'augmentation de la prévalence de l'obésité telle qu'actuellement observée à l'échelle mondiale est de ce fait extrêmement préoccupante (elle a doublé depuis 1980) et, d'ailleurs, on

---

* Département de nutrition (Faculté de médecine), Université de Montréal, Canada.

1. OMS, 2010, *Rapport sur la situation mondiale des maladies non transmissibles 2010*, Genève, OMS.

2. OMS, 2017, *Maladies non transmissibles*, Aide-mémoire 355 (juin), www.who.int/mediacentre/factsheets/fs355/fr/

assiste enfin à une mobilisation internationale pour freiner cette évolution. D'après les données disponibles, le surpoids et l'obésité affecteraient maintenant près de 2 milliards d'adultes de plus de 18 ans au total, dont 650 millions atteints d'obésité franche (soit 39 % en surpoids et 13 % d'obèses selon leur indice pondéral)[3]. Les enfants et adolescents ne sont pas épargnés, même dans les pays en développement, où on estime que 13 % des garçons et des filles accusent maintenant du surpoids ou de l'obésité (contre 24 % dans les pays développés). Le surpoids ou l'obésité atteignaient même 41 millions d'enfants de moins de 5 ans dans le monde en 2016[4]; limitée autrefois aux pays riches, sa présence ne cesse d'augmenter à ces âges même dans les pays à faible ou moyen revenu, surtout en milieu urbain. En ce qui concerne le diabète, 422 millions d'adultes vivaient avec le diabète en 2014, comparé à 108 millions en 1980[5]. En 2015, le diabète était la deuxième cause des décès et la première cause des années de vie saine perdues attribuables au surpoids ou à l'obésité[6]. Vu sa rapidité, l'augmentation de la prévalence de l'obésité et du diabète ne peut qu'être attribuable à des changements environnementaux plutôt qu'à des facteurs génétiques, et la transition nutritionnelle est forcément pointée du doigt.

La transition nutritionnelle

La « transition nutritionnelle » désigne les changements dans l'alimentation et dans le mode de vie qui ont cours dans les pays en développement, changements jugés dans l'ensemble plutôt négatifs puisqu'ils éloignent les populations de leurs habitudes traditionnelles et les exposent aux troubles de surcharge reliés à la nutrition. Plus précisément, il s'agit de la transition vers une alimentation occidentalisée et un mode de vie sédentaire, changements responsables pour une large part de l'augmentation de la prévalence de l'obésité et de maladies métaboliques telles que le diabète de type 2 et les MCV à l'échelle mondiale. La transition nutritionnelle évoque ainsi le passage d'une prédominance de troubles nutritionnels de carence à une prédominance de troubles nutritionnels de surcharge.

3. NCD Risk Factor Collaboration, 2017, « Worldwide trends in body-mass index, underweight, overweight and obesity from 1975 to 2016: A pooled analysis of 2416 population-based measurement studies in 128.9 million children, adolescents and adults », *Lancet*, 390, p.2627-2642.

4. OMS, 2017, *Obésité et surpoids*, Aide-mémoire 311 (octobre), www.who.int/mediacentre/factsheets/fs311/fr

5. OMS, 2016, *Rapport mondial sur le diabète*, Genève, OMS, www.who.int/diabetes/global-report/fr/

6. Global Burden of Disease 2015 Obesity Collaborators, 2017, « Health effects of overweight and obesity in 195 countries over 25 years », *New Engl J Med*, 377, p.13-27.

On devrait parler non pas de *la* transition nutritionnelle mais bien *des* transitions nutritionnelles, car le phénomène n'est pas linéaire ou univoque comme le porterait à penser la théorie de la transition nutritionnelle élaborée par Barry Popkin[7], malgré quelques tendances communes comme la convergence vers l'occidentalisation, ou plutôt l'américanisation. Les changements en question varient dans leur nature, leur rythme et leurs conséquences selon plusieurs facteurs, et notamment le contexte socio-économique et technologique, le groupe d'âge, de même que le profil nutritionnel d'une société donnée. On note en outre que dans une même population, différents groupes en sont à différents stades de ces transitions nutritionnelles, de sorte que coexistent souvent des carences et des surcharges nutritionnelles. La transition nutritionnelle se produit d'abord chez les citadins les plus nantis, puis elle s'étend aux autres couches urbaines, pour ensuite se propager aux populations rurales. Le fardeau des maladies chroniques reliées à la transition nutritionnelle bascule progressivement vers les couches les plus pauvres à la faveur de l'augmentation du niveau économique des pays. C'est ainsi que dans les pays en développement à revenu intermédiaire (plusieurs pays d'Amérique latine notamment), l'obésité et ses co-morbidités sont déjà largement prévalentes chez les moins favorisés, comme c'est le cas habituel dans les pays riches industrialisés.

En nous inspirant du modèle de Popkin, voici les trois principaux stades de la transition nutritionnelle : 1) le recul des famines mais non de la sous-nutrition maternelle et infantile ; 2) le recul des malnutritions par carence mais l'augmentation rapide des troubles de surcharge – obésité, diabète, MCV en raison de l'alimentation obésogène et de la sédentarité ; 3) le contrôle des troubles tant de surcharge que de carence grâce à un environnement propice à l'adoption progressive d'habitudes de vie favorables à la santé. Cette étape ultime est celle vers laquelle tendent les efforts de santé publique, et ce à l'échelle mondiale.

C'est le stade intermédiaire, celui de l'endémie d'obésité et des co-morbidités, qui est généralement désigné par « transition nutritionnelle » et qui se rapporte surtout aux pays en développement. Il ne faut pas croire toutefois que la transition nutritionnelle ne concerne que ces populations. Toutes les sociétés du monde ont connu et continuent de connaître une évolution de leurs habitudes alimentaires et de leur mode de vie. Sur plusieurs millénaires, l'alimentation, d'abord dépendante de la cueillette et de la chasse, a évolué avec le développement de l'agriculture vers des régimes alimentaires à base de céréales. Puis, avec le développement de l'élevage, les denrées animales ont occupé une place croissante dans ces régimes. C'est au XIXe siècle et surtout au XXe siècle que l'industrie alimentaire s'est développée, amenant des transformations majeures dans l'alimentation. Ce qui est typique de la transition observée dans les

7. Popkin B. M., 2002, « An overview of nutrition transition and its health implications : The Bellagio meeting », *Public Health Nutr*, 5 (1A), p. 93-103.

pays faiblement industrialisés est sa rapidité. Les pays industrialisés ont aussi vécu une telle transition nutritionnelle dans le passé, mais à un rythme incomparablement plus lent.

N'oublions pas non plus que les migrants de pays en développement vers les pays industrialisés, ainsi que les populations autochtones, sont également aux prises avec la transition nutritionnelle. Dans ces cas, on parlera souvent d'« acculturation », notamment alimentaire. Pour ces différents groupes, un défi serait d'éviter d'être d'abord aux prises avec une véritable endémie de MNT avant de réagir, contournant ainsi ou minimisant le 2e stade de transition pour passer directement au mode de prévention primaire et secondaire caractéristique de la dernière phase. Ce doit être possible et quelques stratégies et exemples seront fournis en fin de chapitre.

La transition alimentaire et ses déterminants

Il peut être utile de distinguer la transition alimentaire de celle du mode de vie. Les changements dans l'alimentation consistent essentiellement en un passage d'une alimentation traditionnelle riche en amidon et en fibres, mais généralement monotone et essentiellement composée d'aliments d'origine végétale, vers une alimentation certes plus diversifiée, mais aussi plus riche en sucres, en gras surtout saturé et en sel, et plus pauvre en fibres. Dans les pays en développement, la transition commencerait typiquement par une forte augmentation de la consommation d'huile végétale, en raison d'une augmentation importante de la production et d'une diminution des prix sur le marché mondial. De même, on assiste à une forte augmentation de la consommation de sucre, qu'il s'agisse de saccharose ou de sirop de maïs (notamment dans les boissons gazeuses). La demande de denrées animales (viande, poisson, lait) s'accroît sans cesse, ce qui modifie le marché des céréales, destinées pour partie à l'élevage, lequel contribue à la dégradation de l'environnement.

L'alimentation « traditionnelle » désigne le plus souvent des aliments locaux, consommés à l'état frais ou peu transformés, alors que l'alimentation « occidentale » se caractérise généralement par le blé (raffiné) comme céréale de base, la viande comme élément central du repas, la consommation de produits laitiers et, enfin, des aliments ultra-transformés comme les boissons gazeuses (souvent sucrées), les friandises, les snacks salés et les viandes transformées. Ces aliments typiquement « occidentaux », qui sont les mêmes partout, sont pour la plupart associés à un risque accru pour la santé. Selon Monteiro[8], la place des aliments ultra-transformés dans l'alimentation donne une idée du stade de la transition alimentaire et sert d'indicateur de risque.

8. Monteiro C. *et al.*, 2018, « The UN decade of nutrition, the NOVA food classification and the trouble with ultra-processing », *Pub Health Nutr*, 21 (1), p. 5-17.

Toutefois, cette approche dichotomique des aliments traditionnels et des aliments occidentaux mérite d'être nuancée : des modèles alimentaires traditionnels purs n'existent probablement plus car influencés depuis des siècles par les échanges avec l'extérieur ; en outre, les aliments occidentaux ou modernes ne sont pas toujours moins valables sur le plan nutritionnel que les aliments traditionnels ; enfin il importe de considérer aussi les modes de préparation et les combinaisons d'aliments, afin de distinguer « aliments » et « alimentation ».

Aliments « traditionnels » et aliments « occidentaux »

À l'île Maurice, par exemple[9], étaient assimilés aux aliments « occidentaux » le pain à grain entier, les céréales du petit-déjeuner, la laitue et autres feuilles vertes consommées en salades, ainsi que les pommes (importées), tous des aliments ayant un profil nutritionnel intéressant. Inversement, étaient considérés comme « traditionnels » les poissons salés/fumés, les pains indiens (farine de blé raffinée) ou encore les marinades. Il n'y a finalement que les snacks salés, les boissons gazeuses et les viandes très transformées qui étaient unanimement associés à l'alimentation occidentale. Dans le sud du Bénin, nos études sur la transition nutritionnelle ont mis en relief trois schémas alimentaires différents : traditionnel, moderne et « transitionnel » (entre les deux précédents). Le modèle traditionnel était caractérisé par une quantité élevée de céréales, légumineuses et poisson (comme il s'agit d'une région côtière), alors que le modèle moderne était plus diversifié et comportait des quantités plus importantes de tubercules, d'œufs, de lait, de gras et de légumes, mais relativement peu de céréales et de poisson.

Les aliments traditionnels, locaux, frais et peu transformés sont généralement considérés, à juste titre, comme ayant un meilleur profil nutritionnel que les aliments industriels. Toutefois, on ne peut affirmer d'un même souffle que l'alimentation traditionnelle est de meilleure qualité que l'alimentation moderne ou occidentalisée, car l'alimentation traditionnelle peut être insuffisamment variée pour répondre aux besoins en une multitude de nutriments ; en outre, les pratiques culinaires peuvent laisser à désirer : par exemple, une cuisson excessive des légumes ; ou encore, une utilisation démesurée de gras, de sel ou de sucre dans les préparations, ce qui n'est pas rare. Il faudrait donc tenir compte de ces différents éléments pour apprécier dans une optique de nutrition et santé les changements qui s'opèrent avec la transition alimentaire. Les données existantes suggèrent néanmoins que plus la transition vers les modèles alimentaires occidentaux est poussée, comme dans les villes, plus le risque de maladies cardio-

9. Uusitalo U. *et al.*, 2005, « Dietary westernisation : Conceptualisation and measurement in Mauritius », *Public Health Nutr*, 8, p. 608-619.

métaboliques comme le diabète ou les MCV s'élève, en raison d'apports excessifs en énergie, gras, sucre raffiné et sel, qui se conjuguent souvent avec des apports insuffisants de fibres, de fruits et légumes et de légumineuses.

L'urbanisation est un important facteur de la transition nutritionnelle. Elle est non seulement irréversible, mais également extrêmement rapide, notamment en Afrique. On prévoit qu'en 2020, 46 % de la population d'Afrique subsaharienne vivra en ville, comme 46 % de celle de la zone Asie-Pacifique et 81 % des habitants d'Amérique latine-Caraïbes. L'alimentation urbaine se diversifie, ne serait-ce que grâce à l'offre alimentaire répondant aux spécificités ethniques au sein d'une population avec des origines assez diverses. Il y a aussi diffusion de produits et pratiques alimentaires venant de l'extérieur. Par ailleurs, l'alimentation de rue, très présente en ville, répond à un besoin des citadins pour des repas commodes et à prix abordable. Au Bénin, nous avons observé que la tradition alimentaire rurale était maintenue en ville, mais que s'y ajoutaient simplement des produits typiquement urbains ou typiquement occidentaux. On note toutefois que les établissements de restauration rapide à l'américaine se multiplient dans les pays à faible ou moyen revenu en voie d'urbanisation rapide, sans que l'on puisse pour l'instant en cerner l'influence sur la consommation alimentaire et la santé. Autant sinon plus que l'adoption d'aliments et de styles alimentaires occidentaux, on peut considérer que la transition alimentaire désigne de fait l'abandon progressif de l'alimentation ou des aliments traditionnels.

Outre l'urbanisation, les progrès technologiques et l'augmentation du pouvoir d'achat sont d'importants moteurs de la transition alimentaire, mais celle-ci résulte pour une large part des transformations profondes des systèmes alimentaires en lien avec la mondialisation, en amont de la consommation. Ces changements des systèmes alimentaires se caractérisent entre autres par l'agriculture intensive, les nouvelles technologies de transformation alimentaire, la publicité insistante et, enfin, les supermarchés et la restauration rapide comme modes de distribution alimentaire. La mondialisation affecte indéniablement les systèmes alimentaires locaux et joue un rôle certain dans l'uniformisation de certaines pratiques alimentaires, avec la circulation accrue des marchandises, de la technologie, du capital, des modes de mise en marché et de distribution, ainsi qu'avec la globalisation des médias et de la publicité[10]. On parle même des déterminants commerciaux de la santé (ou plutôt de la maladie)[11].

Les effets sur l'environnement alimentaire de la mondialisation, processus économique surtout, mais aussi politique, technologique et culturel de globalisation, sont très imbriqués : l'offre alimentaire importée aug-

---

10. Hawkes C., 2006, « Uneven dietary development: Linking the policies and processes of globalization with the nutrition transition, obesity and diet-related chronic diseases », *Globalization & Health*, 2, p.4.

11. Kickbusch I. *et al.*, 2016, « The commercial determinants of health. (Comment) », *Lancet*, 4, e895-896.

mente, d'abord dans les villes puis dans l'ensemble du territoire des pays, du fait de la libéralisation du commerce ; la disponibilité d'aliments à forte densité énergétique et désirables augmente ; la publicité se fait maintenant à l'échelle mondiale notamment grâce à l'Internet, ce qui favorise une culture globale de consommation et une large propagation d'habitudes alimentaires typiquement occidentales, comme le « *fast food* » ; enfin, le fossé se creuse entre les entreprises transnationales de production et distribution alimentaire, d'une part, et les consommateurs, de l'autre.

La dimension culturelle de la transition alimentaire est un élément du contexte à ne pas négliger. Notamment, les normes culturelles quant au poids corporel « idéal » sont d'importance. Dans de nombreuses cultures occidentales, la minceur est la norme, alors que dans d'autres cultures, une certaine rondeur serait plutôt souhaitable, surtout chez les femmes, mais ceci peut changer avec les influences mondiales et l'éducation. Au Brésil, c'est la minceur qui est maintenant la norme préférée, alors que chez les femmes sénégalaises, par exemple, le surpoids restait jusqu'à assez récemment une image corporelle souhaitable. Tant et aussi longtemps que les pénuries alimentaires restent une menace, la minceur est perçue comme signe de pauvreté, alors que la corpulence sinon l'obésité est socialement désirable, étant synonyme de santé et de prospérité. Ce n'est que lorsque la grande majorité de la population n'a plus de problème sérieux d'accès à la nourriture, que l'embonpoint remplace la maigreur et que les maladies liées au mode de vie se répandent à la faveur d'une longévité accrue, qu'on observe une remise en cause de l'alimentation. L'alimentation « prudente », typique de l'aboutissement de la transition nutritionnelle, est pour l'instant surtout observée dans les pays industrialisés et les couches favorisées des pays moins industrialisés, en réaction à l'explosion de l'obésité et autres maladies chroniques reliées à la nutrition. Il est vrai aussi qu'avoir le choix de ce que l'on mange est un luxe que ne peuvent se permettre les groupes de population aux prises avec la pauvreté et donc avec l'insécurité alimentaire.

La modernité est aussi une importante force culturelle, le *fast food* par exemple étant porteur de prestige parce que moderne dans plusieurs pays en développement, alors que les aliments traditionnels sont dévalorisés. Cette vogue croissante de la restauration rapide est pointée comme un des grands responsables de l'augmentation de l'obésité et des MNT associées à travers le monde. On peut toutefois discerner différentes versions de l'alimentation rapide, si commode en milieu urbain ; certaines se révéleront plus saines que d'autres. Il faudrait surtout éviter de ramener toute la restauration rapide au seul modèle américain.

Une alimentation fortement calorique n'a pas posé de problèmes tant qu'elle s'accompagnait d'une dépense physique importante pour les activités professionnelles ou domestiques et pour les déplacements. Mais la diminution de l'intensité des tâches physiques et l'augmentation du temps sédentaire avec la mécanisation du travail et des transports ont modifié la situation.

La transition du mode de vie

La transition de l'alimentation se conjugue avec des changements du mode de vie pour favoriser encore davantage la progression des maladies chroniques liées à la nutrition, d'ailleurs souvent désignées maintenant comme maladies « du mode de vie ». La sédentarisation est une des principales caractéristiques associées à l'urbanisation. Non seulement le travail, mais aussi les loisirs deviennent plus sédentaires, notamment avec l'évolution et même la révolution numérique dans les pays en développement. Le transport actif décline au profit des véhicules motorisés. Cette sédentarité, combinée aux changements alimentaires, sous-tend l'augmentation des troubles de surcharge, ce qui explique pour partie que la prévalence de l'embonpoint dépasse désormais celle de la maigreur (ou sous-nutrition) dans de très nombreux pays en développement, comme à l'échelle mondiale.

De nombreux pays en émergence, dont la Chine, déplorent maintenant le manque d'activité physique de la population, ce qui contribue, outre les changements dans l'alimentation, à une véritable ascension des maladies chroniques. En Afrique subsaharienne, quelques études dont celles du Cameroun ont mis en évidence la relation entre l'urbanisation et la baisse de l'activité physique, d'une part, ainsi qu'entre cette sédentarité et les risques de maladies métaboliques, d'autre part. Nos travaux au Bénin ont confirmé que l'activité physique, incomparablement moindre en ville qu'à la campagne, protégeait du surpoids et de l'hypertension[12]. Il peut enfin y avoir, parmi les changements du mode de vie, une consommation accrue d'alcool et de tabac, mais des différences importantes à cet égard peuvent être observées selon le contexte entre le milieu urbain, périurbain ou rural, en fonction du niveau socio-économique, de la culture et de la religion. Il faut aussi reconnaître que les données sur la consommation d'alcool et sur l'utilisation d'une partie des récoltes de céréales pour la fabrication d'alcool local sont étonnamment rares.

La perception de l'activité physique est elle aussi fortement influencée par la culture. Dans de nombreux pays en développement, marcher, notamment, est une activité de pauvres et il serait assez mal vu que des femmes se mettent à faire de l'exercice. Enfin, le stress psycho-social associé, par exemple, à la vie urbaine, à l'insécurité et aux inégalités économiques peut aussi contribuer au risque cardio-métabolique, bien qu'il soit difficile à évaluer, ce qui explique que peu d'études y soient consacrées.

12. Delisle H. *et al.*, 2012, « Urbanisation, nutrition transition and cardiometabolic risk: The Benin Study », *Brit J Nutr*, 107, p. 1534-1544.

La transition nutritionnelle s'ajoute aux autres facteurs responsables de l'augmentation des maladies chroniques dans les pays en développement

Si la transition nutritionnelle explique pour une large part l'augmentation fulgurante des MNT dans les pays à faible ou moyen revenu, d'autres facteurs y contribuent également, dont le vieillissement de la population, déjà évoqué plus haut. En outre, il y a incontestablement des différences génétiques dans la vulnérabilité à certaines maladies chroniques, notamment à l'obésité, au diabète et à l'hypertension. On note, par exemple, que les Noirs sont plus prédisposés à l'hypertension alors que les aborigènes (populations autochtones) et les Indiens montrent une forte susceptibilité au diabète. On relève par ailleurs, ce qui peut pour partie expliquer ces disparités, que la composition de l'organisme diffère entre les Asiatiques, les Noirs et les Caucasiens, de telle sorte que pour un même indice pondéral, il est établi que les Asiatiques ont proportionnellement plus de tissu adipeux alors que les Noirs ont davantage de masse maigre si on les compare aux Caucasiens. Toutefois, il y a toujours une forte interaction des gènes et de l'environnement, comme le montrent plusieurs études épigénétiques récentes mettant en relief les inégalités entre individus face aux risques tenant à l'alimentation et au mode de vie ; il sera davantage question des mécanismes épigénétiques lorsqu'on traitera de la programmation du risque de maladies chroniques par la nutrition tôt dans la vie. En effet, la sous-nutrition tôt dans la vie amplifie encore l'influence néfaste de la transition nutritionnelle.

Le double fardeau nutritionnel, ou la coexistence des troubles nutritionnels de carence et de surcharge

Ce double fardeau de la malnutrition s'observe au niveau de populations, de ménages et même d'individus. En principe, le terme de « malnutrition » devrait désigner aussi bien les troubles de surcharge comme l'obésité et le diabète que les sous-nutritions aiguës ou chroniques, ou encore les carences spécifiques en micronutriments. Toutefois, pour la majorité et même chez les professionnels de la santé, le concept de malnutrition renvoie uniquement à la sous-nutrition ou aux carences spécifiques en vitamine A, en fer ou en d'autres micronutriments. D'où notre proposition d'utiliser le terme de « dysnutrition » pour recouvrir l'ensemble des troubles nutritionnels, la sous-nutrition de même que les excès ou déséquilibres alimentaires et leurs conséquences[13]. Nous utilisons aussi le terme « double fardeau nutritionnel », qu'il ne faut pas confondre avec le

13. Delisle H. et Receveur O., 2007, « Les "dysnutritions" dans les pays en développement [*lettre*] », *CMAJ*, 176, p.65.

double fardeau des maladies transmissibles et des maladies chroniques non transmissibles.

Les troubles de carence et de surcharge qui coexistent au niveau des populations ou des ménages sont le plus souvent la sous-nutrition chez les enfants (émaciation ou retard de croissance) et le surpoids ou l'obésité chez les adultes[14], en particulier chez les femmes.

Lors d'un atelier de la FAO sur ce double fardeau avec quelques pays en développement en 2004, on avait classé les pays participants selon leur situation à cet égard à cette époque, laquelle traduisait bien le stade de la transition nutritionnelle ; ce mode de classement est toujours valable[15] :

1) sous-nutrition aiguë et retard de croissance fréquents chez les enfants et même chez les adultes ; obésité en émergence seulement : l'Inde était placée dans cette catégorie ;

2) retard de croissance répandu chez les enfants mais diminution de la sous-nutrition aiguë, observée seulement chez les enfants ; obésité et co-morbidités en augmentation chez les adultes : l'Afrique du Sud appartenait à ce groupe ;

3) retard de croissance et même surpoids répandus chez les enfants ; forte prévalence d'obésité et co-morbidités chez les adultes : trois pays participant à l'atelier étaient rangés dans cette catégorie : Mexique, Égypte, Chine.

La maigreur et le surpoids (ou obésité) des adultes peuvent aussi coexister au sein d'une population, surtout chez les femmes, comme l'ont montré les enquêtes démographiques et de santé. En Afrique rurale, par exemple, d'après des données qui remontent à 2005, la proportion de femmes maigres et de femmes en surpoids était presque identique en Afrique de l'Est, alors que le surpoids prédominait en Afrique australe, comme au Nigeria, au Ghana et au Cameroun. Pour le milieu urbain, on retrouvait les mêmes tendances, mais un peu moins de maigreur et un peu plus de surpoids. Dans nos travaux dans le sud du Bénin, nous avons pu constater que la proportion de femmes en surpoids dans la grande ville (28 %) était du même ordre que la proportion de femmes maigres en zone rurale (22 %), alors que la maigreur n'était que de 2 % globalement chez les adultes dans la grande ville et l'obésité de 13 % dans la zone rurale.

Chez les enfants d'âge préscolaire (< 5 ans), alors que la sous-nutrition surpasse encore très largement le surpoids dans les pays à faible revenu et notamment en Afrique subsaharienne, c'est le surpoids qui prédomine dans la plupart des pays d'Amérique latine. Le retard de croissance, signe de sous-nutrition chronique passée ou présente qui se traduit par un déficit statural, est souvent associé au surpoids chez les enfants et même chez les

14. Min J. *et al.*, 2018, « Double burden of diseases worldwide : Coexistence of undernutrition and overnutrition-related noncommunicable chronic diseases », *Obesity Rev*, 19, p.49-61.

15. FAO, 2004, *Assessment of the double burden of malnutrition in six case study countries*, Rome, FAO.

adultes car ces deux états présentent un lien qui sera discuté plus loin. On peut aussi observer d'autres signes de carence et de surcharge chez les mêmes individus, par exemple des carences en micronutriments en présence d'obésité, d'hypertension ou d'hyperglycémie (ou diabète). Dans une étude en milieu urbain du Burkina Faso, nous avons ainsi rapporté ce genre de double fardeau nutritionnel chez plus d'un adulte sur cinq[16].

Le type de double fardeau nutritionnel qui a été le plus étudié parce qu'il paraît à première vue paradoxal est la présence au sein de mêmes ménages d'enfants sous-nutris et de mères en surpoids. La combinaison la plus fréquente est celle d'un retard de croissance, donc de sous-nutrition chronique, chez l'enfant et d'un surpoids maternel (ou obésité). Ce paradoxe n'est toutefois qu'apparent, comme des travaux l'ont montré. En effet, dans des contextes où la transition nutritionnelle est particulièrement rapide, les adultes et même les adolescents prennent du poids en raison de l'alimentation qui s'occidentalise et du mode de vie qui se sédentarise, surtout en ville; pendant ce temps, la sous-nutrition chronique, ou retard de croissance, stagne chez les enfants, ce que peuvent expliquer plusieurs facteurs reliés à la pauvreté, aux conditions de santé et à l'alimentation. Le retard de croissance peut aussi remonter à la vie fœtale parce que la mère elle-même avait souffert de sous-nutrition chronique tôt dans sa vie, ce qui impose une contrainte à la croissance du fœtus. Or il faut plus d'une génération pour corriger cette sous-nutrition chronique intergénérationnelle. En outre, un retard de croissance qui s'installe pendant les deux premières années de vie en raison de mauvaises conditions sanitaires ou alimentaires ne pourra être rattrapé que partiellement par la suite.

Sauf dans les populations où la pauvreté sévère est cause de sous-alimentation, on note que la pauvreté se traduit en général par une insécurité alimentaire surtout qualitative, laquelle peut être à l'origine tant de la sous-nutrition chez les enfants que de surpoids/obésité surtout chez les adultes. Pour l'ex-directrice générale de l'OMS Dr Margaret Chan, les aliments denses en énergie mais insuffisants en certains minéraux et vitamines, peu chers, et qui rendent les adultes obèses, privent les jeunes enfants des nutriments essentiels dont ils ont besoin pour une croissance normale. Une mauvaise alimentation pourrait ainsi être responsable tant de surpoids chez les adultes que de sous-nutrition (retard de croissance surtout) chez les enfants.

Lutter simultanément contre les troubles de carence et de surcharge au sein des mêmes populations représente un défi de taille, comme le souligne l'appel à l'action de l'OMS[17]. Dans les pays à faible revenu, la tendance est encore trop souvent de négliger ces troubles de surcharge qu'on estime

16. Zeba A. *et al.*, 2012, « The double burden of malnutrition and cardio-metabolic risk widens the gender and socioeconomic health gap: A study among adults in Burkina Faso (West Africa) », *Public Health Nutr*, 15, p.2210-2219.

17. WHO, 2017, *Double-duty actions for nutrition. A policy brief*, Genève, World Health Organization.

être des problèmes de riches, ce qui est de moins en moins le cas. Il est certain toutefois qu'en priorisant la nutrition des femmes, on parviendra déjà à réduire sur le long terme l'incidence des faibles poids de naissance associés à un retard de croissance intra-utérin, qui dans les pays pauvres s'explique principalement par la sous-nutrition maternelle. Il faudra aussi être vigilant pour que les programmes nutritionnels de lutte contre la sous-nutrition chez l'enfant ne favorisent pas en même temps l'obésité par l'apport de compléments denses en énergie mais insuffisants en divers nutriments, comme ce fut le cas dans certains pays d'Amérique latine. Mais ce n'est pas tout ; il faut aussi s'attaquer sans tarder aux troubles de surcharge, car avec la montée de l'obésité chez les femmes, il y a un risque accru de diabète gestationnel et de poids de naissance élevés qui exposent ultérieurement à l'obésité et au diabète.

La sous-nutrition tôt dans la vie comme facteur de risque de maladies chroniques

Dans les populations où la sous-nutrition était ou est encore répandue chez les femmes et les enfants, le risque de maladies chroniques est accru lorsque l'alimentation et le mode de vie deviennent « obésogènes » à la faveur de la transition nutritionnelle, selon la théorie de David Barker sur l'origine précoce des maladies chroniques, qui remonte aux années 1980[18]. En effet, des carences nutritionnelles même discrètes pendant la vie fœtale ou la première enfance augmentent la susceptibilité ultérieure à l'hypertension, au diabète et aux MCV. La programmation des maladies chroniques par la nutrition fœtale et infantile a ainsi des implications qui peuvent être dramatiques pour les populations de pays à faible ou moyen revenu où la sous-nutrition maternelle et infantile est encore répandue et qui vivent une transition nutritionnelle rapide.

La théorie de l'origine développementale des maladies chroniques

Tout a commencé avec « l'hypothèse de Barker » sur la programmation fœtale. Ce médecin épidémiologiste britannique observait en Angleterre que les taux de mortalité par MCV chez les adultes étaient particulièrement élevés dans les régions où les poids de naissance étaient les plus bas. Il a donc poussé son investigation avant d'émettre cette hypothèse selon laquelle les faibles poids de naissance, en raison d'un retard de croissance intra-utérin faute d'une nutrition fœtale adéquate, seraient associés plus tard dans la vie à un risque augmenté de maladies chroniques

18. Barker D., 2004, *Un bon départ dans la vie*, Paris, éd. JC Lattès.

telles que diabète, MCV et obésité abdominale. Selon Barker, les effets à long terme d'une nutrition fœtale sous-optimale (sous-nutrition maternelle, ou transfert inadéquat de nutriments à travers le placenta) représentent une « programmation » du fœtus. Cette relation entre poids de naissance et maladies chroniques à l'âge adulte était par la suite relevée dans d'autres populations d'Europe, d'Asie et d'Amérique du Nord. Des modèles expérimentaux dans différentes espèces animales ont permis de reproduire et d'expliquer cette programmation fœtale.

Selon cette théorie de la programmation des maladies chroniques, une nutrition sous-optimale pendant des périodes critiques du développement pourra entraîner des effets délétères et irréversibles à long terme. C'est que l'organisme, en raison de sa grande plasticité pendant des périodes critiques de son développement, se configure en fonction de l'environnement de manière à pouvoir s'y adapter pour survivre[19]. C'est ainsi qu'un fœtus exposé à la sous-nutrition intra-utérine serait relativement bien adapté à un environnement de pénurie alimentaire, si toutefois il survit. Cette programmation peut être bénéfique à court terme, mais elle ne le serait pas à long terme si l'individu est exposé à une alimentation surabondante et à une mode de vie sédentaire. En vertu de ce phénomène de plasticité, un génotype donné peut produire plusieurs phénotypes physiologiques ou somatiques selon les conditions environnementales – l'environnement intra-utérin, puis l'environnement extérieur. On parle ainsi du phénotype « économe » ou « d'épargne » pour désigner l'organisme dont le métabolisme est programmé par des pénuries alimentaires pour économiser ses substrats énergétiques.

Une nutrition fœtale sous-optimale se reflète, mais seulement partiellement, dans le poids et les dimensions à la naissance. Certains travaux ont pu mettre en évidence ce phénomène de programmation nutritionnelle indépendamment des poids de naissance. La programmation fœtale s'est ensuite étendue à la programmation fœto-infantile, la première enfance étant une autre période sensible pour une influence à long terme de carences nutritionnelles ou autres « agressions ». Par ailleurs, non seulement les faibles poids de naissance, mais également les poids de naissance élevés (macrosomie) reliés au diabète gestationnel augmentent les risques ultérieurs d'obésité et de diabète. On parle maintenant de « l'origine développementale » des maladies chroniques en raison de l'élargissement du concept de programmation nutritionnelle tôt dans la vie.

Cette programmation fœto-infantile se caractérise par des changements permanents dans des structures, systèmes hormonaux et métabolismes, résultant d'atteintes du fœtus ou de l'enfant en bas âge à des moments critiques de son développement, en vertu de mécanismes épigénétiques qui seront décrits plus loin.

---

19. Gluckman P. D. *et al.*, 2008, « Effect of in utero and early-life conditions on adult health and disease », *N Engl J Med*, 359, p. 61-73.

La relation entre faible poids de naissance et risque ultérieur de maladies chroniques, qu'il s'agisse de diabète, de MCV ou même d'obésité, a été démontrée d'abord dans des pays industrialisés, puis dans des pays moins industrialisés et principalement en Inde, où des études longitudinales ont pu être menées. Les bébés de faible poids de naissance ont des chances d'avoir proportionnellement plus de gras corporel et une masse maigre plus basse ; ces altérations de la composition corporelle seraient déterminantes. Les enfants de faible poids de naissance sont également plus susceptibles de développer de l'obésité abdominale plus tard dans la vie, selon plusieurs études. Aux deux extrémités de la courbe de poids de naissance toutefois, l'hyperinsulinémie, des changements permanents de composition corporelle et même des changements au niveau de la régulation de l'appétit par le système nerveux central peuvent être impliqués et favoriser un diabète ultérieur.

La relation probablement la mieux établie est celle du poids de naissance avec la tension artérielle ultérieure, tant pendant l'enfance que la vie adulte. Une relation inverse et significative entre la tension systolique et le poids de naissance a été mise en évidence, à pratiquement tous les âges et dans divers contextes ; ce n'est qu'autour de l'adolescence que la relation semble moins stable.

Les famines sont toujours douloureuses, mais certaines d'entre elles ont permis d'étudier les effets à long terme de privations alimentaires plus ou moins sévères et à différentes étapes du développement. Ont été principalement étudiées à cet égard la famine d'Amsterdam et celle de Leningrad pendant la dernière guerre mondiale (1939-1945), ainsi que les famines qu'ont connues la Chine dans les années 1950 et le Biafra (Nigeria) dans les années 1970. Il a généralement été rapporté que les personnes exposées aux privations alimentaires *in utero* étaient plus susceptibles de développer à l'âge adulte des maladies chroniques telles que le diabète et l'hypertension.

Sous-nutrition fœtale pendant le blocus d'Amsterdam, ses conséquences

Amsterdam a connu une privation sévère de nourriture qui a duré six mois entre 1944 et 1945 en raison d'un blocus pendant la guerre. La sous-nutrition a été importante, la ration adulte au plus fort de la crise se situant entre 400 et 800 kcal par jour. Cette famine brutale a été l'occasion d'étudier par la suite ses effets à court et à long terme. Plusieurs études ont porté sur la cohorte de personnes exposées à la famine à différentes périodes de leur vie : *in utero*, pendant la première enfance, ou encore plus tard.

La cohorte de nouveau-nés d'Amsterdam a montré que la dénutrition pendant la grossesse était associée à un risque accru d'obésité, à un profil lipidique plus athérogène et à un risque accru de maladie coronarienne dans la progéniture rendue adulte, à l'intolérance au glucose, de même qu'à une réponse exagérée au stress. Toutefois, les effets à long terme variaient suivant le moment de l'exposition aux privations alimentaires. Une exposition tôt pendant la vie fœtale n'affectait pas le poids de naissance, mais augmentait le risque d'obésité ultérieure et de mortalité précoce, alors qu'une exposition plus tardive pendant la gestation était associée à des poids de naissance plus faibles et un risque accru de diabète et de MCV par la suite. Les personnes exposées à la famine d'Amsterdam *in utero* non seulement avaient un profil lipidique plus athérogène, mais auraient une consommation plus élevée de gras (> 39 % des calories totales), ce qui pourrait jouer un rôle. Ces personnes tendaient aussi à être moins actives physiquement. La nutrition tôt dans la vie pourrait donc exercer une influence sur le comportement ultérieur, ce qui a été aussi observé dans les modèles expérimentaux animaux.

Les recherches sur des cohortes de naissance ont permis de démontrer qu'au-delà du poids de naissance, la trajectoire de croissance dans l'enfance avait une influence sur le risque ultérieur de maladies chroniques. Les principales trajectoires de risque observées sont les suivantes:

1) poids sous-optimal à la naissance, stagnation de la croissance pendant les deux premières années puis rattrapage de poids;

2) poids élevé à la naissance et obésité tôt dans l'enfance;

3) retard de croissance pendant l'enfance indépendamment du poids de naissance.

Mécanismes plausibles, évidence expérimentale

On a pu reproduire dans différentes espèces animales la programmation métabolique de l'obésité, de la résistance à l'insuline et de l'hypertension par des rations faibles en calories ou en protéines, ou au contraire riches en gras ou même hyperprotéinées pendant la gestation. On a pu également chez ces animaux approfondir les effets intermédiaires, par exemple sur l'activité physique volontaire et sur les préférences alimentaires. Les travaux expérimentaux en cours, surtout chez les animaux, permettent aussi d'élucider les processus et mécanismes sous-jacents de ces influences à long terme des conditions environnementales avant et après la naissance.

Trois mécanismes peuvent expliquer cette plus grande vulnérabilité aux maladies chroniques des individus dont la croissance/nutrition fœtale ou infantile a été sous-optimale. Ces mécanismes concourent à ce que Barker et son équipe ont appelé le « phénotype d'épargne » ou « économe ». D'abord, certains organes accuseraient un déficit de croissance afin de préserver le développement du cerveau, en situation de privation fœtale. Ceci aurait pour résultat de réduire la capacité fonctionnelle d'organes-clés comme le rein ou le pancréas. Un nombre limité de glomérules rénaux concourra à l'hypertension, alors qu'un pancréas avec des cellules β en nombre réduit verra sa capacité de production d'insuline débordée en présence d'une insulino-résistance liée, par exemple, à l'obésité ou à une alimentation riche en lipides. Un second processus implique l'axe hypothalamus-hypophyse-surrénales (HHS), l'élément central étant l'augmentation de la 11 β-HSD (hydroxystéroïde déshydrogénase) au niveau du placenta et du fœtus en réponse au stress que représente la sous-nutrition. Un troisième mécanisme serait lié à une réaction altérée de l'organisme à l'environnement. Entre autres, les individus de faible poids à la naissance présenteraient une réponse anormale au stress, y compris une élévation persistante du cortisol circulant, ce qui aurait des effets délétères sur le système cardio-vasculaire.

L'épigénétique fournit une clé importante pour expliquer ces mécanismes de la programmation foeto-infantile des maladies chroniques par la nutrition. Il est en effet de plus en plus évident que des phénomènes épigénétiques, lesquels régulent la transcription et l'expression des gènes, sont à la base de ces liens entre les événements tôt dans la vie, principalement une nutrition sous-optimale pendant la vie fœtale et l'enfance, et la morbidité par maladies chroniques plus tard dans la vie. Les changements épigénétiques résultant de la nutrition précoce modifient l'expression de gènes, modulant ainsi les fonctions, la composition, le métabolisme et la réponse de l'organisme à l'environnement plus tard dans la vie. Les altérations épigénétiques ne modifient pas l'ADN mais elles sont transmissibles; elles sont aussi réversibles. Parmi les modifications épigénétiques possibles, il semble que la méthylation des gènes soit la plus importante pour la programmation nutritionnelle. Des perturbations de ce processus pourraient résulter de carences nutritionnelles, notamment de protéines, de folates et de vitamine B_{12},car la méthylation est reliée au métabolisme des fragments monocarbonés, lequel implique des acides aminés, de même que l'acide folique et la vitamine B_{12}. Un nombre croissant d'études mettent en évidence la relation entre la nutrition, la méthylation des gènes et la croissance ou le profil métabolique. Certaines mesures épigénétiques à la naissance pourraient ainsi prédire avec plus de précision que le poids ou d'autres mensurations à la naissance le phénotype ultérieur et donc les risques cardio-métaboliques[20].

20. Vaiserman A., 2015, « Epidemiologic evidence for association between adverse environmental exposures in early life and epigenetic variation: A potential link to disease susceptibility? », *Clinical Epigenetics*, 7, p.96.

Quelles interventions pour la prévention des maladies chroniques liées à la nutrition dans les pays en développement ?

Afin d'éviter la véritable explosion des maladies non transmissibles reliées à la nutrition dans ces pays où les systèmes de santé sont déjà débordés par les maladies infectieuses et les malnutritions par carence, des mesures doivent être prises à divers niveaux par les pays eux-mêmes, dans la foulée des grands objectifs et stratégies adoptés par la communauté internationale pour réduire le fardeau des MNT. Après un rappel des actions prioritaires définies au niveau global, seront abordées les initiatives pour la nutrition des femmes et des enfants, les systèmes alimentaires et, enfin, les mesures préventives dirigées vers différents groupes-cibles, en particulier celles qui visent les écoliers.

Les grands objectifs nutritionnels

Les MNT avaient été ignorées dans les Objectifs du Millénaire pour le développement, mais le contexte international est maintenant favorable à la prévention et au contrôle des MNT, particulièrement depuis la Réunion de haut niveau des Nations unies de 2011[21]. Une réduction de 25 % de la prévalence des MNT est visée comme objectif pour 2025. Les comportements de risque qui sont ciblés de manière prioritaire sont le tabac, la consommation immodérée d'alcool, l'inactivité physique et l'alimentation néfaste à la santé.

S'agissant du régime alimentaire, la stratégie de l'OMS de 2004 est toujours d'actualité ; elle repose sur cinq recommandations génériques : 1) équilibrer le bilan énergétique ; 2) limiter l'apport en gras total à un maximum de 30 % de l'énergie totale, remplacer les gras saturés par des gras insaturés et éliminer les acides gras *trans* ; 3) limiter l'apport de sucres libres ; 4) limiter la consommation de sel (qui doit être iodé) sous toutes ses formes ; 5) augmenter la consommation de fruits, légumes, légumineuses et céréales à grains entiers. Parmi les interventions préventives ne ciblant qu'un seul facteur de risque, plusieurs se sont montrées efficaces et relativement abordables, comme les politiques et programmes de réduction de la consommation de sel, la réglementation pour la réduction ou l'élimination des acides gras *trans* dans les aliments industriels, l'interdiction ou la restriction de la publicité aux enfants d'aliments riches en gras, sucre et sel et, dans certains cas, des mesures de taxation de tels aliments ou au contraire de réduction des prix d'aliments propices à la santé. De telles interventions ont surtout été documentées dans des pays industrialisés ; on dispose de bien peu de données probantes sur l'effica-

21. Nations unies, Assemblée générale, 2011, *Déclaration politique de la Réunion de haut niveau de l'Assemblée générale sur la prévention et la maîtrise des maladies non transmissibles*, n°66, Sept. (document A/66/L.1) : www.un.org/fr/ncdmeeting2011/

cité de mesures de cette nature dans les pays à faible ou moyen revenu, bien qu'une stratégie de réduction de la consommation de sel, par exemple, se soit montrée efficace au Ghana[22].

Toutefois, il est permis de se poser des questions sur la traduction de ces orientations et objectifs globaux dans des mesures concrètes et énergiques au niveau des pays, qu'il s'agisse de politiques ou stratégies d'ensemble, d'interventions dirigées vers divers groupes-cibles, ou encore du renforcement des capacités par la formation des ressources humaines et la recherche. Pour faciliter cette application concrète, une approche séquentielle de planification d'actions essentielles, de leur mise en œuvre et de leur suivi a été proposée par le Groupe de travail du *Lancet* sur les MNT[23].

L'amélioration de la nutrition des femmes et des enfants

La nutrition des femmes et des enfants doit être priorisée et améliorée de manière à réduire non seulement les risques pour la survie et la santé à court terme, mais également les risques de maladies chroniques pour la génération suivante. Même si on n'insiste pas sur le rôle préventif à l'endroit des MNT, les programmes actuels mis en œuvre sur une haute échelle pour la santé des mères, des nourrissons et des enfants contribueront à n'en pas douter à freiner la progression des MNT en raison du risque associé à la sous-nutrition tôt dans la vie. L'accent actuel sur les « mille premiers jours », qui recouvre la période de grossesse et les deux premières années de vie, va dans la bonne direction. Toutefois, il faudrait déborder des 1 000 jours, car l'état nutritionnel des femmes au moment de leur première grossesse dépend de leur nutrition pendant l'enfance et l'adolescence. On dispose des données de trois études à long terme sur des interventions comportant l'administration de compléments alimentaires équilibrés pendant la grossesse et la première enfance : une au Guatemala, une en Gambie et la troisième en Inde. Dans tous les cas, les poids de naissance étaient augmentés et dans deux des trois études, un profil de risque cardio-métabolique plus favorable était observé chez les adolescents ayant bénéficié de l'intervention tôt dans leur vie, comparativement aux témoins. Des poids de naissance plus élevés ainsi qu'une meilleure croissance infantile étaient en outre associés, à l'âge adulte, à une masse maigre plus élevée et à un moindre risque cardio-métabolique, mais également à un niveau de scolarité plus élevé[24].

---

22. WHO, 2006, *Reducing salt intake in populations : Report of a WHO forum and technical meeting*, 5-7 October, Paris, France.

23. Bonita R. *et al.* (on behalf of the Lancet NCD Action Group), 2013, « Country actions to meet UN commitments on non-communicable diseases : A stepwise approach », *Lancet*, 381, p. 575-584.

24. Adair L. S. *et al.*, 2013, « Associations of linear growth and relative weight gain during early life with adult health and human capital in countries of low and middle income : Findings from five birth cohort studies », *Lancet*, 382 (9891), p. 525-534.

Les systèmes alimentaires

Les systèmes alimentaires mondialisés ont des répercussions importantes sur la nutrition et on leur attribue une grande part de responsabilité dans l'émergence et la progression des MNT. Le processus de mondialisation des systèmes alimentaires est irréversible et il ne s'agit pas de le rejeter en bloc. Toutefois, ses effets sur les systèmes alimentaires locaux au niveau de la production, de l'importation et des disponibilités alimentaires, ainsi qu'au niveau de la consommation, mériteraient d'être davantage étudiés afin d'en évaluer les aspects positifs comme négatifs et de prendre des mesures pertinentes et réalistes.

On devrait entre autres s'attacher à réhabiliter par des actions promotionnelles les aliments locaux et traditionnels de bonne valeur nutritionnelle mais de faible prestige, ce qui serait en même temps favorable aux économies locales, mais les efforts en ce sens sont pour le moins timides. Pour ce faire, il serait utile de s'inspirer de l'approche persuasive des entreprises transnationales pour le marketing de leurs produits. On ne dispose malheureusement pas d'exemples de réussite de telles interventions pour l'instant. Toutefois, on peut citer l'exemple positif du Brésil où la politique d'alimentation scolaire exige qu'au moins 70 % des aliments servis dans les écoles soient frais ou peu transformés et que 30 % proviennent de producteurs locaux.

Promotion de la nutrition et de la santé

Une approche globale de la promotion de la santé qui réserve à l'alimentation une place adéquate est indispensable partout. Des modèles d'alimentation non seulement compatibles avec la santé, mais également favorables à l'environnement et à l'économie sociale, doivent être identifiés et promus, et ce dans tous les milieux. Un ouvrage marquant a passé en revue les diverses stratégies d'éducation nutritionnelle pour la prévention des MNT, qu'il s'agisse de campagnes et outils de sensibilisation du public, d'interventions pour des modifications de comportements au niveau des écoles, du milieu de travail ou de la communauté, ou encore d'incitations pour des changements de politiques publiques. Il s'avère que nombre d'interventions peuvent se révéler efficaces moyennant une conception de qualité et une adaptation adéquate au contexte. Surtout, il s'avère que les interventions à multiples composantes comme celles qui, pour favoriser les changements de comportement, combinent des mesures en communication associées à des politiques concernant l'environnement alimentaire, sans oublier le renforcement des capacités institutionnelles, ont davantage de chance de réussir que les actions isolées[25].

25. Hawkes C., 2013, *Promoting healthy eating through nutrition education and changes in the food environment: An international review of actions and their effectiveness*, Background paper for the INC, Rome, FAO.

Des interventions ciblant en même temps plusieurs facteurs de risque modifiables, ainsi que plusieurs stratégies, apportent incontestablement davantage de bienfaits pour la santé que les interventions uniques et « verticales ». Les facteurs de risque des maladies chroniques étant les mêmes partout (sauf la sous-nutrition tôt dans la vie), il s'agit invariablement de modifier les comportements en matière d'alimentation et d'activité physique, tout en faisant en sorte, grâce à des mesures portant sur l'environnement, que de tels comportements soient facilités. Un certain nombre d'interventions préventives ont été menées avec succès dans des pays industrialisés. Il y a eu aussi des interventions de prévention du diabète chez des groupes à haut risque en Chine et en Inde, qui ont réduit l'incidence de cette affection d'au moins 25 % en l'espace d'environ 5 ans.

Plusieurs programmes de promotion de l'activité physique se sont révélés efficaces dans les pays en développement, d'après une revue de l'OMS[26]. Un mythe très répandu veut qu'il faille disposer d'espaces et d'équipements spécifiques pour faire de l'exercice, alors qu'il est possible d'augmenter l'activité physique pour les déplacements, le travail, les tâches domestiques et les loisirs sans matériel particulier. Dans certains contextes, il faudrait, pour que l'activité physique augmente, recadrer la perception sociale de l'activité physique, considérée, par exemple dans le cas de la marche, comme une activité de pauvres et jugée inappropriée pour les femmes. L'activité physique devrait devenir une norme sociale, comme maintenant l'abstention du tabac dans plusieurs sociétés, pour qu'elle devienne « contagieuse ».

Les interventions préventives doivent aussi être menées dans différents cadres, dont l'école, le milieu de travail, le centre de santé et la communauté. La prévention des MNT, et en particulier de l'obésité, doit se faire très tôt et c'est pourquoi l'école est un cadre favorable. Plusieurs stratégies et interventions ont d'ailleurs été mises en œuvre en milieu scolaire, tant dans les pays en développement que dans des pays industrialisés. D'après une revue systématique d'interventions de prévention de l'obésité menées en milieu scolaire dans des pays à moyen revenu, dont plusieurs en Amérique latine, la grande majorité avait un impact positif sur l'alimentation et l'activité physique, même si moins du tiers rapportait une diminution des indices de masse corporelle[27].

Un projet de partenariat universitaire destiné à renforcer la prévention des maladies chroniques et du double fardeau nutritionnel a été mené entre 2008 et 2014 dans plusieurs pays d'Afrique francophone d'Afrique de l'Ouest par Transnut, centre collaborateur de l'OMS sur la transition nutri-

---

26. WHO, 2008, *Review of Best Practice in Interventions to Promote Physical Activity in Developing Countries*, Genève, WHO.

27. Verstraeten R. *et al.*, 2012, « Effectiveness of preventive school-based obesity interventions in low- and middle-income countries: A systematic review », *Am J Clin Nutr*, 96, p.415-438.

tionnelle et le développement, en collaboration avec diverses institutions. Il peut servir à illustrer quelques actions pouvant être menées dans cette lutte contre les MNT.

Pôle francophone africain sur le double fardeau nutritionnel
(www.poleDFN.org)

1. Sensibilisation et plaidoyer: un guide alimentaire local a été élaboré en étroite collaboration avec les personnes-ressources locales, notamment en ayant recours à la programmation linéaire pour optimiser les consommations alimentaires telles que relevées dans des enquêtes préalables. Ce guide alimentaire, surtout destiné aux populations urbaines du Bénin, sert à l'information et l'éducation du public par les professionnels de la santé. Par ailleurs des outils de plaidoyer pour une meilleure prise en charge et prévention du diabète ont été développés (argumentaire et calculateur des coûts directs de la maladie).

2. Formation des ressources humaines: deux nouveaux programmes universitaires de nutrition, une licence professionnelle et un master, ont été mis en place sur une base régionale pour une meilleure prévention et prise en charge des troubles nutritionnels de surcharge comme de carence. Des formations courtes et intensives sur la transition nutritionnelle et les maladies chroniques ont aussi été offertes à des professionnels de la santé en exercice.

3. Recherche-action en milieu scolaire et autres études: dans des écoles primaires pilotes de Ouagadougou (Burkina Faso) et de Cotonou (Bénin), l'Initiative des écoles amies de la nutrition, approche préconisée par l'OMS pour la prévention du double fardeau nutritionnel, a été mise à l'épreuve avec succès d'après les évaluations de processus; les données d'évaluation d'impact sont en cours d'analyse. Des groupes d'entraide ont été mis en place pour la prévention des MNT reliées à la nutrition et pour la surveillance. Enfin, des études ont porté sur le double fardeau nutritionnel chez les adultes, ainsi que sur les liens pouvant exister entre l'exposition aux pesticides et le diabète.

Obstacles à la lutte contre les MNT liées à la nutrition

Parmi les obstacles à surmonter pour une prévention effective des MNT reliées à la nutrition dans les pays à faible et moyen revenu, il y a d'abord la résistance à la lutte contre ces affections, surtout dans les pays à faible revenu. Force est de reconnaître que malgré les déclarations internationales, les rapports et les commissions, les efforts pour juguler les MNT y restent assez timides, les sous-nutritions demeurant la grande priorité. Un autre obstacle de taille est la « compartimentation » des programmes. D'une part, la sécurité alimentaire relève du secteur de l'agriculture alors que la nutrition relève de la santé, sans grande collaboration intersectorielle en dépit de discours allant dans ce sens ; d'autre part, la nutrition est peu intégrée au sein même du secteur de la santé, la direction ou division de la nutrition se préoccupant quasi exclusivement des troubles carentiels et donc de la nutrition maternelle et infantile, alors que les troubles de surcharge, considérés comme des problèmes d'adultes, sont du ressort du secteur des maladies chroniques, secteur qui intègre souvent bien peu de considérations nutritionnelles. Un autre obstacle est que ces maladies sont encore considérées comme des problèmes de riches et très secondaires par rapport aux sous-nutritions, qui affectent les plus pauvres ; or ceci n'est pas totalement vrai, d'où la pertinence d'actions de plaidoyer. La pauvreté et les inégalités sociales, qui peuvent être à l'origine tant des troubles nutritionnels de carence que de surcharge, comme aussi de leur cumul, doivent donc reculer pour favoriser le progrès nutritionnel.

7

Stratégies d'intervention pour la nutrition

France BÉGIN* et Sonia BLANEY**

Malgré une amélioration significative de la nutrition des populations au niveau mondial, des efforts supplémentaires doivent être consentis car les coûts humains et économiques de la sur- et de la sous-nutrition ne sont plus tenables. Des investissements efficaces et durables, répondant aux besoins des populations concernées, sont nécessaires de la part de tous les secteurs, pas seulement celui de la santé. Pour atteindre cet objectif, nous proposons et réitérons l'importance d'une approche de nutrition publique. Celle-ci est définie comme un domaine qui couvre la nature, les causes et les conséquences des problèmes de nutrition ainsi que les approches pour résoudre ces problèmes[1]. La nutrition publique s'intéresse aux problèmes de nutrition des pays à revenu faible et intermédiaire autant que des pays à revenu élevé. Elle va au-delà de la nutrition communautaire ou internationale, ou encore de la santé publique. Elle s'intéresse à tous les déterminants de l'état nutritionnel, aux systèmes alimentaires et à la sécurité alimentaire, aux pratiques d'alimentation et de santé, et aux systèmes de santé. Elle implique une évaluation et une analyse de l'influence de ces déterminants sur l'apport alimentaire et sur l'état de santé des individus, ainsi qu'une analyse de leurs liens avec les politiques et programmes, avec la recherche et avec la formation[2].

La nutrition publique s'appuie sur plusieurs principes, notamment ceux de l'éthique, de l'équité, de l'autonomisation et du partenariat. Un des objectifs est d'assurer le droit à une alimentation et à une nutrition appropriées chez tous les groupes de la population, particulièrement les plus vulnérables. Ceci oblige la communauté internationale et les gouvernements à respecter, protéger et satisfaire ce droit, et implique également que les titulaires de ces droits soient en mesure de réclamer leur respect.

---

* Section Nutrition Division des Programmes, UNICEF, New York, USA.

** École des sciences des aliments, de nutrition et d'études familiales, Faculté des sciences de la santé et des services communautaires, Université de Moncton, Canada.

1. Mason J. *et al.*, 1996, « Public nutrition », *Am J Clin Nutr*, 63, p.399-400.

2. Beaudry M. *et al.*, 2004, « Public nutrition: An emerging paradigm », *Can J Pub Health*, 95 (5), p.375-377.

La nutrition publique se fonde par ailleurs sur la promotion de la santé, un processus permettant aux individus et aux populations d'accroître le contrôle sur leur propre santé et de l'améliorer[3]. Une telle approche nécessite l'implication des populations et le partage des responsabilités. La participation des mères, des familles, des communautés et des institutions est d'ailleurs reconnue depuis plusieurs décennies comme un facteur clé, sinon « le » facteur clé, de la réussite des programmes de nutrition[4]. Les intentions de la nutrition publique sont claires : travailler dans l'intérêt du public, avec sa participation et celle de tous les autres secteurs ; de par sa nature, elle vise à l'autonomisation des individus et des communautés[5]. Dans les pays décentralisés en particulier, étant donné le transfert des compétences, la responsabilisation des acteurs locaux et le plein exercice de leurs choix et options en matière de nutrition deviennent incontournables.

Enfin, étant donné le caractère multifactoriel de la nutrition, il est crucial d'avoir une approche multisectorielle et multidisciplinaire. Un partenariat multi-acteurs s'impose, qu'il s'agisse de gouvernements, de la société civile, d'agences des Nations unies, de donateurs, du secteur privé ou d'institutions académiques et de recherche ; chacun doit toutefois s'inscrire dans les priorités de nutrition des gouvernements et respecter certains critères de redevabilité, de transparence et de durabilité. La généralisation d'une perspective de nutrition publique permettrait certainement d'accélérer la réduction de la malnutrition, particulièrement chez les groupes les plus vulnérables.

Dans les sections suivantes, nous exposons d'abord les interventions et les priorités en matière d'investissements pour la nutrition ; puis nous proposons une approche concrète et une méthode pour la mise en œuvre de programmes et interventions efficaces et durables ; enfin, nous suggérons également un schéma pour le suivi et l'évaluation de ces programmes et interventions.

---

3. Organisation mondiale de la santé, Santé et Bien-être Canada, Association canadienne de santé publique, 1986. Charte d'Ottawa sur la promotion de la santé. https://www.canada.ca/fr/sante-publique/services/promotion-sante/sante-population/charte-ottawa-promotion-sante-conference-internationale-promotion-sante.html

4. Ismail S. *et al.*, 2003, *Community-based food and nutrition programmes : What makes them successful. A review and analysis of experience*, Rome, FAO.

5. L'autonomisation est définie comme étant le processus par lequel des individus et des communautés disposent des conditions nécessaires pour prendre le pouvoir et être réellement acteurs de la transformation de leur vie et de leur environnement. En d'autres termes, l'autonomisation reconnaît que les individus comprennent leurs propres besoins mieux que quiconque (Houéto D. et Laverack G., 2014, *Promotion de la santé et autonomisation dans le contexte africain*, Rossendale Books, Raleigh NC, Lulu Enterprises Inc.).

Priorités d'investissements pour la mise en œuvre d'interventions effectives spécifiques et sectorielles en lien avec la nutrition

Paquet d'interventions spécifiques

Au cours des dernières années, on a acquis une meilleure compréhension du type d'interventions à prioriser pour réduire la sous-nutrition. On a notamment reconnu l'importance d'adopter un ensemble (« paquet ») d'interventions jugées efficaces et de les mettre en œuvre rapidement à grande échelle (*i. e.* avec une couverture de 90 %). Deux séries d'articles du journal *The Lancet* publiées en 2008[6] et 2013[7] ont grandement contribué à divulguer cette connaissance scientifique et à sensibiliser les différents acteurs sur les questions de sous-nutrition maternelle et infantile. À partir d'une revue approfondie des interventions nutritionnelles, les auteurs ont tout d'abord identifié, en 2008, 13 interventions dont l'efficacité sur la survie et l'état nutritionnel de l'enfant avait pu être scientifiquement prouvée, souvent dans le cadre d'essais contrôlés randomisés. Puis, en 2013, il a été démontré que si un ensemble de 10 interventions spécifiques, considérées comme étant les plus efficaces sur la base d'une modélisation d'impact, étaient mises en place à grande échelle dans les 34 pays qui supportent 90 % du fardeau global de la malnutrition, la vie de près d'un million d'enfants d'âge préscolaire pourrait être sauvée chaque année, le retard de croissance pourrait être réduit de 20,3 % et la malnutrition aiguë sévère de 61,4 %. Ces 10 interventions sont les suivantes :

– une supplémentation ou fortification[8] en acide folique durant la période entourant la conception ;

– une supplémentation protéino-énergétique équilibrée chez la femme enceinte ;

– une supplémentation maternelle en calcium ;

– des suppléments en micronutriments multiples chez la femme enceinte (incluant fer et acide folique) ;

– la promotion de l'allaitement maternel ;

– une alimentation de complément appropriée ;

– la supplémentation à titre préventif chez les enfants âgés de 6-59 mois en vitamine A ;

– la supplémentation à titre préventif chez les enfants âgés de 6-59 mois en zinc ;

---

6. Black R. E. *et al.*, 2008, « Maternal and child undernutrition: Global and regional exposures and health consequences », *Lancet*, 371, p. 243-260.

7. Bhutta Z. A. *et al.*, 2013, « Evidence-based interventions for improvement of maternal and child nutrition: what can be done and at what cost? », *Lancet*, 382, p. 452-477.

8. Une supplémentation consiste en l'apport séparé d'un complément alimentaire sous une forme diverse (tablette, comprimé, poudre, etc.) ; la fortification consiste en l'enrichissement d'un aliment vecteur avec le micronutriment recherché (fer, zinc, etc.).

– la prise en charge de la malnutrition aiguë sévère ;
– la prise en charge de la malnutrition aiguë modérée.

Les auteurs ont aussi souligné que l'iodation du sel pouvait contribuer significativement à réduire les carences en iode et à améliorer la santé des individus[9].

Comme mentionné plus haut, ces interventions sont recommandées sur la base d'études menées dans des conditions parfois très différentes des conditions réelles de mise en œuvre à large échelle. Par conséquent, les effets observés dans un contexte réel peuvent être différents. Il y a malheureusement très peu d'études d'efficacité réalisées dans des situations réelles de programmes. Par ailleurs, ce paquet d'interventions n'est pas toujours accompagné du mode d'emploi. On sait par exemple que l'amélioration des pratiques d'alimentation du jeune enfant requiert la prise en compte de nombreux facteurs, notamment de facteurs culturels spécifiques au contexte, et que ceci impose un travail de longue haleine, au plus près des communautés (cf. encadré 1). Un plus grand nombre d'études d'efficacité et d'études de cas de qualité sont nécessaires pour documenter les mécanismes à travers lesquels les interventions contribuent à l'amélioration de l'état nutritionnel des populations ciblées.

Encadré 1. Considérations pour changer les pratiques d'alimentation du jeune enfant

L'amélioration des pratiques d'alimentation du jeune enfant repose principalement sur un changement de comportement ; une analyse permettant de mieux comprendre les croyances, attitudes et normes sociales et autres facteurs sous-jacents associés à ces comportements s'avère donc essentielle[10]. Par exemple, en plus de la commercialisation des substituts de lait maternel, parfois avec une promotion agressive, des pratiques culturelles telles que l'introduction de boissons (eau, tisanes) et aliments (par exemple miel) avant d'initier l'allaitement, ainsi que durant la pratique de l'allaitement maternel, portent aussi préjudice à l'allaitement exclusif. Ainsi au Nigeria, par exemple, moins du quart des enfants de moins de six mois sont allaités exclusivement. Par ailleurs, les décisions de la mère concernant la façon d'alimenter son enfant sont fortement influencées dans plusieurs sociétés par les croyances et attitudes des membres de l'entourage, qui peuvent avoir parfois plus de poids pour la mère que ses propres croyances ou connaissances[11]. Les efforts déployés pour améliorer les

9. À noter qu'entre la série du *Lancet* 2008 et celle de 2013, le nombre d'interventions est passé de 13 à 10 pour diverses raisons de formulation, mais c'est sensiblement le même paquet qui est proposé.

10. Zamora *et al.*, 2014, « Using an equity lens in the implementation of interventions to protect, promote, and support optimal breastfeeding practices », *J Hum Lactation*, 31 (1), p.21-25.

11. Arts M. *et al.*, 2011, « Knowledge, beliefs, and practices regarding exclusive breastfeeding of infants younger than 6 months in Mozambique: A qualitative study », *J Hum Lactation*, 27 (1), p.25-32.

pratiques d'allaitement doivent donc tenir compte de l'influence de l'entourage. L'initiative « Alive & Thrive » au Bangladesh fournit un exemple à grande échelle d'une intervention efficace portant sur les changements de comportement visant à améliorer l'allaitement maternel[12]. Ce projet a concentré ses efforts sur la communication interpersonnelle. Avant d'initier cette activité proprement dite, des recherches formatives ont été conduites pour bien comprendre les croyances et pratiques culturelles. Par la suite, des investissements ont été consentis dans la formation d'un nombre suffisant d'agents communautaires (11 000). Ceux-ci ont été chargés de conseiller et soutenir les mères ainsi que les autres membres de la famille et les dirigeants communautaires afin que ces derniers encouragent pleinement de bonnes pratiques alimentaires et appuient les activités des agents communautaires. Ces efforts ont permis d'augmenter les taux d'allaitement exclusif de 49 % à 83 % entre 2010 et 2013 dans les zones d'intervention du programme.

Par ailleurs, le « focus » sur ces 10 interventions ne doit pas nous faire oublier qu'il y a d'autres interventions ayant également un potentiel d'impact sur la nutrition de la mère et de l'enfant mais pour lesquelles il n'y avait pas suffisamment d'évidence lors de la publication du *Lancet*. C'est par exemple le cas pour la supplémentation en acides gras essentiels (omega-3) durant la grossesse, la supplémentation en vitamine D chez les jeunes enfants ou encore le contrôle de la pollution de l'air à l'intérieur des habitations. Des études sont en cours pour certaines de ces interventions, notamment sur l'ajout de suppléments nutritionnels à base de lipides au régime de l'enfant (LNS pour *lipid nutrient supplements* en anglais). Les quelques résultats disponibles sont prometteurs et il est fort possible que certaines d'entre elles rejoignent sous peu le paquet des interventions efficaces pour réduire la sous-nutrition.

À titre d'exemple, prenons le cas de la supplémentation en calcium qui est recommandée durant la grossesse chez les femmes qui ont de faibles apports afin de réduire les risques de troubles hypertensifs et de prématurité. Comment mettre en œuvre concrètement cette intervention dans un contexte de pays en développement ? Rappelons d'abord que dans le *Lancet* 2013, il y a trois interventions sur dix qui concernent la nutrition de la femme enceinte : supplémentation ou fortification en acide folique juste avant la grossesse, supplémentation en micronutriments multiples (qui inclut le fer et l'acide folique) et supplémentation en calcium. Le calcium interagit avec le fer pour l'absorption et ne peut donc pas être donné en même temps. C'est pour cette raison qu'il n'est pas inclus dans le supplément de micronutriments multiples mais aussi parce que cela augmenterait considérablement la taille des comprimés puisque la quan-

12. Alive & Thrive, 2014, *Getting strategic with interpersonal communication : Improving feeding practices in Bangladesh*, Washington DC, Alive & Thrive.

tité de calcium nécessaire est importante. Alors concrètement, comment faire pour promouvoir la supplémentation en calcium sans pour autant nuire au programme de supplémentation en fer et acide folique (ou micronutriments multiples) qui ont une couverture plutôt limitée? Dans un tel cas, il faut aviser la femme enceinte de ne pas prendre le comprimé de calcium au même moment que le fer mais à un autre moment de la journée. Une telle situation complique évidemment le message et la logistique car il n'y a plus un mais deux suppléments à fournir aux femmes enceintes.

La supplémentation en zinc à titre préventif, chez le jeune enfant, est un autre exemple. Bien qu'elle soit parmi les 10 interventions recommandées, il n'y a aucun pays qui ait pu la mettre en œuvre à l'échelle nationale ou sous-nationale ou, encore, qui ait adopté une politique nationale à cet effet. Il devient donc difficile, sinon impossible, de fournir une dose quotidienne de zinc aux jeunes enfants dans les pays à faible et moyen revenus s'il n'y a pas de politiques claires pour la prévention des carences nutritionnelles en général, incluant l'anémie ferriprive chez le jeune enfant (le zinc pouvant alors être associé au fer). Par contre, il est intéressant de constater que des pays tels que le Bangladesh, la Bolivie, le Kirghizistan, la Mongolie et le Népal ont réalisé des avancées importantes sur cette problématique grâce aux poudres de multi-micronutriments (MNP, pour *micronutrient powder* en anglais) qui sont destinées aux enfants de 6-23 mois. Le principal intérêt de ces poudres est leur potentiel pour améliorer l'alimentation du jeune enfant car elles contiennent plusieurs micronutriments, tels que la vitamine A, le fer et le zinc, qui font souvent défaut dans le régime alimentaire du jeune enfant. Elles ont aussi été associées à une amélioration des pratiques de l'alimentation de complément[13].

Afin que les interventions reconnues comme étant efficaces puissent contribuer à réduire significativement la malnutrition sous toutes ses formes, certaines conditions doivent être réunies: une couverture effective des personnes à risque, des interventions de qualité, et leur mise en œuvre à grande échelle. Malheureusement, ces conditions font souvent défaut. Par ailleurs, outre le cas des programmes d'iodation du sel et de supplémentation en vitamine A, les données sur la couverture des interventions spécifiques restent limitées[14]. Si l'on s'en tient aux 10 interventions spécifiques de la série du *Lancet* de 2013, plusieurs pays n'ont des données de couverture nationale que pour la supplémentation en vitamine A et les interventions relatives aux pratiques alimentaires du jeune enfant (allaitement maternel et introduction des aliments de complément en particulier)[15].

13. Siekmans K. *et al.*, 2017, « The potential role of micronutrient powders to improve complementary feeding practices », *Mat & Child Nutr*, 13 (S2), p. 125-135.

14. IFPRI, 2014, *Global Nutrition Report*, http://www.ifpri.org/publication/global-nutrition-report-2014-actions-and-accountability-accelerate-worlds-progress et http://globalnutritionreport.org/

15. Les données sur les pratiques alimentaires n'étant pas des données de couverture des programmes mais des données de prévalence de certaines des pratiques promues par les programmes seulement.

Même en ce qui concerne l'allaitement maternel exclusif, le *Rapport mondial sur la nutrition* de 2015 fait état du manque flagrant de données pour en évaluer les progrès : sur 193 pays examinés, 115 (60 %) ont encore des données manquantes[16]. Il est important par ailleurs que la couverture soit effective, c'est-à-dire que le programme ou les interventions atteignent les personnes à risque. Il faut aussi idéalement que les individus soient atteints par toutes les interventions du paquet (et non par quelques-unes seulement) et que les programmes et interventions soient de qualité pour aboutir à des changements de comportement, tel qu'illustré par l'encadré 1.

Interventions sectorielles en faveur de la nutrition

Des pays tels le Brésil, le Chili, la Chine ou la Thaïlande ont fait des progrès considérables pour réduire la sous-nutrition. Pour ce faire, ils ont non seulement favorisé des interventions de nutrition spécifiques à grande échelle mais ils ont également investi dans les secteurs de la santé, de l'éducation, du développement social et économique, de l'agriculture, de l'eau et de l'assainissement[17]. Sans débattre de leur importance relative, la question qui se pose est comment faire pour que les interventions menées au sein de tous ces secteurs soient plus favorables à la nutrition ?

Malgré le fort potentiel d'amélioration de la nutrition de ces programmes ou interventions, il y a peu de preuves de leur efficacité réelle en raison de certaines faiblesses liées à leur conception et à leur mise en œuvre[18]. D'une part, ils incluent rarement des objectifs ou des activités de nutrition, ou même une réflexion sur leurs conséquences sur la nutrition[19]. D'autre part, leur durée de mise en œuvre est souvent limitée à quelques années et le type d'évaluation ne permet pas toujours de mesurer l'impact sur l'état nutritionnel des populations visées. Prenons l'exemple des interventions dans le secteur de l'agriculture : plusieurs revues de leurs effets concluent que les preuves d'impact sur la nutrition sont faibles et que des études mieux conçues avec une méthodologie rigoureuse demeurent nécessaires[20]. Heureusement, quelques pistes ou exemples pour que

16. IFPRI, 2015, *Global Nutrition Report*, p. 17, http://www.ifpri.org/publication/global-nutrition-report-2015 et http://globalnutritionreport.org/

17. UNICEF, 2013, *Nutrition Report*, https://www.unicef.org/publications/index_68661.html

18. Ruel M. T. *et al.*, 2013, « Nutrition-sensitive interventions and programmes : How can they help to accelerate progress in improving maternal and child nutrition ? », *Lancet*, 382, p. 536-551.

19. Il est en effet possible que certaines interventions sectorielles aient un effet négatif sur la nutrition, par exemple si elles demandent beaucoup de temps supplémentaire aux femmes au détriment du temps alloué au soin des jeunes enfants, comme cela a été montré dans des programmes de maraîchage.

20. Berti P. *et al.*, 2004, « A review of the effectiveness of agriculture interventions in improving nutrition outcomes », *Public Health Nutrition*, 7, p. 599-609 ; Masset E. *et al.*,

ces interventions sectorielles soient plus favorables à la nutrition ont été identifiés et documentés récemment.

• Agriculture

Ce secteur peut d'abord contribuer à améliorer la production et la disponibilité d'aliments nutritifs à faible coût, ainsi que la diversité et la qualité du régime alimentaire. L'intégration d'objectifs nutritionnels dans ces programmes peut se traduire par des actions ciblées sur les populations les plus vulnérables et prenant en compte les questions de genre, étant donné que les femmes sont le plus souvent les responsables des cultures maraîchères et du petit élevage[21]. Ces programmes doivent s'assurer que le travail des femmes n'affecte pas négativement le temps alloué aux soins et à l'alimentation des enfants en mettant en place des mesures adaptées (horaires flexibles, crèche à proximité, outils de maraîchage réduisant le temps de travail, etc.). Une autre possibilité est d'utiliser le secteur agricole comme une plateforme pour promouvoir des interventions nutritionnelles en sensibilisant par exemple les agents de vulgarisation agricole. Les interventions dans ce secteur auront plus d'impact sur la nutrition si elles incluent dès le départ une composante sur les changements de comportement et des considérations de genre[22]. Des exemples d'initiatives visant à l'adoption par les femmes de méthodes agricoles efficaces, ainsi que de pratiques nutritionnelles clés pour elles et leurs enfants, sont fournis par le programme d'amélioration de la production alimentaire (E-HFP) au Burkina Faso[23], ou encore le projet de la FAO au Cambodge et au Malawi, qui vise à accroître les apports alimentaires et l'état nutritionnel des nourrissons et des jeunes enfants par l'amélioration de la sécurité alimentaire combinée à de l'éducation nutritionnelle. À noter que la FAO a publié une synthèse des principes d'intégration de la nutrition dans le secteur de l'agriculture[24].

2012, « Effectiveness of agricultural interventions that aim to improve nutritional status of children: Systematic review », *Br Med J*, 344, d8222; Webb P. & Kennedy E., 2014, « Impacts of agriculture on nutrition: Nature of the evidence and research gaps », *Food Nutr Bull*, 35, p. 126-132.

21. Save the Children, 2014, *L'agriculture sensible à la nutrition*, http://www.savethechildren.org.uk/sites/default/files/docs/Agriculture_Sensible_a_la_Nutrition2.pdf

22. Leroy J. L. & Frongillo E. A., 2007, « Can interventions to promote animal production ameliorate undernutrition? », *J Nutr*, 137, p. 2311-2316.

23. Olney D. *et al.*, 2015, « A 2-year integrated agriculture and nutrition and health behavior change communication program targeted to women in Burkina Faso reduces anemia, wasting, and diarrhea in children 3–12.9 months of age at baseline: A cluster-randomized controlled trial », *J Nutr*, 145, p. 1317-1324.

24. FAO, 2013, *Synthesis of guiding principles on agriculture programming for nutrition. Final draft*, Rome, FAO.

• Eau et assainissement

Le simple fait d'améliorer l'accès à l'eau potable et l'assainissement peut grandement contribuer à réduire les maladies diarrhéiques qui sont une cause importante de malnutrition[25]. Mais il est également possible de rendre ce secteur plus sensible à la nutrition en intégrant des interventions spécifiques au soin des jeunes enfants, comme évacuer de façon adéquate les selles des bébés, ou s'assurer que l'environnement où évolue l'enfant soit propre (animaux/volailles dans un enclos, sol dégagé de selles d'animaux, etc.). Par ailleurs, des pratiques d'hygiène alimentaire inadéquates peuvent conduire à des niveaux élevés de contamination microbienne des aliments ; des interventions axées sur les points critiques (durant la préparation, la cuisson, le stockage et le réchauffage des aliments de complément) peuvent donc aider à réduire cette contamination. Il y a un consensus croissant sur l'importance de l'intégration de composantes spécifiques d'hygiène alimentaire à la fois dans les programmes d'eau et assainissement et dans les programmes de nutrition, et donc de cibler les mêmes ménages avec les deux types d'interventions. Plusieurs études, dont le « Shine trial » et le « WASH Benefits », viennent de se terminer et les résultats préliminaires suggèrent que l'impact de ces interventions combinées sur l'état nutritionnel des enfants n'est pas concluant. Par ailleurs, il existe un guide récent sur l'intégration de la nutrition au secteur de l'eau et de l'assainissement, qui fournit également des exemples et propose des indicateurs pour le suivi et l'évaluation[26].

• Protection sociale

Les programmes de protection sociale existent depuis plusieurs décennies dans plusieurs pays et particulièrement en Amérique latine, mais peu ont des objectifs spécifiques d'amélioration de la nutrition. Or, ce secteur a un rôle notable à jouer pour améliorer la nutrition, en réduisant la pauvreté et l'insécurité alimentaire qui sont des déterminants sous-jacents de la malnutrition. Au Brésil, le programme « *Bolsa Familia* » de réduction de la pauvreté, le plus important programme du genre dans le monde, est un exemple de programme social associé avec l'amélioration de la nutrition même s'il n'y avait pas d'objectifs nutritionnels au départ. Par ailleurs, en mettant plus d'actifs sous le contrôle des femmes (que ce soit sous forme de liquidités, de chèques ou d'aliments), on favorise leur pouvoir de décision au sein du ménage et on augmente ainsi les chances que ces ressources additionnelles soient utilisées pour le soin et l'alimen-

---

25. Spears D., 2013, *How much international variation in child height can sanitation explain ?*, World Bank policy research working paper (6351), Washington DC, The World Bank.

26. WHO/UNICEF/USAID, 2015, *Improving nutrition outcomes with better water, sanitation and hygiene : Practical solutions for policy and programmes. 5 key facts,* http://www.who.int/water_sanitation_health/publications/washandnutrition-5-key-facts.pdf

tation des enfants. Encore faut-il s'assurer que le montant du transfert soit suffisant pour avoir un impact sur la nutrition permettant à la fois d'acheter des aliments nutritifs et de répondre à la fluctuation des prix. Lorsqu'il y a des objectifs nutritionnels, il faut s'assurer que les filets sociaux de sécurité mis en place ciblent les bons groupes d'âge et incluent des aliments enrichis spécifiques aux enfants ou des suppléments en micronutriments ; ils doivent en outre être accompagnés d'information nutritionnelle. Les travailleurs sociaux peuvent recevoir un minimum de formation sur les pratiques alimentaires appropriées et le programme peut être renforcé en coordonnant les activités avec le secteur de la santé. Il existe un réel potentiel pour rendre les programmes de protection sociale plus favorables à la nutrition et il faut en saisir l'opportunité, comme le montrent un nombre croissant d'exemples dans divers pays. Ainsi, des évaluations rigoureuses du programme « *Oportunidades* » au Mexique (maintenant nommé « *Prospera* ») ont permis de démontrer que des sessions d'éducation nutritionnelle combinées aux transferts monétaires ont contribué à améliorer les pratiques alimentaires, de même que l'état nutritionnel des mères et des enfants[27]. Le programme « *Child grant* » au Népal, qui a démontré des résultats positifs sur l'état nutritionnel des jeunes enfants, est un autre exemple de transfert monétaire aux familles les plus pauvres, accompagné d'éducation sur l'alimentation du jeune enfant. Toutefois, avec les risques d'obésité associés à une consommation excessive d'énergie (et une réduction de l'activité physique), il importe de s'assurer que les programmes sociaux ne contribuent pas involontairement à augmenter l'obésité en promouvant des aliments trop riches en calories. L'exemple en est fourni par le programme WIC (*Women, infants and children*) aux États-Unis où le panier alimentaire a dû être ajusté en 2009 pour fournir des aliments plus nutritifs et moins riches en calories (par exemple, lait partiellement écrémé plutôt que lait entier, fruits frais au lieu de jus de fruits, etc.).

• Éducation

De manière générale, le niveau d'éducation des parents, de la mère en particulier, est associé à un meilleur état de santé et de nutrition. Ainsi en Indonésie, par exemple, le risque de retard de croissance des enfants est réduit de près de 5 % lorsque les mères ou les pères ont plus d'éducation formelle que la moyenne[28]. En effet, non seulement les individus éduqués ont un niveau socio-économique plus élevé mais ils sont aussi mieux outillés pour comprendre l'information divulguée et pour prendre les

27. Bassett L., 2008, *Can conditional cash transfer programs play a greater role in reducing child undernutrition ?*, SP Discussion Paper 0835, Washington DC, The World Bank.

28. Semba R. D. *et al.*, 2008, « Effect of parental formal education on risk of child stunting in Indonesia and Bangladesh : A cross-sectional study », *Lancet*, 371 (9609), p.322-328.

bonnes décisions concernant leur santé. Au vu des disparités entre taux de scolarisation des garçons et des filles dans les pays en développement, s'assurer que plus de jeunes filles poursuivent leurs études secondaires est primordial. C'est aussi une façon efficace de diminuer les mariages précoces. Les jeunes filles qui demeurent plus longtemps dans le milieu scolaire sont plus informées sur l'utilisation de la contraception, retardent l'âge à la première grossesse et font une meilleure utilisation des services de santé[29]. Par ailleurs, le secteur de l'éducation constitue une plate-forme idéale pour promouvoir des activités nutritionnelles au sein d'une audience « captive » et réceptive à de nouvelles informations. Les élèves et étudiants peuvent ainsi être sensibilisés à l'importance d'une bonne alimentation à travers des activités de jardinage, de cuisine ou autre, ou plus formellement en participant à des cours d'éducation nutritionnelle. Le milieu scolaire peut aussi être utilisé pour distribuer des suppléments de fer et faire du déparasitage car ces interventions sont simples et très efficaces pour réduire l'anémie et améliorer les performances cognitives. Les programmes d'alimentation scolaire qui offrent un repas à l'école et des rations à emporter favorisent la fréquentation scolaire, mais ils sont jugés plus efficaces s'ils sont combinés à des programmes de déparasitage et de supplémentation en micronutriments ou lorsque les aliments offerts sont enrichis en vitamines et minéraux[30]. Plus nous agissons tôt dans la vie d'un individu, meilleurs seront les résultats et il en est de même dans le secteur de l'éducation. Les programmes de développement de la petite enfance fournissent une excellente opportunité pour combiner soins, nutrition et stimulation, et ainsi aider les jeunes enfants à atteindre leur plein potentiel de développement. En outre, le secteur de l'éducation sera le premier à bénéficier d'une meilleure attention à la nutrition : un enfant sain et bien nourri sera plus attentif et plus réceptif pour apprendre et ainsi plus susceptible de devenir un adulte instruit et plus productif. Enfin, outre l'intégration d'interventions de nutrition dans le système éducatif d'un pays, il est également essentiel de renforcer les connaissances et compétences des ressources humaines qui dispensent ces interventions en nutrition ainsi que les capacités institutionnelles. Par exemple, il est important d'investir dans la révision des *curricula* des institutions académiques qui forment ces ressources humaines pour que celles-ci acquièrent les connaissances et compétences nécessaires à une approche de nutrition publique adaptée aux besoins et réalités du pays.

---

29. Ministry of Foreign Affairs of the Netherlands, 2011, *Lessons learnt : Synthesis of literature on the effectiveness of investment in education*, IOB Evaluation n° 355, La Haye, Ministry of Foreign Affairs of the Netherlands.

30. Adelman S. *et al.*, 2008, *How Effective are food for education Programs? A Critical Assessment of the Evidence from Developing Countries*, Policy Review 9, Washington DC, IFPRI.

Analyse de la situation

Dans chaque contexte, l'analyse de la situation est essentielle pour guider le choix des interventions à mettre œuvre, et il n'y a pas de modèle unique. Cette étape implique une analyse de l'état nutritionnel des populations, de ses déterminants, de l'étendue des problèmes nutritionnels ainsi que de l'identification des populations les plus affectées par groupe d'âge, genre, niveau socio-économique, localisation géographique, etc., et ce à travers un prisme d'équité[31]. Prenons le cas de la malnutrition aigüe sévère. Avant d'établir un programme de traitement à base communautaire, il faut se poser quelques questions. Est-ce que la malnutrition aiguë sévère affecte certaines régions du pays en particulier ? Quelle en est la prévalence ? Est-elle localisée ou généralisée ? Est-elle reliée à des facteurs saisonniers ou autres ? Etc. Il se peut qu'une fois la situation analysée, on se rende compte que le traitement de la malnutrition sévère dans les établissements de santé est suffisant, ou encore que le traitement à base communautaire n'est nécessaire que pour une petite partie de la population dans une région précise du pays. L'analyse de la situation à travers un prisme d'équité facilite la prise de décision et permet de concentrer les investissements en matière de nutrition au niveau des groupes et des zones les plus défavorisés[32]. Cette approche permet des gains significatifs à long terme et ne requiert pas des dépenses exorbitantes. L'utilisation accrue de services communautaires, le transfert de services cliniques typiquement fournis par des professionnels de la santé aux agents de santé communautaires, la réduction des obstacles financiers sont autant de stratégies qui peuvent augmenter la couverture des plus défavorisés sans pour autant nécessiter une augmentation des coûts. L'analyse de la situation inclut aussi, outre l'évaluation des causes de malnutrition, l'identification des solutions pour y remédier. Pour un programme réussi, cette analyse doit obligatoirement impliquer les communautés concernées. À titre d'exemple, la nouvelle stratégie globale de l'UNICEF sur la nutrition (2014-2025) fournit un schéma pour guider la prise de décision sur le type d'interventions à mettre en œuvre en fonction du contexte et des conditions qui prévalent. Ainsi, s'il y a d'importantes variations saisonnières dans la production et la disponibilité alimentaire, l'éducation nutritionnelle ne sera probablement pas suffisante pour améliorer la nutrition du jeune enfant. Cette intervention devra vraisemblablement être accompagnée de suppléments alimentaires. De même, dans une région à prévalence élevée de paludisme, la supplémentation en fer et acide folique chez la femme enceinte devra être accompagnée par une prévention médica-

31. UNICEF, 2010, *Narrowing the Gaps to Meet the Goals*, New York, UNICEF, http://www.unicef.org/media/files/Narrowing_the_Gaps_to_Meet_the_Goals_090310_2a.pdf

32. Chopra M. *et al.*, 2012, « Strategies to improve health coverage and narrow the equity gap in child survival, health, and nutrition », *Lancet*, 380, p. 1331-1340.

menteuse intermittente et la promotion de moustiquaires imprégnées d'insecticide. Cette stratégie de nutrition globale a été adaptée à la région de l'Asie de l'Est et du Pacifique[33], où elle introduit également un paquet d'interventions pour le contrôle du surpoids et de l'obésité lorsque la prévalence excède 10 % chez l'enfant de moins de 5 ans et/ou 30 % chez les femmes. Quatorze pays dans cette région sont concernés par un tel paquet.

L'analyse de la situation inclut également une revue des politiques et programmes en place pour réduire la malnutrition. Cette étape comprend entre autres la cartographie des politiques et programmes dans les différents secteurs, précisant le type de systèmes institutionnels dans lesquels ils sont mis en œuvre, le soutien des bailleurs de fonds (qui soutient quoi et où) et le budget alloué à la nutrition. L'analyse des goulots d'étranglement et des facteurs qui entravent ou facilitent l'exécution des programmes et leur performance au niveau national doit aussi faire partie de cet inventaire. Une revue des capacités en matière de nutrition est également indispensable. À l'heure actuelle, cette composante est probablement ce qui fait le plus défaut. Il s'agit d'examiner et d'analyser les lacunes au niveau des ressources humaines, des institutions de formation et d'évaluer les besoins en termes d'infrastructure et de matériels[34]. Il faut également rassembler des informations sur la capacité de formation des institutions et les connaissances et compétences des personnels. Cet exercice permettra ensuite de planifier, gérer et assurer le suivi et l'évaluation des services de nutrition à tous les niveaux. Il est important de souligner qu'il ne suffit pas de savoir combien de personnes ont été formées. Des informations sur la qualité de la formation, les motivations du personnel à accomplir ses tâches et le niveau de supervision sont également essentielles. L'accélération et la pérennisation des progrès en matière de nutrition ne seront pas possibles sans un processus à long terme de renforcement des capacités individuelles, systémiques et organisationnelles[35].

L'analyse de la situation est sans conteste une étape essentielle pour établir des priorités d'investissement et guider le choix des interventions. Elle informe également la phase d'exécution, y compris la qualité des programmes et la mise à l'échelle des interventions efficaces en assurant leur pérennisation.

---

33. UNICEF EAPRO, 2014, *Regional Nutrition Strategy*, https://www.unicef.org/eapro/Vol_1_EAPR_strategic_approach_to_nutrition_programming.pdf

34. Mucha N. et Tharaney M., 2013, *Strengthening human capacity to scale up nutrition*, Bread for the World Institute & HKI, http://www.fao.org/fsnforum/sites/default/files/discussions/contributions/strengthening-human-capacity-FINAL_June_2013.pdf

35. Shrimpton R. *et al.*, 2014, « Nutrition capacity development: A practice framework », *Public Health Nutr*, 17, p.682-688.

Cycle de vie versus les deux premières années de la vie (les 1 000 jours)

• Les 1 000 jours

Une bonne nutrition durant les 1 000 premiers jours, c'est-à-dire de la conception à l'âge de 2 ans, est cruciale non seulement pour la survie et la croissance de l'enfant mais aussi pour sa capacité à se développer et à apprendre, contribuant ainsi au développement et à la prospérité d'une société. Une bonne nutrition au cours de cette période peut aussi diminuer le risque de maladies chroniques à l'âge adulte[36]. Ceci constitue une raison de plus d'intervenir plus tôt et d'appuyer les bonnes habitudes alimentaires dans les familles avec de jeunes enfants (cf. chap. 3). Nul ne met en doute l'importance d'investir dans des interventions qui se concentrent sur cette période, notamment celles qui concernent l'alimentation du nourrisson et du jeune enfant. Cependant il est nécessaire de bien comprendre ce que l'optimisation de l'alimentation de l'enfant implique concrètement en termes d'actions prioritaires, car il y a eu peu de progrès dans ce domaine jusqu'ici.

Les pratiques optimales d'alimentation du jeune enfant incluant l'allaitement maternel ont été décrites plus haut. Dans plusieurs pays en développement, l'allaitement maternel est considéré comme une pratique acquise : la majorité des femmes allaitent et 92 % poursuivent l'allaitement jusqu'à ce que l'enfant atteigne l'âge d'un an. Avec de telles statistiques on croit que tout va bien et qu'il serait superflu d'investir dans les programmes d'allaitement maternel. Mais malgré tous les bénéfices qu'apporte l'allaitement maternel, tant pour l'enfant que pour la mère[37], à l'échelle globale seulement 45 % des nouveau-nés sont mis au sein dans la première heure suivant l'accouchement et 40 % des enfants sont allaités exclusivement jusqu'à six mois[38]. Par ailleurs, avec moins du tiers des enfants de 6-23 mois ayant une alimentation minimale adéquate, il va de soi que les efforts pour améliorer l'alimentation de l'enfant en passant par la diversité alimentaire (incluant les aliments d'origine animale) ont été jusqu'à présent insuffisants[39].

Obtenir une couverture suffisante pour des interventions portant sur la promotion, le soutien et la protection de l'alimentation du jeune enfant nécessite l'implication du système de santé comme celle des communautés. Le système de santé doit par exemple adopter formellement une politique favorisant l'allaitement maternel, associée à une formation appropriée du

---

36. Horta B. L. *et al.*, 2015, « Long-term consequences of breastfeeding on cholesterol, obesity, systolic blood pressure and type 2 diabetes : A systematic review and meta-analysis », *Acta Paediatrica*, 104, p. 30-37.

37. *Acta Paediatrica*, 2015, http://onlinelibrary.wiley.com/doi/10.1111/apa.2015.104.issue-S467/issuetoc

38. Source : Bases de données mondiales de l'UNICEF 2017, issues des enquêtes MICS, DHS et autres enquêtes nationales représentatives, https://data.unicef.org/

39. Bégin F. et Aguayo V. M., 2017, « First Foods : Why improving young children's diet matter ? », *Maternal & Child Nutr*, 13 (S2), p. 3-11.

personnel. La formation devrait non seulement porter sur le contenu des messages mais également sur la façon de conseiller les mères et de négocier avec elles et leurs familles pour engendrer le changement de comportement voulu. Le système de santé doit aussi avoir des liens solides avec les communautés. Ce lien permet d'assurer la continuité et la complémentarité des services. Par exemple, référer les mères après l'accouchement aux groupes d'appui communautaires peut s'avérer aussi important que le soutien fourni dans les cliniques ou les maternités[40]. L'engagement des communautés afin de changer les normes sociales est essentiel et passe, entre autres, par leur autonomisation (voir section suivante).

• Cycle de vie

Tel que mentionné précédemment, la période cruciale pour prévenir la malnutrition est la grossesse et les deux premières années de vie car c'est à ce moment que tout se joue. Cependant, mener des actions préventives avant la grossesse est également important, non seulement pour l'enfant mais aussi pour la santé de la femme elle-même. Pour autant, prioriser le tout début de la vie ne signifie pas mettre de côté les interventions qui ciblent les enfants plus âgés ou les adolescentes. À titre d'exemple, la supplémentation en vitamine A et le traitement de la malnutrition aiguë sévère sont des interventions qui doivent considérer tous les enfants de moins de 5 ans en raison de leur impact sur la mortalité infanto-juvénile. De plus, bien qu'à l'échelle mondiale il soit prouvé que 70 % du déficit accumulé en taille à l'âge de 5 ans soit attribué au déficit de croissance au cours des 1 000 premiers jours, 30 % est dû au déficit qui se poursuit de 2 à 5 ans[41]. Enfin, l'amélioration de la croissance de l'enfant après la petite enfance est bénéfique pour les acquis cognitifs à l'âge scolaire[42].

Approche programmatique et méthode pour la mise en œuvre d'un programme de nutrition

Approche

Une approche de nutrition publique implique l'évaluation et l'analyse des déterminants de la malnutrition, puis de la mise en œuvre d'actions

40. Coutinho S. B. *et al.*, 2005, « Comparison of the effect of two systems for the promotion of exclusive breastfeeding », *Lancet*, 366, p. 1094-1100.

41. Leroy J. L. *et al.*, 2014, « Linear growth deficit continues to accumulate beyond the first 1000 days in low- and middle-income countries: Global evidence from 51 national surveys », *J Nutr*, 144, p. 1460-1466.

42. Crookston B. *et al.*, 2013, « Post infancy growth, schooling, and cognitive achievement: Young Lives », *Am J Clin Nutr*, 98, p. 1555-1563.

permettant d'améliorer la situation de chacun de ces déterminants de façon équitable et durable. Cette approche, dite « triple A » (« *Assessment, Analysis, Action* »)[43], nécessite en outre la prise en compte de la multicausalité de la malnutrition, un cadre conceptuel pour guider le processus, la connaissance du contexte et la participation active des communautés et des autres acteurs concernés dans toutes les étapes du processus.

Le cadre conceptuel des déterminants de la malnutrition de l'UNICEF illustre clairement la nature multi-causale du problème et son utilisation s'avère essentielle si l'on veut que tous les intervenants puissent s'accorder sur une vision commune de la situation[44]. Le public est de fait composé d'un ensemble hétérogène d'institutions et d'individus ayant des intérêts divers. Une harmonisation des interventions et le développement d'une synergie entre les acteurs sont cruciaux. Toutefois, bien que les partenaires puissent s'accorder sur un cadre conceptuel, ceci n'est pas suffisant; encore faut-il qu'ils s'accordent sur les actions à mettre en œuvre. Or, bien que la collaboration et la coordination entre les secteurs soient des éléments essentiels pour la réussite des programmes de nutrition, elles ne sont jamais acquises d'avance. La collaboration verticale et horizontale entre les secteurs, les ministères et les acteurs qui sont à l'intérieur et à l'extérieur des gouvernements n'est en effet pas naturelle et dépend de conditions internes comme externes, et de leurs combinaisons (cf. encadré 2).

Encadré 2. Facteurs de réussite d'un programme de nutrition, l'exemple du Sénégal

En 2011, Garrett et Natalicchio[45] ont évalué les conditions qui avaient conduit au succès du programme de renforcement de la nutrition mis en œuvre par le Gouvernement du Sénégal. Il en ressort que le développement d'une vision commune, la promotion d'une appropriation du programme par tous les partenaires, le renforcement des capacités et le fait d'avoir un mandat qui permette à une structure donnée d'opérationnaliser la collaboration sont les éléments clés de ce succès. À ces facteurs s'ajoutent le leadership substantiel du directeur du projet, l'intérêt marqué par l'équipe du projet et les bailleurs de fonds pour le programme, la priorité mise sur l'atteinte des résultats et l'utilisation d'un système de suivi pour mesurer ces résultats et tirer des leçons du processus, la suffisance des ressources financières investies et la flexibilité administrative.

---

43. UNICEF, 1990, *Strategy for improved nutrition of children and women in developing countries*, New York, UNICEF.

44. Menon P. *et al.*, 2014, « Strengthening implementation and utilization of nutrition interventions through research: A framework and research agenda », *Ann N Y Acad Sci*, 1332, p.39-59.

45. Garrett J. et Natalicchio M., 2011, *Working multisectorally in nutrition: Principles, practices, and case studies*, Washington DC, International Food Policy Research Institute.

Les facteurs internes à l'organisation ont trait au leadership, à la vision, aux capacités, à la structure et à la culture organisationnelle, aux valeurs et à l'expérience de l'organisation. Les facteurs externes incluent les priorités en matière de développement, l'urgence du problème et l'environnement économique, social, culturel et politique. En outre pour que la collaboration fonctionne, des mécanismes qui lient et intègrent les organisations doivent également être réfléchis et mis effectivement en place.

Une compréhension commune du problème, la clarification des rôles, des responsabilités et de la redevabilité de chacun, la participation de l'ensemble des partenaires, peuvent aider à une coordination efficace entre les organisations. La décentralisation peut à l'inverse ajouter une difficulté à la mise en œuvre d'une approche multidisciplinaire, si les responsabilités ne sont pas clairement définies d'un niveau à l'autre, alors que les capacités peuvent être plus faibles. Cependant, une approche multidisciplinaire est plus facile à établir au niveau communautaire. Les actions de plusieurs secteurs sont essentielles car elles permettront d'intégrer la nutrition dans les programmes d'autres secteurs et, par conséquent, de porter à une plus grande échelle certaines interventions efficaces tout en assurant une meilleure cohérence des politiques, stratégies et programmes[46].

Il est également essentiel de bien connaître le contexte. Ceci n'est pas une nouveauté ! James Grant, directeur exécutif de l'UNICEF, avait souligné dès 1990, lors de la conférence sur la recherche en santé et sur le développement, que les défis liés à la complexité et à l'urgence des problèmes de santé publique (incluant la nutrition) ne pouvaient être relevés qu'avec une meilleure information sur, et de la part des communautés[47]. Cet exercice peut se faire à travers une revue des documents/données disponibles couplée à l'acquisition de connaissances de la nature, des causes et des conséquences des problèmes de malnutrition au sein des populations, et ce en utilisant un cadre conceptuel pour guider ce processus[48]. C'est également l'occasion de travailler en partenariat avec les communautés à l'aide de méthodes participatives. Il est crucial que les communautés participent à toutes les étapes de mise en œuvre d'un programme de nutrition, y compris sa planification, au lieu d'être de simples récipiendaires. Cette participation s'obtient par un processus continu, qui se développe et se construit au fil du temps[49]. Il est également important que les

46. The World Bank, 2013, *Improved nutrition through multisectoral approaches*, Washington DC, The World Bank.

47. James P. Grant, Executive Director, UNICEF, « Keynote Address at the Nobel Assembly Conference on Health Research for Development », Stockholm, February 1990.

48. Scrimshaw N. S. et Gleason G. R., 1992, *Rapid Assessment procedures (RAP) : Qualitative methodologies for planning and evaluation of health related programmes*, Boston MA, International Nutrition Foundation for Developing Countries.

49. Shrimpton R. *et al.*, 2014, « Nutrition capacity development : A practice framework », *Public Health Nutr*, 17, p.682-688.

décideurs concernés (locaux, régionaux, nationaux ou autres) soient inclus dans le processus en raison de leurs rôles dans la définition des politiques et programmes, et dans l'attribution des ressources, y compris en matière d'approvisionnement et de formation. Malheureusement, très peu de programmes à base communautaire sont réellement de nature participative[50] et, par conséquent, une faible proportion d'entre eux favorise réellement l'autonomisation des populations.

Il peut aussi être difficile de concilier les objectifs d'un programme de nutrition et ceux de l'autonomisation car les objectifs premiers du programme de nutrition sont bien évidemment en lien avec la nutrition et non pas avec l'autonomisation. La mise en œuvre d'une méthode participative ayant comme objectif le développement d'un programme de nutrition peut également être difficile à concilier avec les procédures des bailleurs de fonds. De plus, une telle approche nécessite un environnement national ou local qui soit favorable. Enfin, plusieurs facteurs contextuels peuvent influencer l'autonomisation des communautés, comme leur niveau d'organisation et d'alphabétisation, le statut des femmes, les conditions économiques et culturelles, le niveau d'homogénéité de la communauté et son isolement géographique et social.

Il est important que les bailleurs de fonds soient flexibles et n'imposent pas leurs propres priorités et échéanciers. Par exemple, l'allocation de fonds peut être faite de façon générale et les détails de leur utilisation peuvent être spécifiés ultérieurement lors du processus de planification, tout en respectant bien sûr les normes et directives environnementales, sociales et financières propres à chaque bailleur. Il est également nécessaire que la durée de l'initiative soit suffisante pour mettre en œuvre les interventions voulues, en évaluer les impacts et en assurer la durabilité. Enfin, comme exposé dans les autres sections de ce chapitre, des programmes efficaces de nutrition requièrent des interventions effectives, ciblées et avec une couverture suffisante, ainsi que la mise en place de mécanismes de suivi et d'évaluation appropriés.

50. « La participation communautaire est définie comme étant le processus par lequel les membres de la communauté, soit individuellement soit collectivement, avec des degrés d'engagement divers, développent la capacité à assumer davantage de responsabilités pour l'analyse de leurs besoins et problèmes de santé/nutrition, planifient et ensuite agissent afin de mettre en œuvre leurs solutions, créent et maintiennent des organismes pour soutenir ces efforts, et évaluent les effets et apportent les ajustements nécessaires aux objectifs et programmes de façon continue » (Zakus J. D. L. et Lysack C. L., 1998, « Revisiting community participation », *Health Policy and Planning*, 13 (1), p. 1-12).

Méthode

Nous suggérons ici l'utilisation d'une méthodologie participative de recherche et d'action[51] pour la définition et la mise en œuvre de programmes de nutrition, reposant sur une décentralisation du pouvoir de décision et l'autonomisation des communautés[52]. Elle peut compléter les procédures formelles couramment utilisées (enquêtes, données des systèmes de surveillance ou de suivi de routine ou autres). Ce type d'approche peut être utilisé à plusieurs niveaux en faisant les adaptations nécessaires en termes de méthodologie et d'outils. Pour plus d'informations sur les méthodes participatives, le lecteur est invité à se référer, entre autres, aux ouvrages de Scrimshaw et Gleason[53], de Gueye et Schoonmaker-Freudenberger[54], ainsi qu'à la publication d'une méthode participative pour la conduite d'une analyse causale de la sous-nutrition[55].

• Concepts clés

Lors des étapes de recherche participative d'évaluation et d'analyse pour définir les actions devant être menées à l'intérieur du programme, il existe des concepts clés à considérer en termes méthodologiques : la triangulation, l'ignorance optimale et le degré acceptable d'imprécision. Un des principes de base des méthodes de recherches participatives est la triangulation. Aborder un problème à partir d'une seule perspective, d'un seul outil ou d'une seule technique peut conduire à des biais associés à la localisation géographique, à la saison, au statut économique et social, au genre ou, encore, à la politesse ou aux attentes des populations (cf. encadré 3). Afin de réduire ces biais il est recommandé de « trianguler ». La triangulation peut être faite de trois façons : par la composition de l'équipe en charge d'appuyer la recherche participative ; par le choix des unités d'observations ; ou encore par les outils et techniques. À cet effet, on recommande une composition de l'équipe qui soit multidiscipli-

51. Il existe une panoplie de méthodologies d'évaluations participatives (*Rapid Rural Assessment/Procedures* ou RRA/RAP, *Participatory Rural Appraisal* ou PRA). Les méthodes de recherche et d'action participative (*Participatory Learning and Action* ou PLA) appartiennent également à cette catégorie mais en plus de favoriser l'apprentissage des communautés et leur engagement dans le processus, elles ont comme objectif l'identification des besoins de planification, de suivi et d'évaluation de programmes.

52. Chambers R., 1993, *Challenging the Professions : Frontiers for Rural Development*, Londres, ITDG.

53. Scrimshaw N. S. et Gleason G. R., 1992, *Rapid Assessment procedures (RAP) : Qualitative methodologies for planning and evaluation of health related programmes*, Boston MA, International Nutrition Foundation for Developing Countries.

54. Gueye B. et Schoonmaker-Freudenberger K., 1991, *Introduction à la méthode accélérée de recherche participative (MARP)*, Dakar, Centre de recherche pour le développement international.

55. Action contre la Faim, 2015, *Nutrition causal analysis*, http://www.linknca.org/nca_method.htm

naire ainsi que d'origines et de sexes différents. Il est nécessaire de s'assurer que les membres de cette équipe sont bien formés à de telles approches et qu'ils ont la volonté de travailler ensemble et d'apprendre avec un esprit d'ouverture. Certains proposent également l'établissement préalable d'une relation de confiance entre l'équipe et la communauté. Lors de la mise en œuvre, des informations seront récoltées auprès de différents individus et groupes de la communauté afin de prendre en compte divers points de vue. Enfin, différents outils et techniques seront utilisés tels que les cartes, calendriers, diagrammes, discussions de groupes focalisées, entretiens individuels et observations directes pour assurer la collecte d'informations valides et fiables.

Encadré 3. Importance de la triangulation pour l'identification des problèmes prioritaires, l'exemple du Gabon[56]

Lors d'une recherche-action participative sur les problèmes affectant la qualité de vie d'une population du Gabon, avec l'appui d'une organisation œuvrant pour la conservation de la nature, le principal problème évoqué d'emblée par le groupe des notables a été la destruction des cultures par les éléphants, ce qui limitait la disponibilité en aliments de base. Lors du processus, il a donc été décidé conjointement par l'équipe et la communauté de collecter des données sur les surfaces détruites par les animaux, y compris les éléphants. Les résultats ont révélé que celles-ci représentaient autour de 3 % des surfaces totales cultivées. Par ailleurs, la collecte d'informations sur les problèmes prioritaires chez les femmes a montré que le principal problème était pour elles le faible accès aux soins de santé. Lors de l'exercice de priorisation des problèmes et suite à la réflexion commune de la population à la lumière des données collectées durant la recherche, le problème prioritaire qui a finalement été identifié d'un commun accord par les membres des deux sexes de la communauté a été l'accès limité aux soins de santé. Cet exemple illustre la nécessité de trianguler les informations par différents moyens, que ce soit par différentes techniques (entrevues et mesures directes) ou la consultation de différents groupes afin de réduire les biais. Si les informations avaient été collectées seulement chez les notables et sans aucune mesure réelle de la situation, il est possible que le problème de déprédation des cultures ait été en tête de liste des priorités.

Évidemment, toutes les informations ne peuvent être collectées durant une recherche participative, d'où le principe de l'ignorance optimale qui signifie « obtenir seulement l'information nécessaire et pas davantage ». Le principe de degré de précision acceptable a quant à lui trait aux précau-

56. Blaney S. *et al.*, 1997, *Caractéristiques socio-économiques des populations des départements de Ndougou et de la Basse-Banio*, Gamba, Gabon, WWF-Programme régional pour l'Afrique centrale.

tions à prendre durant le processus pour obtenir une information fiable et acceptable. Par exemple, est-ce que l'état de nutrition des enfants devra être évalué par des experts ou bien est-ce que les données de suivi de la croissance disponibles au sein du poste de santé suffisent pour évaluer les besoins et planifier un programme/intervention ? Ces deux principes mettent en évidence qu'il est essentiel de faire usage du temps prévu dans la communauté de façon optimale et de collecter des informations utiles et suffisamment précises. Ceci implique une excellente planification de la recherche et de la flexibilité.

- Méthode participative pour le développement d'un programme de nutrition

Dans ce cadre-ci, la méthode suggérée au niveau d'une communauté[57] met l'accent sur la valorisation des connaissances et des savoirs des populations et de leur combinaison avec l'information scientifique afin de prendre des décisions pertinentes sur le contenu d'un programme de nutrition. Elle est mise en œuvre conjointement par une équipe multidisciplinaire et la communauté elle-même. Il est toutefois important de bien l'expliquer au préalable au niveau de la communauté concernée et d'en préciser les objectifs afin de ne pas créer d'attentes inconsidérées.

Étape 1 : Revue de la documentation disponible en lien avec les déterminants de la malnutrition, notamment les informations spécifiques à la zone concernée. Ces informations peuvent être utilisées au départ pour sensibiliser la population concernée sur le problème de nutrition existant (étape 2). La méthode proposée s'appuie sur le modèle des déterminants de la malnutrition de l'UNICEF pour l'évaluation, l'analyse de la situation et la mise en œuvre d'actions au sein d'une communauté. En ce sens les outils décrits s'appliquent davantage aux pays en développement. Toutefois, ceux-ci peuvent être adaptés au contexte des pays développés et d'autres modèles peuvent être utilisés pour évaluer la situation de certains déterminants précis[58].

Étape 2: Sensibilisation des communautés sur la nutrition. Elle est essentielle au succès des programmes de nutrition et concerne aussi les décideurs. Cette étape peut être conduite par l'équipe de recherche-action à l'aide de photos, graphiques ou présentations selon le groupe ciblé. Dans tous les cas, cet exercice doit être accompagné d'échanges avec la communauté.

---

57. La communauté est définie ici comme un groupe de personnes vivant généralement dans une région géographique définie, qui partagent la même culture, qui possèdent une structure sociale et qui démontrent une certaine conscience de leur identité en tant que groupe (OMS, 1999, *Glossaire de la promotion de la santé*, Genève, OMS).

58. Par exemple le modèle « PRECEDE-PROCEED » pour guider le processus d'évaluation, d'analyse et de mise en place d'un programme de nutrition, notamment les composantes qui visent des changements de comportement (Green L. W. et Kreuter M. W., 2005. *Health program planning : An educational and ecological approach*, 4th ed. New York, McGraw Hill Companies Inc.).

Étape 3: Identification générale des causes potentielles de malnutrition. Elle se base sur des discussions avec différents groupes (par exemple groupes de femmes, hommes, jeunes, vieux, etc.) afin d'identifier les causes potentielles de malnutrition au sein de la communauté, en utilisant le cadre conceptuel des déterminants de la malnutrition et les données obtenues précédemment. Lorsque toutes les causes jugées importantes ont été identifiées par chaque groupe, les résultats sont mis de côté pour être revus à la fin du processus, juste avant l'étape de planification du programme.

Étape 4: Recherche approfondie sur les causes de malnutrition. Plusieurs outils sont disponibles pour compléter l'exercice précédent et ainsi approfondir la recherche sur les déterminants potentiels de malnutrition. Les principaux sont brièvement décrits ci-dessous. Aucun ordre n'est prescrit bien que l'exercice de cartographie participative ait l'avantage de favoriser le premier contact avec la communauté. Pour de plus amples détails sur ces outils et leur application, différents documents peuvent être consultés[59]. Les principales techniques de collecte des données sont des discussions de groupes, des entrevues semi-structurées et des observations directes.

Cartographie participative de la communauté: elle provoque inévitablement des discussions et permet de faire des observations sur les rôles et liens entre les différents membres de ladite communauté en plus de collecter des informations sur plusieurs déterminants potentiels de la malnutrition tels que le type d'habitation, la composition du ménage et son niveau socio-économique, l'accès à un environnement sain et à l'eau potable, l'accès aux aliments, à l'éducation, aux services de santé, etc.

Calendriers, matrices et diagramme: le calendrier de disponibilité des produits agricoles et de leur temps de récolte peut fournir un aperçu de l'accès aux aliments tout au long de l'année. Un calendrier annuel d'activités des femmes et des hommes est quant à lui souvent révélateur de la charge de travail de chacun des groupes, notamment des femmes. Il peut également être intéressant de dresser des calendriers combinant la disponibilité alimentaire aux périodes de maladies et de malnutrition des enfants ou au prix des aliments de base et aux revenus du ménage. L'utilisation d'une matrice dite « de classification préférentielle » permet la hiérarchisation des déterminants de malnutrition au sein de la communauté. Un autre type de matrice peut être élaboré, sur l'utilisation des aliments au sein des ménages tels que ceux d'origine animale. Enfin, le diagramme de Venn permet d'explorer les problèmes organisationnels et les relations au sein de la communauté ainsi qu'entre la communauté et l'extérieur. Il permet également de recueillir des informations sur les organismes, les groupes et les personnes qui exercent de l'influence sur la communauté.

---

59. Par exemple Blaney S. et Thibault M., 2003, « Description d'une méthode de recherche participative pour l'acquisition de connaissances sur les communautés rurales de l'Afrique centrale », *Canopée*, 17, p. 18.

Classification des ménages selon le niveau de richesse : le concept de richesse est celui défini par les communautés elles-mêmes. Il permet d'avoir une idée du niveau socio-économique de la population et des différents groupes qui la constituent.

Profil historique : il consiste à recenser les évènements importants en lien avec la nutrition qui se sont déroulés au sein de la communauté depuis sa création. Cet exercice est souvent conduit avec des personnes âgées en raison de leur grande connaissance et de leur mémoire des évènements.

Encore une fois, il est essentiel de préciser que les outils et techniques présentés ci-dessus sont flexibles et que d'autres outils/méthodes de nature quantitative ou qualitative peuvent être ajoutés au besoin.

Étape 5 : Analyse des données et hiérarchisation des déterminants de la malnutrition. L'analyse des données collectées à l'aide des différents outils et techniques, combinée aux données secondaires disponibles, est cruciale pour définir correctement le programme (cf. encadré 4). Ainsi, dans un premier temps, un retour est fait sur les listes de déterminants définies à l'étape 3 afin d'approfondir et bien saisir la signification de chacun. À cette étape, une analyse de chacune des causes identifiées est conduite avec la communauté, et ce avec le support de l'équipe de recherche. À l'issue de cette analyse les différents déterminants dégagés sont listés et ensuite hiérarchisés en utilisant la classification préférentielle. Idéalement, cette étape de classification devrait se faire par sous-groupes de genre. Par la suite, les résultats de la hiérarchisation de chaque sous-groupe sont présentés à l'ensemble de la communauté afin d'obtenir un consensus sur les déterminants auxquels s'attaquer en priorité de façon réaliste.

Encadré 4. L'analyse des données avec la population, une activité déterminante pour l'identification des activités de nutrition à mettre en œuvre en Indonésie

Dans une communauté d'Indonésie, un des principaux problèmes relevés par les groupes en début de processus avait trait à la disponibilité alimentaire. La communauté estimait qu'il s'agissait de la principale limite pour une bonne alimentation du jeune enfant et, par conséquent, à son bon état de nutrition. Cependant, les résultats du calendrier de disponibilité des aliments ainsi que ceux de la matrice sur la disponibilité et l'utilisation des aliments au sein des ménages ont révélé une disponibilité satisfaisante aux deux niveaux. De plus, les données issues des calendriers d'activités des hommes et des femmes ont mis en évidence une charge de travail beaucoup plus importante chez les femmes, ce qui a suscité beaucoup de discussions au sein de la communauté. Ces informations, lorsqu'elles ont été exposées à la communauté, ont permis une revue et une réflexion sur le rôle de ce déterminant sur l'état de nutrition des jeunes enfants. À l'issue des discussions, la communauté a finalement conclu que c'était bien le manque de temps couplé aux connaissances limitées des mères qui constituait un déterminant important d'une bonne alimentation des enfants. Des activités d'éducation en nutrition ont donc été incluses dans la programmation de nutrition ; le rôle des professionnels de la santé a été souligné dans ce contexte et le district sanitaire a décidé de s'impliquer. Des fonds de la communauté ont aussi permis la mise sur pied de jardins communautaires. Les hommes ont également proposé que lors des repas, ils pourraient dédier du temps aux soins des jeunes enfants afin que les mères puissent avoir le temps de préparer des repas convenables.

Étape 6 : Développement et mise en œuvre du programme. Les priorités identifiées doivent ensuite être traduites sous forme de programmes et d'interventions répondant à des objectifs précis, réalistes et décidés par la communauté. À ce stade-ci, l'appui de l'équipe de recherche à la communauté est nécessaire pour aider à définir ces objectifs ainsi que les autres éléments qui concourent à la mise en œuvre du programme tels que les activités spécifiques, les ressources, les responsabilités de chacun, les échéanciers et le plan de suivi et d'évaluation. Il faut que les décideurs participent à cette étape afin de faciliter leur engagement. À ce stade on identifie également les besoins d'appui de la communauté par des professionnels (de la santé et autres) ainsi que les besoins de recherches, et les fonds pour pouvoir recourir à un appui externe si nécessaire pour la mise en œuvre du programme.

On peut passer à une grande échelle à travers un processus de planification conjointe des différents programmes (de santé, nutrition et autres secteurs), particulièrement dans les sociétés décentralisées. Dans ces dernières en effet, la planification est effectuée au sein des communautés de façon régulière et ses résultats sont ensuite transmis aux différents niveaux supérieurs, jusqu'au niveau central. En Indonésie, par exemple, le cadre multidisciplinaire de nutrition du Mouvement SUN a été intégré de cette façon dans le processus de planification au niveau des communautés de certaines provinces.

Surveillance, suivi et évaluation

Quelles que soient l'approche et les interventions mises en œuvre, un mécanisme doit être instauré pour suivre de façon régulière l'évolution des programmes et prendre des décisions en vue de l'amélioration du processus et des résultats. On se réfère ici à la surveillance nutritionnelle et au suivi-évaluation des programmes ou projets. Il importe de préciser que pour faciliter le suivi et l'évaluation, le cadre conceptuel de départ devra être enrichi avec une illustration des voies (*pathways*) par lesquelles

les activités mises en œuvre peuvent mener à l'impact souhaité, en tenant compte des facteurs qui peuvent interférer. Une bonne analyse de la situation telle que décrite plus haut (p. 168) facilitera le processus. Le *suivi* de programmes[60] est plutôt un mécanisme continu de collecte, d'analyse, d'interprétation et de diffusion de données sur des indicateurs visant à évaluer la façon dont le programme (intrants, activités, extrants) est mis en œuvre, et ce selon des critères et des objectifs prédéfinis. L'*évaluation* de programmes est un processus systématique et objectif, effectué sur un programme en cours ou achevé pour en évaluer la mise en œuvre, l'impact, l'efficacité et la durabilité. La *surveillance nutritionnelle* ou « action de surveiller la nutrition dans le but de prendre des décisions permettant d'améliorer la nutrition des populations »[61] comprend, outre la collecte de données, l'analyse, l'interprétation et la dissémination des résultats. Elle peut avoir plusieurs fonctions et combiner du reste plusieurs d'entre elles selon les cas dans le cadre de politiques nutritionnelles à grande échelle comportant différents types d'activités (cf. encadré 5).

Encadré 5. Fonctions de la surveillance nutritionnelle[62]

– Alerte en temps utile pour la prévention des catastrophes alimentaires et de l'insécurité alimentaire ;
– Aide à la planification et au développement des politiques pour suivre et renforcer leurs effets sur la nutrition des populations ;
– Suivi et évaluation des programmes nutritionnels ;
– Suivi des actions compensatoires des politiques d'ajustement économique ;
– Identification des problèmes pour le plaidoyer, la mobilisation de l'opinion publique et des décideurs ;
– Surveillance à assise communautaire, pour la mobilisation et l'action au niveau local ;
– Études des causes des problèmes nutritionnels.

Un système de surveillance ou de suivi et évaluation puise ses données dans les sources administratives de routine (par exemple les registres disponibles dans les structures de santé, les écoles) et/ou dans des enquêtes, de nature quantitative ou qualitative. Dans le cas des données de routine, l'apparition de technologies informatiques miniaturisées et abordables (téléphones mobiles) permet aujourd'hui de fournir rapidement des

60. Cette section réfère au suivi et à l'évaluation de programmes ou projets, mais pour ne pas alourdir le texte nous parlerons de « programmes ».

61. ACC-SCN, 1982, *Report of the International Workshop on Nutritional Surveillance, Cali, Colombia, 14-17 July 1981*, Document SCN 82/10, Rome, ACC-SCN.

62. Maire B. *et al.*, 1999, *La surveillance nutritionnelle, une approche opérationnelle et durable*, Antwerp, Belgique, ITG Press.

données. Les indicateurs recueillis peuvent porter sur l'accès aux intrants (*inputs*), sur les extrants (*outputs*), mais aussi sur les éléments facilitant ou entravant l'atteinte des résultats, notamment en termes de couverture (identification des « goulots d'étranglement ») pour pouvoir apporter rapidement des corrections. Trop souvent, l'information utilisée pour la prise de décision provient d'enquêtes sur l'état nutritionnel (*outcome*), ne permettant pas un ajustement rapide des programmes. Il est important d'intégrer une collecte de données qui soit directement reliée au fonctionnement, à la couverture et à la qualité des services nutritionnels fournis. À titre d'exemple, il peut être plus utile d'inclure dans les registres de santé des données portant sur les conseils prodigués aux mères sur l'alimentation de leur enfant que des données sur les pratiques alimentaires, ces dernières étant déjà disponibles par ailleurs.

Il est important de ne pas mener l'évaluation d'un programme ou d'un projet en cours pour savoir s'il produit les effets espérés alors que les indicateurs du mécanisme de suivi montrent que les choses ne sont pas mises en œuvre tel que prévu. Il faut d'abord faire les ajustements et mener l'évaluation au moment opportun. Par exemple, dans le cas d'un programme de supplémentation en fer et acide folique chez la femme enceinte, cela veut dire que si les données de surveillance ou de suivi indiquent qu'il y a un manque de capsules de fer et acide folique dans les centres de santé ou que l'éducation nutritionnelle pour la femme enceinte est inadéquate, rien ne sert d'évaluer le programme pour mesurer son impact tant que la situation n'est pas rectifiée, un cas hélas assez fréquemment rencontré.

Chaque pays devrait avoir mis en place un système de surveillance sur la nutrition de sa population depuis les années 1990, avec un plan de mise en œuvre définissant notamment les responsabilités des différents organismes impliqués, un budget et un calendrier. Au départ, ces systèmes sont adaptés au type de problème rencontré localement ; ils reposent sur les informations indispensables selon ce qui est faisable et réaliste de faire en fonction des ressources disponibles, du but poursuivi et de ce qui existe déjà ; ils sont en principe intersectoriels tant au niveau de la collecte que de l'analyse et de l'utilisation des données. Cependant, avec le temps nombre de ces activités d'évaluation ou de surveillance ne remplissent plus correctement leur rôle. Il est donc essentiel de redéfinir les objectifs périodiquement tout en révisant les besoins des utilisateurs, les informations recueillies, les arrangements institutionnels et la disponibilité des ressources nécessaires.

Conclusion

La littérature actuelle fournit des données probantes sur plusieurs interventions efficaces pour prévenir et réduire la malnutrition sous toutes ces formes à travers le monde, et des approches sont disponibles pour mettre en application ces interventions. La mise en œuvre de programmes combinant des interventions efficaces a d'ores et déjà permis des gains importants en matière de nutrition et certains secteurs offrent un potentiel encore sous-exploité pour améliorer la nutrition des populations. Toutefois, les progrès tardent encore à se manifester dans bien des contextes et la durabilité des programmes n'est pas garantie. Un des principaux défis est lié au facteur humain, qui est au cœur de la réussite des programmes de nutrition. Le renforcement, à différents niveaux, des connaissances et des compétences des personnels et des institutions au sein desquelles les acteurs œuvrent et vivent est certainement un élément essentiel. Nous réitérons donc l'importance d'adopter une approche de nutrition publique et de faire en sorte que celle-ci puisse être appliquée par les individus et les institutions impliqués dans les initiatives visant l'amélioration de la nutrition des populations, en lien étroit avec les communautés concernées.

8

La gouvernance mondiale pour la nutrition : défis et perspectives

Denise Costa Coitinho Delmuè* et Lina Mahy**[1]

Une nutrition convenable est un droit fondamental et l'un des investissements les plus rentables pour catalyser le développement économique, promouvoir la santé mondiale et faire reculer la pauvreté. La sous-nutrition pendant la petite enfance est fortement corrélée à une taille adulte plus petite, un niveau d'éducation plus faible et une productivité économique plus réduite. Pour les femmes, la sous-nutrition précoce est également associée à de plus faibles poids de naissance de leurs bébés, ce qui contribue à perpétuer la pauvreté et la malnutrition dans les familles et les communautés concernées[2].

Malgré des progrès significatifs ces dernières années, la sous-nutrition au début de la vie est encore responsable de la mort de millions de jeunes enfants chaque année et, parmi ceux qui survivent, quelque 155 millions d'enfants de moins de cinq ans souffrent d'un retard de croissance qui ne leur permettra pas de réaliser pleinement leur potentiel de croissance[3]. Les 1 000 premiers jours de la vie d'une personne, de la conception à l'âge

* Consultante indépendante ; Observatoire des politiques de sécurité alimentaire et de nutrition, Université de Brasilia, Brésil.

** Ancien membre du Secrétariat du Sous-comité pour la nutrition des Nations unies (UNSCN).

1. Les idées présentées dans ce chapitre relèvent de la seule responsabilité des auteurs et ne représentent pas le point de vue de l'UNSCN ni d'aucune des agences du Système des Nations unies.

2. Victora C. G. *et al.* (for the Maternal and Child Undernutrition Study Group), 2008, « Maternal and child undernutrition : Consequences for adult health and human capital », *Lancet*, 371 (9609), p. 340-357.

3. UNICEF, WHO, World Bank Group, 2017, *Levels and Trends in Child Malnutrition*, May, Genève, World Health Organization, http://www.who.int/nutgrowthdb/jme_brochoure2017.pdf?ua=1.PDF (les liens internet indiqués ont tous été vérifiés pour la dernière fois fin 2017).

de 24 mois, sont considérés comme la meilleure « fenêtre d'opportunité » pour les interventions les plus à même de réduire la sous-nutrition et, partant, de rompre le cercle de la pauvreté.

Dans le même temps, les déficiences en micronutriments, la surcharge pondérale, l'obésité et les maladies chroniques liées à la nutrition ont déjà atteint des proportions épidémiques au niveau mondial. Même si cela semble paradoxal, un faible poids à la naissance et une sous-nutrition pendant l'enfance sont aujourd'hui reconnus comme des facteurs de risque d'hyperglycémie, d'hypertension et d'hyperlipidémie à l'âge adulte, même après ajustement pour la taille et l'indice de masse corporelle. Les maladies chroniques sont particulièrement fréquentes chez les adultes atteints de sous-nutrition dans leur enfance et qui ont présenté par la suite un gain de poids rapide du fait de l'adoption de modes de vie et d'alimentation malsains[4]. Un bébé de faible poids à la naissance, qui souffre d'insuffisances pondérale et staturale au cours de la petite enfance, et qui prend rapidement du poids par la suite à l'adolescence et à l'âge adulte, représenterait le pire des cas pour l'apparition de maladies métaboliques et cardiovasculaires[5]. Ces conditions coûtent des milliards de dollars chaque année en coûts directs – ceux des services de santé ambulatoire et hospitalière et des traitements médicamenteux – et en coûts indirects – absentéisme, capacité de travail réduite, primes d'assurance plus élevées, salaires et revenus des ménages plus bas.

En réponse à ces tristes perspectives, l'Assemblée générale a proclamé, dans un élan sans précédent, 2016-2025 « Décennie d'action des Nations unies pour la nutrition », comme le recommandait la seconde Conférence internationale pour la nutrition (CIN2) de novembre 2014. Cela fournit aux pays et à la communauté internationale du développement dix années pour soutenir vigoureusement l'implémentation de politiques et de programmes nutritionnels cohérents. Il est essentiel que cela se passe en consolidant les capacités endogènes existantes plutôt qu'en les remplaçant. Cette Décennie d'action pour la nutrition fournit une visibilité politique, mais contient aussi la promesse d'une redevabilité renforcée jusqu'au plus haut niveau des actions en nutrition entreprises et de leurs résultats. Mais l'efficacité de la gouvernance mondiale pour la nutrition est-elle suffisante pour saisir une telle opportunité ? Les acteurs mondiaux et les institutions internationales sont-ils suffisamment bien organisés pour soutenir les efforts des pays ? Ce chapitre vise à aborder ces questions essentielles.

4. Victoria C. G. *et al.*, 2008, *op.cit.*
5. *Ibidem.*

Gouvernance mondiale pour la nutrition

La gouvernance mondiale, selon la définition proposée par Thakur et Weiss[6], est « l'ensemble complexe d'institutions, de mécanismes, de relations et de processus, formels et informels, entre et parmi les États, les marchés, les citoyens et les organisations intergouvernementales et non gouvernementales, par le biais duquel les intérêts collectifs sur le plan mondial sont formulés, les droits et obligations sont établis, et les différends font l'objet d'une médiation ».

Tout au long de ce chapitre sera utilisé le terme de « gouvernance mondiale pour la nutrition », et non de gouvernance nutritionnelle mondiale, pour défendre l'idée que les acteurs et les institutions du domaine de la nutrition doivent interagir et nouer le dialogue avec tous les domaines de la gouvernance qui peuvent influer sur la nutrition (à savoir, parmi d'autres, la sécurité alimentaire et l'agriculture, la santé, le changement climatique, l'eau et l'assainissement, le commerce, la protection sociale, les droits de l'homme) afin de garantir que les procédures de gouvernance en dehors du domaine traditionnel de la nutrition puissent également contribuer à une meilleure nutrition.

En outre, la gouvernance mondiale pour la nutrition devrait être une « bonne gouvernance », et non pas n'importe quelle gouvernance, ce qui revient selon le CESAP[7] à respecter 8 grandes caractéristiques[8] :

> La « bonne » gouvernance est « participative, axée sur le consensus, redevable, transparente, effective et efficace, réactive, équitable et inclusive, et suit l'état de droit. La bonne gouvernance doit faire en sorte que la corruption soit limitée, que les points de vue des minorités soient pris en considération, et que les voix des plus vulnérables soient entendues dans la prise de décision ».

Les points suivants se réfèrent aux fonctions essentielles d'un mécanisme de gouvernance mondiale solide à même de soutenir l'action en nutrition dans tous les pays[9], satisfaisant aux caractéristiques mentionnées plus haut :

1. Quels sont la robustesse et le niveau de coordination des processus mondiaux actuels visant à produire des biens publics en ligne avec les connaissances actuelles (directives, standards, analyse, recherche, innovation) susceptibles d'aider tous les pays qui le souhaitent à traiter leurs questions de nutrition ?

---

6. Thakur R. et Weiss T. G., 2006, *The UN and global governance : An idea and its prospects*, Bloomington (IN, USA), Indiana University Press.

7. Commission économique et sociale des Nations unies pour l'Asie et le Pacifique.

8. http://www.unescap.org/sites/default/files/good-governance.pdf

9. Frenk J. et Moon S., 2013, « Governance Challenges in Global Health », *N Engl J Med*, 368, p. 936-942.

2. Quelle est l'efficacité du dialogue entre tous les processus de gouvernance pour une gestion globale des externalités qui ont une incidence sur la nutrition dans tous les pays (politiques de commerce alimentaire, dispositifs fonciers ou changement climatique, parmi d'autres) ?
3. Quelle est l'efficacité de l'effort mondial de sensibilisation et de mobilisation d'appuis en vue de surmonter le double fardeau de malnutrition dans tous les pays ?
4. Quel est le niveau de qualité de la gestion de ce système dans son ensemble au niveau mondial (convocation régulière des acteurs, recherche de consensus, fixation des priorités, garantie de redevabilité) ?
5. Et surtout, dans quelle mesure les pays eux-mêmes sont-ils l'élément central de ces processus mondiaux ? Les gouvernements des pays sont-ils les principaux décideurs dans les arrangements mondiaux ? Enfin, la voix des sociétés les plus touchées est-elle entendue ?

Rappel de l'évolution historique de la nutrition au niveau mondial

Avant d'analyser le scénario actuel, il est intéressant de revoir l'évolution historique de la nutrition mondiale, ce qui fournit de précieuses informations sur les dispositions qui régissent la gouvernance mondiale et les défis successifs auxquels elle a été confrontée.

Richard Longhurst, dans le document de réflexion 390 de l'Institut des études sur le développement de l'Université du Sussex (UK), en présente un excellent aperçu[10]. Il est frappant de constater que la nutrition internationale préoccupait déjà la Société des Nations dans les années 1930, ce qui conduisit le Comité mixte de nutrition de la Ligue à élaborer un rapport sur ce qui pourrait être fait en termes de programme alimentaire mondial fondé sur les besoins nutritionnels de l'homme. Depuis ce premier rapport, cependant, la nutrition s'est avérée être un sujet très controversé, truffé de désaccords sur les définitions comme sur les orientations. Cohérence et collaboration ont représenté un défi tout du long, mais établir des modalités de gouvernance mondiale pour la nutrition reste vital encore aujourd'hui pour les pays.

La FAO fut créée en octobre 1945, peu après la ratification de la Charte de l'ONU établissant la création de l'Organisation des Nations unies. Quelques années plus tard, en 1948, ce fut le tour de l'Organisation

---

10. Longhurst R., 2010, *Global Leadership for Nutrition : The UN's Standing Committee on Nutrition (SCN) and its Contributions*, IDS Discussion Paper No.390, July, Institute of Development Studies at the University of Sussex, Brighton (UK), https://www.ids.ac.uk/files/dmfile/dp390.pdf

mondiale de la santé. La FAO et l'OMS décidèrent rapidement qu'une collaboration s'imposait en matière de nutrition, au vu de l'expérience acquise précédemment au sein de la Société des Nations. Et dès 1948, il y eut un Comité mixte d'experts FAO/OMS sur la nutrition, mais les progrès dans la collaboration auraient semble-t-il été difficiles et lents.

Les initiatives en nutrition progressant dans les pays, un besoin croissant de directives techniques et d'avis scientifiques s'est fait sentir, incitant à la production et à la mise à disposition par le système des Nations unies de biens publics harmonisés reposant sur les connaissances acquises. Considérant à l'époque que la principale carence en nutriments concernait les protéines, un petit groupe de nutritionnistes réputés créa en 1955 le Groupe consultatif sur les protéines (Protein Advisory group, PAG) en complément des ressources déjà existantes au sein du système des Nations unies. Le directeur général de l'OMS accueillit positivement cette proposition, la FAO soutint la formation du PAG et l'UNICEF devint l'un de ses co-sponsors ; d'autres agences, dont la Banque mondiale, apportèrent ultérieurement leur soutien. Le PAG développa effectivement un certain nombre de spécifications et de recommandations techniques, dont beaucoup sont restées en usage jusqu'à aujourd'hui.

En novembre 1974, la première Conférence mondiale de l'alimentation (World Food Conference, WFC) s'est tenue au siège de la FAO, à Rome, largement motivée par la famine sévère survenue au Bangladesh les deux années précédentes. La Conférence mobilisa des responsables politiques, des planificateurs, des scientifiques et les opinions publiques afin de trouver des moyens de surmonter le grave problème alimentaire et nutritionnel de l'époque. Un temps fort fut l'adoption de la Déclaration universelle pour l'élimination définitive de la faim et de la malnutrition[11], proclamant que « chaque homme, femme et enfant a le droit inaliénable d'être libéré de la faim et de la malnutrition afin de se développer pleinement et de conserver ses facultés physiques et mentales ».

À l'époque, le PAG, ayant émis un avis critique indépendant, se détacha progressivement des agences des Nations unies, ce qui entraîna un conflit politique. À titre d'exemple, le PAG n'avait même pas été consulté lors de la préparation de la Conférence, et bien qu'ayant reçu une invitation, il fut virtuellement exclu des discussions.

Toutefois, en dépit de différends de plus en plus fréquents avec ses agences de parrainage initiales, la même année, le PAG a vu son mandat s'étendre, grâce au soutien de la Banque mondiale :

> « Afin de refléter les autres implications de la malnutrition et pour permettre au groupe de faire face plus efficacement à un volume croissant et de plus en plus diversifié des activités du système des Nations unies dans le domaine de la nutrition […] Le principal objet à considérer, au

11. http://www.ohchr.org/EN/ProfessionalInterest/Pages/EradicationOfHungerAndMalnutrition.aspx

> titre du nouveau mandat concerne la définition des politiques et programmes nécessaires à la nutrition, les méthodes et les approches de planification, d'analyse et de conseil concernant les programmes et objectifs en matière de stratégie et de recommandations. »

C'est ainsi que le PAG passa progressivement de la simple élaboration de produits alimentaires à des programmes puis à des considérations économiques et politiques en lien avec la malnutrition. Les agences des Nations unies estimèrent alors que cela empiétait clairement sur leurs propres compétences. L'enjeu en matière de mécanismes d'une gouvernance mondiale effective pour la nutrition se faisait néanmoins sentir, requérant une structure susceptible de mieux jouer ce rôle.

Lors de la Conférence mondiale de l'alimentation, les pays participants demandèrent que le Conseil économique et social (ECOSOC) se penche sur des modalités institutionnelles relatives à la nutrition (cf. résolution XXII, paragraphe 11)[12]. Le Comité de coordination administrative des Nations unies (ACC) s'en chargea et présenta un rapport de synthèse à l'ECOSOC en 1976, précisant que le système mondial pour la nutrition devait être orienté « action », reposant sur des politiques et approches communes, mais supposant une réorganisation des mécanismes de coordination et de coopération inter-agences[13].

L'ACC invita instamment à se focaliser sur les pays, en affirmant que « le point de départ de tout dispositif doit être une coordination renforcée des actions au niveau des pays... en appui aux initiatives des gouvernements » – un sentiment exprimé dès le milieu des années 1970, qui reste parfaitement d'actualité aujourd'hui. Le Comité est même allé plus loin: « Le développement par les gouvernements eux-mêmes d'un dispositif de coordination des efforts d'assistance internationale comme bilatérale serait fondamental. » L'ACC proposait finalement de créer un Sous-comité pour la nutrition de l'ACC (ACC/SCN).

L'ECOSOC demanda un peu de temps pour réaliser d'autres études et consultations, puis en août 1977, sur la base d'une déclaration complémentaire rédigée par l'ACC, demanda au Comité de mettre en œuvre ses propositions. Ceci aboutit à la création officielle de l'ACC-SCN[14] pour « être un point de convergence pour harmoniser les politiques et activités dans le système des Nations unies [... et...] être à l'initiative dans le développement d'une harmonisation des concepts, politiques, stratégies et

---

12. United Nations Economic and Social Council, 1976, *Institutional Arrangements Relating to Nutrition; Statement of the Administrative Committee on Co-ordination*, April 28, http://www.unscn.org/files/mandate/ECOSOC_statement__re_SCN_E5805_April_1976.pdf

13. United Nations Economic and Social Council, 1977, *Institutional Arrangements Relating to Nutrition; Supplementary Statement by the Administrative Committee on Co-ordination*, April 26, http://www.unscn.org/files/mandate/ECOSOC_suppl_statement_on_establishment_of_SCN_April_1977.pdf

14. Résolution de l'ECOSOC établissant l'ACC-SCN, 1977, http://www.unscn.org/files/mandate/ECOSOC_resolution_establishing_SCN_August_1977.pdf

programmes au sein du système des Nations unies en réponse aux besoins nutritionnels des pays […] d'évaluer les expériences et progrès […] et d'établir des directives pour promouvoir un renforcement mutuel des actions au niveau des pays comme au niveau inter-agences ».

La proposition de l'ACC reconnaissait la contribution du PAG, mais invitait à un dispositif permettant de capitaliser l'expertise externe sur une base beaucoup plus large et proposait la création d'un groupe consultatif sur la nutrition (AGN) en remplacement du PAG. La proposition prévoyait la création de *task forces* et groupes de travail spécifiques, et demandait qu'il y ait des réunions tripartites informelles impliquant des membres de l'ACC-SCN, de l'AGN et des agences bilatérales comme d'institutions représentatives actives en nutrition, notamment en provenance des pays en développement. C'est l'origine du caractère multi-partenarial du SCN. Le PAG tint sa 24e et dernière session officielle en 1977. L'UNICEF et la Banque mondiale soutinrent fermement cette évolution et Richard Heyward de l'UNICEF présida le SCN de 1978 à 1981, suivi par John R. Evens de la Banque mondiale (1982-1983). Quelques années plus tard, à la suite de la réforme des Nations unies l'ACC a été renommé « Conseil des chefs du Secrétariat » (Chief Executive Board, CEB) des Nations unies. Le Sous-comité sur la nutrition a poursuivi ses fonctions jusqu'à ce jour en tant que « Comité permanent pour la nutrition » des Nations unies (UNSCN)[15].

À la même époque, au milieu des années 1980, le problème des carences en micronutriments prenait de plus en plus d'importance devant l'évidence scientifique croissante de leur impact sur la nutrition et la survie des jeunes enfants. Ces carences paraissaient pouvoir être traitées par des solutions simples, susceptibles de générer des améliorations durables en nutrition dans un laps de temps relativement court. En 1990, les dirigeants mondiaux réunis au Sommet mondial pour l'enfance se mirent d'accord sur 27 objectifs spécifiques pour améliorer la situation des enfants d'ici à l'an 2000, neuf d'entre eux étant reliés à la nutrition[16], dont trois centrés sur les micronutriments. En réponse, plusieurs réunions eurent lieu, dont la Conférence de Montréal sur les micronutriments intitulée « En finir avec la faim cachée », en 1991, promue à la fois par l'UNICEF, l'OMS, la FAO, le PNUD, la Banque mondiale, l'USAID et l'ACDI ; elle aboutit à la mise en place en 1993 de l'Initiative pour les micronutriments (MI) pour combler les lacunes dans la mise en œuvre des programmes nationaux en matière de micronutriments, qu'il s'agisse d'enrichissement alimentaire, de supplémentation médicamenteuse ou d'amélioration de la qualité alimentaire[17].

15. United Nations System Standing Committee on Nutrition, http://www.unscn.org/

16. http://www.unicef.org/specialsession/about/goals/goals.html

17. ICCIDD, 1991, « Ending Hidden Hunger: The Montreal Micronutrient Conference », *IDD Newsletter*, 7 (4), November, http://www.ceecis.org/iodine/01_global/01_pl/01_01_1993_montreal.pdf

En décembre 1992, la Conférence internationale sur la nutrition (CIN) s'est réunie au siège de la FAO à Rome, première conférence mondiale consacrée spécifiquement aux problèmes de nutrition dans le monde, avec la participation des représentants de 159 pays, de la Communauté européenne, de 15 organisations des Nations unies et de 144 organisations non gouvernementales (ONG). Une Déclaration mondiale et un Plan d'action pour la nutrition furent adoptés ; ce fut notamment l'occasion de confirmer les objectifs du Sommet mondial pour l'enfance, et d'aller même bien au-delà. La CIN a contribué à un nouvel élan en faveur de la nutrition et a jeté les bases de la préparation de Plans nationaux d'action en nutrition par les pays participants (PNAN). Ces Plans nationaux devaient refléter les priorités et stratégies spécifiques des pays pour résorber la faim et la malnutrition, afin de guider la mise en place de projets et programmes par les pays, les bailleurs de fonds et les ONG. C'était ainsi un véritable instrument de mobilisation politique et financière en faveur des programmes d'alimentation et de nutrition ; dans beaucoup de ces PNAN, les allocations budgétaires et les calendriers étaient inclus dans les propositions de projets. D'autres pays ont intégré leur PNAN directement au sein de leur plan de développement national afin de garantir un maximum d'engagement et de soutien national dans la lutte contre les malnutritions.

Quatre ans plus tard, la communauté internationale se réunit à nouveau, mais cette fois avec un objectif prioritaire de sécurité alimentaire. Le Sommet mondial de l'alimentation (World Food Summit) a été organisé à Rome en novembre 1996 par la FAO, alors qu'une crise humanitaire importante secouait la région des Grands Lacs africains[18]. Des représentants de 185 pays et de la Communauté européenne s'y engagèrent à réduire de moitié d'ici à 2015 le nombre de personnes sous-alimentées (840 millions en 1996). Une Déclaration de Rome sur la sécurité alimentaire dans le monde et un Plan d'action du Sommet mondial de l'alimentation furent adoptés, après près de deux années de négociations.

Selon le Sommet mondial de l'alimentation de 1996, la sécurité alimentaire existe « lorsque tous les êtres humains ont, à tout moment, un accès physique et économique à une nourriture suffisante, saine et nutritive, leur permettant de satisfaire leurs besoins et leurs préférences alimentaires pour mener une vie saine et active » ; est aussi réaffirmé « le droit de chacun à disposer d'une nourriture sûre et nutritive, conforme au droit à une nourriture adéquate et au droit fondamental de chacun d'être à l'abri de la faim ». On souleva là encore le besoin urgent de coordination et de bonne gouvernance, mais le Sommet ne l'a pas abordé de manière systématique et il n'y a pas eu de propositions précises pour de nouvelles modalités de gouvernance. Le Plan d'action notamment s'est contenté d'appeler à renforcer les assemblées et les mécanismes existants à ces fins. Le fait que le sommet ait été convoqué par la seule FAO n'a pas favorisé les relations inter-agences et a contribué à affaiblir les efforts

18. http://www.fao.org/wfs/index_en.htm

conjoints de l'OMS et de la FAO en nutrition. Curieusement d'ailleurs, l'UNSCN, principal mécanisme de coordination de la nutrition, et à l'époque hébergé par l'OMS à Genève, n'apparaît même pas sur la liste des participants au Sommet.

Tandis que tous ces rassemblements mondiaux intervenaient dans le domaine de la nutrition et de la sécurité alimentaire, la communauté mondiale du développement étudiait plus largement la possibilité offerte par l'approche d'un nouveau millénaire pour un large appel à des actions et des engagements en vue d'améliorer les conditions de vie des populations les plus pauvres du monde. L'Assemblée générale des Nations unies décida de nommer sa 55e session, qui devait avoir lieu en l'an 2000, « l'Assemblée des Nations unies pour le Millénaire » et décida de convoquer, en tant que partie intégrante de cette Assemblée, un Sommet des Nations unies pour le Millénaire.

Ce Sommet s'est tenu en septembre 2000 au siège des Nations unies, à New York, avec la participation de l'ensemble des 189 États membres de l'ONU à l'époque[19], dont 149 étaient représentés par leurs chefs d'État ou de gouvernement.

Dans un élan historique, ils adoptèrent la Déclaration du Millénaire, s'engageant à éradiquer l'extrême pauvreté et à améliorer la santé et le bien-être des personnes les plus pauvres de la planète dans un délai de 15 ans. Huit objectifs assortis d'échéances, connus sous le nom d'Objectifs du Millénaire pour le développement (OMD, ou MDG en anglais), ont été retenus, le premier visant spécifiquement à réduire de moitié le nombre de personnes souffrant de la faim sur notre planète.

À ce moment, l'UNSCN pouvait réunir des arguments forts en faveur de la nutrition, arguant que la nutrition était reliée à la plupart des OMD, si ce n'est tous, et que le droit à l'alimentation et à une bonne nutrition pour tous restait un instrument fondamental pour leur réalisation[20]. Malgré cela, les critiques ne cessaient d'augmenter sur l'activité de l'UNSCN, avivées par sa nature multi-partenariale et sa structure tripartite.

L'UNSCN s'attacha en retour à former des partenariats de plus en plus larges au sein de trois subdivisions clairement établies : agences des Nations unies (y compris d'autres institutions de développement ou de financement à niveau international et régional, et des organismes intergouvernementaux) ; partenaires bilatéraux (incluant des représentants aussi bien de pays à faible revenu que de pays à haut revenu) ; et ONG/société civile (dont les organisations non gouvernementales internationales, des établissements universitaires et d'autres représentants de la société civile). Les sessions annuelles sont devenues au fil du temps de très grands rassemblements avec prédominance de participants de la partie ONG/société civile. Mais ces sessions ont commencé à être fortement

19. En 2017, on dénombrait 193 États membres de l'ONU.

20. http://unscn.org/layout/modules/resources/files/scnnews28.pdf

critiquées, notamment par des agences des Nations unies qui se plaignaient d'une absence d'objectifs clairs ; les groupes de travail thématiques perdirent progressivement leur capacité de coordination ou d'harmonisation, certains d'entre eux faisant même scission. Dans ce scénario, la gouvernance en matière de nutrition était devenue plus faible que jamais et une multitude d'initiatives ont commencé à fleurir, mais en se recoupant, en se faisant concurrence, et en donnant l'impression d'une grave fragmentation.

En 2008, la très influente revue médicale *The Lancet*, remarquée pour sa série thématique sur la santé dans le monde, décida de développer une série sur la sous-nutrition maternelle et infantile avec l'aide de la Fondation Bill & Mélinda Gates[21]. En tant que rédacteur en chef de la revue, Richard Horton indiquait :

> « La nutrition est un aspect terriblement négligé de la santé des mères, de leurs nouveau-nés et des jeunes enfants [...] Si l'on considère les actions spécifiques visant à améliorer la survie maternelle et infantile, [...] la gamme de réponses s'est élargie pour englober le système de santé, les ressources humaines, le financement et la gestion. Mais d'une certaine manière, la nutrition a disparu dans les interstices. »

Les 5 articles galvanisèrent une nouvelle dynamique en faveur d'actions pour la nutrition, allant jusqu'à critiquer explicitement l'architecture institutionnelle internationale en matière de nutrition, comme « fragmentée et dysfonctionnelle ». Les articles en appelaient à la communauté internationale pour mettre en place une nouvelle structure de gouvernance mondiale en matière de nutrition qui « représenterait de manière plus effective les organisations internationales, le secteur privé et la société civile, tout en facilitant le dialogue avec les acteurs nationaux des pays les plus sévèrement atteints »[22]. La série en appelait encore à une approche plus efficace au sein des Nations unies, en précisant qu'« à court terme, le Comité permanent pour la nutrition des Nations unies doit devenir un forum où chaque agence individuelle des Nations unies doit rendre des comptes sur ses résultats. Et préalablement à la session annuelle de 2008, toutes les agences devraient déclarer publiquement qu'elles souhaitent que le Comité exerce cette fonction ».

Fin novembre 2014 se tenait à Rome la seconde Conférence internationale pour la nutrition (CIN2), co-organisée par la FAO et l'OMS, 22 ans après la première Conférence, en coopération avec l'Équipe spéciale de haut niveau sur la crise mondiale de la sécurité alimentaire (HLTF), le FIDA, l'IFPRI, l'UNESCO, l'UNICEF, l'UNSCN, la Banque mondiale et

---

21. http://www.thelancet.com/series/maternal-and-child-undernutrition

22. Morris S. *et al.*, 2008, « Effective international action against undernutrition: Why has it proven so difficult and what can be done to accelerate progress ? », *Lancet*, 371 (9612), p.608-621.

l'OIT. La CIN2 a rassemblé des responsables politiques nationaux de haut niveau de l'agriculture, de la santé et des autres secteurs pertinents avec des responsables des agences des Nations unies et d'autres organisations intergouvernementales ou des représentants la société civile, comme des ONG, des chercheurs, des représentants du secteur privé ou des consommateurs. La Conférence a examiné toutes les formes de malnutrition, reconnaissant entre autres le côté véritablement « épidémique » du surpoids, de l'obésité et des maladies associées. Une Déclaration de Rome sur la nutrition fut adoptée par la Conférence, comprenant un Cadre d'action stratégique, suite à ses discussions[23].

Se reposant sur les initiatives et processus politiques mondiaux, la CIN2 a dans un premier temps revu l'ensemble des progrès réalisés dans l'amélioration des situations nutritionnelles depuis la première Conférence de 1992. La réflexion porta alors sur les problèmes existants et a révisé l'ensemble des politiques et des organisations institutionnelles dans les domaines de l'agriculture, de la pêche, de la santé, du commerce et de la protection sociale. Finalement, ont été discutés les moyens d'améliorer les capacités institutionnelles aux niveaux mondial, régional, national et décentralisé pour une meilleure coordination et cohérence des politiques à mettre en œuvre et une meilleure mobilisation des ressources nécessaires. Tout ceci fut repris dans la Déclaration de Rome pour la nutrition, recommandant *in fine* à l'Assemblée générale des Nations unies de considérer une déclaration officielle d'une Décennie d'action pour la nutrition entre 2016 et 2025.

Une année plus tard, les Nations unies, lors de leur 70e session annuelle (2015), tinrent le Sommet du développement durable, inaugurant ainsi un nouveau chapitre dans le champ du développement mondial. Furent ainsi adoptés 17 Objectifs du développement durable (ODD, ou SDG en anglais) visant à éradiquer la pauvreté tout en sauvegardant la planète et en assurant la prospérité pour tous d'ici 2030. Le second de ces objectifs vise spécifiquement à « éliminer la faim, assurer la sécurité alimentaire, améliorer la nutrition et promouvoir l'agriculture durable »[24]. Ces ODD visent une perspective forte de développement, dont l'atteinte nécessitera de nombreuses améliorations dans le domaine de la nutrition, et devraient maintenir les préoccupations de nutrition à un niveau élevé dans l'agenda politique pour la décennie qui se présente.

Bien que la Déclaration de Rome de la CIN2 ait été vue très favorablement dans le cadre de l'Agenda 2030 de l'Assemblée générale des Nations unies (A/RES/70/1), la proposition d'une Décennie pour la nutrition n'a pas été retenue lors du Sommet; ses partisans pour autant travaillèrent d'arrache-pied en coulisse pour la faire aboutir. Finalement, après une négociation multilatérale poussée, l'Assemblée générale a proclamé le

23. http://www.fao.org/about/meetings/icn2/fr/
24. http://www.un.org/sustainabledevelopment/fr/

1er avril 2016[25] la Décennie d'action pour la nutrition 2016-2025, insistant pour une nouvelle ère en matière de nutrition mondiale[26].

Comme cet aperçu historique le montre, les sommets internationaux appellent souvent au renforcement des processus de gouvernance mondiale pour mieux remplir les engagements pris et répondre ainsi aux attentes qu'ils génèrent. Ce fut le cas en 1974, quand la Conférence mondiale sur l'alimentation conduisit à la création du Comité permanent pour la nutrition, et cela reste encore valide après la CIN2 de 2014. La Décennie d'action pour la nutrition a invité les gouvernements et tous les partenaires impliqués à aider vigoureusement à sa mise en œuvre, appelant la FAO et l'OMS à guider le processus. Ces deux institutions ont ainsi pour défi aujourd'hui de mener une collaboration élargie avec les autres agences des Nations unies qui ont un mandat pour la nutrition, en faisant usage de plateformes largement multi-partenariales comme le CSA (Comité pour la sécurité alimentaire) et de mécanismes de coopération éprouvés comme l'UNSCN (Sous-comité des Nations unies pour la nutrition), pour faire avancer la cause de la nutrition mondiale.

En 2017, l'UNSCN a eu 40 ans, avec des succès comme des échecs ; il a œuvré au cours de ces quatre décennies avec le soutien plus ou moins affirmé des nombreuses agences des Nations unies, largement au-delà de l'appui traditionnel de la FAO, de l'OMS, de l'UNICEF et du PAM, les plus concernées par la nutrition, mais aussi d'autres incluant le PNUE (ONU Environnement), le BCAH (Bureau de coordination des affaires humanitaires), l'AIEA (Agence internationale pour l'énergie atomique), parmi d'autres.

Le document de travail écrit par Longhurst présentant un historique très détaillé de l'UNSCN en souligne ainsi certaines caractéristiques, qui peuvent être considérées comme une contribution à la bonne gouvernance en matière de nutrition, telles que la production et la mise à disposition publique d'expertises, sa nature multi-partenariale et un fort pouvoir de mobilisation. Depuis le lancement de la série du *Lancet* en 2008, l'UNSCN a été réformé sous la pression politique des agences des Nations unies et des partenaires du secteur du développement, qui souhaitaient un recentrage sur la seule coordination au sein des Nations unies.

En 2016 l'UNSCN a présenté un nouveau Plan stratégique pour 2016-2020 qui privilégie cette coordination renforcée en vue d'une meilleure cohérence et un meilleur partage d'information au sein des agences des Nations unies, mettant ainsi de côté son rôle en tant que plateforme multi-partenariale élargie[27]. En dépit de cette restructuration cependant, les agences des Nations unies interviennent ensemble dans le « Réseau des Nations unies pour le SUN », l'un des 4 réseaux du mouvement SUN (Scaling Up Nutrition, ou Mouvement de renforcement de la nutrition) qui

---

25. http://www.un.org/en/ga/search/view_doc.asp ?symbol=A/RES/70/259
26. http://www.fao.org/3/a-i6129f.pdf
27. https://www.unscn.org/layout/images/Strategicplan.pdf

partage sa coordination globale avec le secrétariat de REACH (Renewed Efforts Against Child Hunger and Undernutrition, ou Efforts renouvelés contre la faim et la sous-nutrition chez l'enfant – voir la section suivante pour plus de détails)[28]. Il y a semble-t-il un risque de duplication là encore et de fragmentation des politiques de nutrition.

En résumé, le besoin d'une bonne gouvernance pour la nutrition s'est toujours fait sentir depuis le jour où la nutrition dans le monde est devenue un objet croissant de préoccupation et d'action. Des conférences mondiales ont suscité des dynamiques qui se sont souvent révélées de courte durée, aucune n'ayant été capable d'offrir des solutions de long terme pour lutter efficacement contre la faim et la malnutrition à l'échelle mondiale. Une exception notable pourrait être la Décennie d'action en nutrition proclamée en 2016. Mais que manque-t-il encore à la nutrition mondiale aujourd'hui ? Est-ce une question de leadership ? Est-ce une vision partagée ? Est-ce simplement un manque de moyens ? Il est indéniable que la nutrition mondiale, comme tout défi de cette échelle, requiert un leadership vigoureux et crédible, apte à créer les conditions d'un dialogue entre les systèmes et les différents groupes de parties prenantes, et à garder un contrôle sur les luttes constantes pour plus d'influence, d'espace politique et de financement. Le paysage politique contemporain, dans un contexte extrêmement positif actuellement pour la nutrition, saura-t-il générer des fondements suffisamment solides pour surmonter ces écueils ?

Une bonne gouvernance en matière de nutrition implique que les pays soient au cœur du dispositif

Confrontés aux défis liés à la nutrition, les pays et leurs populations doivent être le centre des préoccupations, c'est-à-dire être des éléments clefs des dispositifs de gouvernance mondiale pour la nutrition. Avec la mondialisation, les pays sont de plus en plus interconnectés et interdépendants ; les décisions prises dans un pays peuvent avoir d'importantes conséquences nutritionnelles dans d'autres pays à travers le monde : tous les pays devraient donc avoir intérêt à travailler en commun. De fait, dans le domaine de la nutrition, discuter et travailler ensemble est un impératif pour tous : tous les pays ont besoin, dans une proportion variable, d'aide extérieure, qu'elle soit politique, technique ou financière, ou globale. Tout pays devrait donc pouvoir formuler ses besoins et obtenir des réponses appropriées de la part des autres acteurs mondiaux pour y remédier effectivement.

28. http://scalingupnutrition.org/sun-supporters/un-network-for-sun/un-network-for-sun-tools-and-resources/

Les pays expriment leurs réponses via leurs systèmes nationaux, principalement ceux conçus pour fournir des soins de santé. En dépit de l'importance de la santé dans les actions de nutrition, les réponses multisectorielles ont montré une plus grande capacité à générer un impact durable. Leur mise en œuvre reste un défi majeur pour la plupart des pays, cependant l'expérience s'accumule, surtout lorsqu'il s'agit d'amener les secteurs de l'agriculture et de la protection sociale à une plus grande sensibilité à la nutrition, et les perspectives sont prometteuses[29]. Accroître ces efforts et susciter des changements favorables requiert cependant d'améliorer la façon dont le système dans son ensemble est organisé et géré au niveau national comme décentralisé dans tous les pays.

La première étape est l'identification et la compréhension des nombreux acteurs susceptibles d'influer sur les résultats – les « parties prenantes » – afin de tirer le meilleur parti des interactions possibles entre eux. Une véritable « cartographie » de ces parties prenantes devrait permettre de répondre aux questions suivantes : qui, dans chaque secteur pertinent, joue un rôle dans l'élaboration des politiques et programmes de nutrition ? Quel est leur niveau d'influence en tenant compte de leurs autres priorités concurrentes ? Qui plaide en faveur de la nutrition ? Avec quelle détermination ? Qui sont ou pourraient devenir des défenseurs efficaces ? Qui/quels intérêts pourraient entraver les progrès ? Jusqu'à quel point ? Qui fournit une aide financière à qui ? Une telle démarche, menée systématiquement et objectivement par les pays, permet une visualisation des interactions entre parties prenantes sous forme de réseaux interconnectés dynamiques de groupes d'influence, que les politiques engagées pourront utiliser à leur profit.

Bien que chaque situation soit différente, en règle générale, les parties prenantes de la nutrition au niveau national comprennent normalement des représentants des pouvoirs publics des différents niveaux et secteurs nationaux, des représentants de la société civile et des ONG, des organisations privées, des milieux académiques, des organisations non gouvernementales internationales, des associations professionnelles et de consommateurs, des donateurs et des agences bilatérales et internationales et, surtout, les populations concernées elles-mêmes. Des modèles sont à l'étude pour cette cartographie des multiples parties prenantes, afin de comprendre le rôle et l'influence des différents acteurs en nutrition dans le paysage politique des pays et afin d'identifier les obstacles ou les faiblesses qui peuvent limiter les programmes. Une action globale cohérente et bien coordonnée en appui à la nutrition devrait pouvoir aider les pays à mener à bien leurs actions et programmes, qu'il s'agisse de sous-nutrition, de carences en micronutriments, de surcharge pondérale et d'obésité, et de

---

29. Acosta M. A. et Fanzo J., 2012, *Fighting Maternal and Child Malnutrition: Analysing the political and institutional determinants of delivering a national multisector response in six countries*, Londres, DFID (Dept of Int Dev, UK.Gov), http://www.ids.ac.uk/files/dmfile/DFID_ANG_Synthesis_April2012.pdf

maladies chroniques liées à la nutrition, ou d'une combinaison de ces pathologies.

La concertation entre acteurs mondiaux

Au niveau mondial, les acteurs de la nutrition présentent une configuration similaire, les principaux étant les gouvernements nationaux, les agences des Nations unies et les institutions financières (en particulier, la FAO, l'OMS, l'UNICEF, le PAM, le FIDA, la Banque mondiale), les organisations de la société civile, les bailleurs de fonds et les agences de développement, la communauté scientifique, le monde des entreprises et les fondations privées (notamment la Fondation Bill and Melinda Gates, la Fondation du Fonds d'investissement pour les enfants, et GAIN)[30].

Une bonne gouvernance pour la nutrition implique un processus multilatéral qui donne une voix et des opportunités de prise de décision égales pour tous les gouvernements nationaux élus. La manière dont ces parties prenantes interagissent est cependant différente de ce qui se passe au niveau national. Deux comités mondiaux sont actuellement opérationnels en ce sens, le Comité permanent pour la nutrition du système des Nations unies (UNSCN) et le Comité pour la sécurité alimentaire dans le monde (CSA). Les différentes parties prenantes collaborent également au sein de processus multilatéraux tels que les réunions des organes directeurs des agences des Nations unies, notamment l'OMS et la FAO, ou les conférences mondiales axées sur la nutrition, dont la Conférence internationale sur la nutrition (CIN) de 1992 est un bon exemple. Les interactions peuvent encore se produire lors de la création d'initiatives, de partenariats ou de mouvements tels que le partenariat REACH, le mouvement SUN (Scaling Up Nutrition), la Nouvelle Alliance du G7 pour la sécurité alimentaire et la nutrition, le défi « Faim Zéro » ou l'initiative EAT. Cette multitude d'initiatives, qui font parfois double emploi, va être décrite et discutée un peu plus loin dans ce chapitre.

Le Comité de la sécurité alimentaire mondiale (CSA)

Selon les informations disponibles sur le site web de la FAO et d'autres documents officiels[31], « le CSA a été créé en 1974 en tant qu'organe

---

30. Pour une liste plus complète des acteurs de la nutrition issus de l'ensemble de ces catégories, voir les signataires du Pacte « Nutrition for Growth » décrit plus loin dans ce chapitre, https://www.gov.uk/government/uploads/system/uploads/attachment_data/file/205880/Nutrition-for-growth-commitments.pdf

31. Comité de la sécurité alimentaire mondiale (CSA), http://www.fao.org/cfs/fr/

intergouvernemental pour servir de forum dans le système des Nations unies pour l'examen et le suivi des politiques relatives à la sécurité alimentaire mondiale, y compris la production et l'accès physique et économique à l'alimentation. Courant 2009, le CSA a entrepris de se réformer pour une meilleure efficacité en élargissant le nombre de parties prenantes et en améliorant sa capacité à promouvoir des politiques de réduction de l'insécurité alimentaire ».

La réforme du CSA a été provoquée par une hausse des prix des denrées alimentaires en 2007-2008, suivie par la crise financière et économique de 2009, ce qui a entraîné une sérieuse menace pour la sécurité alimentaire et nutritionnelle mondiale et pour la réalisation des objectifs du Sommet mondial pour l'alimentation de 1996 et du Millénaire pour le développement (OMD) de réduire la faim et la malnutrition. Considéré comme un Comité peu performant par les nations membres, celles-ci décidèrent en 2009 d'une réforme pour que le CSA « puisse jouer un rôle clef dans le domaine de la sécurité alimentaire et nutritionnelle, y compris en termes de coordination au niveau international »[32].

Le nouveau CSA est aujourd'hui la plateforme internationale et intergouvernementale la plus large pour tous les acteurs susceptibles de travailler ensemble sur les questions de sécurité alimentaire et de nutrition ; il s'est doté d'une structure permettant la participation de toutes les parties prenantes aux niveaux mondial, régional et national. La nutrition y est de plus en plus un important sujet de discussion du fait de l'intérêt pour la nutrition démontré par plusieurs des pays participants et des engagements de l'UNSCN et de l'OMS au sein du CSA. Le CSA aujourd'hui se compose d'un Bureau et d'un Groupe consultatif, d'une Assemblée plénière, d'un Panel d'experts de haut niveau (HLPE) et de son Secrétariat. Le Bureau est l'organe exécutif du CSA, composé d'un président et de représentants de douze pays membres. Le Groupe consultatif comprend des représentants des cinq différentes catégories de participants au CSA :

– les Agences des Nations unies et d'autres organes des Nations unies, dont « l'Équipe spéciale de haut niveau du Secrétariat général des Nations unies pour la Crise mondiale de la sécurité alimentaire » (HLTF) et l'UNSCN ;

– la société civile et les organisations non gouvernementales (ONG), en particulier des organisations représentant les petites exploitations agricoles familiales, les gens de la pêche, les bergers, les paysans sans terre, les urbains pauvres, les ouvriers de l'agriculture et de l'agroalimentaire, les femmes, les jeunes, les consommateurs et les communautés indigènes ;

– les institutions internationales de recherche agronomique ;

– les institutions financières internationales ou régionales telles que les banques régionales de développement, la Banque mondiale, le Fonds

32. Document final de la réforme du CSA, http://ftp.fao.org/docrep/fao/meeting/018/k7197f.pdf

monétaire international, les banques régionales de développement et l'Organisation mondiale du commerce ;

– les associations du secteur privé et les fondations philanthropiques.

Les assemblées plénières ont lieu chaque année et représentent l'organe central de prise de décision, de débat, de coordination, de retour d'expérience et de convergence par toutes les parties prenantes, autour des questions de sécurité alimentaire.

Son Panel d'experts de haut niveau a œuvré activement afin d'abonder les réflexions du Comité et de consolider le système d'élaboration des politiques en fournissant de manière indépendante des analyses et avis basés sur des données solides, à chaque demande du CSA. Depuis son apparition en 2010, le HLPE a déjà produit de précieux rapports sur les externalités liées à la sécurité alimentaire telles que la volatilité des prix, l'occupation des terres, le changement climatique, la protection sociale ou les pertes alimentaires[33]. Le HLPE tient largement compte des commentaires et des contributions publiques à différents stades de l'élaboration de ses rapports (via des consultations électroniques), renforçant sa capacité à tirer parti aussi bien d'expériences de terrain non encore publiées que de connaissances locales sur les questions de mise en œuvre et les pratiques réelles[34].

À titre d'exemple de la taille et de la solidité acquises en termes de plateforme multi-partenariale, sa 43e Assemblée (octobre 2016)[35] a réuni des délégués de 116 membres du Comité ; 8 États non-membres du Comité et des représentants de 10 agences et organes des Nations unies, y compris l'UNSCN, 123 organisations de la société civile, 2 organisations de recherche agricole internationales, 1 institution financière internationale et 1 régionale, 86 associations du secteur privé et des fondations philanthropiques, et 45 observateurs.

Le CSA a ainsi pu jouer un rôle important pour favoriser la convergence des politiques, produire et mettre publiquement à disposition des connaissances précieuses, et mettre au point un cadre stratégique mondial pour la sécurité alimentaire et la nutrition. La réforme du CSA a assurément jeté les bases d'une bonne gouvernance mondiale pour la sécurité alimentaire qui pourrait servir de leçon à la nutrition. Ce souci est d'ailleurs présent à l'esprit du Comité : le rôle du CSA en matière de nutrition mondiale n'a cessé de croître depuis la 42e session d'octobre 2015, comblant de fait un vide important en termes de gouvernance mondiale dans ce domaine. Pour la première fois, un point de l'ordre du jour était spécifiquement consacré au rôle du CSA pour favoriser des avancées en nutrition[36], souhaitant que la nutrition soit intégrée de manière volontariste dans tous les travaux du CSA, y compris dans les

33. http://www.fao.org/cfs/cfs-hlpe/rapports/fr/
34. http://www.fao.org/fsnforum/cfs-hlpe/fr/e-consultations
35. http://www.fao.org/3/a-ms023e.pdf
36. http://www.fao.org/3/a-mo943e.pdf

rapports fournis par le HLPE. On établit ainsi un Groupe de travail de composition libre (OEWG, Open-Ended Working Group) sur la nutrition pour identifier les priorités de travail encadrées par la Déclaration de Rome sur la nutrition de la CIN2 et son Cadre d'action. Un an plus tard, en 2016, le CSA a endossé le cadre de travail élaboré par ce Groupe pour renforcer les contributions du CSA à lutter contre toutes les formes de malnutrition ; ce document fournit un cadre d'action avec des objectifs concrets pour 2017 et au-delà. En octobre 2017, le CSA a revu le rapport du HPLE sur la nutrition et les systèmes alimentaires et a discuté comment faire le suivi des conclusions de la CIN2 ; cela devrait potentiellement aboutir à des décisions collectives sous la forme de directives à considérer par tous les pays volontaires. En parallèle, le CSA a été très actif pour co-organiser plusieurs manifestations avec l'UNSCN pour développer une base commune de pensée en nutrition et jeter les fondements d'une politique bien informée de travail de coordination et de convergence au sein du CSA[37].

L'Assemblée mondiale de la santé

L'Assemblée mondiale de la santé est l'instance décisionnelle suprême de l'OMS, sa fonction principale étant de déterminer les politiques et priorités de l'Organisation. Elle se tient à Genève chaque année au mois de mai et rassemble des représentants de tous les États membres de l'Organisation, des observateurs des États ou territoires invités non membres, des représentants invités des organes et agences des Nations unies et des autres organisations intergouvernementales et non gouvernementales ayant des liens de travail avec l'Organisation.

Un exemple remarquable de ce que peuvent faire émerger les délibérations de l'Assemblée est la ratification en 2012 du « Plan d'application exhaustif concernant la nutrition chez la mère, le nourrisson et le jeune enfant » avec six objectifs de nutrition au niveau mondial[38]. En 2014, l'OMS a fait un premier bilan de la progression de ce Plan à l'Assemblée[39], qui a recommandé que l'Organisation travaille alors sur le développement d'un ensemble d'indicateurs clés permettant de suivre ce plan d'application et sur l'évaluation des risques et les instruments de gestion des conflits d'intérêts en matière de nutrition. Toujours lors de l'Assemblée de 2014, les États membres de l'OMS ont adopté les termes de référence du Mécanisme de coordination mondiale pour les maladies non

---

37. Toutefois, comme le montre le chapitre 2 (N. Bricas et A. Alpha), le CSA, s'il a largement contribué à une re-légitimation des secteurs agricole et agroalimentaire, a aussi favorisé une montée en puissance du secteur privé, et rencontre des limites pour repositionner la nutrition au sein de la question de la sécurité alimentaire.
38. http://www.who.int/entity/nutrition/topics/WHA65.6_resolution_en.pdf?ua=1
39. http://apps.who.int/gb/ebwha/pdf_files/WHA67/A67_15-en.pdf?ua=1&ua=1

transmissibles (WHO-GCM/NCD) visant à « faciliter et renforcer la coordination des activités, l'engagement des parties prenantes et l'action intersectorielle aux niveaux local, national, régional et mondial, afin de contribuer à la mise en œuvre du Plan d'action mondial 2013-2020 de l'OMS pour les maladies non transmissibles, tout en évitant la duplication des efforts, et en utilisant les ressources de manière efficace et axée sur les résultats, ainsi qu'en préservant l'OMS et la santé publique de toute influence abusive liée à des conflits d'intérêts de toutes sortes, réels, perçus ou même simplement potentiels ».

Le GCM/NCD constitue un jalon important de l'établissement d'une bonne gouvernance en matière de santé et de maladies non transmissibles, et il peut faciliter un dialogue croisé utile entre les processus de gouvernance du secteur des maladies non transmissibles et de celui de la nutrition.

Une autre décision importante fut celle de la Direction générale de l'OMS d'établir une Commission de haut niveau sur « les moyens de mettre fin à l'obésité de l'enfant », toujours en mai 2014. La Commission a été chargée de préciser quelles sont les approches et quelles sont les combinaisons d'interventions susceptibles d'être les plus efficaces dans des contextes différents à travers le monde[40]. En 2016, la 69e Assemblée[41] a appelé les Nations unies et toutes les parties prenantes à travailler collectivement dans le cadre de la Décennie d'action en nutrition des Nations unies (2016-2025) et a requis que le secrétariat de l'OMS travaille en étroite collaboration avec celui de la FAO pour sa mise en œuvre. En mai 2017, à la 70e Assemblée[42], les deux agences ont présenté un programme de travail conjoint en ce sens.

Les Conférences de la FAO

Comme l'OMS, la FAO a sa propre assemblée, la Conférence FAO, son instance décisionnelle qui se réunit tous les deux ans ; y assistent les 194 États membres, plus une organisation membre, l'Union européenne. La Conférence détermine la politique de la FAO, approuve son budget et adresse des recommandations à ses membres pour tout ce qui concerne l'agriculture et l'alimentation afin qu'ils les examinent et les mettent en œuvre dans leur politique nationale. Elle dialogue également avec toutes les organisations internationales en ce qui concerne chaque question relevant des missions de la FAO[43]. Les organisations intergouvernementales et les organisations non gouvernementales internationales sont invitées à

40. OMS, 2016, *Rapport de la Commission pour mettre fin à l'obésité de l'enfant*, January, http://apps.who.int/iris/bitstream/10665/206451/1/9789242510065_fre.pdf?ua=1
41. http://apps.who.int/gb/ebwha/pdf_files/WHA69/A69_R8-en.pdf?ua=1
42. http://apps.who.int/gb/ebwha/pdf_files/WHA70/A70_30-en.pdf
43. http://www.fao.org/docrep/meeting/022/K8024E.pdf

participer en qualité d'observateurs, avec la possibilité de se prononcer sur les points de l'ordre du jour.

Lors de sa 39e session en 2015[44], la Conférence de la FAO a approuvé les documents finaux de la CIN2 (*i. e.* la Déclaration de Rome sur la nutrition et le Cadre d'action). La Conférence a soutenu, en particulier, l'idée d'inclure la nutrition dans les Objectifs du développement durable, ainsi que la nécessité d'améliorer le système de coordination et de collaboration des Nations unies pour la nutrition, via le renforcement des mécanismes existants. La Conférence a enfin encouragé ses membres à examiner de nouvelles mesures pour permettre au Comité de la Sécurité alimentaire dans le monde (CSA) de servir de forum mondial multilatéral et intergouvernemental pertinent pour la nutrition. En juillet 2017, la 41e Conférence a examiné le Rapport d'avancement sur la mise en œuvre de la Décennie d'action en nutrition, a étudié le suivi de la CIN2 et a fourni de nouvelles orientations pour l'avenir[45].

La question demeure néanmoins: de tels espaces d'interaction au niveau mondial entre les différentes parties prenantes de la nutrition sont-ils structurés de manière à assurer une bonne gouvernance effective pour la nutrition au niveau mondial et de manière durable ?

Le paysage actuel de la nutrition mondiale

Comme cela a été souligné dans l'aperçu historique, des objectifs de réduction de la malnutrition et d'élimination de la faim dans le monde ont été présents dans un certain nombre d'initiatives dès l'époque de la Société des Nations, avant même la création de l'Organisation des Nations unies. De temps à autre, un nouvel élan apparaissait au gré des intérêts politiques du moment de tel ou tel groupe ou pays influent, parfois en réponse à une crise conséquente. Malgré cela, malheureusement, les problèmes de nutrition restaient largement répandus.

Dans une période plus récente, depuis le début des années 2008, après la publication de la série du *Lancet* sur la nutrition maternelle et infantile, l'action en nutrition s'est nettement intensifiée, et un nouvel élan est observé[46]. Toutefois, dans un contexte où la gouvernance mondiale pour la nutrition est encore fragile, la question peut se poser de savoir si ce nouvel élan fait actuellement avancer la nutrition mondiale ou pas. Cela semble le cas, comme l'indiquait en 2013 une nouvelle mise à jour de la série du *Lancet*: les articles estiment que le paysage a profondément changé depuis le lancement de la série initiale en 2008, citant notamment

44. http://www.fao.org/3/a-mo153e.pdf
45. http://www.fao.org/3/a-/a mt359e.pdf
46. http://www.thelancet.com/series/maternal-and-child-undernutrition

le nouveau mouvement SUN (Scaling Up Nutrition, ou renforcement de la Nutrition) qui a été créé en septembre 2010, comme un symbole important du renouveau d'intérêt pour la nutrition[47]. Mais le *Lancet* insiste aussi sur le fait que l'accélération et le maintien à un bon niveau des activités de nutrition ne seront pas possibles sans un clair support, au niveau national comme au niveau international, à un processus de renforcement sur le long terme des capacités institutionnelles et d'organisation.

Voici quelques-unes des initiatives, partenariats ou mouvements importants qui peuplent le paysage international actuel en matière de nutrition.

REACH, des efforts renouvelés pour lutter contre la faim et la sous-nutrition

La première d'une série de nouvelles initiatives est REACH (Renewed Efforts Against Child Hunger and Undernutrition, ou Efforts renouvelés contre la faim et la sous-nutrition chez l'enfant). La FAO, l'UNICEF, le PAM et l'OMS l'ont initiée en 2008 avec un secrétariat basé au siège du PAM à Rome ; le FIDA s'est joint à cette initiative par la suite. REACH développe une approche au niveau des pays pour y développer à plus grande échelle des interventions validées et effectives pour lutter contre la sous-nutrition à travers un partenariat et des actions coordonnées des agences des Nations unies, de la société civile, des bailleurs et du secteur privé, sous la houlette des gouvernements nationaux. REACH vise à soutenir les pays dans leurs efforts de programmation et de mise en œuvre de la nutrition à travers trois axes :

– la diffusion d'une expertise de qualité sous la forme de recommandations, guides techniques ou retours d'expériences présentant un bon rapport coût-efficacité ;

– la promotion de plateformes multi-acteurs de fourniture de services de formation professionnelle pour la planification ou l'élaboration de budgets ;

– la promotion de la coordination et de la coopération entre acteurs, plus particulièrement au sein des agences des Nations unies opérant dans les pays tiers.

Il est important de remarquer que REACH n'est pas un mécanisme de coordination en soi, il cherche plutôt à faciliter la création de mécanismes nationaux de coordination dirigés par les pays et/ou l'amélioration des mécanismes de coordination nationale déjà en place. En 2017, REACH a supporté des opérations dans 12 pays : Burkina Faso, Burundi, Tchad, Ghana, Haïti, Lesotho, Mali, Myanmar, Sénégal, Sierra Leone, Tanzanie et Zimbabwe. Si on se souvient de ce que l'ACC identifiait comme nécessaire en 1975, REACH propose les bonnes approches. Toutes les actions et les politiques multisectorielles ayant une incidence sur la nutrition sont

47. http://www.thelancet.com/series/maternal-and-child-nutrition

fortement encouragées, y compris celles réalisées par les systèmes de santé des pays[48]. Le coordinateur général de REACH est aussi celui du réseau des Nations unies pour le mouvement SUN, et l'approche REACH est promue de manière forte dans les pays du SUN.

Mouvement de renforcement de la nutrition (SUN)

Parmi les initiatives les plus récentes en nutrition, la plus importante est incontestablement le « Mouvement de renforcement de la nutrition » SUN (Scaling Up Nutrition), constitué en 2010[49]. Il est issu d'une forte impulsion de la Banque mondiale et de l'appui des agences des Nations unies (une partie), de la Fondation Bill & Melinda Gates et d'un certain nombre de pays donateurs, qui ont décidé de faire suite à l'appel lancé par la série du *Lancet* de 2008. Un groupe de personnes de ces organisations a décidé de réunir les parties prenantes évoquées ci-dessus sur un même terrain d'entente, autour d'une vision et d'une stratégie communes pour le renforcement de la nutrition, clairement axées sur la réduction du retard de croissance. Le Représentant spécial du secrétaire général des Nations unies pour la sécurité alimentaire et la nutrition a été invité à assurer un rôle dirigeant, assisté de façon décisive par le Secrétariat de l'UNSCN. Le concept évoluant, le SUN fut finalement conçu comme un « mouvement » impliquant des agences des Nations unies, des organisations non gouvernementales, les bailleurs traditionnels, les pays en développement et le secteur des entreprises, pour faire front contre la sous-nutrition de l'enfant, avec un accent particulier sur la « fenêtre d'opportunité » de la conception jusqu'au 24e mois d'âge de l'enfant. SUN est donc un mouvement, il ne s'agit pas d'un fonds, ni d'une institution ou d'une agence ; il cherche à renforcer les engagements politiques et le contrôle public de ces engagements. L'une des priorités définies par le mouvement SUN est, selon ses propres textes, de ne pas être « absorbé » par une des institutions existantes. Le mouvement SUN peut être défini davantage comme un mécanisme par lequel les membres qui manifestent leur intérêt à le rejoindre, y compris les pays, s'engagent à suivre ses principes et son mode opératoire. Le SUN aide alors les pays participants à établir engagements, objectifs, indicateurs, rapports d'activité, actions de communication et de diffusion, gestion de l'assistance technique. En juin 2018, le mouvement SUN assiste 60 pays en développement, provenant principalement d'Afrique et d'Asie, et 3 États indiens.

L'architecture du Mouvement s'articule autour de 4 piliers : les organisations de la société civile, les agences des Nations unies, le secteur privé et les partenaires du développement. Un groupe dirigeant, composé de leaders représentant l'éventail des partenaires engagés dans le SUN, opère

48. REACH, http://www.reachpartnership.org/about-reach
49. Le mouvement SUN (Scaling Up Nutrition), http://www.scalingupnutrition.org/fr/

une surveillance stratégique, soutient la mobilisation des ressources et assure une responsabilité collective au travers du mouvement.

En septembre 2015, une nouvelle structure de gouvernance a été mise en place : un Comité exécutif du SUN, avec un maximum de 16 membres, qui agit au nom du groupe dirigeant du mouvement, élabore et surveille la mise en œuvre de la stratégie SUN. Le Comité aide le coordonnateur à mobiliser les engagements politiques pour la nutrition et à promouvoir les valeurs et les principes du mouvement. Un Fonds fiduciaire multi-partenarial SUN (MPTF) a été créé avec trois volets de financement : un soutien aux actions initiales dans les pays SUN ; l'aide à la mobilisation de la société civile dans les pays SUN ; et le développement et l'externalisation des travaux stratégiques. La majorité des fonds visaient à soutenir le travail de la société civile dans les pays SUN. Une évaluation indépendante du MPTF en 2015 a révélé des résultats mitigés. Bien que les organisations de la société civile aient en général réussi à davantage attirer l'attention sur la nutrition, elles ont encore du mal à attirer suffisamment de ressources de manière durable pour que leur travail ait un réel impact.

La participation du secteur des entreprises a donné lieu à quelques critiques, principalement de la part de partenaires de la société civile et de certains pays. Lorsque différentes parties prenantes s'engagent à travailler ensemble, elles diffèrent souvent quant à leurs approches et leurs intérêts. SUN l'a acté et a demandé à l'Observatoire social mondial (GSO) – un forum indépendant pour un dialogue pluraliste – d'élaborer des conseils sur la participation au mouvement afin de prévenir et gérer les conflits d'intérêts. Une Note de référence et une Boîte à outils pour la prévention et la gestion des conflits d'intérêts ont été élaborées à l'intention des gouvernements qui ont rejoint le mouvement SUN[50] ; elles présentent les grands principes d'action et identifient les types de comportement qui permettent de contribuer aux objectifs du mouvement tout en gérant au mieux les conflits d'intérêts. Une série d'exercices d'apprentissage ont eu lieu tout au long de l'année 2014 afin d'examiner la mise en œuvre pratique de ces éléments.

À l'origine, le SUN a concentré son attention sur la sous-nutrition pendant la petite enfance. Comme l'ensemble des problèmes de nutrition est déjà largement répandu dans de nombreux pays engagés dans le SUN, le mouvement mentionne également depuis septembre 2013, dans son texte de présentation générale, l'obésité et les maladies non transmissibles liées à la nutrition[51].

---

50. http://scalingupnutrition.org/fr/ressources/prevention-et-gestion-des-conflits-dinterets

51. http://docs.scalingupnutrition.org/wp-content/uploads/2016/09/SR_20160916_FR_03_web_spread.pdf

La Nouvelle Alliance pour la sécurité alimentaire et la nutrition (NASAN)

Cette initiative a été lancée lors du sommet du G8 en 2012 sous la direction des États-Unis d'Amérique, pour lutter contre la malnutrition dans les pays africains en partenariat avec des entreprises privées[52]. La « Nouvelle Alliance pour la sécurité alimentaire et la nutrition » (*New Alliance for Food Security and Nutrition*) est un engagement commun pour réaliser une croissance agricole durable et solidaire afin de sortir 50 millions de personnes de la pauvreté dans les 10 ans à venir. La Nouvelle Alliance inclut les engagements suivants:

– établir un leadership en Afrique pour conduire des plans et des politiques efficaces en matière de sécurité alimentaire au niveau des pays;

– accroître les investissements, lorsque les conditions le permettent, par les partenaires du secteur privé;

– accroître l'aide des bailleurs de fonds pour augmenter en Afrique le potentiel de croissance rapide et durable de son agriculture.

Cette initiative est issue d'une notion avancée par le Forum économique mondial (*World Economic Forum*), dans un rapport intitulé « Nouvelle vision de l'agriculture, nouveaux modèles d'action », qui encourage la promotion de nouveaux investissements de la part du secteur agroalimentaire. Le site web de la Nouvelle Alliance indique qu'au cours de ses deux premières années d'existence, l'Alliance s'est élargie à dix pays africains, à plus de 160 entreprises (aux deux tiers africaines) et a recensé plus de 7 milliards de dollars US en investissements planifiés. En 2013, les entreprises ont déclaré effectuer des investissements d'une valeur de 970 millions de dollars supérieurs à leurs engagements, et ces investissements ont atteint 2,6 millions de petits exploitants via des contrats de services, de formation, d'approvisionnement ou de production, créant au passage 33 000 emplois[53]. Financée principalement par les pays du G7/G8 et l'Union européenne, elle a donné lieu en 2016 à un débat à Bruxelles pointant les limites de ce programme: des organisations de la société civile dans le monde entier au Nord comme au Sud estiment qu'il facilite les accaparements de terres et de ressources naturelles et affecte les petits agriculteurs et leur droit à une alimentation adéquate, tout en accélérant le processus de privatisation des semences.

Le Défi faim zéro

En 2012, à Rio de Janeiro, lors de la conférence de Rio + 20, le secrétaire général des Nations unies, Ban Ki-moon, a lancé un défi, l'élimina-

52. Nouvelle Alliance pour la sécurité alimentaire et la nutrition: https://new-alliance.org/

53. http://www3.weforum.org/docs/IP/2013/NVA/WEF_IP_NVA_New_Models_for_Action_report.pdf

tion de la faim de nos existences, explicitant de cette manière la signification de sa vision:

– zéro enfant de moins de deux ans retardé en taille;
– 100 % d'accès à une alimentation adéquate tout au long de l'année;
– tous les systèmes alimentaires doivent être durables;
– 100 % d'augmentation de la productivité et des revenus des petits exploitants;
– zéro perte ou gaspillage de nourriture.

Cette initiative, ou plutôt ce mouvement politique, a été nommée le « Défi faim zéro » – DFZ (ZHC, *Zero Hunger Challenge* en anglais)[54] et les partenaires ont été appelés à se retrouver autour de cet objectif commun. Plusieurs pays et entreprises ont rejoint le DFZ en signant une déclaration très simple affirmant qu'ils:

– œuvrent activement en vue d'éliminer la faim;
– se rallient à tous les éléments du Défi faim zéro;
– encouragent les autres acteurs à s'associer à leurs activités et à relever le défi;
– plaident pour des actions et des politiques permettant d'atteindre l'objectif « faim zéro »;
– s'engagent à rendre des comptes sur leurs promesses.

Il n'y a pas de nouvelles activités spécifiques; le DFZ fournit des rapports sur différentes initiatives de différentes institutions qui se sont engagées dans le Défi. Déjà 20 agences ou départements des Nations unies et 28 organismes de nature diverse, n'appartenant pas aux Nations unies, ont adhéré à ce Défi, y compris le mouvement SUN.

Nutrition pour la croissance (N4G)

Toujours en 2012, le Royaume-Uni vit un intérêt politique à se mettre en avant en profitant des Jeux olympiques de Londres pour attirer l'attention de la planète sur une question de développement et c'est la nutrition qui fut identifiée. Un événement politique de haut niveau fut organisé à la fin des Jeux, auquel la vice-présidence du Brésil fut invitée, aux côtés de célébrités sportives. Le Royaume-Uni considérait ce dialogue avec le Brésil comme une très bonne opportunité pour toucher les pays de l'hémisphère sud.

Les travaux ont suivi leur cours et l'année suivante, en 2013, le Royaume-Uni, alors président temporaire du G8, estima qu'il était temps de proposer une nouvelle stratégie, appelée « Nutrition for Growth » ou N4G (Nutrition pour la croissance). Avec le Brésil et la Fondation des fonds d'investissement pour l'enfance (CIFF ou Children's Investment Fund Foundation), le Royaume-Uni promut une manifestation où des gouvernements concernés par la lutte contre la sous-nutrition, les bailleurs

54. « Défi faim zéro »: http://www.un.org/fr/zerohunger/#&panel1-1

de fonds, les agences de développement des Nations unies, des universités, des centres et réseaux de recherche, des ONG internationales, des entreprises privées, des fondations d'entreprises, signèrent un pacte mondial. Ce pacte a pour objectif que d'ici 2020, au moins 500 millions de femmes enceintes et les enfants de moins de 2 ans aient accès à des interventions efficaces de nutrition, permettant d'éviter un retard de croissance à au moins 20 millions d'enfants et de sauver 1,7 million de vies[55].

Au sein du N4G, les gouvernements participants ont fixé des objectifs de réduction de la malnutrition et promis de concevoir les plans et d'allouer les ressources nécessaires à la réalisation de ces objectifs. Les donateurs se sont engagés financièrement, ont annoncé de nouveaux programmes de nutrition, et les organisations de la société civile et les partenaires du secteur privé ont également pris des engagements similaires dans leurs domaines respectifs. Ces engagements politiques sont essentiels mais les résultats sur le terrain mettront du temps à se manifester de façon concrète et mesurable.

Les partenaires de N4G se sont réunis à nouveau en 2016, juste avant les Jeux olympiques de Rio, pour évaluer les progrès accomplis par rapport à leurs propres engagements et se tenir mutuellement redevables de ceux-ci via des mécanismes ad hoc mis en place, dont le *Rapport mondial sur la nutrition* (*Global Nutrition Report*, GNR) – les trois premières éditions ont été publiées en septembre 2015, juin 2016 et novembre 2017 respectivement[56]. Il existe un intérêt et engagement certain au sein de la communauté mondiale de la nutrition pour contribuer au GNR, qui fait le bilan de la malnutrition sous toutes ses formes et représente un instrument puissant de responsabilisation publique, bien qu'il repose encore de manière importante sur les rapports des états eux-mêmes. Le suivi des engagements de la société civile et des entreprises se fait au travers du SUN, de l'OSC ou des réseaux d'entreprises.

Une responsabilisation mutuelle via l'information publique sur les progrès accomplis est essentielle. À ce jour, deux tiers des pays bénéficiaires qui ont signé le Pacte présentent leurs projets de nutrition sur leur site internet ; et plus de 60 % ont développé des estimations de coûts accessibles au public pour ces projets, ce qui est assez prometteur.

Cette liste d'initiatives mondiales n'est pas exhaustive ; plusieurs autres initiatives régionales notables ont été créées, comme le *2025 Hunger-Free* (Sans Faim en 2025) pour l'Amérique latine et les Caraïbes, l'Initiative panafricaine pour la nutrition, l'Alliance panaméricaine pour la nutrition et le développement de l'Organisation panaméricaine de la santé (OPS/PAHO), qui ne seront pas détaillées ici.

---

55. Initiative et Pacte « Nutrition for Growth » : http://nutrition4growth.org et https://www.gov.uk/government/uploads/system/uploads/attachment_data/file/207274/nutrition-for-growth-commitments.pdf

56. http://www.globalnutritionreport.org/the-report/

Comme on peut le constater, le paysage que figurent toutes ces initiatives semble complexe et entraîne des chevauchements. Dans une excellente revue de la nutrition mondiale disposée à éclairer les débats du Conseil national de la sécurité alimentaire du Brésil, E. Recine et N. Beghin ont soulevé plusieurs points vraiment essentiels sur cette myriade de nouvelles initiatives, en référence aux 8 caractéristiques d'une bonne gouvernance évoquées plus haut[57]. Certains d'entre eux sont résumés ci-après :

– la représentation légitime des groupes et des populations directement touchées par la malnutrition fait défaut. On peut reconnaître le mérite des ONG internationales qui ont adhéré à l'une ou l'autre de ces initiatives tout en constatant qu'elles ne représentent pas nécessairement les personnes touchées par la malnutrition ;

– la malnutrition et la famine sont généralement présentées comme des problèmes qui font appel à des solutions techniques qu'on peut rendre plus efficaces grâce à la mise en place de dispositifs de gestion améliorés. Le débat politique sur les véritables causes de la faim et de la malnutrition et sur leurs déterminants sociaux est rare, voire absent ;

– bien que reposant généralement sur des concepts comme le droit à l'alimentation, la sécurité alimentaire, la durabilité, des interventions tenant compte de la nutrition, on observe fréquemment une appropriation inadéquate de ces concepts. Si les récits tendent à valider l'idée qu'ils sont bien en ligne avec les droits reconnus au niveau international, ainsi qu'avec les obligations, objectifs et engagements qui en découlent, les stratégies mises en œuvre bien souvent sont loin de contribuer à remplir pleinement ces engagements ;

– ces initiatives mondiales ne portent que peu (ou pas) d'attention aux maladies non transmissibles (par exemple, l'obésité, les maladies cardiovasculaires, l'hypertension, le diabète et certaines formes de cancer), qui présentent pourtant toutes les caractéristiques d'une véritable épidémie. Or elles sont en lien avec les mêmes régimes alimentaires inadaptés et ont des déterminants sociaux communs avec les différents types de malnutrition ;

– les structures organisationnelles mises en place renforcent les relations de pouvoir inégales préexistantes. Certaines initiatives attribuent le même poids à toutes les parties prenantes, qu'il s'agisse de représentants des pays ou de groupes du secteur des entreprises privées. De même, les indicateurs de résultats mettent rarement l'accent sur ceux qui montreraient les progrès réalisés en matière de souveraineté et de développement social.

Depuis la publication de leur article au moins un point semble avoir évolué : les stratégies en nutrition des différentes agences des Nations

57. Recine E. et Beghin N., 2014, « Programme nutritionnel et stratégies internationales. Initiatives en cours, défis et propositions. Contributions au débat au Conseil national de sécurité alimentaire et nutritionnelle », *Consea Brasília* (mars).

unies incluent maintenant l'obésité, et la Décennie d'action en nutrition promeut la fin des malnutritions sous toutes leurs formes.

Le paysage quelque peu encombré de la nutrition montre clairement une chose : les espaces d'interaction entre les parties prenantes de la nutrition, analysés sous l'angle des 5 fonctions de bonne gouvernance pour la nutrition décrites précédemment (p. 187-188), démontrent que pas un seul des systèmes en vigueur ne remplit les conditions isolément ; une combinaison de certaines initiatives se fondant sur leurs forces respectives et leurs avantages comparatifs pourrait par contre y parvenir.

Quel avenir ?

Le présent chapitre n'a cessé de mettre en évidence la fragilité du système de gouvernance mondiale pour la nutrition avec son aspect fragmenté en une multitude d'initiatives qui se chevauchent ; pour autant les progrès récents et le renouveau de l'intérêt pour les questions de nutrition tel que reflété par la proclamation de la Décennie d'action pour la nutrition laissent augurer d'un avenir meilleur. Malheureusement, sauf peut-être en ce qui concerne le CSA ou l'Assemblée mondiale de la santé et la Conférence FAO, la plupart des processus et programmes décrits plus haut procèdent encore largement du concept de pays à revenu élevé venant assister des pays plus pauvres dans leurs efforts. La Nouvelle Alliance est centrée sur l'Afrique, tandis que SUN, REACH, N4G et DFZ mettent l'accent sur les pays à faible ou moyen revenu. L'UNSCN, un des candidats potentiellement le plus à même de gérer la gouvernance mondiale pour la nutrition, a perdu sa nature multipartenariale large et s'est concentré sur la seule coordination du système des Nations unies. Dès lors, quelle structure s'intéresse à la malnutrition sous toutes ses formes dans tous les pays comme le recommande la Décennie d'action ? Quelle structure a non seulement cet objectif mais bénéficie aussi de la confiance et du soutien de l'ensemble des autres parties prenantes ?

Une bonne gouvernance mondiale pour la nutrition implique de parler à tous, de travailler en interconnexion avec tous les autres secteurs de gouvernance concernés afin de veiller à ce que les stratégies axées sur la nutrition mettent bien l'accent sur des objectifs fondamentaux comme une couverture universelle des services publics de base (santé, éducation, logement, protection sociale, un travail et des revenus décents...). Cela implique aussi des liens solides avec les acteurs mondiaux de la gestion globale des externalités entre les pays susceptibles d'avoir une incidence sur la nutrition, telles que la volatilité des prix des denrées alimentaires, la spéculation sur les produits de base, le changement climatique, les règles du commerce international, la régulation des marchés alimentaires, y compris de la publicité.

Un très bon exemple de processus de gouvernance mondiale réussi est la convention-cadre pour la lutte antitabac (CCLAT). Le traité est juridiquement contraignant et ses dispositions comportent des règles qui régissent la production, la vente, la distribution, la publicité et la fiscalité du tabac. Les normes de la convention-cadre pour la lutte antitabac ne sont cependant que des exigences minimales, et les signataires sont encouragés à être encore plus sévères que ce que requiert le cadre de la réglementation du traité. La CCLAT a été bâtie autour de trois grands axes de gouvernance: la cohérence interne et la coordination de l'OMS ; un Conseil inter-agences des Nations unies pour contrecarrer l'influence existante de l'industrie du tabac et s'assurer que les organisations des Nations unies parlent d'une seule voix sur le tabac; et une plate-forme destinée aux ONG pour intensifier leurs efforts et se greffer sur les stratégies OMS/Nations unies vis-à-vis des citoyens et des gouvernements des pays.

Comme mentionné également auparavant, un véritable chef de file pour la nutrition fait défaut. Il faut un tel leadership pour stimuler le dialogue, bien maintenir l'attention sur les pays et leur population, tout en reconnaissant la responsabilité des autorités publiques pour la coordination et la mise en œuvre des politiques publiques. En s'appuyant sur l'exemple de la CCLAT, une bonne gouvernance mondiale devrait contribuer à renforcer les capacités des États membres et des organisations et des mouvements sociaux des pays qui s'intéressent à la lutte contre la faim et la malnutrition sous toutes ses formes.

Notre vision politique est claire concernant les acteurs qui devraient faire partie de cette gouvernance, à l'échelle mondiale comme nationale: nous pensons par exemple que le secteur privé ne doit pas faire partie du processus décisionnel bien qu'il doive absolument être consulté et jouer un rôle dans la mise en œuvre des stratégies et politiques nationales et internationales. D'autres peuvent penser différemment; un forum approprié reste nécessaire pour parvenir à un consensus sur ces questions.

Les nouvelles modalités devraient s'appuyer sur les 5 fonctions et les 8 caractéristiques des mécanismes de bonne gouvernance décrits dans ce chapitre, mettant les pays au centre du débat et fournissant en fonction des besoins un soutien politique, technique ou financier pour renforcer la programmation et la mise en œuvre de stratégies adaptées à chaque contexte local; tout en se souciant, dans le même temps, des externalités qui ont des effets sur la nutrition dans tous les pays, indépendamment de leur niveau de revenu.

En outre, une nouvelle gouvernance mondiale pour la nutrition gagnerait à se concentrer sur le management – qui fait cruellement défaut actuellement –, en organisant des réunions, en s'efforçant de bâtir un consensus, en fixant des priorités et en veillant à ce que les nouvelles initiatives mondiales apportent de la valeur ajoutée ou comblent des lacunes, en mettant l'accent sur la malnutrition sous toutes ses formes de manière durable et en s'attaquant à ses causes fondamentales sous-jacentes. Les enseignements tirés de la mise en œuvre de la CCLAT peuvent être utiles.

Cela a conduit par exemple à des recommandations détaillées pour une Convention mondiale de protection et de promotion des régimes alimentaires sains, développées sous la direction de Consumers International et de la Fédération mondiale contre l'obésité afin d'encourager les responsables politiques à s'appuyer sur les travaux des Nations unies pour lutter contre l'obésité et les maladies non transmissibles (NCD)[58].

Nombreux sont ceux qui pensent que la bonne gouvernance est un idéal, difficile à atteindre dans sa totalité. Cependant, afin de garantir des résultats durables, des mesures doivent être prises pour que la nutrition s'approche de cet idéal en repoussant chaque fois les limites un peu plus loin.

Avec ces principes en tête et en appliquant une démarche de *design thinking*[59] créatif, différents modèles peuvent être envisagés, allant du renforcement de la nutrition au sein du CSA comme proposé par la FAO, l'OMS et l'UNSCN, à, peut-être, la conception d'un mécanisme totalement nouveau.

Nous proposons personnellement que la bonne gouvernance pour la nutrition soit organisée autour des Nations unies, seul dispositif mondial où tous les États souverains du monde entier, reconnus internationalement, sont légitimement représentés (en tant que membres ou observateurs). Nous proposons aussi que les droits de l'homme universels y soient promus et protégés dans toute action; que les pays soient les décisionnaires clés des politiques nutritionnelles; et enfin qu'un mécanisme soit prévu pour que les nombreuses parties prenantes puissent faire entendre chacune leur voix et avancer leurs idées.

Un renforcement du réseau des agences des Nations unies peut peut-être conduire à de tels arrangements, en capitalisant sur leurs divers avantages comparatifs. Les enseignements tirés de la réforme du CSA ou d'autres processus de gouvernance tels que la convention-cadre pour la lutte antitabac (CCLAT) devraient être d'une grande utilité, et une attention particulière devrait être donnée aux mécanismes qui assurent la représentation légitime des groupes et des populations directement touchés par la malnutrition.

Les très nombreuses initiatives actuellement en cours peuvent également fournir des indications pertinentes et orienter vers un but commun leurs plateformes multipartenariales. Un mécanisme de bonne gouvernance ne devrait jamais se substituer à ces initiatives existantes ou à venir, ni les enfermer dans un cadre trop restreint. Il devrait plutôt promouvoir un management de l'action mondiale: recherche de consensus; soutien à chaque pays lorsqu'il se fixe des priorités et planifie des projets nationaux,

---

58. http://www.consumersinternational.org/news-and-media/resource-zone/recommendations-towards-a-global-convention-to-protect-and-promote-healthy-diets/

59. Le *design thinking* est « un mode d'application des outils de conception utilisés par les designers pour résoudre une problématique d'innovation, par une approche multidisciplinaire centrée sur l'humain ».

tout en définissant des priorités et objectifs communs au niveau mondial ; promouvoir le dialogue pour gérer les externalités et les déterminants sociaux de la malnutrition ; en assurant redevabilité, cohérence et collaboration et tout en évitant trop de chevauchements dans un paysage dynamique et en changements constants.

Nous pensons vraiment qu'un mécanisme de gouvernance pour la nutrition mené dans le cadre des Nations unies, en mettant les pays au centre du jeu, serait mieux placé que tout autre arrangement multipartite pour corriger les carences constatées dans la gouvernance mondiale actuelle de la nutrition. Mais pour ce faire, les agences des Nations unies, leurs responsables prêchant par l'exemple, doivent d'abord résoudre leur propre manque de coordination et de cohérence. En 2017, l'UNSCN a commissionné et publié une étude sur la gouvernance mondiale de la nutrition, en proposant au Comité de jouer un rôle plus affirmé de leadership, reposant sur trois mécanismes dynamiques : établir des plaidoyers basés sur des connaissances étayées ; renforcer l'organisation de plateformes multipartenariales ; et mettre en place des mécanismes de redevabilité[60]. C'est une perspective prometteuse, bien que cela semble actuellement incompatible avec le mandat réduit à la seule coordination au sein des Nations unies et avec un secrétariat très limité en moyens.

Restons sur une note optimiste : des progrès ont bien été accomplis avec la CIN2, l'adoption des Objectifs du développement durable et la proclamation de la Décennie d'action en nutrition. Tout cela est à suivre attentivement en espérant célébrer ensemble la création de mécanismes et procédures de qualité, efficaces et durables de gouvernance mondiale pour la nutrition, comme l'a fortement suggéré le pape François à la CIN2[61] :

> « Il faut accorder une place prépondérante à une saine politique, capable de réformer les institutions, de les coordonner et de les doter de meilleures pratiques qui permettent de vaincre les pressions et les inerties vicieuses. Cependant, il faut ajouter que les meilleurs mécanismes finissent par succomber quand manquent les grandes finalités, les valeurs, une compréhension humaniste et riche de sens qui donnent à chaque société une orientation noble et généreuse. »
>
> « Le XXIe siècle, alors qu'il maintient un système de gouvernement propre aux époques passées, est le théâtre d'un affaiblissement du pouvoir des États nationaux, surtout parce que la dimension économique et financière, de caractère transnational, tend à prédominer sur la politique. Dans ce contexte, la maturation d'institutions internationales devient indispensable, qui doivent être plus fortes et efficacement organisées, avec des autorités désignées équitablement par accord entre les gouvernements nationaux, et dotées de pouvoir pour sanctionner. »

---

60. https://www.unscn.org/en/unscn-publications?idnews=1653

61. Pape François, 2015, *Encyclique sur la sauvegarde de la maison commune « Laudato Sí »* ; §181 et §175 : http://w2.vatican.va/content/francesco/fr/encyclicals/documents/papa-francesco_20150524_enciclica-laudato-si.html

9

La nutrition à la croisée des chemins

Yves Martin-Prével*

Plus de dix ans après l'émoi provoqué par la crise alimentaire survenue au Niger en 2005, la nutrition se trouve aujourd'hui à un tournant de son histoire. Jamais les questions de nutrition n'ont été placées aussi haut dans les agendas internationaux. Durant la dernière décennie, un mouvement favorable à la nutrition s'est en effet progressivement déployé, porté par une combinaison d'éléments variés: publications scientifiques phares, mobilisation de nombreux acteurs institutionnels, événements internationaux de grande ampleur, organisés notamment sous l'impulsion des Nations unies, prise de conscience politique au plus haut niveau de nombreux États, engagements financiers de plusieurs bailleurs importants. Il serait cependant trompeur de laisser croire que la crise nigérienne de 2005 a été le seul déclencheur de cette évolution. De fait, un changement profond de paradigme dans le champ de la nutrition internationale était déjà à l'œuvre, et ce depuis la première Conférence internationale sur la nutrition (CIN) en 1992. Aujourd'hui, la vision de la nutrition a complètement changé et c'est de la « malnutrition sous toutes ses formes »[1] qu'il convient de parler, reconnue comme un problème majeur, pour tous les pays du globe, touchant au moins un individu sur trois, associée à des dommages humains, économiques et environnementaux considérables. Même des organismes emblématiques de la lutte contre la sous-nutrition infantile publient maintenant annuellement leurs estimations mondiales de surpoids chez le jeune enfant en même temps que les chiffres de retard de croissance et de maigreur[2]. Il reste que malgré tous les progrès accomplis dans la perception des questions de nutrition, et le partage de plus en plus large de cette perception, malgré les nombreux engagements financiers et

---

* Unité mixte de recherche Nutripass, Univ. Montpellier, IRD, Montpellier SupAgro, Montpellier, France.

1. Expression que le *Global Nutrition Report* a largement contribué à imposer (cf. IFPRI, 2015, *Global Nutrition Report 2015 : Actions and Accountability to Advance Nutrition and Sustainable Development*, Washington DC, IFPRI).

2. https://data.unicef.org/wp-content/uploads/2017/05/JME-2017-brochure-1.pdf

politiques, malgré la mobilisation de plus en plus d'acteurs et de secteurs, les résultats concrets sont encore insuffisants, même s'il existe bien entendu un certain nombre d'évolutions favorables. C'est que les progrès en matière de nutrition ne peuvent s'acquérir que dans la durée. Et puisque l'on a pris plus haut l'exemple du Niger, on peut noter qu'à l'heure actuelle la situation de ce pays illustre assez bien les défis qui restent à affronter: dans ce pays parmi les plus pauvres du monde, la nutrition, au cours des dix dernières années, a pris petit à petit une place politique sans précédent; le chef de l'État s'est engagé personnellement, le pays s'est doté d'une stratégie nationale et a mis en place des mécanismes de coordination multisectorielle, notamment au travers de son adhésion au mouvement SUN (Scaling Up Nutrition) et d'une initiative nationale phare « les Nigériens nourrissent les Nigériens » (I3N)[3]. Sur le plan des résultats la prévalence de la malnutrition chronique des jeunes enfants a nettement baissé, le nombre d'enfants atteints de malnutrition aiguë correctement pris en charge a augmenté de façon spectaculaire, ce qui a contribué à la réduction considérable de la mortalité infantile constatée par ailleurs[4]. Pourtant, le Niger n'est pas en voie d'atteindre les cibles nutritionnelles de l'OMS, la coordination multisectorielle peine à se traduire en actions concrètes, notamment au niveau décentralisé, et la couverture d'un certain nombre d'interventions prioritaires reste faible.

Sans occulter les progrès accomplis, cet exemple montre bien l'ampleur du chemin restant à parcourir et les difficultés très concrètes de mise en œuvre d'actions efficaces, touchant l'ensemble de la population et notamment les plus pauvres, et aboutissant à de réels changements de pratiques nutritionnelles. Ainsi, au niveau mondial, alors qu'on observe un *momentum* sans précédent en faveur de la nutrition, un certain nombre de questions se posent naturellement et quelques craintes légitimes peuvent s'exprimer: combien de temps ce *momentum* va-t-il durer? Un autre sujet ne viendra-t-il pas remplacer celui-ci dans les priorités politiques si les résultats ne sont pas au rendez-vous? Les engagements financiers vont-ils être tenus, voire augmentés comme il le faudrait? Trop d'initiatives internationales ne risquent-elles pas de brouiller les messages et finalement tuer les initiatives? Arrivera-t-on à surmonter les nombreux défis qui se présentent? À l'heure où la communauté internationale s'engage et se mobilise, la nutrition se retrouve en quelque sorte à la croisée des chemins. Les opportunités sont nombreuses, mais les défis sont grands. Il y va de la responsabilité de tous les acteurs que le meilleur tournant possible soit pris.

3. http://www.initiative3n.ne/

4. https://fr.actualitix.com/pays/ner/niger-taux-de-mortalite-infantile.php

Évolutions conceptuelles, changement de paradigme

Sans refaire l'historique de la nutrition présentée au chapitre 1, ni répéter l'analyse de l'évolution conceptuelle des liens entre sécurité alimentaire et nutrition faite au chapitre 2, il est bon de rappeler que la première Conférence internationale sur la nutrition (Rome, 1992), qui avait le mérite de rapprocher OMS et FAO, s'est déroulée à la sortie d'une époque de famines, puis de crises alimentaires d'intensité variable mais récurrentes, touchant les pays pauvres. La vision la plus communément partagée des questions de nutrition, tant au niveau du grand public qu'au niveau des institutions et de la plupart des acteurs, était alors dominée par la sous-nutrition, présentée à peu près systématiquement comme reliée à des problèmes de production agricole, souvent attribués à des phénomènes extérieurs (sécheresse ou inondations, invasions de ravageurs, etc.). Il y avait donc une confusion assez généralisée entre « sous-alimentation » et « malnutrition », dans tous les sens du terme « confusion » : les deux situations étaient confondues en une seule et même question, et l'une était souvent prise pour l'autre, comme si les termes – et donc les problèmes – étaient interchangeables. Cette confusion est encore aujourd'hui largement ancrée dans les esprits, y compris ceux de nombre de personnes travaillant dans des domaines connexes à la nutrition. Il est à noter que le terme « malnutrition » était alors utilisé quasi exclusivement en référence à ce qu'il est maintenant convenu d'appeler la « sous-nutrition », comme si les autres formes de malnutrition ne participaient pas aux mêmes enjeux globaux.

L'adoption par la CIN du schéma conceptuel des causes de malnutrition, souvent appelé « schéma causal UNICEF » en référence au rôle de cet organisme et à la première apparition de ce schéma dans une publication de l'UNICEF en 1990[5], a permis de sortir de cette vision centrée sur « la faim ». Il a en effet souligné l'importance d'un bon état de santé des individus, insistant notamment sur les interactions synergiques entre ingérés insuffisants (en qualité autant qu'en quantité) et fréquence ou sévérité des infections, le rôle crucial des bonnes pratiques de soins envers les personnes vulnérables (au premier chef les jeunes enfants et les femmes en âge de procréer), les bases nécessaires que constituent une bonne hygiène de l'environnement et des services de santé performants. De plus, en établissant plusieurs niveaux de facteurs causaux – individu, ménage, société – ce cadre conceptuel a permis de rendre compte de l'importance de la pauvreté, de l'éducation et des ressources de la société en général. Il est ainsi devenu un outil indispensable au plaidoyer, à la programmation par l'analyse causale, au dialogue interdisciplinaire et intersectoriel, ainsi qu'à l'enseignement et à la recherche.

5. UNICEF, 1990, *Strategy for improved nutrition of children and women in developing countries*, UNICEF Policy Review Paper E/ICEF/1990/1.6, New York, UNICEF.

La CIN a été visionnaire sur de nombreux aspects. En effet, dès la première page de la Déclaration mondiale sur la nutrition de 1992 on lit :

> « Nous déplorons particulièrement la prévalence élevée et le nombre toujours plus grand d'enfants de moins de 5 ans atteints de malnutrition [...]. En outre, plus de 2 milliards de personnes, surtout des femmes et des enfants, présentent une carence en un ou plusieurs micronutriments. [...] En même temps, des maladies chroniques non transmissibles liées à une alimentation excessive ou déséquilibrée sont une cause fréquente de décès prématurés dans les pays développés comme dans les pays en développement[6]. »

Se trouvaient ainsi déjà identifiés les trois domaines principaux de ce qui a été appelé un peu plus tard la « nutrition publique »[7] – sous-nutrition maternelle et infantile, carences en micronutriments, surpoids, obésité et maladies chroniques liées à l'alimentation – qui décrivent succinctement « la malnutrition sous toutes ses formes » et qui pour certains, quand elles coexistent, font parler de « triple charge » de malnutrition. Mais cette vision n'a pas réussi à s'imposer à cette époque, en dehors d'un milieu très restreint, car jamais la CIN n'a bénéficié de chambre d'écho, notamment au niveau des bailleurs de fonds ou au sein des États. L'insuffisance des financements, l'absence d'engagement politique fort et coordonné de la communauté internationale, ajoutées au manque de compétences et de données suffisantes sur la situation nutritionnelle ont ainsi rapidement vidé de leur sens les « plans d'action nationaux pour la nutrition » élaborés par nombre de pays, conformément aux engagements pris lors de la CIN. Par ailleurs, quatre ans après cette dernière, la FAO organisait un sommet mondial de l'alimentation refocalisant l'attention sur la sécurité alimentaire[8]. Ceci a eu pour effet de réduire les questions de nutrition à leur partie la plus « visible », à savoir la malnutrition aiguë, qu'il a été commode de repousser vers le secteur de la santé, en déléguant à l'action humanitaire le soin de s'en occuper. Par la suite, préparés dès 1998, les Objectifs du Millénaire pour le développement (OMD) n'ont pas non plus fait la part belle à la nutrition, qui ne figurait pas explicitement dans l'intitulé de l'OMD n° 1 (« Éradiquer l'extrême pauvreté et la faim ») ; seule une des cibles de cet objectif faisait référence à la nutrition, et encore s'agissait-il de « diviser par deux d'ici à 2015 la prévalence d'enfants de moins de 5 ans souffrant de déficit pondéral » (faible poids-pour-âge), indicateur qui, comme détaillé au chapitre 3, ne permet pas de donner une image précise de la situation nutritionnelle.

Ainsi, malgré la vision très holistique que la CIN avait initiée, au début de ce siècle les actions et politiques en matière de nutrition apparaissaient

---

6. FAO/WHO, 1992, *Nutrition and Development : A global assessment. International Conference on Nutrition 5-11 December 1992*, Rome, FAO & WHO (p. 1 Article 3).
7. Mason J. B. *et al.*, 1996, « Public nutrition », *Am J Clin Nutr*, 63 (3), p. 399-400.
8. http://www.fao.org/WFS/

extrêmement fragmentées : le focus revenu sur l'insécurité alimentaire et la faim, et donc le secteur de l'agriculture, a eu pour corollaire de faire apparaître les questions de nutrition, insistant sur l'accès aux services de santé, l'hygiène et les pratiques de soins, comme relevant surtout du secteur de la santé. De plus, le caractère multifactoriel de ces questions a vite fait cataloguer la nutrition comme un domaine compliqué et une affaire de spécialistes, qu'il s'agisse du traitement des sous-nutritions aiguës (chapitre 4), de la lutte contre les carences en micronutriments, principalement vitamine A et fer (chapitre 5), ou de la prévention de la sous-nutrition en général. Quant à l'obésité et aux maladies chroniques liées à l'alimentation, pourtant en expansion constante dans le monde en développement, ainsi que cela a été précisé au chapitre 6, les OMD n'en faisaient même pas mention ! Pour ajouter encore à cette fragmentation et à un certain « isolationnisme nutritionnel »[9], il faut reconnaître que la communauté internationale en nutrition a longtemps été elle-même très fragmentée, en concurrence sur les financements, voire en proie à des querelles de chapelle, et est restée finalement assez inaudible au niveau des bailleurs de fonds comme des décideurs politiques. On peut arguer que tout ceci a limité les progrès non seulement vers les cibles de l'OMD n° 1, mais aussi, par manque de synergies, vers les cibles de secteurs connexes (éducation, mortalité infantile, santé maternelle).

Où en est-on de l'engagement de la communauté internationale ?

Comme cela a été dit plus haut, sous l'effet de divers événements et d'une prise de conscience de la plupart des acteurs du développement, la nutrition est aujourd'hui présente dans tous les agendas nationaux et internationaux, à un niveau jamais atteint auparavant, et l'approche « malnutrition sous toutes ses formes » s'est imposée à tous les acteurs en quelques années. Pour ne parler que des événements récents les plus significatifs, mentionnons l'adoption par l'Assemblée mondiale de la santé, en 2012, d'un plan d'action pour la nutrition maternelle et infantile comportant six cibles chiffrées à atteindre en 2025, essentiellement tournées vers la sous-nutrition (une seule cible concerne le surpoids chez l'enfant). Dès 2013, la même assemblée adopte trois cibles supplémentaires issues du plan d'action 2013-2020 de l'OMS pour la prévention et le contrôle des maladies non transmissibles liées à l'alimentation. Lors du sommet « Nutrition pour la croissance » en 2013, à Londres, les engagements de financements pour lutter contre la sous-nutrition atteignent plus de 4 milliards de dollars. La

9. Levinson F. J. et McLachlan M., 1999, « How did we get here ? A history of international nutrition », *in* Marchione T. J. (éd.), *Scaling up, scaling down : Overcoming malnutrition in developing countries*, Amsterdam, Gordon & Breach Publishers, p.41-48.

Déclaration de Rome, adoptée lors de la 2e Conférence internationale pour la nutrition en 2014, reconnaît l'importance de lutter contre la malnutrition sous toutes ses formes et la nécessité d'améliorer les systèmes alimentaires pour relever ce défi mondial. En 2015, l'Assemblée générale des Nations unies adopte l'agenda 2030 pour le développement durable qui comporte 17 objectifs. Le deuxième de ces « Objectifs de développement durable » (ODD) mentionne explicitement l'éradication de la faim et de la malnutrition sous toutes ses formes[10]. En 2016, la même Assemblée générale persiste et signe en proclamant une « Décennie d'action pour la nutrition » (2016-2025). Enfin, lors du nouveau sommet « Nutrition pour la croissance » de 2016, à Rio, le Brésil, le Royaume-Uni et le Japon reconnaissent l'importance mondiale du double fardeau de la malnutrition et annoncent pour dès 2017 des engagements financiers SMART[11] pour soutenir la Décennie d'action pour la nutrition et renforcer les capacités nationales et les politiques publiques.

Tout ce mouvement s'appuie à nouveau sur une vision holistique telle que l'avait promue la première Conférence internationale pour la nutrition et il n'est pas un document international qui ne souligne l'approche nécessairement systémique et multisectorielle pour relever le défi de la malnutrition sous toutes ses formes. Ce faisant, l'agenda de la nutrition croise inévitablement ceux de la santé globale, de la pauvreté et de l'équité sociale, de l'éducation, de l'hygiène et de l'accès à l'eau potable, des questions de genre, de la durabilité environnementale, etc. Si l'ODD-2 et en particulier la cible 2.2 concernent spécifiquement la sous-nutrition, tandis que la cible 3.4 de l'ODD-3 concerne les maladies chroniques, dont la plus grande part est liée à une mauvaise alimentation, de nombreuses analyses ont souligné les interactions entre les objectifs de nutrition et bon nombre des autres ODD, à la fois parce que la réalisation de plusieurs d'entre eux est nécessaire pour atteindre une bonne nutrition et parce qu'une bonne nutrition permettra d'accélérer les progrès vers de nombreux autres ODD[12]. De fait, les ODD couvrent un champ extrêmement vaste (17 ODD, 169 cibles) et si l'on peut espérer des synergies qui sont évidentes sur le plan théorique[13], les réflexes sectoriels et la compétition sur les financements peuvent aboutir à l'effet inverse. Il y a donc un risque de dilution

10. ODD 2 : « Éliminer la faim, assurer la sécurité alimentaire, améliorer la nutrition et promouvoir l'agriculture durable ». La cible 2.2 s'énonce ainsi : « D'ici à 2030, mettre fin à toutes les formes de malnutrition, y compris en réalisant d'ici à 2025 les objectifs arrêtés à l'échelle internationale relatifs aux retards de croissance et à l'émaciation parmi les enfants de moins de 5 ans, et répondre aux besoins nutritionnels des adolescentes, des femmes enceintes ou allaitantes et des personnes âgées. »

11. Acronyme pour « Specific, Measurable, Achievable, Relevant, Time-bound » (Spécifique, Mesurable, Atteignable, Pertinent, Associé à des échéances).

12. Sur 242 indicateurs proposés pour suivre les ODD, 56 sont pertinents pour la nutrition (cf. IFPRI, 2016, *Global Nutrition Report – From Promise to Impact : Ending Malnutrition by 2030*, Washington DC, IFPRI).

13. International Council for Science (ICSU), 2017, *A guide to SDG interactions : From science to implementation*, Paris, International Council for Science.

des objectifs, voire des programmes, de nutrition ; à ce titre, plusieurs voix se sont inquiétées de ce que parmi les indicateurs retenus à l'heure actuelle pour le suivi des ODD, y compris de l'ODD-2, il y en ait finalement très peu qui correspondent à des cibles nutritionnelles. En outre, le fait que le champ des ODD soit si large, faisant appel à quasiment tous les secteurs, comporte plusieurs risques : premièrement que l'intégration ou la multisectorialité deviennent le but et non le moyen ; deuxièmement que la complexité dépasse les capacités d'action ; enfin que nombre d'acteurs ou de secteurs s'imaginent que d'autres agiront à leur place[14].

Dans le même temps, le focus appuyé sur la nutrition depuis une dizaine d'années a donné naissance à de très nombreuses initiatives internationales. En 2015, on en recensait près d'une trentaine ayant une portée et/ou une ambition mondiale. Bien entendu il faut voir là une démonstration de l'intérêt pour le domaine et de l'ampleur du travail à accomplir, autant qu'une prise de conscience de la part de beaucoup d'organismes de développement et de décideurs vis-à-vis de l'importance d'une bonne nutrition pour le développement durable. Mais cette multiplication d'initiatives s'accompagne inévitablement de risques de redondance, de problèmes de coordination, voire de compétition entre organismes, comme cela a été largement montré et analysé dans le chapitre 8 sur la gouvernance pour la nutrition. Les évolutions récentes ont également élargi le cercle des acteurs concernés par les questions de nutrition à des acteurs de nouveaux types (associations de consommateurs, grands chefs de cuisine, alliances et partenariats public-privé, etc.). Le Comité permanent des Nations unies pour la nutrition (UNSCN) a recensé très récemment 167 acteurs directs ou indirects de la nutrition au niveau mondial, de natures diverses (dont 56 organisations de la société civile et ONG, 36 institutions internationales de recherche, 35 agences, organismes ou comités issus des Nations unies, 15 groupes industriels, 12 partenariats public-privé, 8 organismes plurilatéraux ou gouvernementaux, 3 institutions financières et banques de développement, 2 organisations philanthropiques). La moitié de ces acteurs revendiquent explicitement un mandat de nutrition. Tous jouent des rôles complémentaires à différents niveaux, qu'il s'agisse du développement de politiques, de normes, de support technique, de renforcement de capacités, de mécanismes de suivi et de redevabilité, ou de coordination. Néanmoins, ici aussi existe un risque de compétition sur les financements, de duplication des activités ou même d'une certaine confusion vis-à-vis du rôle de chacun. Cette multiplicité d'acteurs augmente enfin le risque de conflits d'intérêts et impose la mise en œuvre de mécanismes de coordination et de sauvegarde de la santé publique à tous les niveaux. Toutefois, un certain nombre d'éléments permettent d'espérer et tout spécifiquement un engagement fort de l'Assemblée générale des Nations unies qui, lors du lancement de la

14. Sir Bob Geldof at Stockholm Food Forum 2017 : http://eatforum.org/article/how-to-create-an-activist-movement-and-initiate-global-change/

Décennie pour la nutrition, en avril 2016, a demandé à la FAO et à l'OMS de diriger de façon conjointe la mise en œuvre des activités correspondantes[15]. Un mois plus tard l'Assemblée mondiale de la santé demandait explicitement à la directrice générale de l'OMS de collaborer avec le directeur général de la FAO pour fournir l'appui nécessaire aux pays s'engageant dans ce cadre. Ces injonctions ne sont pas anodines et font suite à un certain nombre de signaux positifs déjà donnés par le secrétaire général de l'ONU au moment de la création du Groupe de travail de haut niveau pour la sécurité alimentaire et nutritionnelle, puis du Mouvement pour le renforcement de la nutrition. De même, comme exposé au chapitre 2, il a été observé une évolution très significative et positive d'inclusion des questions de nutrition au niveau d'une instance multipartite comme le Comité pour la sécurité alimentaire mondiale (CSA). Plus récemment, on a assisté aussi à une redynamisation et à un soutien appuyé au dispositif de coordination qu'est l'UNSCN, dont le secrétariat a été renforcé et a déménagé de Genève vers Rome, où se trouve aussi le CSA. Autrement dit, la communauté internationale et particulièrement les organisations onusiennes se savent regardées et redevables de leurs actions. Il ne doit pas y avoir de place pour l'échec.

Évolution des stratégies

Vers la fin des années 2000, notamment sous l'impulsion de la Banque mondiale, s'est petit à petit répandu un discours sur la question des stratégies de lutte contre la malnutrition, disant en substance : « On sait ce qu'il faut faire pour combattre la malnutrition, il n'est plus temps de tergiverser et il faut maintenant mobiliser les moyens nécessaires pour rendre accessibles au plus grand nombre les interventions que l'on sait être efficaces. » Ce discours n'était pas sans fondement et a eu le mérite de stimuler l'action. La Banque mondiale s'appuyait notamment sur la publication en 2008 de la première série de la fameuse revue scientifique *The Lancet* sur la sous-nutrition maternelle et infantile[16], laquelle identifiait un certain nombre d'interventions ayant une efficacité prouvée, soit dans certains contextes seulement, soit de façon plus globale. La Banque mondiale se proposait alors de mettre en œuvre un « Plan d'action mondial » pour mettre à l'échelle lesdites actions[17]. Malgré la promesse d'une diminution

---

15. Également en collaboration avec le Programme alimentaire mondial (PAM), le Fonds international pour le développement de l'agriculture (FIDA) et le Fonds des Nations unies pour l'enfance (UNICEF).

16. http://www.thelancet.com/series/maternal-and-child-undernutrition

17. http://siteresources.worldbank.org/HEALTHNUTRITIONANDPOPULATION/Resources/281627-1114107818507/111209ScalingUpNutGAPPresentation.pdf

de la mortalité infantile d'environ 1 million d'enfants par an, en cas de mise à l'échelle d'un paquet de 13 interventions, ce plan a vite été critiqué du fait d'une attention presque exclusive pour ces interventions certes « efficaces » mais dont la plupart étaient de type « directes » (plus tard appelées « spécifiques de la nutrition »), agissant principalement au niveau des déterminants immédiats de la malnutrition et de ce fait s'appuyant surtout sur le secteur de la santé. La Banque mondiale elle-même avait pourtant, dans sa publication phare parue peu de temps auparavant[18], insisté sur la nécessaire complémentarité d'interventions directes et « indirectes » (agissant principalement au niveau des déterminants sous-jacents de la malnutrition et appelées par la suite « sensibles à la nutrition ») et sur la nécessité d'une approche multisectorielle. En outre la vérité oblige à dire que les critiques, même si de façon moins audible, portaient également sur la légitimité de la Banque mondiale pour mener ce plan. Et ce d'autant plus qu'à la même période la crise des prix alimentaires avait conduit le secrétaire général des Nations unies à établir auprès de lui, en 2008, un groupe de travail de haut niveau pour la sécurité alimentaire et nutritionnelle[19]. Les années 2008 et 2009 ont ensuite été particulièrement riches en publications, rencontres et sommets de toutes sortes et les discussions de l'ensemble de la communauté internationale ont petit à petit convergé pour faire évoluer le projet de plan d'action mondial, aboutissant finalement en 2010 à la création du Mouvement pour le renforcement de la nutrition (en anglais Scaling-Up Nutrition – SUN[20]), placé directement sous l'autorité du secrétaire général des Nations unies, auquel ont maintenant adhéré 60 pays et dont il a largement été question au chapitre 8.

Il est ainsi très clair qu'au début des années 2010, même si la vision et les concepts évoluaient, comme on l'a montré plus haut, tous les efforts étaient tournés vers la lutte contre la seule sous-nutrition, en se focalisant sur la fameuse « fenêtre d'opportunité des 1 000 jours » (voir chap. 3) et un plaidoyer fort pour des actions multisectorielles. L'attention portée à la période des 1 000 premiers jours de vie a permis de remettre en lumière l'importance de la nutrition maternelle, l'effet délétère des grossesses précoces[21], d'insister sur le rôle central des femmes et donc des questions de genre dans l'amélioration de la nutrition en particulier et du développement en général. De fait, l'amélioration du statut des femmes est considérée comme un des leviers majeurs des progrès observés dans le suivi des OMD et un ingrédient clé pour la réussite des Objectifs de développement durable (ODD). Cibler aussi la toute petite enfance est totalement justifié puisque c'est la période où l'on peut espérer les gains les plus

18. https://openknowledge.worldbank.org/bitstream/handle/10986/7409/347750PAPER0Re101OFFICIAL0USE0ONLY1.pdf?sequence=1&isAllowed=y
19. http://www.un.org/en/issues/food/taskforce/
20. http://scalingupnutrition.org/
21. On estime qu'il y a chaque année 16 millions de naissances chez des adolescentes.

importants, tant en termes de mortalité que d'impact sur le développement ultérieur des enfants. On sait par exemple aujourd'hui qu'une initiation réussie de l'allaitement, aux tout premiers moments après la naissance, est associée à une meilleure croissance de l'enfant visible encore un an plus tard. De plus, on sait aussi maintenant le rôle de bonnes pratiques d'alimentation et d'un bon état nutritionnel *in utero* et aux âges les plus précoces sur le développement ultérieur de l'obésité et des maladies chroniques liées à l'alimentation (voir chap. 6). Il est aussi d'usage de considérer qu'après deux ans le retard de croissance ne se rattrape pas, même si ce point est débattu[22]. Quoi qu'il en soit, l'importance des tout débuts de la vie n'est pas remise en cause mais ce débat nous rappelle que, si les connaissances progressent, en matière de nutrition peut-être plus qu'ailleurs il faut nous garder de jugements définitifs et de focalisation trop appuyée sur un seul versant des problèmes, ou encore de la tentation des solutions simples. Par exemple, il est maintenant de plus en plus envisagé que lors de pénuries alimentaires les adolescents payent un tribut à la transmission intergénérationnelle de la sous-nutrition bien supérieur à ce qui est communément admis[23], ce qui remet donc en cause les stratégies habituelles ciblant les « vulnérables » mais ne plaçant pas les adolescents dans cette catégorie. Dans la même veine, il a été vu au chapitre 5 que l'histoire de la lutte contre les carences en micronutriments qui, à première vue, semblait assez simple à mener pour des gains potentiels très importants en termes de capital humain, était émaillée de beaucoup de déceptions. Pourtant, l'existence de solutions techniques théoriquement coût-efficaces, ayant un potentiel d'expansion assez large pour toucher l'ensemble de la population et des prévisions de retours sur investissement importants, a fait des interventions de fortification ou de supplémentation en micronutriments un plébiscite récurrent des économistes dans les recommandations du consensus de Copenhague[24] ; mais dans la réalité les gains espérés n'ont jamais, ou pas encore, été atteints. On peut citer aussi les difficultés qu'il y a à trouver des solutions durables pour la malnutrition aiguë modérée, alors qu'il avait été évoqué que des suppléments nutritionnels adaptés pourraient permettre de résoudre le problème (voir chap. 4). Plus récemment, l'hypothèse d'un dysfonctionnement entérique d'origine environnementale, lié à des infections subcliniques entraînant des perturbations du microbiote intestinal et une diminution de la sécrétion d'hormone de croissance via une inflammation chronique, avait fait naître de grands espoirs pour la lutte contre le retard de croissance[25]. Las, les récents essais d'amélioration de la croissance via des mesures avan-

22. On n'entrera pas ici dans la polémique à ce sujet, liée essentiellement à une question de choix d'indicateurs et de leur interprétation.

23. https://blogs.unicef.org/evidence-for-action/famines-and-stunting-are-adolescents-the-hardest-hit/

24. http://www.copenhagenconsensus.com

25. Humphrey J. H., 2009, « Child undernutrition, tropical enteropathy, toilets, and handwashing », *Lancet*, 374, p. 1032-1035.

cées d'hygiène luttant contre les infections subcliniques n'ont pas permis, pour le moment, de confirmer cette hypothèse[26]. Les solutions « simples », qui ont souvent les faveurs des politiques, ont finalement beaucoup de mal à s'imposer. Il ne s'agit pas pour autant de les rejeter en bloc car la complexité des chemins causaux rend extrêmement difficile d'apporter la preuve de l'efficacité de beaucoup d'interventions, dès lors qu'on ne peut tout contrôler ni tout mesurer.

Les exemples précédents illustrent bien le dilemme des stratégies de lutte contre la malnutrition en général : il y a de nombreux problèmes, avec de multiples facettes et des causes diverses souvent intriquées. Il y a par conséquent besoin de stratégies multisectorielles, bien entendu, mais aussi de générer une prise de conscience et un environnement politiques favorables. De surcroît, à tous les défis de la lutte contre la sous-nutrition s'ajoutent ceux posés par le phénomène de double fardeau nutritionnel en termes de stratégie d'intervention (voir chap. 6). Il est communément admis en effet que ce double fardeau pèse lourdement sur les systèmes de santé et qu'il est politiquement difficile d'entraîner les bailleurs et certains gouvernements vers la lutte contre les maladies chroniques liées à l'alimentation, encore considérées dans beaucoup d'opinions publiques comme des maladies « de riches ». De plus, il est souvent jugé aussi techniquement difficile de s'attaquer simultanément à différents types de malnutritions, bien que partageant un certain nombre de causes communes, mais simplement parce qu'elles ne touchent pas forcément les mêmes catégories de population. Cette vision est cependant en train de changer et ce qui est vu d'un côté comme une difficulté d'intervention est pour d'autres une opportunité de s'attaquer à plusieurs objectifs par une même action, permettant au passage d'optimiser les dépenses, par le biais d'actions dites « à double fonction »[27]. Ainsi, petit à petit, la conceptualisation des stratégies pour la nutrition rejoint le nouveau paradigme qui consiste à considérer « la malnutrition sous toutes ses formes » et les initiatives internationales mises en place dans cette optique.

Des stratégies à la mise en œuvre

En adoptant les nouvelles résolutions internationales dont il a été question plus haut, les États s'engagent à mettre en place et à poursuivre des politiques nutritionnelles cohérentes et à faire tous les efforts possibles

26. https://asnsscientificsessionsatexp2017.sched.com/event/9jin/emerging-evidence-of-impact-of-integrated-wash-and-nutritional-intervention-on-child-growth-diarrheal-disease-and-cognitive-development

27. WHO, 2017, *Double-duty actions. Policy brief*, Genève, World Health Organization, http://apps.who.int/iris/bitstream/10665/255414/1/WHO-NMH-NHD-17.2-eng.pdf

pour atteindre les cibles fixées au niveau mondial, puis déclinées au niveau national. Les acteurs internationaux s'engagent, eux, à appuyer les États. L'année 2016, au niveau international, a ainsi été celle de la transformation de stratégies en plans d'action. Mais « plan d'action » ne garantit pas « action » et aujourd'hui c'est au niveau des pays qu'il s'agit de développer puis mettre en œuvre les stratégies et les activités nécessaires à l'atteinte des objectifs.

Le développement de stratégies nutritionnelles adaptées au contexte requiert, on l'a vu, un mélange d'interventions « spécifiques » et « sensibles » à tous les types de malnutrition. Ceci ne peut se faire si cette vision n'est pas adoptée de façon convaincue au niveau politique et partagée par tous les acteurs. Ce prérequis n'est pas le plus simple à obtenir. À l'ère des OMD, l'accent était peu mis sur la nutrition, ce qui a rendu difficile l'adhésion des décideurs politiques dans beaucoup de pays, d'autant que très peu d'indications sur les modes d'intervention étaient données ; au total, il y a eu peu de synergies entre les secteurs et la plupart des stratégies se sont concentrées sur la production alimentaire ou le traitement des sous-nutritions visibles[28]. Maintenant que la nutrition est en haut des agendas internationaux et qu'il y a *grosso modo* consensus sur les grandes lignes des stratégies, l'adhésion politique est plus facile ; mais cela ne fait pas tout car une grande majorité des acteurs sont restés centrés sur leur secteur de prédilection, notamment les interventions spécifiques, au niveau desquelles leur expérience s'est forgée. Il y a donc beaucoup de travail à faire encore pour que les questions de nutrition soient prises en compte au niveau de l'ensemble des secteurs.

La question de la mise en œuvre est pourtant cruciale : peu ou prou, que ce soit par eux-mêmes ou avec un appui extérieur, les pays parviennent en général à définir une stratégie adaptée à leur contexte particulier, mais atteindre le plus grand nombre et notamment ceux qui sont les plus vulnérables est difficile ; le chapitre 7 a fait un inventaire détaillé des étapes nécessaires à la mise en œuvre de stratégies nutritionnelles et des obstacles qui se dressent à chacune de ces étapes. Les difficultés résident notamment dans la multisectorialité, nécessaire mais si difficile à opérationnaliser à tous les niveaux, et souvent aussi dans l'insuffisance des systèmes et des ressources humaines, limitées et pas toujours assez bien (in)formées.

Il ne manque pas d'analyses, de théories ou de plaidoyer pour des stratégies multisectorielles ; en revanche, la mise en pratique concrète fait l'objet de moins de littérature[29]. Il faut dire que les *a priori* sur les difficultés liées à la collaboration multisectorielle inhibent l'action. Parmi ceux-ci, se trouve l'idée que les comportements de repli défensif de la part

---

28. Waage J. *et al.*, 2010, « The Millennium Development Goals : A cross-sectoral analysis and principles for goal setting after 2015 », *Lancet*, 376, p. 991-1023.

29. On peut citer quelques exemples de recommandations néanmoins, comme celles du programme « Feed The Future » de l'USAID : https://www.spring-nutrition.org/sites/default/files/publications/briefs/operational-multisect_0.pdf

des institutions et les jalousies mineront nécessairement les tentatives de collaboration ; que la nutrition ne peut être une priorité parce que les décideurs la considèrent comme un résultat et non comme une contribution au développement humain ; et que les nutritionnistes, eux, sont techniques et formés de façon étroite, de sorte qu'ils ne parviennent pas à intégrer les idées ou apports précieux d'autres secteurs. Le vrai pouvoir de coordination et de changement ne viendra pas d'un mandat écrit, mais de méthodes efficaces pour travailler les uns avec les autres[30]. Par ailleurs, prôner l'intersectorialité ne remet pas en cause le fonctionnement par secteurs. Il s'agit plutôt de modifier et d'améliorer ce fonctionnement pour parvenir à optimiser à terme les résultats de chacun des secteurs considérés. Or la demande des partenaires est très faible à ce propos et reste avant tout sectorisée. Pourtant, avoir une approche multisectorielle ne signifie pas nécessairement l'intégration formelle dans un même projet de toutes ou de multiples composantes sectorielles, quasiment impossible en raison du cloisonnement des interventions par secteur, en termes de logistique comme de financement. Le consortium d'ONG françaises « Génération Nutrition » identifie plusieurs modalités pour une harmonisation des activités[31] : cohérence (minimiser le chevauchement néfaste d'interventions ou stratégies mal articulées) ; alignement (sur un objectif nutritionnel commun) ; complémentarité (agir sur les différents déterminants de la malnutrition) ; et synergie (interagir afin de maximiser l'impact nutritionnel). Cette dernière modalité peut également présenter un avantage économique, en permettant une mutualisation des coûts. Dans le même ordre d'idées, on peut souligner ici aussi les opportunités ratées, comme faire de grands efforts pour atteindre les enfants et femmes enceintes par tous les moyens pour la vaccination, ou pour une campagne antipaludique, et ne pas en profiter pour réaliser en même temps une intervention nutritionnelle. Depuis 2010, il faut reconnaître que le mouvement SUN a joué un grand rôle pour aider les pays et les soutenir autant dans leur engagement politique que pour la mise en œuvre de stratégies multisectorielles. En effet, s'appuyant sur sa structuration unique rassemblant en différents groupes les gouvernements, la société civile, les Nations unies, les bailleurs, le secteur privé et le secteur académique, le SUN a été à l'origine d'un effort collectif pour la mise en place dans chaque pays de plateformes multisectorielles pour la nutrition. Il faut reconnaître cependant que l'existence de telles plateformes au niveau national ne suffit pas à garantir leur déclinaison aux échelons inférieurs et, ce qui serait souhaitable, jusqu'au niveau communautaire. Le défi est immense pour développer des systèmes de mise en œuvre fonctionnant à tous les niveaux, de sorte que ceux qui ont le plus besoin des interventions y aient accès. La couverture des interventions est en effet encore trop limitée, en raison de

---

30. http://www.ifpri.org/publication/working-multisectorally-nutrition-principles-practices-and-case-studies

31. http://www.generation-nutrition.fr/10-recommandations-pour-une-approche-multisectorielle-de-la-sous-nutrition/

systèmes fréquemment surchargés par des fonctions multiples, la pénurie de personnels correctement formés et manquant souvent de moyens. De plus, les activités communautaires sont généralement réalisées par une multitude d'intervenants et de partenaires. L'harmonisation et l'alignement des programmes, pour permettre l'utilisation efficace des services, est un prérequis difficile à obtenir.

La mise en œuvre effective de stratégies multisectorielles requiert un renforcement des capacités des institutions, et leur transformation structurelle pour s'inscrire dans la durée. Mais le goulot d'étranglement principal pour la planification et la programmation nutritionnelles, puis la mise en œuvre, au niveau des pays, reste souvent le manque de capacités humaines. Il y a une insuffisance notoire de personnels suffisamment bien formés pour être capables de relever le défi de la multisectorialité, ce qui nécessiterait de savoir fonctionner au quotidien dans une perspective multidisciplinaire. Pour certains auteurs, le problème commence au plus haut niveau, où on observe souvent une déconnexion entre les décideurs chargés de planifier les politiques nationales, qui généralement n'ont pas une grande connaissance des défis posés par la nutrition, et les spécialistes en charge de la nutrition, qui ne savent pas vraiment comment se construisent les politiques; si bien que la conception comme la mise en œuvre de politiques nutritionnelles efficaces semblent être perpétuellement en chantier[32]. Ces auteurs incriminent ici le manque de formation à la transdisciplinarité, inscrite structurellement dans les universités et le monde académique en général. Ils postulent que sans formations multidisciplinaires, qui demeurent très rares particulièrement dans les pays du Sud, il est extrêmement difficile de développer les capacités humaines nécessaires à tous les niveaux pour pouvoir passer des discours politiques à la réalisation de programmes ayant un impact réel. Toutefois, les obstacles ne se limitent pas à la question des capacités humaines. L'analyse des processus permettant, ou non, une mise en œuvre effective suivie d'impact demande à être davantage conceptualisée. Une initiative récente se propose de développer les recherches pour l'amélioration de la mise en œuvre des interventions en nutrition; elle vise principalement à promouvoir le dialogue entre scientifiques, responsables politiques, gouvernements, bailleurs et praticiens de la nutrition[33]. Elle identifie cinq domaines dont les caractéristiques conditionnent une mise en œuvre effective suivie d'impact: les types d'interventions; l'environnement favorable au niveau des décideurs; la qualité des stratégies; l'opérationnalité des systèmes et de leurs personnels; et enfin, chaînon crucial, les capacités et réactions de la communauté bénéficiaire et des acteurs communautaires[34]. Cette voie

32. https://www.elsevier.com/books/nutrition-economics/babu/978-0-12-800878-2

33. http://www.implementnutrition.org/

34. http://www.implementnutrition.org/the-many-forms-and-purposes-of-implementation-research-in-nutrition-definitions-domains-and-distinctions-for-advancing-research-and-practice/

est empruntée par d'autres, qui promeuvent le dialogue entre science et expérience afin de partager connaissances et savoirs pour guider les programmes vers l'impact le plus large possible et, de plus en plus, des efforts d'analyse sont faits pour étudier les raisons des succès ou échecs des stratégies multisectorielles en nutrition[35]. Plusieurs constantes émergent de ces analyses : la nécessité d'étudier spécifiquement les conditions de la mise en œuvre des interventions ; le besoin de formation des acteurs de tous les secteurs mais aussi de leur engagement vers les secteurs connexes ; l'utilisation des connaissances et expériences acquises pour ne pas sans cesse réinventer la roue ; disposer de suffisamment de données sur le suivi des stratégies pour pouvoir en évaluer l'efficience. Tous ces éléments sont nécessaires pour que les engagements et initiatives décidés au niveau international se traduisent en plans d'action au niveau des pays, puis en stratégies et, enfin, en interventions ayant une réelle capacité à faire la différence pour le plus grand nombre et en particulier pour les plus démunis.

Une clé de voûte : des systèmes et des régimes alimentaires durables et résilients

L'histoire de la nutrition est marquée par un phénomène de balancier entre une vision tantôt axée sur l'alimentation et la faim, historiquement portée par la FAO, tantôt insistant sur le versant sanitaire, historiquement portée par l'OMS. Le nouveau besoin de prévenir et prendre en charge la malnutrition sous toutes ses formes, clairement exprimé comme objectif de la Décennie pour la Nutrition (« éradiquer la faim et toutes les formes de malnutrition dans le monde » d'ici 2030, autrement dit atteindre l'ODD-2) va-t-il stabiliser le balancier à un point d'équilibre ? Sur le plan international on constate en tout cas un réel changement d'attitude et la reconnaissance du besoin de rassemblement et d'alignement de la communauté nutrition derrière cet objectif. Il est symptomatique que, tout récemment, l'OMS ait publié un document de stratégie[36] exposant son ambition de faire de la nutrition sa priorité n° 1 et indiquant comment elle entendait développer une approche intégrée des questions de nutrition, et coordonner un certain nombre d'actions clés, tout autant en interne qu'en partenariat avec les autres acteurs. Cette stratégie identifie comme une des actions prioritaires la promotion de régimes alimentaires sains et durables, reconnaissant l'importance des liens entre la nutrition, le changement

35. Lamstein S. *et al.*, 2016, « Optimizing the Multisectoral Nutrition Policy Cycle: A Systems Perspective », *Food Nutr Bull*, 37 (S4), p. 107-114.

36. WHO, 2017, *Ambition and Action in Nutrition 2016-2025*, Genève, World Health Organization.

climatique et les systèmes alimentaires. Il faut en effet d'un côté maintenir la sécurité alimentaire dans un contexte de réduction des rendements et d'augmentation de la population, de l'autre réduire l'impact environnemental lié aux modes de production et de consommation des aliments. On doit noter aussi que cette stratégie s'inscrit dans la même ligne que celle initiée par le « Défi faim zéro »[37] que le secrétaire général des Nations unies avait lancé en 2012 et dont les cinq composantes visent à concourir à « un réel mouvement mondial pour assurer le droit à l'alimentation pour tous et construire une agriculture et des systèmes alimentaires durables »[38]. Cette vision est également largement promue depuis 2014 par le *Rapport mondial sur la nutrition*[39] et fait même l'objet d'initiatives spécifiques, comme la création de la Fondation EAT en 2016[40], dont l'ambition est d'aider à la réforme du système alimentaire mondial afin de nourrir une population croissante à l'aide d'aliments sains produits de façon durable.

Tout le monde s'accorde pour dire que la sécurité alimentaire ne peut se considérer uniquement sous l'angle de la disponibilité d'une quantité suffisante d'aliments. On sait que le système agricole mondial actuel produit suffisamment d'aliments pour nourrir la planète. En revanche, la qualité des régimes alimentaires est le point central, même si elle n'est que très rarement mesurée, et cette qualité dépend en premier lieu des systèmes alimentaires. Ceci est particulièrement vrai au regard du double fardeau nutritionnel puisqu'un régime alimentaire sain est nécessaire pour lutter contre tous les types de malnutrition. Pourtant, pendant près d'un demi-siècle les systèmes alimentaires dominants ont été tournés vers la fourniture de quantités importantes d'aliments denses en énergie mais pauvres en nutriments. Ne serait-ce qu'en termes de production agricole, aujourd'hui, par exemple, la disponibilité en légumineuses, fruits ou légumes, est largement insuffisante par rapport aux besoins (sans même parler de l'accès, puisque du coup ces aliments sont comparativement plus chers), alors que ce sont les groupes alimentaires dont la faible consommation est la plus associée au nombre d'années de vie perdues. Dans le même ordre d'idées, l'industrialisation de l'alimentation s'est de plus en plus tournée vers la production de produits ultra-transformés, ayant la plus forte valeur ajoutée mais une faible valeur nutritionnelle, et contenant souvent de trop grandes quantités de sel, sucres simples et graisses saturées. Ce type de produits est de plus en plus répandu dans les pays à faibles et moyens revenus, tandis que l'accès à des aliments peu transformés et nutritionnellement meilleurs devient plus contraint, tendant ainsi vers une uniformisation des régimes alimentaires au niveau mondial. Le marketing de l'industrie agroalimentaire n'est évidemment pas étranger à

37. http://www.un.org/en/zerohunger/challenge.shtml

38. Ban Ki-moon, secrétaire général des Nations unies, au Comité pour la sécurité alimentaire à Rome, le 12 octobre 2015.

39. http://www.globalnutritionreport.org/

40. http://eatforum.org/eat-initiative/

tout cela. Il est donc absolument urgent de redessiner des systèmes alimentaires plus vertueux sur le plan nutritionnel.

Les notions de systèmes alimentaires durables et de régimes alimentaires durables ne sont pas tout à fait superposables. Elles partagent toutes les deux le souci d'un impact environnemental minimisé et de la conservation des ressources pour les générations futures. Mais tandis que la fonction des systèmes alimentaires est « simplement », si l'on peut dire, de produire suffisamment d'aliments nutritifs, les régimes alimentaires durables ont pour objectif de contribuer à la sécurité alimentaire et nutritionnelle pour une vie saine, et doivent également être culturellement acceptables, économiquement justes et abordables, adéquats sur le plan nutritionnel comme sur le plan de la sécurité sanitaire[41]. Il doit donc s'agir de régimes alimentaires « sains »[42], dont la réalisation dépend bien entendu, à la base, des systèmes alimentaires, mais plus largement de « l'environnement alimentaire », qui combine la disponibilité et l'accessibilité économique des aliments, ainsi que leur désirabilité culturelle, et encore leur praticité d'utilisation, l'information des consommateurs et le marketing. En milieu urbain, surtout dans les pays industrialisés, on parle même de « paysage alimentaire » faisant référence plus particulièrement à l'alimentation hors domicile.

S'agissant de la durabilité, le concept comprend classiquement quatre dimensions: environnementale, économique, socioculturelle et sanitaire. Pour être durables, les systèmes et les régimes alimentaires doivent englober ces quatre dimensions; pour être résilients, ils doivent en outre être capables de continuer à assurer les fonctions décrites plus haut en cas de chocs, comme les changements climatiques ou la fluctuation des prix[43]. La mesure de la durabilité d'un système ou d'un régime alimentaire, étant donné le caractère multidimensionnel du concept, est loin d'être standardisée. Le plus fréquemment les études s'intéressent surtout à l'impact environnemental et reposent sur des analyses du cycle de vie des aliments; mais si la méthodologie itérative de ces dernières est plus ou moins normée, les résultats obtenus sont extrêmement dépendants des informations disponibles dans le contexte considéré. La production d'un même aliment peut en effet avoir un impact environnemental, et également social, très différent selon le lieu et le mode de production, puis par rapport au lieu et mode de consommation (transport, distribution, packaging, etc.). Par exemple, une production industrielle de viande entraîne l'émission de

41. Auestad N. et Fulgoni V. L., 2015, « What current literature tells us about sustainable diets: Emerging research linking dietary patterns, environmental sustainability, and economics », *Advances in Nutrition*, 6, p. 19-36.

42. C'est-à-dire protégeant les individus contre toutes les formes de malnutrition, y compris les maladies chroniques liées à l'alimentation (WHO, 2015, *Healthy Diet*, WHO Fact Sheet No. 394, Genève, World Health Organization, www.who.int/mediacentre/factsheets/fs394/en/).

43. Herforth A. *et al.*, 2017, « Creating sustainable, resilient food systems for healthy diets », *UNSCN News*, 42, p. 15-22.

grandes quantités de gaz à effets de serre et génère beaucoup de pollution tandis que l'élevage extensif à petite échelle peut être neutre sur le plan environnemental, voire avoir des effets positifs sur la biodiversité. Mais pour mesurer correctement ces effets il est nécessaire de disposer de nombreuses informations pour chaque contexte, ce qui n'est généralement pas le cas et conduit souvent à des approximations dangereuses. Il n'est donc guère étonnant d'observer, pour le moment tout du moins, une assez grande variabilité dans les résultats des études. Quand il s'agit d'estimer la durabilité de différents régimes alimentaires, à nouveau ce sont surtout les impacts environnementaux qui sont considérés. Mais outre l'impact lié aux modes de production/consommation des aliments et à leur origine, interviennent ici des sources supplémentaires de variabilité dans les résultats des études, liées cette fois à la façon dont sont caractérisés les régimes (régimes observés, moyens ou médians, régimes « types », ou encore régimes conformes aux recommandations, internationales ou nationales, etc.) et aussi à l'unité fonctionnelle à laquelle sont rapportés les résultats (poids des aliments, densité énergétique, ou qualité nutritionnelle des régimes, par exemple). On aboutit donc à des résultats parfois contradictoires. De plus, la mesure la plus fréquente de l'impact environnemental est basée sur les émissions de gaz à effets de serre, un peu moins souvent sur les surfaces de terres cultivables nécessaires, ou encore la consommation d'énergie et d'eau. On manque ici d'indicateurs agrégés de l'impact environnemental. On manque plus encore cependant d'études prenant en considération les autres dimensions de la durabilité: si l'effet sur la santé est généralement analysé via la qualité des régimes, les impacts économiques et surtout socioculturels ne sont pas souvent examinés[44].

Si la durabilité des systèmes alimentaires dépend de nombreux acteurs, celle des régimes dépend principalement des capacités de choix des consommateurs. Or les régimes alimentaires sains, qui ne sont pas nécessairement les plus durables en fonction des contextes (surtout, quand ils ne s'accompagnent pas de modération voire d'une certaine frugalité), sont de toute façon souvent plus chers et de moindre praticité que des régimes délétères pour la santé, basés notamment sur de grandes quantités d'aliments ultra-transformés. Il est peu probable, dans ces conditions, que la qualité globale des régimes s'améliore si l'on s'en tient à la seule information ou éducation des consommateurs. Nombreux sont les auteurs qui ont souligné, en effet, combien les choix alimentaires des individus étaient contraints, notamment par un manque d'accessibilité économique ou culturelle, et orientés par des pratiques de marketing plus ou moins agressives. Pourtant les pays industrialisés, comme les pays du Sud, ont tout intérêt à ce que se développent des systèmes et environnements alimentaires durables permettant des régimes sains; mais ils font face à des obstacles de nature politique car les acteurs qui profitent du système

44. Jones A. D. *et al.*, 2016, « A systematic review of the measurement of sustainable diets », *Advances in Nutrition*,7, p.641-664.

actuel, notamment les acteurs de l'industrie agroalimentaire, ont acquis un pouvoir de blocage qui empêche toute réforme profonde. Un certain nombre d'interventions peuvent favoriser l'adoption de régimes alimentaires sains et durables: promotion de certains aliments sains (fruits et légumes notamment) au niveau de l'école, étiquetage pour l'information des consommateurs sur la qualité nutritionnelle des produits, établissement de recommandations alimentaires nationales prenant en considération la durabilité, etc. Leur efficacité est cependant généralement modeste: si on peut leur reconnaître un certain effet sur la modération des ingérés en termes de quantités, ces interventions semblent pour l'instant peu efficaces sur les choix en termes de qualité. Sans dénier la part de responsabilité des individus dans leurs choix alimentaires, ni la capacité des citoyens à s'organiser pour améliorer leur approvisionnement et donc leur consommation, il est clair que dans la plupart des contextes aujourd'hui c'est la mauvaise qualité de l'environnement (ou du paysage) alimentaire qui, utilisant la vulnérabilité économique, sociale ou psychologique des individus, pousse à des choix d'aliments non sains, augmentant ainsi la demande, et donc détériorant encore l'environnement alimentaire[45].

Il est donc nécessaire de recourir à des instruments légalement plus contraignants, par exemple des systèmes de taxation/subvention pour rendre les produits alimentaires sains au moins aussi accessibles économiquement que les produits industriels ultra-transformés, afin d'inverser la tendance. Il est également nécessaire que la société civile s'organise autour de cet objectif. Quant à la nécessaire implication – ou pas – de l'industrie agroalimentaire (incluant tout le système de production, transformation, distribution, vente et marketing) dans la transformation vertueuse de cet environnement alimentaire, deux visions s'opposent clairement. D'une part, ceux que l'on pourrait appeler « les pragmatiques », considèrent que l'industrie agroalimentaire est la mieux placée pour instaurer un dialogue avec les consommateurs, qu'elle est de toute façon incontournable et qu'il y va de son propre intérêt de faire évoluer le système vers des régimes alimentaires plus sains. Ils militent donc pour l'établissement de plateformes de dialogue entre pouvoirs publics, consommateurs, industriels, société civile et chercheurs, sans être pour autant naïfs: de fait, ils prônent aussi un contrôle de cette industrie, par exemple en incitant au développement d'indicateurs permettant de suivre la qualité des régimes, les impacts économiques, sociaux et environnementaux des principales compagnies agroalimentaires[46]. Il est à noter que le mouvement SUN, qui comporte un réseau « business », est aligné sur cette vision. À l'opposé, nombreux sont ceux qui considèrent qu'il est impossible de faire alliance avec l'industrie agroalimentaire, du moins si l'on veut obtenir des résultats suffisamment significatifs et rapides. Connaissant le pouvoir plané-

---

45. Roberto C. A. *et al.*, 2015, « Patchy progress on obesity prevention: Emerging examples, entrenched barriers, and new thinking », *The Lancet*, 385, p. 2400-2409.

46. Par exemple l'ATNI (Access To Nutrition Index): https://www.accesstonutrition.org/

taire de l'industrie agroalimentaire[47], ceux-là militent pour l'instauration d'un instrument de contrôle au niveau mondial. C'est ainsi que, sur le modèle de la convention cadre pour le contrôle du tabac qui avait été mise en place par l'OMS en 2003, l'association « Consumers International » et la Fédération mondiale contre l'obésité, avec l'appui d'Olivier de Schutter (rapporteur spécial des Nations unies pour le droit à l'alimentation de 2008 à 2014), ont publié en 2014 des recommandations pour l'établissement d'une nouvelle convention mondiale visant à protéger et promouvoir des régimes alimentaires sains[48]. Son objectif est de promouvoir un environnement alimentaire favorable à la santé pour réduire la prévalence des maladies chroniques liées à l'alimentation. Un tel instrument, tel que conçu actuellement, aurait l'avantage de rendre les gouvernements redevables vis-à-vis de l'évolution de la situation dans leur pays, de faire participer les populations à la définition et à la mise en œuvre des politiques visant l'amélioration des régimes alimentaires, et de prendre en considération le droit à une alimentation de qualité pour tous ainsi que le devenir du secteur agricole. D'une façon générale cette approche se réclame d'une vision guidée par les droits humains fondamentaux, argumentant que seule l'introduction de davantage de redevabilité et de démocratie dans le système alimentaire permettra un changement réel.

État des connaissances

Il est indéniable que le corpus de connaissances en matière de nutrition a considérablement augmenté au cours des dernières décennies. On a vu que, plaidant pour la mise en place d'un plan d'action mondial pour la nutrition, la Banque mondiale utilisait l'argument selon lequel « on sait quoi faire et quelles sont les interventions qu'il faut étendre à l'ensemble de la population ». Il ne faut certes pas minimiser les connaissances acquises, et le besoin de davantage de recherches ne doit certainement pas être un frein à l'action. Néanmoins, on peut facilement argumenter qu'il existe encore d'énormes lacunes dans nos connaissances, tant au niveau des mécanismes biologiques qu'au niveau des interactions entre l'humain et son environnement (pris au sens très large: physique, mental, économique, sociétal), et peut-être plus encore au niveau des politiques, stratégies et modes d'intervention pour un meilleur état nutritionnel du plus

---

47. Les quatre plus grandes compagnies du secteur font à elles seules un tiers du chiffre d'affaires mondial du secteur; quant aux investissements privés vers la recherche agricole, 40 % sont consacrés à la seule culture du maïs.

48. De Schutter O., 2015, « Towards a framework convention on healthy diets », *SCN News*, 41, p.94-98. http://www.worldobesity.org/what-we-do/policy-prevention/advocacy/global-convention/ et http://www.consumersinternational.org/media/2138/why-we-need-a-global-convention-to-protect-and-promote-healthy-diets_eng.pdf

grand nombre. Pour s'en convaincre, il suffit de savoir qu'une information qui semble aussi basique que le besoin de l'organisme en divers nutriments aux différents âges de la vie n'est pas connue avec précision ; et que, selon les nutriments et leur origine, ces besoins sont périodiquement révisés au gré de la disponibilité de nouvelles études ; sans même parler du fait que nous ne considérons qu'une quarantaine environ de nutriments alors que l'analyse chimique de l'alimentation identifie environ 10 fois plus de composants, dont on ignore totalement le rôle, ou même s'ils en ont un. Ceci a de quoi rendre modeste et même faire quelque peu sourire lorsque des interventions sur l'alimentation du jeune enfant, par exemple, annoncent qu'elles visent à couvrir « 100 % des besoins ». Il est bon de rester modeste aussi vis-à-vis des sous-nutritions du jeune enfant : la physiopathologie du kwashiorkor, par exemple, reste inconnue à ce jour malgré un certain nombre d'explorations et d'hypothèses émises depuis une cinquantaine d'années. Le développement du retard de croissance de l'enfant est également très incomplètement expliqué ; comme évoqué plus haut, l'hypothèse assez récente d'un rôle important d'un dysfonctionnement entérique d'origine environnementale avait fait penser qu'un chaînon manquant avait été identifié ; mais pour l'instant les résultats d'intervention sont décevants[49]. Comme souligné plus haut, l'absence d'élucidation de certains mécanismes n'empêche pas l'action et l'amélioration des interventions. Ainsi, le traitement des malnutritions aiguës a fait d'énormes progrès, comme cela a été vu au chapitre 4 ; les conséquences du retard de croissance sont de mieux en mieux connues et prévenues, et sa prévalence est en baisse constante depuis une vingtaine d'années au niveau mondial (cf. chap. 3). En termes de mécanismes, les recherches actuelles tournent beaucoup autour des premiers âges de la vie, notamment du rôle de l'inflammation et des perturbations microbiotales qu'elle entraîne, et éclaircir le rôle de l'épigénétique est certainement un élément crucial. En effet, on sait maintenant que l'expression des gènes au cours de la période fœtale et au tout début de la vie peut être perturbée par de nombreux facteurs environnementaux (alimentation, exercice physique, tabac ou alcool, composés chimiques, perturbateurs endocriniens...) et que ces perturbations sont à l'origine d'un lien intergénérationnel entre sous-nutrition et obésité et maladies chroniques (voir chap. 6). Mais les mécanismes précis de ces modifications demandent encore à être élucidés pour distinguer le rôle de divers facteurs et permettre la mise au point d'une prévention efficace.

En 2013, le Sackler Institute for Nutrition Science[50] a publié le résultat d'un travail mené en partenariat avec l'OMS afin d'établir un agenda des

---

49. Ce qui fait dire à une des principales chercheures impliquées sur ce sujet : « *Stunting is a hard nut to crack* », littéralement : « le retard de croissance est une noix dure à ouvrir » (J. Humphrey, communication personnelle).

50. Le Sackler Institute for Nutrition Science est né en 2010 d'un partenariat établi entre la Fondation Mortimer D. Sackler et l'Académie des sciences de New York (https://www.nyas.org/nutrition).

recherches prioritaires pour la nutrition au niveau mondial (cf. encadré 1). Ce travail a duré deux ans et une cinquantaine de chercheurs ou acteurs en nutrition parmi les plus renommés ont été mis à contribution. Leurs travaux ont conduit à identifier trois grands domaines dans lesquels il était urgent de faire progresser les connaissances afin de permettre d'accélérer la lutte contre la malnutrition sous toutes ses formes :

– étudier les conditions environnementales et sociétales qui affectent l'alimentation et la nutrition des groupes vulnérables ;

– éclaircir les mécanismes biologiques de la nutrition aux différents âges de la vie et notamment au niveau de la dyade mère-enfant ;

– mieux concevoir la diffusion d'interventions nutritionnelles et comprendre les facteurs qui font leurs succès ou échecs.

Ce qu'on peut identifier de commun entre toutes les questions de recherches soulevées par ce panel d'experts est qu'une vision systémique des problèmes est nécessaire : qu'il s'agisse du système alimentaire, du système de santé, du système biologique ou encore du système politique, tous ces systèmes sont finalement interconnectés. Il y a donc besoin d'outils d'analyse performants et de données nombreuses, deux ingrédients de plus en plus disponibles aujourd'hui et dont il faut que les recherches en nutrition se saisissent (big data, métabolomique, métagénomique, modélisation multi-agents, etc.) afin de développer ce que les experts du panel ont appelé « une approche basée sur l'alimentation et la biologie systémique ».

Encadré 1. Agenda des sujets de recherches prioritaires pour la nutrition au niveau mondial[51]

Thématique 1 : Conditions environnementales et sociétales affectant l'alimentation et la nutrition des groupes vulnérables

- Comment façonner un environnement favorable à la santé et à la nutrition ?
- Savoir quantifier les arbitrages en matière d'économie et de durabilité pour de meilleurs résultats en nutrition et en santé
- Mieux décrire les interactions entre le système alimentaire et la nutrition
- Analyser de façon intégrée les facteurs de niveau individuel et de niveau ménage qui sous-tendent la vulnérabilité économique et l'insécurité alimentaire
- Développer des approches centrées sur la nutrition en matière de changement climatique

51. Traduit et adapté de The Sackler Institute for Nutrition Science, 2013, *A Global Research Agenda for Nutrition Science. Outcome of a collaborative process between academic and non-profit researchers and the World Health Organization*, New York, Sackler Institute, http://www.nutritionresearchagenda.org/

Thématique 2: Questions de nutrition aux différents âges de la vie restant à éclaircir

Sous thématique 2.1: De la période pré-conceptionnelle à la petite enfance (les 1 000 premiers jours et au-delà)

- Rôle de la nutrition dans l'origine développementale de la santé et des maladies (DOHaD)
- Caractériser la croissance normale au tout début de la vie (notamment *in utero*)
- Caractériser et analyser la croissance et le développement optimaux du jeune enfant
- Décrire et comprendre le rôle des facteurs contextuels dans les phénomènes ci-dessus

Sous-thématique 2.2: Passer d'une approche par nutriments à une approche basée sur l'alimentation et la biologie systémique

- Créer une biologie systémique de la nutrition et de la santé de la mère et de l'enfant basée sur l'alimentation
- Décrire et comprendre le rôle des facteurs contextuels dans ces interactions biologiques

Sous-thématique 2.3: Conséquences fonctionnelles et développementales des malnutritions et infections et leurs interactions avec les interventions nutritionnelles

- Étudier les relations entre indicateurs de malnutrition (retard de croissance chez l'enfant, petite taille et faible corpulence chez la mère) et leurs conséquences fonctionnelles
- Développer les connaissances nécessaires pour décrire et comprendre le rôle des facteurs contextuels dans les relations ci-dessus

Sous-thématique 2.4: Complexités méthodologiques des recherches systémiques en nutrition

- Mieux utiliser les sciences fondamentales dans une approche de la nutrition par la biologie systémique

Thématique 3: Diffusion des interventions et recherche opérationnelle

- Développer les connaissances contribuant à la définition des interventions
- Mieux comprendre et gérer les processus en amont, au cours et en aval des interventions
- Axer les résultats vers la fourniture et l'utilisation de services et de produits

État des financements[52]

Aujourd'hui on connaît de mieux en mieux le coût économique, s'ajoutant aux coûts humains et sociétaux, de l'inaction vis-à-vis de la malnutrition sous toutes ses formes ; on connaît mieux aussi le poids de la malnutrition sur les coûts de santé ; et on connaît également les bénéfices réalisés en investissant dans des politiques nutritionnelles efficaces, mais uniquement pour la sous-nutrition. S'agissant de cette dernière, on pouvait envisager que les problèmes de nutrition allant de pair avec le développement économique, ils se réduiraient par la croissance économique ; mais on s'accorde aujourd'hui à penser que transformer le cercle vicieux pauvreté-malnutrition en cercle vertueux passe d'abord par un investissement en nutrition. Un dollar investi dans des interventions de lutte contre la sous-nutrition rapporterait en effet en moyenne 16 dollars à la génération suivante, soit un rapport d'environ 10 % par an[53]. *A contrario*, la sous-nutrition peut coûter jusqu'à 10 % du PIB d'un pays et le coût total d'avoir encore aujourd'hui plus de 150 millions d'enfants atteints de retard de croissance dans le monde est estimé comparable, en pertes de PIB, à celui de la crise économique de 2008-2010. On estime également que chaque centimètre gagné pendant la croissance conduit à des revenus augmentés de 5 % à l'âge adulte, tandis que ceux qui, enfants, sont restés en retard de croissance gagnent en moyenne 20 % de moins que les autres. Sur le plan de l'obésité, on estime son impact économique autour de 2 trillions de dollars par an, soit 2,8 % du PIB mondial, c'est-à-dire presque autant que le tabac ou les conflits armés[54]. Aux États-Unis, les ménages ayant au moins une personne obèse dépensent en moyenne 8 % de leurs revenus en soins de santé et l'obésité représente environ 20 % des dépenses de santé au niveau de la population totale ; en Allemagne l'impact économique du surpoids et de l'obésité de la population entière est estimé à 145 milliards d'euros ; en Chine, les diabétiques perdent en moyenne 16,3 % de leurs revenus annuels. En revanche on ne dispose pas d'estimations concernant le retour sur investissement qu'auraient des stratégies de lutte contre l'obésité, pour la bonne raison que de telles stratégies n'ont pas encore démontré leur efficacité. Tout au plus observe-t-on des ralentissements dans l'augmentation des taux d'obésité dans certains pays, voire une stabilisation pour ce qui concerne l'obésité infantile ; il a ainsi pu être estimé qu'aux États-Unis un investissement de 2 milliards de dollars par an serait coût-efficace à condition qu'il permette de réduire d'un point de pourcentage l'obésité à l'âge de 12 ans[55].

---

52. Sauf indication contraire les chiffres présentés dans cette partie sont issus du *Rapport mondial sur la nutrition 2017*, dans lequel sont fournies les références princeps.

53. Ce chiffre moyen cache cependant de grandes disparités ; de 3,6 à 48,0 dans le panel de pays étudiés.

54. http://www.mckinsey.com/mgi/overview/in-the-news/the-global-obesity-threat

55. Trasande L., 2010, « How Much Should We Invest In Preventing Childhood Obesity ? », *Health Affairs*, 29 (3), p.372-378.

Combien coûteraient les interventions nécessaires pour éliminer la sous-nutrition ? À vrai dire, on n'en sait rien. On ne dispose en effet que d'estimations concernant le coût de mise à l'échelle des interventions de type « spécifique » (par opposition à « sensible ») car les modèles permettant de relier le coût des interventions à leur impact n'existent que pour ces interventions. En 2010, la Banque mondiale avait estimé que 10,3 milliards de dollars par an seraient nécessaires pour mettre à l'échelle (c'est-à-dire atteindre une couverture de 90 % de la population) l'ensemble de ces interventions. En 2016, ces estimations ont été revues, se concentrant sur les interventions jugées les plus coût-efficaces, en se basant sur une couverture des interventions atteignant 90 % au bout de dix ans et en modélisant leur impact sur l'atteinte des cibles nutritionnelles de l'Assemblée mondiale de la santé ; il faudrait alors une dépense moyenne de 4,97 milliards de dollars par an sur cette décennie[56]. Dans tous les cas les dépenses actuelles, bien qu'ayant été multipliées par quatre sur les dix dernières années, mais ayant ralenti depuis 2015, sont de l'ordre de seulement la moitié de cette somme (le tiers si on considère les estimations précédentes). Et encore faut-il rappeler ici que ces interventions spécifiques sont loin de suffire à réduire la sous-nutrition. S'agissant des interventions sensibles à la nutrition, les dépenses répertoriées en 2014 étaient estimées à 3,9 milliards de dollars pour ce qui concerne les pays dits prioritaires (38 pays représentant 90 % de l'ensemble des enfants en retard de croissance dans le monde) ; mais il est difficile de dire cette fois ce que cela représente en termes de pourcentage de ce qui serait requis puisque, comme expliqué plus haut, l'impact de ces interventions ne peut être modélisé actuellement.

Au cours des deux ou trois dernières années, de gros efforts ont été faits pour mieux estimer la part des dépenses pour la nutrition des gouvernements des pays eux-mêmes, en distinguant les dépenses pour interventions sensibles et spécifiques. Ce travail a principalement été initié et entrepris au sein du mouvement SUN, avec l'appui de son réseau des bailleurs. En 2017, le SUN a ainsi pu rapporter les dépenses pour la nutrition faites par 41 pays et les exprimer en pourcentage des dépenses totales inscrites dans les budgets des pays. Il ressort de cette analyse que les pourcentages varient largement selon les pays mais dépassent 10 % pour plusieurs d'entre eux, ce qui est considérable. Les dépenses concernent majoritairement des interventions sensibles à la nutrition (notamment transferts sociaux et activités d'hygiène et assainissement), qui sont en augmentation de 4 % par rapport à l'année précédente. Les dépenses pour interventions spécifiques sont plus modestes et sont loin d'atteindre le niveau requis par les cibles nutritionnelles de l'Assemblée mondiale de la santé dans la grande majorité des pays, mais elles sont en revanche en augmentation de 21 % par rapport à l'année précédente.

---

56. http://pubdocs.worldbank.org/en/526961454608712578/4-Meera-Shekar-exisiting-approached-and-tools-for-costing-financing-and-cost-effectivemess-for-nutrition.pdf

Les dépenses effectuées par les pays donateurs ou les bailleurs internationaux sont soit suivies au travers des instruments de l'Organisation de coopération et de développement économiques (OCDE), soit rapportées par les donateurs eux-mêmes. Les premières ne permettent actuellement d'identifier que les dépenses spécifiques de la nutrition, et encore pas tous les types de dépenses, mais une réforme est en cours afin de pouvoir mieux identifier l'ensemble, et également les dépenses pour interventions sensibles à la nutrition. Pour ces dernières, ce sont donc uniquement les données fournies par les donateurs qui sont disponibles, mais selon des méthodologies rarement comparables et pas toujours explicites. Globalement, les dépenses répertoriées par l'OCDE atteignaient 867 millions de dollars en 2015, provenant pour 72 % des pays donateurs et pour 28 % de l'aide multilatérale. Bien qu'ayant augmenté fortement entre 2006 et 2013, ces dépenses tendent à stagner depuis et ne représentaient que 0,5 % de l'aide internationale en 2015. Cette année-là, cinq donateurs principaux (USA, Canada, Royaume-Uni, Union européenne et Allemagne) fournissaient à eux seuls 68 % de l'aide. Il faut noter que la Fondation Bill et Melinda Gates a dépensé pour sa part 96 millions de dollars pour la nutrition cette même année, soit presque autant que le Royaume-Uni. Il est à noter encore que si 121 pays ont été bénéficiaires de cette aide, la moitié de la somme a concerné 14 pays seulement (au premier rang desquels l'Éthiopie). Quant aux dépenses pour interventions sensibles à la nutrition, le total rapporté par les 11 principaux donateurs atteignait près de 5,5 milliards de dollars en 2015, ici aussi en nette augmentation sur les dernières années mais n'ayant que peu augmenté entre 2014 et 2015.

Le point le plus noir concernant les financements pour la nutrition est que, malgré le poids économique que représentent l'obésité et les maladies chroniques liées à l'alimentation, y compris pour les pays du Sud, les dépenses concernant ce domaine sont relativement minimes encore. Au niveau des budgets nationaux, il est impossible actuellement de les identifier ; au niveau des bailleurs internationaux, la dépense atteignait environ 25 millions de dollars en 2015, soit 0,01 % du total de l'aide internationale, provenant principalement du Royaume-Uni et de l'Australie. Cependant, des financements non négligeables sont observés, comme pour la sous-nutrition, en provenance de fondations privées (notamment Bloomberg Philantropies : 130 millions de dollars depuis 2012).

On retiendra globalement que les financements pour la nutrition ont largement augmenté sur les dix dernières années mais restent très insuffisants (voire insignifiants pour la prévention de l'obésité et des maladies chroniques) et tendent à stagner maintenant. Malgré l'imperfection des méthodes de suivi, il faut cependant souligner que beaucoup d'efforts sont faits actuellement pour que les dépenses effectuées soient rapportées de façon plus fidèle et plus transparente. Ceci est loin d'être anodin car la publication de ces données, notamment de façon annuelle par le *Rapport mondial sur la nutrition*, permet aux populations et aux organisations de la société civile qui les représentent de juger du niveau d'accomplissement des engagements pris par les gouvernements et les bailleurs internationaux lors des divers sommets mondiaux ou autres rencontres de haut niveau.

Enfin, on ne peut s'empêcher de noter au travers de l'analyse ci-dessus que le plaidoyer pour la nutrition n'a pas permis la création d'un mécanisme de financement mondial permettant de dégager des sommes importantes spécifiquement dédiées à la nutrition, comme cela a été le cas pour le sida et les maladies de la pauvreté par exemple. Pourtant, un tel mécanisme a été lancé en 2015 par l'ONU en partenariat avec la Banque mondiale, avec 12 milliards de dollars de financements nationaux et internationaux, publics et privés, pour des plans d'investissement sur cinq ans en faveur de la santé de la mère, de l'enfant et de l'adolescent, destinés aux pays à revenu faible et intermédiaire[57]. Mais la nutrition n'a pas été incluse dans les domaines d'action. Une autre piste a été mise sur la table plus récemment par Philippe Douste-Blazy, dans le cadre de sa candidature à la présidence de l'OMS. Il s'agissait, sur le modèle d'Unitaid (taxe sur les billets d'avion qui alimente le Fonds mondial pour les maladies de la pauvreté), de taxer l'industrie extractive et de gérer les ressources via une nouvelle organisation internationale, Unitlife. La République démocratique du Congo a ainsi été le premier pays à avoir introduit une taxe sur le secteur extractif, d'environ 0,10 dollar pour chaque baril vendu par les compagnies pétrolières nationales. Il a été estimé que si les huit pays africains pétroliers que sont l'Angola, le Cameroun, le Tchad, la RDC, la Guinée équatoriale, le Gabon, le Ghana et le Nigeria introduisaient une telle taxe, le mécanisme pourrait générer 194 millions de dollars par an[58]. Mais cela ne fait pour l'instant pas partie du programme du nouveau président élu de l'OMS, l'Éthiopien Tedros Adhanom Ghebreyesus.

La redevabilité : un instrument clé pour stimuler le changement

Ce n'est pas un hasard si le premier *Rapport mondial sur la nutrition*, en 2014, avait pour titre « mesures et redevabilité en vue d'accélérer les progrès mondiaux en matière de nutrition ». D'une part, améliorer la redevabilité des acteurs, pour aller au-delà des engagements, était un objectif clairement énoncé lors de la création de ce rapport[59] et, d'autre part, nous

---

57. Global Financing Facility in support of Every Woman Every Child : https://www.globalfinancingfacility.org/

58. http://livresfr.info/livre/2955077909-financing-sustainable-development-adressing-vulnerabilities

59. « Le but ultime est de renforcer la redevabilité en matière de nutrition et de favoriser une accélération de l'amélioration de l'état nutritionnel. En identifiant et en suivant les engagements, puis en évaluant leur progression, le rapport devrait stimuler et intensifier les actions. Les rapports mondiaux sur la nutrition étant publiés annuellement, les

approchions alors de la fin des OMD et les discussions sur les ODD allaient bon train. Il s'agissait entre autres de faire pression pour qu'un plus grand nombre d'indicateurs de la nutrition soient intégrés au cadre de redevabilité des ODD. Le moment était particulièrement important car s'il y a bien une chose que l'on a apprise du suivi des OMD c'est que, *in fine,* ce sont davantage les indicateurs que les objectifs eux-mêmes qui orientent les investissements et les actions. D'où un lobbying assez intense de la plupart des secteurs pour faire incorporer dans le cadre de suivi des ODD des indicateurs qui leur sont pertinents, et d'où une certaine déception au vu du nombre relativement faible d'indicateurs nutritionnels finalement retenus.

Selon le principe bien connu que ce qui est mesuré fait l'objet de davantage d'attention[60], le *Rapport mondial sur la nutrition* de 2014 insistait aussi sur le besoin d'une « révolution en matière de données », tant il est vrai que l'absence de données – ou du moins leur insuffisance en termes de fiabilité, désagrégation, régularité, précision, comparabilité, etc. – est particulièrement criante en nutrition. Il suffit de se rappeler que la première enquête mondiale sur la nutrition date de 30 ans seulement (1987) et que, jusqu'à aujourd'hui, ces enquêtes se concentrent principalement sur les enfants en bas âge et les femmes en âge de procréer, si bien que, par exemple, on ne dispose de quasiment aucune donnée sur une autre période vulnérable comme l'adolescence. On peut noter aussi qu'il n'existe que très peu d'enquêtes régulières sur la consommation alimentaire et quasiment exclusivement dans les pays à revenu élevé ; d'une façon générale, et c'est un comble quand on s'intéresse à la nutrition, on connaît très mal la qualité des régimes alimentaires. Cette insuffisance de données à la fois freine la priorisation des actions et empêche tout autant d'en mesurer les effets que de demander des comptes à ceux qui sont en charge de les piloter ou de les mener, quel que soit leur niveau ou degré d'implication. Car la redevabilité est l'affaire de tous les acteurs, à tous les niveaux, pas uniquement des bailleurs, des gouvernements ou autres décideurs qui prennent des engagements mondiaux. Cette question indissociable de redevabilité et de révolution en matière de données ne concerne pas que la nutrition et est vite devenue un leitmotiv au niveau des Nations unies lors de la préparation du cadre de suivi des ODD[61]. Mais les données ne sont pas le seul élément nécessaire à établir un cadre de redevabilité : il faut aussi établir un cycle vertueux de renforcement qui, partant des engagements et de leur suivi, passe ensuite par une étape d'évaluation des résultats obtenus en comparaison avec les engagements, puis d'utilisation de cette évaluation à des fins de planification, afin

---

parties prenantes pourront mieux constater qui respecte ses engagements et qui ne les respecte pas, et aider les acteurs concernés à respecter leurs engagements à l'avenir » (*Global Nutrition Report 2014*, p. 5).

60. Adage plus puissant en anglais : « *What you count counts.* »

61. http://www.undatarevolution.org/wp-content/uploads/2014/12/A-World-That-Counts 2.pdf

d'améliorer les actions, comme dans tout système de surveillance, mais aussi de revoir les stratégies pour permettre une meilleure redevabilité au cycle suivant, en prenant de nouveaux engagements et en en acceptant davantage la responsabilité. Pour tout cela, en plus des données il faut une responsabilité de tous les acteurs et des mécanismes pour la circulation des informations. Au niveau des pays, le mouvement SUN a largement appliqué ces principes depuis sa création, en adoptant un cycle « suivi, évaluation, redevabilité, apprentissage »[62] qui permet aux acteurs de se tenir mutuellement redevables. Pour cela le mouvement a développé depuis 2014 des exercices d'auto-évaluation au sein des pays (devenus « exercices d'évaluation conjointe » en 2016) par le biais desquels tous les acteurs sont amenés à échanger des informations et partager leurs expériences, renforçant leur compréhension des actions et leur programmation, ainsi que leur redevabilité mutuelle.

En matière de nutrition, mettre en place un cadre de redevabilité est plus complexe que dans d'autres domaines en raison notamment de la nature multisectorielle des actions qu'il y a à mener ; comme on l'a détaillé plus haut, la multiplicité des acteurs rend déjà plus compliqué de générer un dialogue entre secteurs en vue de la mise en place d'actions conjointes, il est donc encore plus difficile d'obtenir un dialogue de redevabilité[63]. Un autre obstacle est le manque de visibilité d'un certain nombre des conséquences des malnutritions, du moins tant qu'elles ne sont pas sévères, et la difficulté qu'il y a parfois à les mesurer de façon simple au stade précoce. Enfin, les actions menées sont parfois éloignées des résultats, en termes de chemins causaux comme d'échelle de temps. Ainsi, il est impossible de rendre des acteurs, quels qu'ils soient et quelle que soit leur implication, responsables d'un résultat qui a peu de chances d'être observable facilement. Ceci impose donc de définir des indicateurs intermédiaires et notamment de développer des méthodes pour une meilleure estimation de la couverture des interventions spécifiques de la nutrition, ou visant la nutrition, ainsi que des indicateurs de la qualité de mise en œuvre de ces interventions. Finalement, dans une approche « théorie du changement », des indicateurs pertinents sont nécessaires tout au long du chemin d'impact théorique entre « intrants » (incluant les décisions, les financements – dont on a vu combien il était complexe de les suivre avec suffisamment de précision, le renforcement de capacités, etc.) et « impact » (sur le statut nutritionnel des populations). Ainsi, concrètement, stimuler et améliorer la redevabilité en matière de nutrition passe d'abord par une information et une sensibilisation des acteurs des secteurs connexes à la nutrition, puis par leur collaboration effective en termes de partage des

62. En anglais acronyme MEAL (*Monitoring, Evaluating, Accountability & Learning*).

63. À tel point qu'à la fin des années 1990 un slogan mobilisateur souvent utilisé dans le plaidoyer pour une meilleure prise en compte de la nutrition était « *everybody's business, nobody's responsability* » (l'affaire de tous mais la responsabilité de personne).

données (très souvent sous-utilisées), la création d'un cadre institutionnel d'échanges et un renforcement des capacités (et donc des financements spécifiques). De ce point de vue l'Union européenne mène depuis peu une initiative intéressante consistant à stimuler la création, dans les pays, de plateformes nationales d'information pour la nutrition[64], pilotées par les pays eux-mêmes, qui d'une part rassemblent des informations de tous les secteurs clés pour la nutrition (information préexistante) et d'autre part constituent un espace de dialogue et de concertation entre les acteurs. De telles plateformes sont des instruments évidents pour une meilleure redevabilité.

La nutrition est un droit humain fondamental

Ce n'est qu'en l'an 2000 que la Commission des Nations unies sur les droits de l'homme a approuvé la création, pour trois années, d'une charge de rapporteur spécial pour le droit à l'alimentation en réponse au besoin d'intégrer et coordonner les actions en ce domaine. La charge existe toujours aujourd'hui, soulignant combien elle était et est encore nécessaire; elle a été successivement occupée par Jean Ziegler, Olivier de Schutter, et maintenant Hilal Elver. Chacun de ces rapporteurs a largement plaidé et agi pour que le droit à l'alimentation incorpore, indissociablement, une dimension de droit à la nutrition; ils ont joint pour cela leurs efforts à ceux du rapporteur spécial pour le droit à la santé de sorte que la nutrition soit clairement identifiée, dans le cadre des droits de l'homme, comme le lien vital entre les droits à l'alimentation et à la santé. Et, très clairement, tous ont insisté sur le rôle crucial d'une réforme du système alimentaire, plus contraignante pour les grandes firmes de l'industrie agroalimentaire, afin d'atteindre la réalisation de ces deux droits fondamentaux[65]. D'après Hilal Elver, la Décennie d'action pour la nutrition déclarée par le secrétaire général des Nations unies depuis 2016 est une opportunité à saisir pour inscrire définitivement la réponse aux problèmes de malnutrition sous l'égide des droits de l'homme, établissant ainsi clairement le devoir des gouvernements de mettre en œuvre des politiques s'adressant à leurs causes profondes, notamment en rendant le système alimentaire davantage « sensible à la nutrition »[66].

Sur le plan des traités, déclarations, lois et autres pactes internationaux, il existe toute une série d'instruments définissant les fondements légaux d'un droit à une alimentation et une nutrition adéquates, commençant pour certains avec la déclaration des droits de l'homme et du citoyen de 1789.

64. http://www.nipn-nutrition-platforms.org
65. http://undocs.org/A/HRC/19/59 ; http://undocs.org/A/HRC/26/31
66. http://www.wunrn.org/pdf/ga2.pdf

Sur le plan international, ce sont surtout l'article 25 de la Déclaration universelle des droits de l'homme et l'article 11 du Pacte international relatif aux droits économiques, sociaux et culturels qui sont les textes fondateurs. Mais l'existence de textes et de droits internationaux ne garantit pas pour autant, et malheureusement, que ces textes sont facilement appliqués partout. La crise des prix alimentaires de 2008 a ainsi suscité la création, par la société civile, d'un observatoire du droit à l'alimentation et à la nutrition, publiant un rapport thématique annuel ; puis, en 2013, a été créé un réseau mondial pour le droit à l'alimentation et la nutrition[67], qui rassemble organisations de la société civile et organisations ou mouvements sociaux de par le monde, notamment mouvements d'origine paysanne luttant contre l'accaparement des terres. Globalement, de telles plateformes d'échanges et d'entraide ne changent pas beaucoup plus la donne, en termes de pratiques, que les textes internationaux sur lesquels elles s'appuient ; mais elles permettent cependant de documenter tous les manquements graves au droit à l'alimentation et à la nutrition, de les porter devant les instances compétentes, de continuer le plaidoyer et de mener des études de synthèse utiles aux politiques. Par ailleurs, reconnaître la nutrition comme un droit fondamental est une première étape qui doit être renforcée par des mécanismes de suivi, transparence et redevabilité.

Il est intéressant de voir qu'aujourd'hui cette approche de la nutrition via les droits humains redevient de plus en plus présente en termes de plaidoyer, alors que dans les années récentes les gouvernements ou la communauté internationale étaient plus souvent interpellés sur la base d'arguments économiques (pertes liées aux malnutritions et gains à prévoir en cas d'investissements pour leur réduction), ou bien d'arguments humanitaires, pour les situations d'urgence. Il n'est pas impossible que ce regain d'intérêt soit en partie lié au fait que cela donne aux gouvernements des arguments sur lesquels s'appuyer pour pouvoir mettre en place des actions de régulation des marchés et du marketing alimentaires, qui sont fortement combattues par les grandes firmes transnationales privées.

Quoi qu'il en soit, la situation actuelle des systèmes alimentaires et de la malnutrition sous toutes ses formes impose de repenser l'ensemble des actions, interventions, règles de gouvernance et décisions en termes d'éthique[68]. Ceci est induit notamment par les discours qui ont précédé la mise en place de la deuxième Conférence internationale sur la nutrition (2014) et la réflexion sur les ODD (2015) et qui, s'appuyant à la fois sur les effets du changement climatique et sur les prévisions de croissance démographique, ont refocalisé l'attention sur une question de sécurité alimentaire purement quantitative. Il y a donc une obligation morale à guider les choix et les arbitrages qui seront nécessaires pour couvrir l'en-

67. http://www.righttofoodandnutrition.org/

68. Fanzo J., 2015, « Ethical issues for human nutrition in the context of global food security and sustainable development », *Global Food Security*, 7, p. 15-23.

semble des besoins nutritionnels du plus grand nombre, tout en préservant au mieux l'environnement, la santé des individus et l'équité sociale.

Conclusion

La nutrition, une des pierres angulaires du bien-être des individus et de la réalisation de leur potentiel, est par là même un « enclencheur » fondamental du développement. Il est de plus en plus reconnu que la nutrition jouera un rôle fondamental dans l'atteinte des ODD, même si, malheureusement, une seule des 169 cibles qui en constituent l'agenda mentionne ce terme.

Tout au long de ce chapitre, et de cet ouvrage, ont été soulignés les défis posés pour lutter contre la malnutrition sous toutes ses formes. On peut craindre que l'ampleur de ces défis génère un sentiment de complexité insurmontable, d'un chemin trop long à parcourir, de difficultés à obtenir des résultats probants assez rapidement pour ne pas décourager les acteurs à tous les niveaux, et singulièrement les bailleurs de fonds. Il est donc nécessaire de rappeler que l'on a énormément appris ces dix dernières années sur ce qu'il est possible de faire et sur comment le faire pour accélérer les progrès. Les ingrédients principaux sont l'engagement politique, les mécanismes de coordination multisectorielle, la sécurisation de financements sur le long terme et un suivi régulier permettant d'informer l'ensemble des acteurs et de générer ainsi un cadre de redevabilité efficace. Il s'agit de principes généraux mais dont il a pu être montré, sur la base d'études de cas analysées de façon très rigoureuse, que la mise en œuvre concrète aboutissait à des résultats documentés[69]. Ce travail a permis de mettre en lumière les facteurs qui, étroitement imbriqués, sont à l'origine d'un changement significatif au niveau de nombreux pays: engagement, cohérence, redevabilité, disponibilité de données, leadership, capacités et financements. Il est bien clair et bien reconnu qu'en matière de nutrition il n'existe pas de recette miracle. En revanche, il faut se convaincre qu'il existe dans la plupart des cas une combinaison d'ingrédients permettant de faire de réels progrès.

En 2010, Urban Jonsson, acteur emblématique de la nutrition publique des dernières décennies, a écrit un article sur l'histoire de la nutrition depuis les années 1950, décrivant la succession de plusieurs paradigmes: celui des carences protéiques d'abord, celui des politiques multisectorielles ensuite, puis celui de la nutrition communautaire, suivi enfin par celui des micronutriments[70]. Il identifiait deux paradigmes pouvant

69. Gillespie S. et van den Bold M., 2017, « Stories of Change in nutrition: An overview », *Global Food Security*, 13, p. 1-11.

70. Jonsson U., 2010, « The rise and fall of paradigms in world food and nutrition policy », *World Nutrition*, 1 (3), p. 128-158.

prétendre à prendre le relais : celui des investissements en nutrition, reflétant une idéologie plutôt libérale et individualiste, et celui d'une approche par les droits humains, reflétant davantage une idéologie démocratique et collective. Il concluait que, pour une fois dans l'histoire de la nutrition, ce ne seraient pas des avancées scientifiques qui détermineraient lequel des deux allait devenir le paradigme dominant mais bien des choix politiques et idéologiques.

On peut argumenter que, depuis 2010, chacune de ces deux visions a fait son chemin et que pour l'instant aucune ne domine réellement, mais que nous nous approchons probablement de plus en plus de la croisée des chemins.

Glossaire commenté

ACC et **ACC/SCN** : *voir* UNSCN.

APD, Aide publique au développement (*Official Development Assistance*, ODA) : l'APD est constituée par « tous les apports de ressources qui sont fournis aux pays et territoires sur la liste des bénéficiaires d'APD, ou à des institutions multilatérales, et qui répondent aux critères suivants : i. *Émaner d'organismes publics*, y compris les États et les collectivités locales, ou d'organismes agissant pour le compte d'organismes publics ; et ii. Sachant que chaque opération doit en outre : a) avoir pour but essentiel de favoriser le *développement économique et l'amélioration du niveau de vie des pays en développement* ; et b) être assortie de conditions favorables et comporter un *élément de libéralité* au moins égal à 25 % (sur la base d'un taux d'actualisation de 10 %) ».

Assemblée mondiale de la santé de l'OMS (World Health Assembly, WHA) : c'est l'organe décisionnel de l'OMS, qui réunit toutes les parties prenantes chaque année en mai pour définir ses politiques et priorités d'action. http://www.who.int/mediacentre/events/governance/wha/fr/

ATPE, aliment thérapeutique prêt à l'emploi (RUTF pour *Ready-to-Use Therapeutic Food*) : c'est un aliment riche en énergie, minéraux et vitamines, de composition adaptée à la récupération nutritionnelle des individus malnourris, pouvant être utilisé directement sous sa forme solide (contrairement à la formulation spécialisée F-100 recommandée auparavant par l'OMS, évitant ainsi les risques de contamination avec de l'eau locale de qualité douteuse). Il s'agit généralement d'une pâte à tartiner à base de beurre d'arachide, de lait en poudre, d'huile, de sucre et d'un mélange de micronutriments. Il en existe différentes versions commerciales et non commerciales, qui sont largement utilisées à travers le monde. On parle aussi d'ASPE (aliments supplémentaires prêts à l'emploi), aliments enrichis en lipides, pour assurer en complément une couverture plus large en prévention de la sous-nutrition chez les tout-petits.

Banque mondiale (World Bank) : ce groupe des Nations unies comprend en réalité la BIRD (Banque internationale pour la reconstruction et le développement), l'IDA (Association internationale de développement), la SFI (Société financière internationale), l'AMGI (Agence multilatérale de garantie des investissements qui donne aux investisseurs étrangers des garanties contre les risques non commerciaux) et le CIRDI (Centre international pour le règlement des différends relatifs aux investissements, qui facilite la conciliation et assure l'arbitrage en cas de différend entre les investisseurs étrangers et les pays hôtes, encourageant ainsi les investissements internationaux). Son siège est à Washington DC (USA). http://www.banquemondiale.org/

CCLAT, Convention-cadre de l'OMS de lutte antitabac (FCTC, Framework Convention on Tobacco Control) : premier traité mondial de santé publique, la Convention-cadre a été élaborée à la suite de la mondialisation de l'épidémie de tabagisme. Elle vise à s'attaquer à certaines causes de cette épidémie, dont un ensemble de facteurs complexes ayant des effets transfrontaliers, notamment la libéralisation des échanges commerciaux et les investissements étrangers directs, les activités transnationales de publicité, de promotion et de parrainage, et le commerce illicite des produits du tabac. http://www.who.int/fctc/fr/

CESAP, Commission économique et sociale des Nations unies pour l'Asie et le Pacifique (UN ESCAP, United Nations Economic and Social Commission for Asia and the Pacific). http://www.unescap.org/

CI, Consumers International (Voix mondiale pour les consommateurs) : fondée en 1960, elle a son siège à Londres (UK). C'est une organisation mondiale indépendante qui fait campagne pour faire entendre la voix des consommateurs, représentant plus de 240 organisations membres dans 120 pays. http://www.consumersinternational.org/

CIFF, Children's Investment Fund Foundation, UK (Fondation des fonds d'investissement pour l'enfance, Royaume-Uni) : organisation philanthropique indépendante, créée en janvier 2004, dont le siège est à Londres, avec des bureaux à Nairobi et New Dehli. https://ciff.org/

CIN/CIN2, Conférences internationales sur la nutrition (ICN, ICN2, International Conferences on Nutrition) : il s'agit de réunions intergouvernementales de haut niveau patronnées par les Nations unies, la première a eu lieu en 1992, la seconde en 2014, à Rome au siège de la FAO à chaque fois, la FAO et l'OMS assurant le secrétariat. La deuxième a abouti à la Déclaration de Rome sur la nutrition et au Cadre d'action, par lesquels les dirigeants mondiaux se sont engagés à mettre en place des politiques nationales visant à l'éradication de la malnutrition sous toutes ses formes et à transformer les systèmes alimentaires de manière à garantir des régimes alimentaires nutritifs pour tous. http://www.fao.org/about/meetings/icn2/fr/

CMA, Conférence mondiale de l'alimentation (World Food Conference) : elle a été convoquée par l'Organisation des Nations unies en 1974 en application d'une résolution de l'Assemblée générale des Nations unies.

Premier sommet international sur la question de l'alimentation, elle a réuni une centaine de pays, qui ont adopté en novembre 1974 la Déclaration universelle pour l'élimination définitive de la faim et de la malnutrition. Cf. le Rapport du Conseil de la FAO, 64e session, nov. 1974: http://www.fao.org/docrep/meeting/007/F5340F/F5340F00.htm

CSA, Comité de la sécurité alimentaire mondiale (Committee on World Food Security, CFS): le Comité est la principale plateforme internationale et intergouvernementale, ouverte à tous, qui permet à l'ensemble des parties prenantes de travailler ensemble pour assurer à chacun la sécurité alimentaire et la nutrition. Le Comité rend compte de ses activités à l'Assemblée générale des Nations unies, par l'intermédiaire du Conseil économique et social de l'Organisation des Nations unies, et à la Conférence de la FAO. Le CSA élabore et approuve, à l'aide d'une approche multi parties prenantes et inclusive, des recommandations et des orientations sur tout un éventail de questions en rapport avec la sécurité alimentaire et la nutrition. Ces recommandations et orientations sont mises au point à partir des rapports du Groupe d'experts de haut niveau sur la sécurité alimentaire et la nutrition (HLPE), lesquels reposent sur des données scientifiques et une analyse des faits, et/ou grâce aux travaux techniques de l'Organisation des Nations unies pour l'alimentation et l'agriculture (FAO), du Fonds international de développement agricole (FIDA), du Programme alimentaire mondial (PAM) et des membres du Groupe consultatif du CSA. http://www.fao.org/cfs/cfs-home/fr/

CTC, Community-based Therapeutic Care (soins thérapeutiques administrés dans la communauté): *voir* PCMA.

Décennie d'action des Nations unies pour la nutrition 2016-2025 (*United Nations Decade of Action on Nutrition 2016-2025*): elle a été officiellement annoncée le 19 juillet 2016 à New York au siège de l'Organisation des Nations unies (ONU) en présence de hauts dignitaires de plusieurs gouvernements, ainsi que des hauts représentants de l'ONU, du milieu universitaire, de la société civile et du monde des affaires dans le but de faciliter la réalisation de l'objectif de développement durable (ODD) visant à éliminer la faim et à assurer la sécurité alimentaire dans le monde. L'Assemblée générale a demandé à la FAO et à l'OMS de diriger la mise en œuvre des activités relevant de la Décennie d'action des Nations unies pour la nutrition, en collaboration avec le PAM, le FIDA et l'UNICEF, et de définir et d'élaborer un programme de travail fondé sur la Déclaration de Rome et son Cadre d'action sur la nutrition. http://reliefweb.int/report/world/d-cennie-d-action-des-nations-unies-pour-la-nutrition-2016-2025-a70142 et www.un.org/nutrition

DFZ, Défi faim zéro (ZHC, Zero Hunger Challenge): Mouvement politique lancé par le secrétaire général des Nations unies en 2012 à la Conférence Rio+20 au Brésil. Ses objectifs se calent sur les Objectifs du développement durable. http://www.un.org/fr/zerohunger/#&panel1-1

DOHaD, *Developmental Origins of Health and Disease* (origine développementale de la santé et des maladies): concept unificateur pour rendre compte des observations sur l'existence de liens entre diverses expositions dès la vie intra-utérine et la mortalité, ou la survenue de maladies chroniques à l'âge adulte. Il est à l'origine d'un champ de recherche visant au décryptage des mécanismes par lesquels les modifications épigénétiques fixent la mémoire des expositions environnementales subies précocement. Les résultats pourraient avoir des conséquences utiles en matière de prévention des maladies chroniques de l'adulte, dont celles associées à la nutrition comme l'obésité et le diabète ou certains cancers.

Double fardeau nutritionnel (*double burden of malnutrition*): il est caractérisé par la coexistence au niveau d'une communauté, d'une famille, voire d'un même individu, de malnutrition par carences et de surpoids, obésité ou maladies non transmissibles associées à la nutrition. http://www.who.int/nutrition/publications/doubleburdenmalnutrition-policy-brief/en/

EAT (littéralement, « manger »): initiative privée fondée en 2013 par la Fondation norvégienne Stordalen et le Centre de résilience de Stockholm (centre universitaire spécialisé dans les problèmes de durabilité climatique), auxquels se sont associées depuis d'autres institutions dont le Wellcome Trust, et explorant avec de nombreux experts les moyens de produire une alimentation suffisante pour les besoins de la planète sans altérer l'environnement, en modifiant notre façon de produire notre alimentation et de manger. http://eatforum.org/eat-initiative/who-is-eat/

ECOSOC, Economic and Social Council (Conseil économique et social): l'un des six organes clefs des Nations unies; il est placé sous l'égide de l'Assemblée générale des Nations unies et a un rôle consultatif concernant les questions de coopération économique et sociale internationale. Il assure notamment la coordination des agences de l'Organisation au niveau intergouvernmental. https://www.un.org/ecosoc/fr/home

EDS, Enquêtes démographiques et de santé (*Demographic and Health Surveys*, DHS): depuis 1984, le programme « DHS Measure » recueille, analyse et diffuse des informations précises et représentatives sur la population, la santé, le sida et l'alimentation grâce à plus de 200 enquêtes dans 75 pays en développement. Il reçoit notamment le soutien financier de l'USAID (United States Agency for International Development) et a été mis en place par ORC Macro, organisme américain, en collaboration avec l'institut national de statistique ou un ministère de chaque pays enquêté. http://dhsprogram.com/

Épigénétique: alors que la génétique correspond à l'étude des gènes, l'épigénétique s'intéresse à une « couche » d'informations complémentaires qui définit comment ces gènes vont être utilisés par une cellule… ou ne pas l'être. En d'autres termes, l'épigénétique correspond à l'étude des changements dans l'activité des gènes, n'impliquant pas de modification de la séquence d'ADN et pouvant être transmis lors des divisions cellulaires. Contrairement aux mutations qui affectent la séquence d'ADN, les modifications épigénétiques sont réversibles. L'épigénétique, en lien avec l'environnement (alimentation, polluants, etc.), joue un rôle important lors de la grossesse pour conditionner le métabolisme du fœtus par exemple, et dans l'apparition et l'évolution d'un certain nombre de maladies chroniques non transmissibles.

FAO, Food and Agricultural Organization (le sigle français OAA, pour Organisation des Nations unies pour l'alimentation et l'agriculture, est peu usité): la FAO a été créée en 1945, à Québec, installée d'abord à Washington, puis à Rome en 1951. C'est une organisation intergouvernementale qui compte 194 États membres, deux membres associés et une organisation membre, l'Union européenne. Ils se réunissent tous les deux ans lors de la Conférence de la FAO pour examiner les questions de gouvernance mondiale et les cadres internationaux, ainsi que pour évaluer les travaux accomplis et approuver le budget de l'exercice suivant. Son objectif principal est l'atteinte de la sécurité alimentaire pour tous. Elle est présente dans plus de 130 pays, produisant, développant et adaptant les outils et directives existants et fournissant un appui ciblé sur la gouvernance à ses bureaux régionaux. La FAO produit notamment chaque année un bilan des disponibilités alimentaires et un rapport sur l'insécurité alimentaire dans le monde. http://www.fao.org/home/fr/

FIDA, Fonds international pour le développement de l'agriculture (IFAD, International Fund for Agricultural Development): institution spécialisée du système des Nations unies, fondée en décembre 1977 dans le sillage de la Conférence mondiale de l'alimentation réunie à Rome en 1974, basée à Rome. C'est un fonds, *i. e.* une banque d'aide au développement qui a pour vocation d'aider financièrement, comme bailleur de fonds et organisateur, au développement agricole et rural dans les pays en développement et en transition. https://www.ifad.org/home

FMI, Fonds monétaire international (IMF, International Monetary Fund): son siège est à Washington DC (USA). Le Fonds a été créé en 1944, lors d'une conférence des Nations unies à Bretton Woods dans le New Hampshire (États-Unis). Les quarante-quatre pays représentés à la conférence voulaient établir un cadre de coopération économique pour éviter que ne se reproduisent les dévaluations compétitives qui avaient contribué à la grande crise des années 1930. Il encourage la stabilité financière et la coopération monétaire internationale, et s'efforce aussi de faciliter le commerce international, d'œuvrer en faveur d'un emploi élevé et d'une croissance économique durable, et de faire reculer la pauvreté dans le monde. Le FMI est gouverné par ses 189 États membres, auxquels il rend compte de son action. http://www.imf.org/external/french/

Forum économique mondial (World Economic Forum) : fondation à but non lucratif créée en 1971, par Klaus M. Schwab, professeur d'économie en Suisse ; son siège est à Genève. Ce forum est connu pour sa réunion annuelle à Davos, en Suisse, qui réunit des dirigeants d'entreprise, des responsables politiques du monde entier ainsi que des intellectuels et des journalistes, afin de débattre des problèmes les plus urgents de la planète. Le forum organise également la « Réunion annuelle des nouveaux champions » en Chine et plusieurs réunions régionales qui se tiennent tout au long de l'année. Parallèlement aux réunions, le Forum publie un certain nombre de rapports économiques. https://www.weforum.org/about/world-economic-forum

GAFSP, Global Agriculture and Food Security Program (Programme mondial pour l'agriculture et la sécurité alimentaire) : instrument financier multilatéral créé en 2010 à la suite du G20 de Pittsburgh (sept. 2009) pour venir en aide en matière d'agriculture et d'alimentation à un certain nombre de pays parmi les plus pauvres. Il travaille en coordination avec les banques de développement et la Banque mondiale.
http://www.gafspfund.org/

GAIN, Global Alliance for Improved Nutrition (Alliance mondiale pour l'amélioration de la nutrition) : fondation internationale basée en Suisse, lancée lors d'une session spéciale des Nations unies sur les enfants en 2002, pour lutter contre les souffrances causées par la malnutrition en mobilisant des fonds autour de programmes collaboratifs avec de nombreux partenaires internationaux, selon cinq axes stratégiques : enrichissement des aliments, nutrition maternelle et infantile, agriculture et nutrition, partenariats publics/privés, recherche-suivi-évaluation. Les programmes concernent essentiellement l'Afrique et l'Asie.
http://www.gainhealth.org/about/gain/

Génération Nutrition : campagne internationale lancée en 2014, qui lutte pour que les gouvernements mettent fin aux décès d'enfants liés à la sous-nutrition. 85 organisations partenaires sont membres de la campagne, dans 12 pays : Burkina Faso, République tchèque, France, Inde, Italie, Kenya, Népal, Philippines, Espagne, Royaume-Uni, États-Unis et Zimbabwe ; ainsi qu'au niveau de l'Union européenne. En France, Génération Nutrition est composée des organisations suivantes : Action contre la Faim (ACF), Action Santé mondiale (GHA France), Association pour la médecine et la recherche en Afrique (AMREF), CARE France, Coalition Eau, ONE. Génération Nutrition.

HLTF, High Level Task Force on Global Food and Nutrition Security (Équipe spéciale de haut niveau sur la crise mondiale de la sécurité alimentaire et nutritionnelle mondiale) : elle est présidée par le secrétaire général des Nations unies, assisté par le directeur général de la FAO, qui en assure la vice-présidence. Elle est composée actuellement de 23 membres, pour la plupart des organismes, fonds et programmes des Nations unies, mais aussi un certain nombre d'institutions financières internationales et d'organisations internationales. Elle a pour principal objectif de promouvoir une action globale et unifiée de la communauté internationale face au défi que représente la sécurité alimentaire et nutritionnelle mondiale ; c'est un mécanisme de sensibilisation et de coordination de haut niveau qui vise à obtenir des résultats en se basant sur le travail et les ressources humaines de ses membres, mobilisés et soutenus dans leur action par un secrétariat restreint et adapté. http://www.un.org/french/issues/food/taskforce/

ICCIDD, International Council for the Control of Iodine Deficiency Disorders (Conseil international pour lutter contre les troubles liés à la carence en iode) : créé en 1986, il a travaillé en partenariat étroit avec un certain nombre d'ONG et d'organisations internationales (UNICEF, OMS notamment), puis a fusionné en 2012 avec le Iodine Network (The Network for Sustained Elimination of Iodine Deficiency) pour former le ICCIDD Global Network, puis le **Iodine Global Network IGN** (Réseau mondial pour l'iode) en 2014, dont la mission première est l'éradication de la carence en iode et la lutte contre ses conséquences sanitaires, avec notamment un soutien à une action mondiale d'iodation d'aliments vecteurs, principalement le sel de table. http://www.ign.org/about.htm Il édite une newsletter périodique « IDD Newsletter » : http://www.ign.org/idd-newsletter-2-2017.htm

IFPRI, International Food Policy Research Institute (Institut international de recherche sur les politiques alimentaires) : établi en 1975, à Washington DC (USA), il emploie près de 600 personnes dans 50 pays ; il fait partie du CGIAR, Consultative Group for International Agricultural Research (Groupe consultatif pour la recherche agricole internationale), un consortium de 15 centres spécialisés de recherche agricole à travers le monde engagés dans des partenariats mondiaux pour améliorer la recherche agricole pour le développement et réduire la pauvreté et la malnutrition. L'IFPRI supervise notamment pour le compte du consortium le programme « Agriculture for Nutrition and Health » (A4NH). L'IFPRI publie chaque année depuis 1986 un *Global Hunger Index*. http://www.ifpri.org/ et http://www.cgiar.org/our-strategy/

ILSI, International Life Sciences Institute (Institut international des sciences de la vie) : lobby international à but non lucratif qui a pour but de « fournir la science qui améliore la santé publique et le bien-être tout en sauvegardant l'environnement ». Il est très actif dans le domaine de la nutrition (biotechnologies, aliments fonctionnels, obésité, évaluation des risques) et participe à l'édition des revues *Nutrition Reviews* et *Present knowledge in nutrition*. Il encourage la participation de chercheurs publics comme privés, estimant que cela peut être géré sans conflits d'intérêts (cf. charte) via la transparence des déclarations d'intérêts potentiels (ceci est critiqué par ceux qui considèrent que le financement provenant largement de fonds privés, les conflits d'intérêts sont inévitables sur certains sujets, notamment quand des chercheurs financés par ILSI se retrouvent dans des comités d'experts).

IMC, indice de masse corporelle ou indice de Quetelet (*Body Mass Index*, ou BMI): cet indice (poids/taille^2) peut être utilisé pour mesurer la maigreur comme la surcharge pondérale de manière approximative. La maigreur correspond chez les adultes à un indice $\leq$ 18,5 kg/m^2, la surcharge pondérale ou surpoids correspond à un indice de masse corporelle $\geq$ 25,0 kg/m^2, pour les hommes comme pour les femmes, et l'obésité correspond à un IMC $\geq$ 30,0 kg/m^2 (pour les populations asiatiques, ces seuils sont un peu plus bas).

INACG, International Nutritional Anemia Consultative Group (Groupe consultatif international de l'anémie nutritionnelle): le groupe établi au sein de ILSI (The International Life Sciences Institute) a pour mission de réduire la prévalence de l'anémie ferriprive et d'autres anémies pouvant être évitées grâce à une bonne nutrition. Il est maintenant relié au Micronutrient Forum (*voir ce terme*). http://www.iuns.org/organisations/international-nutritional-anemia-consultative-group-inacg/

IUNS, International Union of Nutrition Sciences (Union internationale des sciences de la nutrition): elle a été lancée en 1946 par la British Nutrition Society puis affiliée à l'International Council of Scientific Unions (ICSU). Elle est administrée par un Conseil élu à chaque Assemblée générale lors des Congrès internationaux qui se tiennent tous les quatre ans. Sa mission et ses objectifs sont de promouvoir l'avancement des sciences de la nutrition, la recherche et le développement au travers de la coopération internationale au niveau mondial, d'encourager la communication et la collaboration entre les scientifiques de la nutrition du monde entier et d'encourager la dissémination des connaissances en nutrition utilisant les techniques de communication modernes. http://www.iuns.org/

IVACG, International Vitamin A Consultative Group (Groupe consultatif international sur la Vitamine A): le groupe a été établi en 1975 au sein de ILSI (The International Life Sciences Institute), pour guider les activités internationales visant à réduire la déficience en vitamine A dans le monde. Il est relié maintenant au Micronutrient Forum (*voir ce terme*).
http://ivacg.ilsi.org/

IZiNCG, International Zinc Nutrition Consultative Group (Groupe consultatif international sur le statut nutritionnel en zinc) : son objectif principal est de promouvoir et d'assister tous les efforts pour réduire la carence en zinc dans le monde, surtout dans les populations les plus vulnérables des pays à faible revenu. Le groupe a été établi en 2000 ; il est affilié à l'IUNS (International Union of Nutritional Sciences) et son siège est à Oakland (Californie, USA), au sein du Children's Hospital Oakland Research Institute (CHORI). http://www.izincg.org/

MARP, méthode accélérée de recherche participative : réfère, comme les sigles anglo-saxons **RRA** (*Rapid Rural Appraisal*), **RAP** (*Rapid Appraisal Procedures*), **PRA** (*Participatory Rural Appraisal*), **PLA** (*Participatory Learning and Action*), à des méthodologies d'évaluation participatives utilisées dans les enquêtes rapides sur le terrain pour évaluer une situation de santé ou de nutrition et l'impact éventuel d'un programme d'intervention en lien avec la communauté concernée.

MAS, malnutrition aiguë sévère (*severe acute malnutrition*, SAM) : forme sévère de l'émaciation ou maigreur extrême, incluant les formes œdémateuses de type kwashiorkor ; c'est un des aspects de la sous-nutrition impliquant un risque élevé de décès en cas de non prise en charge thérapeutique ; *voir* MPE (ancien terme, non utilisé aujourd'hui).

MEAL, *Monitoring, Evaluating, Accountability & Learning* (suivi, évaluation, redevabilité, apprentissage) : cet acronyme reflète une méthodologie de plus en plus utilisée, notamment au niveau du SUN ; elle utilise un cycle qui permet aux acteurs de se tenir mutuellement redevables de leurs actions et d'en tirer des implications pour les actions futures.

Micronutrient Forum ou MN Forum (Forum sur les micronutriments) : créé en 2006 par la réunion de l'IVACG et de l'INACG (*voir ces termes*) il vise à fournir un espace collaboratif, sur une base commune, pour les professionnels, les organisations gouvernementales ou non gouvernementales et les autres parties prenantes qui partagent un intérêt commun pour la diminution des malnutritions liées aux micronutriments. Il est animé par un comité de pilotage (*Steering Conmmittee*) de 15 membres à l'origine de propositions de programmes d'action et de conférences internationales. La coordination est assurée par un secrétariat hébergé à Ottawa, au Canada au sein de Micronutrient Initiative.

Micronutrient Initiative, maintenant **Nutrition International** (Initiative pour les micronutriments, devenue maintenant Nutrition International) : **Nutrition International** a son siège social à Ottawa (Canada) et a deux bureaux régionaux : à New Delhi (Inde), pour superviser les opérations en Asie, et à Nairobi (Kenya), pour superviser les opérations en Afrique. C'est un organisme sans but lucratif dirigé par un conseil d'administration international, et piloté par une équipe internationale reconnue d'experts techniques, de concepteurs de programmes, de porte-parole, d'analystes, d'évaluateurs, de responsables de la mise en œuvre, d'éducateurs, de gestionnaires de ressources et de champions de la nutrition pour en finir avec la « faim inapparente ». https://www.nutritionintl.org/fr/

MNT, maladies non transmissibles (*Non Communicable Diseases*, NCD) : on utilise aussi le terme de maladies chroniques, pour ce groupe de maladies de longue durée comme les maladies cardio-vasculaires, le diabète, les maladies respiratoires chroniques et l'asthme ou les cancers, qui proviennent d'une combinaison de facteurs génétiques, physiologiques, environnementaux (exposition à des polluants) ou de comportement (tabac, alcool, alimentation et activité physique) ; ce terme a été forgé pour regrouper ces maladies d'origine non infectieuse, dans les études de morbi-mortalité, par opposition au groupe des maladies transmissibles qui sont clairement d'origine infectieuse et généralement de manifestation aiguë.

MPE, malnutrition protéino-énergétique (*Protein Energy Malnutrition*, PEM) : ancien terme pour nommer de manière globale les différentes formes de malnutrition, faisant référence aux étiologies supposées de carences en protéines et/ou en énergie alimentaires ; aujourd'hui on utilise les termes de « malnutrition chronique » (retard de croissance ou *stunting*) et de malnutrition aiguë (maigreur/émaciation ou *wasting*). Pour la malnutrition aiguë, on parle de malnutrition aiguë globale (MAG, ou *global acute malnutrition* GAM), malnutrition aiguë modérée (MAM, ou *moderate acute malnutrition* MAM) et malnutrition aiguë sévère (MAS, ou *severe acute malnutrition* SAM).

N4G/Nutrition-for-Growth (Nutrition pour la Croissance) : initiative du gouvernement britannique (UK) en lien initialement avec « Children's Investment Fund Foundation » (CIFF) et le gouvernement du Brésil pour vaincre la faim et la malnutrition à travers le monde. Partenariat multipartite, il repose sur un Pacte comportant un certain nombre d'engagements qui sont périodiquement vérifiés et publiés. La 1re réunion a eu lieu au moment des Jeux olympiques de Londres en 2012 ; la 2e au début des J.O. de Rio de Janeiro en 2016. https://nutritionforgrowth.org/

NOURISHING, canevas réalisé par le Fonds international de recherche sur le cancer dans le monde (World Cancer Research Fund international), pour aider les décideurs à formaliser un ensemble exhaustif de politiques visant à promouvoir une alimentation saine, ainsi qu'à réduire l'incidence de l'obésité et des maladies non transmissibles. Adaptable à la plupart des situations géographiques, il porte sur trois domaines complémentaires : l'environnement alimentaire (étiquetage nutritionnel, taxes ou subventions pour certains types d'aliments, contrôle de la publicité), le système alimentaire (politiques d'encouragement à des comportements favorables à la santé) et l'invitation à des changements de comportements au travers de différents canaux de communication. Sa base de données connexe contient des informations sur 255 politiques mises en œuvre dans 100 pays environ.

Nouvelle Alliance pour la sécurité alimentaire et la nutrition (NASAN – New Alliance for Food Security and Nutrition): initiative lancée en 2012 lors du Sommet de Camp David en partenariat entre le G8, l'Union africaine, le Nouveau partenariat pour le développement de l'Afrique (NEPAD), son Programme détaillé pour le développement de l'agriculture africaine (PDDAA), des gouvernements africains et près d'une centaine d'entreprises nationales et internationales. https://new-alliance.org/

Nutrition International: *voir* **Micronutient Initiative**.

ODA, Official Development Assistance (Aide publique au développement, APD): *voir* APD.

ODD, Objectifs de développement durable (*Sustainable Development Goals*, ou SDG). Il s'agit d'un ensemble de 17 Objectifs portés par l'ONU ayant pour but le développement international. Ils remplacent les Objectifs du Millénaire pour le développement (*voir* **OMD**), qui se sont terminés en 2015. Ces nouveaux objectifs portent sur la période 2015-2030. Ce nouveau référentiel du développement comporte en réalité près de 169 cibles, chacune étant reliée pour l'évaluer à divers indicateurs. Le 2e Objectif stipule que l'on doit éradiquer la faim, concrétiser la sécurité alimentaire pour tous, améliorer la nutrition et promouvoir une agriculture soutenable. http://www.un.org/sustainabledevelopment/fr/objectifs-de-developpement-durable/

OMC, Organisation mondiale du commerce (WTO, World Trade Organization): organisation des Nations unies, essentiellement le lieu où les gouvernements membres tentent de régler les problèmes commerciaux qui les opposent. Issue en 1995 des négociations dites du Cycle d'Uruguay, de 1986 à 1994, et des négociations menées antérieurement dans le cadre de l'Accord général sur les tarifs douaniers et le commerce (GATT), elle est actuellement impliquée dans de nouvelles négociations dans le cadre du Programme de Doha pour le développement lancé en 2001.
https://www.wto.org/indexfr.htm

OMD, Objectifs du Millénaire pour le développement (*Millenium Development Goals*, ou MDG). Il s'agissait de 8 Objectifs à atteindre pour 2015 qui ont été adoptés en 2000 à New York, au siège des Nations unies avec la Déclaration du Millénaire de l'ONU par 193 États membres et un peu plus d'une vingtaine d'organisations internationales. Le premier de ces Objectifs concernait la réduction de l'extrême pauvreté et de la faim.
http://www.un.org/fr/millenniumgoals/

OMS, Organisation mondiale de la santé (WHO, World Health Organization): l'OMS est une organisation des Nations unies dédiée à la santé dans le monde; créée en 1948, elle compte plus de 7000 professionnels travaillant dans 150 bureaux (de pays), 6 bureaux régionaux et au siège à Genève. L'Assemblée mondiale de la santé, l'organe décisionnel, se réunit généralement chaque année avec des délégations de ses États membres; sa principale fonction consiste à arrêter la politique de l'Organisation et son budget. http://www.who.int/fr/

ONU, Organisation des Nations unies (UNO, United Nations Organization): organisation internationale fondée en 1945, régie par une charte fondatrice, qui compte aujourd'hui 193 États membres. Les organes principaux en sont l'Assemblée générale, le Conseil de sécurité, le Conseil économique et social, le Conseil de tutelle, la Cour internationale de justice et le Secrétariat. Le Système des Nations unies est composé de l'Organisation des Nations unies et de nombreux programmes, fonds et agences spécialisées. Chacune de ces entités a sa propre direction, son propre budget et ses propres États membres. Les programmes et fonds sont financés par des contributions volontaires plutôt que statutaires. Les agences spécialisées sont quant à elles des organisations indépendantes financées par des contributions et volontaires et statutaires.
http://www.un.org/fr/about-un/index.html

PAG, Protein Advisory Group (Groupe consultatif sur les protéines): groupe d'experts établi par l'OMS en 1955, puis avec la collaboration de la FAO et de l'UNICEF, pour donner des conseils à ces agences en matière de nutrition et d'alimentation en protéines, puis en nutrition en général. Il a cessé de fonctionner en 1977, remplacé dans ses fonctions de conseil en nutrition par l'ACC (SCN).

PAM, Programme alimentaire mondial (World Food Program, WFP): programme officiel des Nations unies, créé en 1963, de fourniture d'aide alimentaire dans le monde; il est basé à Rome. Chaque année, le PAM apporte une assistance à quelque 80 millions de personnes dans près de 80 pays. Au-delà de l'aide alimentaire, il aide les communautés et les personnes à devenir autonomes par des projets du type « argent ou vivres contre travail » ou la fourniture de vivres pour encourager la scolarité des enfants, notamment les filles. http://fr.wfp.org/

Partenariat mondial pour l'agriculture, la sécurité alimentaire et la nutrition (vision française du GAFSP): cette initiative, issue du Sommet mondial de l'alimentation de 2008 à Rome, a été lancée par le président de la République française le 3 juin 2008, en réponse à la crise alimentaire de 2007-2008. L'idée est celle d'un partenariat mondial pour l'agriculture, la sécurité alimentaire et la nutrition, articulé autour de trois piliers (gouvernance, connaissance et finance), pour assurer la cohérence des

politiques qui ont un impact sur la sécurité alimentaire, mobiliser l'expertise et la recherche au service de la sécurité alimentaire et inverser la tendance à la baisse des financements pour la sécurité alimentaire.
www.diplomatie.gouv.fr/IMG/pdf/Securite_alimentaire_3e_17_11_2010.pdf

PCIMA, prise en charge intégrée de la malnutrition aiguë, qui vise à ce que cette prise en charge soit partie intégrante des activités des centres de santé (voir aussi PCMA).

PCMA, prise en charge à base communautaire de la malnutrition aiguë (*Community-based Management of Acute Malnutrition*, CMAM) : initialement nommé CTC ou *Community-based Therapeutic Care* (soins thérapeutiques administrés dans la communauté), ce modèle de prise en charge de la malnutrition aiguë sévère en milieu non hospitalier a été proposé pour favoriser une meilleure adhésion et participation des parents tout en limitant les risques d'infections nosocomiales liées à l'hospitalisation. Cela implique un protocole adapté et contrôlé.

PIB, produit intérieur brut (*Gross Domestic Product* ou GDP) : le PIB est un indicateur économique qui permet de mesurer la production économique intérieure réalisée par un pays sur une période donnée, généralement un an (PIB = sommes des valeurs ajoutées + TVA + droits et taxes sur les importations – subventions sur les produits).

PNUD, Programme des Nations unies pour le développement (United Nations Development Programme) : présent dans 170 pays et territoires, c'est l'un des principaux organismes multilatéraux de développement contribuant à éradiquer la pauvreté et à réduire les inégalités et l'exclusion. Il aide les pays à élaborer des politiques, à développer des compétences en leadership et des aptitudes en matière de partenariat, à renforcer leurs capacités institutionnelles et à partager des solutions aux problèmes touchant aux questions suivantes : développement durable, gouvernance démocratique, climat et adaptation, réponse aux crises.
http://www.undp.org/content/undp/fr/home.html

REACH, Renewed Efforts Against Child Hunger and Undernutrition (Initiative REACH des Nations unies pour la nutrition) : c'est une initiative établie en 2008 par des agences des Nations unies, appuyant 12 pays en 2017, pour renforcer la mise en œuvre de solutions éprouvées et efficaces dans la lutte contre la malnutrition chez l'enfant, à travers un partenariat multiple des agences des Nations unies, de la société civile, des bailleurs de fonds et du secteur privé sous la houlette des gouvernements des pays concernés. Elle sert de facilitatrice des Nations unies pour le mouvement SUN. http://www.reachpartnership.org/

Sécurité alimentaire (*food security*) : définie en 1996 au Sommet mondial de l'alimentation comme l'accès physique et économique pour tous les êtres humains, à tout moment, à une nourriture suffisante, salubre et nutritive, leur permettant de satisfaire leurs besoins énergétiques et leurs préférences alimentaires pour mener une vie saine et active. Depuis, cette définition est périodiquement affinée. Elle comporte 4 piliers : l'accès, la disponibilité, la qualité de l'alimentation et la régularité (de l'accès, des disponibilités et de la qualité). On parle aussi en nutrition de « sécurité alimentaire et nutritionnelle » pour bien souligner la finalité du concept qui ne doit pas s'arrêter à la seule notion d'une alimentation satisfaisante en quantité comme le mesurent divers indicateurs de sécurité alimentaire, mais qui garantisse aussi un bon état nutritionnel des individus. Pour les chercheurs en sciences humaines, cette notion doit aussi être étendue à l'ensemble des caractéristiques sociales et culturelles de l'alimentation.

Sécurité sanitaire des aliments (*food safety*) : souvent confondue autrefois avec le terme précédent pour des questions d'usage distinct de vocable en anglais et en français, la sécurité sanitaire des aliments est aujourd'hui une expression internationale normalisée qui renvoie à la réglementation et au contrôle des filières agroalimentaires ayant pour objet de veiller à l'hygiène et à l'innocuité des aliments tout au long du cycle agroalimentaire jusqu'à la consommation.

SMA, Sommet mondial de l'alimentation (World Food Summit, WFS) : il s'est tenu du 13 au 17 novembre 1996 au siège de la FAO à Rome, réunissant des représentants de 185 pays et de la Communauté européenne et près de 10 000 participants pour débattre de l'éradication de la faim dans le monde. Les 112 chefs d'État et de gouvernement et les 70 représentants de haut niveau d'autres pays y ont adopté la Déclaration de Rome sur la sécurité alimentaire mondiale et le Plan d'action du Sommet mondial de l'alimentation.

SMART : acronyme anglais pour *Specific, Measurable, Achievable, Relevant, Time-bound* (spécifique, mesurable, atteignable, pertinent, associé à des échéances).

SUN, Scaling Up Nutrition (Renforcement de la nutrition) : le SUN est un mouvement créé en 2010 par plusieurs partenaires internationaux ; l'idée est de rassembler la population mondiale – gouvernements, société civile, Nations unies, donateurs, secteur privé et chercheurs – dans un effort collectif pour améliorer la nutrition, en se fondant sur le principe que toutes les personnes ont droit à une bonne alimentation et nutrition. Il vise à transformer les capacités institutionnelles des pays pour agir en nutrition, avec l'aide de nombreuses parties prenantes internationales, dans de multiples secteurs, et à tous les niveaux. Le soutien et la coordination

générale du réseau des pays SUN sont effectués par le Groupe principal SUN, le coordonnateur et le secrétariat du mouvement SUN. Un soutien supplémentaire est fourni dans le cadre du Fonds catalytique d'affectation multipartenaire du mouvement SUN, et l'accent est mis sur le renforcement des capacités de prestation des pays SUN.
http://scalingupnutrition.org/fr/

Surveillance nutritionnelle (*nutritional surveillance*): action de surveiller la situation alimentaire et nutritionnelle dans le but de prendre des décisions permettant d'améliorer la nutrition des populations. C'est un cas particulier de la surveillance en santé publique. Elle peut être réalisée dans le cadre de l'évaluation d'une situation nutritionnelle sur le court ou le long terme, selon qu'elle est à visée d'alerte précoce, de suivi et d'évaluation de programme ou de planification.

Système alimentaire: pour Louis Malassis c'est « la façon dont les hommes s'organisent pour produire, distribuer et consommer leur nourriture ». Pour la FAO, la notion sous-jacente à l'approche par systèmes est que le tout est plus grand que la somme de ses parties. Dans cette approche, toute situation est appréhendée en termes de relations et d'intégration. Ainsi, un système alimentaire englobe normalement toute activité relative à la production, la transformation et la consommation des aliments, susceptible d'affecter la nutrition humaine et la santé.

UNICEF, United Nations International Children's Emergency Fund (Fonds international de secours à l'enfance, puis Fonds des Nations unies pour l'enfance; le sigle français FISE est peu usité): organisation des Nations unies, dont le siège est à New York (USA), créée en 1946 pour fournir temporairement de l'aide humanitaire aux enfants européens après la deuxième guerre mondiale, puis rapidement pérennisée avec pour vocation de s'intéresser au fil des décennies à toutes les problématiques de l'enfance dans le monde. Il est à l'origine de la Convention relative aux droits de l'enfant (CIDE) adoptée par les Nations unies en 1989. Son organe directeur est son conseil d'administration, formé de 36 membres représentant les cinq groupes régionaux d'États membres. L'action des différents bureaux et programmes est coordonnée par le secrétariat général. http://www.unicef.org/french/

UNSCN, United Nations System Standing Committee on Nutrition (Comité permanent de la nutrition du Système des Nations unies): depuis 1977, c'est le forum de discussion et d'harmonisation des politiques alimentaires et nutritionnelles des Nations unies et de leurs partenaires. Il a pris la suite de l'ACC/SCN (Administrative Committee on Coordination/Sub-Committee on Nutrition, ou Comité de coordination administrative des Nations unies pour la nutrition). L'ACC a été rebaptisé Conseil des chefs du Secrétariat (Chief Executive Board, CEB) lors de la dernière réforme des Nations unies et le Sous-comité de la nutrition a poursuivi ses fonctions jusqu'à ce jour en tant que Comité permanent pour la nutrition des Nations unies, l'UNSCN. http://www.unscn.org/en/home/

Via Campesina: mouvement paysan international (164 organisations dans 79 pays) qui promeut notamment le concept de « souveraineté alimentaire », définie comme « le droit des populations, de leurs États ou unions à définir leur politique agricole et alimentaire, sans dumping vis-à-vis des pays tiers ». Elle tient une Conférence internationale tous les quatre ans. https://viacampesina.org/fr/

WASH, *Water-Sanitation-Hygiene* (eau, assainissement et hygiène, ou EAH): ces trois questions essentielles sont ainsi regroupées en raison de leur nature interdépendante pour définir un secteur de plus en plus important. Bien que chacune représente un champ d'action séparé, chacune est dépendante des autres. Par exemple, sans toilettes, les sources d'eau sont contaminées; sans eau propre, la pratique d'une hygiène élémentaire est impossible. Comme il est inscrit dans la Convention relative aux droits de l'enfant, tous les enfants ont le droit d'avoir accès à une eau propre et à un assainissement élémentaire. D'où un certain nombre de recherches et de programmes d'organisations internationales et d'ONG qui se réfèrent à ce secteur globalement. Cf. pour l'UNICEF: https://www.unicef.org/french/wash/

World Obesity Federation (Fédération mondiale contre l'obésité): elle a succédé à l'IASO (International Association for the Study of Obesity) en 2014 et a son siège à Londres (UK). Elle représente des professionnels issus des milieux de la science, de la recherche et de la médecine, regroupés dans plus de 50 associations régionales et nationales de lutte contre l'obésité. http://www.worldobesity.org

Les auteurs

Arlène Alpha, chercheuse au Centre de coopération internationale en recherche agronomique pour le développement (Cirad), axe ses recherches sur l'analyse des processus de définition et de mise en œuvre des politiques publiques de sécurité alimentaire et nutritionnelle en Afrique de l'Ouest.

France Bégin est conseillère principale en nutrition au siège de l'UNICEF à New York où elle dirige l'unité de nutrition de la petite enfance. Auparavant, elle était conseillère principale pour le bureau régional de l'UNICEF pour l'Asie de l'Est et du Pacifique. Elle a également travaillé pour d'autres organisations internationales en Afrique et Amérique latine, et a siégé dans plusieurs comités consultatifs techniques.

Jacques Berger, directeur de recherche à l'IRD, ancien directeur de l'UMR Nutripass (Nutrition et alimentation des populations aux Suds), a mené des programmes de recherches pendant de nombreuses années et dans plusieurs continents sur les carences en micronutriments, particulièrement la carence en fer et l'anémie associée.

Sonia Blaney est professeure à l'université de Moncton, au Nouveau-Brunswick, depuis 2014. Entre 1993 et 2014, elle a œuvré pour diverses organisations internationales en Afrique et en Asie comme gestionnaire de programmes de nutrition. Elle est impliquée dans plusieurs recherches sur la nutrition des femmes et des enfants au niveau international.

Nicolas Bricas est socio-économiste de l'alimentation, chercheur au Centre de coopération internationale en recherche agronomique pour le développement (Cirad) et directeur de la Chaire Unesco « Alimentations du Monde ». Il mène ses recherches sur les systèmes et les politiques alimentaires dans les pays en développement.

Denise Costa Coitinho Delmuè, docteur en nutrition publique de l'Université de Sao Paulo (Brésil), a 35 ans d'expérience dans la conception, la mise en œuvre, l'évaluation et la gouvernance de politiques intersectorielles d'alimentation et nutrition. Elle a exercé plusieurs mandats de coordination et de direction, au Brésil et au sein d'agences des Nations unies.

Hélène Delisle, professeur émérite, a créé à l'Université de Montréal une équipe de recherche Transnut, pour « transition nutritionnelle ». Elle dirigeait récemment un vaste projet canadien de partenariat universitaire sur le double fardeau des troubles nutritionnels de carence et de surcharge avec plusieurs pays d'Afrique de l'Ouest.

Marjoleine Dijkhuizen, docteur en nutrition, est une experte sur les carences en micronutriments et leurs effets sur la croissance et le système immunitaire. Elle a notamment travaillé en Asie du Sud-Est sur les interventions et programmes durables pour améliorer le statut en micronutriments de groupes cibles.

Benjamin Guesdon est ingénieur agronome (ENSAM) et docteur de l'Institut national agronomique Paris-Grignon, en nutrition humaine. Après plusieurs années de post-doctorat au Québec, et un court passage à l'INSERM, il est maintenant coordinateur de projets de recherche en nutrition et santé à Action Contre la Faim.

Anne-Dominique Israël est en charge du secteur de la nutrition et de la santé à Action Contre la Faim depuis 2010. Forte de son expertise en santé publique et nutrition elle intervient depuis plus de 15 ans dans le domaine de la solidarité internationale. Elle s'est récemment spécialisée en renforcement des systèmes de santé.

Lina Mahy, spécialiste de nutrition et de développement international, a 30 ans d'expérience au sein d'agences des Nations unies et d'ONG en Afrique subsaharienne. Ingénieure agronome, diplômée en nutrition et éducation internationales de l'Université de Gand (Belgique), elle travaille à présent pour l'OMS, à Genève, au sein du Département de la nutrition pour la santé et le développement.

Bernard Maire, nutritionniste de santé publique, a travaillé de nombreuses années dans le domaine de la recherche en nutrition dans le monde en développement. Directeur de recherche à l'IRD, il était précédemment responsable de l'équipe de nutrition publique et directeur adjoint de l'UMR Nutripass (Nutrition et alimentation des populations aux Suds) basée à l'IRD à Montpellier.

Yves Martin-Prével est médecin épidémiologiste, directeur de recherche à l'IRD, où depuis 1992 il mène des recherches dans le champ de la nutrition publique. Positionné depuis longtemps à l'interface de la science et des structures opérationnelles de développement, il est membre de nombreux comités d'experts internationaux.

Franck Wieringa, docteur en nutrition, est un expert des carences et interactions entre les micronutriments. Il travaille sur les interventions pour améliorer le statut en micronutriments, comme la fortification des aliments pour des populations générales ou le développement d'aliments adaptés pour des groupes ayant des besoins nutritionnels spécifiques.

Table des matières

www.ingramcontent.com/pod-product-compliance
Lightning Source LLC
LaVergne TN
LVHW082032051026
849532LV00011B/3328
* 9 7 8 2 8 1 1 1 1 9 9 4 2 *